Klaus Amann · *ich ich sein*
*wer sein?*

Klaus Amann

# *ich ich sein wer sein?*

## Zur österreichischen Literatur

Ausgewählte Arbeiten
Mit einem Schriftenverzeichnis

RITTER LITERATUR

ISBN 978-3-85415-683-3

Grafik: Mark Duran
Herstellung: Ritter, Klagenfurt

Ritter Verlag KG
Hagenstraße 3, 9020 Klagenfurt, Austria
office@ritterbooks.com

# Inhalt

## Aufsätze

9 *ich ich sein*
*wer sein?*
Statt eines Vorworts

29 Adalbert Stifter
Ein Porträt

65 Staatsfiktionen. Bilder eines künftigen Österreich in der Wiener Wochenschrift *Der Friede* (1918–1919)

93 Bedenken eines Langsamen
Robert Musil und das Jahr 1933

121 Der österreichische NS-Parnaß
Literaturbetrieb in der ‚Ostmark' 1938–1945

161 Vivant sequentes oder Wie man es schafft, sein eigener Nachfolger zu werden

169 „Mauthausen ist eine schöne Gegend"
Die Last des Verschwiegenen

201 Milo Dors Roman *Tote auf Urlaub* und die österreichische Literatur über den Zweiten Weltkrieg

241 „Ein Traum von Geschichte"
Zu Peter Handke und *Immer noch Sturm*

## Reden

289 Schreibarbeiten
Rede zur Verleihung des Österreichischen Würdigungspreises für Literatur an Josef Winkler

299 Zehn Jahre Musil-Institut im Musil-Haus
Nebst einigen Anmerkungen zur Kulturpolitik in Kärnten

313 In memoriam Gert Jonke 1946–2009

317 Ein Päckchen aus Radebeul

323 „Es wurde Herbst und die Kräfte verließen mich"
Werner Kofler 1947–2011

335 Stadt Land Berg
Rede auf Bodo Hell

345 Fragmentarischer Rückblick auf eine Gründerzeit der österreichischen Germanistik

## Anhang

363 Schriftenverzeichnis

390 Curriculum Vitae

# Aufsätze

# *ich ich sein wer sein?*

## Statt eines Vorworts[1]

Ein Östreicher bin ich
Aus dem Östreicher Land,
Das ist zwar kein Unglück,
Aber doch is's a Schand

Der dialektal gefärbte Vierzeiler, der mehr als 150 Jahre auf dem Buckel hat und wie ein aktueller Kommentar klingt, stammt von dem oberösterreichischen Schriftsteller Franz Stelzhamer. Der leidenschaftliche Österreicher Friedrich Torberg, der vor den Nationalsozialisten ins Exil flüchten musste, hat das Gstanzl folgendermaßen erklärt: Solange es nur eine Schande wäre, ein Österreicher zu sein, ist es halb so schlimm. Schlimmer wäre es, diesen Zustand für ein Unglück zu halten, denn ein Unglück müsste man unter Umständen ernst nehmen. Über eine bloße Schande kann man sich trösten. So wie ein großer Teil der Bewohner des Landes sich über alle möglichen persönlichen und politischen Unglücke mit der zutiefst österreichischen Devise aus der vielleicht bekanntesten Operette des Landes, der *Fledermaus*, hinwegtröstet: „Glücklich ist, wer vergisst, was doch nicht zu ändern ist". Nun ist

1 Vgl. Schriftenverzeichnis, Bücher Nr. 9 (Einleitung) und Aufsätze Nr. 32 (Dort auch Literaturangaben und weiterführende Hinweise). Erweiterte Version. Das Titel-Zitat stammt von Ernst Jandl: die humanisten. konversationsstück in einem akt. In: E. J.: Gesammelte Werke. Hrsg. von Klaus Siblewski. Darmstadt/Neuwied 1985, Bd. 3, S. 237–253, Zit. S. 239.

allerdings Österreich nicht nur das Land der Gstanzln und der Operetten, sondern auch das Land Sigmund Freuds, der uns gelehrt hat, was es bedeutet, unangenehme Erfahrungen und Wahrheiten zu vergessen und zu verdrängen.

Die Frage nach dem ‚Österreichischen' und speziell nach der ‚österreichischen' Literatur ist nämlich, wenn man sie historisch betrachtet, eine Frage, die Verdrängtes, Vergessenes und Unangenehmes, die gescheiterte Pläne und enttäuschte Hoffnungen berührt und es ist – wie der österreichische Schriftsteller Reinhard P. Gruber gezeigt hat – gerade für Literaturhistoriker und Literaturhistorikerinnen ein nicht ungefährliches Geschäft, diesem spezifisch Österreichischen nachzuspüren. Grubers Geschichte geht so:

> Der österreichische Germanist W., der für seine Ausflüge in die höheren Regionen bekannt ist, stürzte gestern auf der Suche nach dem Österreichischen in der deutschsprachigen Literatur in eine Gletscherspalte.

Nicht alle Ausflüge österreichischer Germanisten und Germanistinnen in höhere Regionen enden tragisch, doch namentlich die Suche nach dem Spezifischen an und in der österreichischen Literatur hat noch selten ohne Blessuren für die Beteiligten geendet. Dass dennoch immer neue Generationen erpicht darauf waren, sich blutige Köpfe zu holen, muss also triftige Gründe haben. Und es ist in der Tat schwerlich ein anderes Thema denkbar, das in derart verführerischer Weise anstachelt, Wunsch und Wirklichkeit, Fakten und Fiktionen ungehemmt zu vermischen. Das Thema gestattet, sich im Vollgefühl historischer Kompetenz als kulturelle Vermögensverwalter zu betätigen, die das Familiensilber durch die Zeiten retten und die Kostbarkeiten von Fall zu Fall mit neuen Zertifikaten versehen.

Wohl auf keinem anderen Feld literaturhistorischer Argumentation sind selektiver Blick, zufällige Lektürefrüchte, politische Voreingenommenheit, Generalisierungen und Simplifizierungen jeder Art so zu ihrem zweifelhaften Recht gekommen, wie eben dort, wo es darum ging, das Spezifische an der österreichischen Literatur zu beschreiben, das – je nach Bedarf und politischer Großwetterlage – eine besondere Zutat des Deutschen oder dann doch wieder etwas spezifisch Österreichisches war. Allein dieser Umstand, dass die Sache, um die es geht, historisch betrachtet völlig widersprüchliche Ansichten zeigt, beweist, dass wir es hier primär mit einem Problem der Optik zu tun haben, oder, dem Gegenstand angemessener formuliert, um das hermeneutische Grundverhältnis von Sache und Vorverständnis, wobei in unserem Falle das Vorverständnis noch in der Mehrzahl der Fälle als die Sache selber ausgegeben wurde. Die Frage nach dem Spezifikum der österreichischen Literatur, das je nach Bedarf einmal behauptet, dann wieder bestritten wurde, erweist sich rückblickend als kulturpolitisch und ideologisch nützliche Fiktion, deren Erkenntniswert weniger in den historisch je verschiedenen, ja sich gegenseitig ausschließenden Antworten liegt, die sie hervorgerufen hat, als vielmehr in den politischen und kulturellen Umständen, die diese Frage immer wieder provoziert haben.

Ich mache die Umkehrprobe: Welcher Literaturhistoriker, welche Literaturhistorikerin könnte heute, ohne sich, im günstigsten Falle, der Lächerlichkeit preiszugeben, den Versuch unternehmen, die ‚Deutschheit' der deutschen Literatur zu definieren? Einmal abgesehen von dem historischen Gepäck, das der Begriff ‚deutsch' mit sich führt, und an dem, nebenbei gesagt, auch die Österreicher einige nur allzu gern verdrängte Besitzanteile haben — der Versuch wäre auch deshalb lächerlich, weil ja nicht ausgestellt zu werden braucht, was ohnehin jeder sieht, weil nicht unterschieden werden muss, was ohnehin niemand verwechselt. Das Problem der österreichischen Literatur ist seit jeher – wie es auch das Problem des österreichischen Staates nach 1918 lange Zeit gewesen ist – das Problem der Unterscheidung, also ein Identitätsproblem. Wen an dem dtv-Titel *Deutsche Erzählungen von Heimito von Doderer, Hugo von Hofmannsthal, Franz Kafka, Robert Musil, Joseph Roth, Rainer Maria Rilke, Arthur Schnitzler* etwas stutzig macht, hat womöglich begriffen, worum es geht.

„Hatte ich die Grenze nach Deutschland überschritten", schreibt Thomas Bernhard in seiner Autobiographie, „holte ich die deutsche *Kenn*karte hervor, hatte ich die österreichische nach Salzburg überschritten, die österreichische *Identitäts*karte …" Seit beinahe zweihundert Jahren suchen Germanisten und Kritikerinnen, wenn es um die Literatur des Landes geht, nach der österreichischen Identitätskarte. Selten ging es um den bloßen Nachweis der historischen Existenz und der Spezifik dieser Literatur. Meist war damit die Behauptung einer besonderen Substanz und überzeitlichen Essenz verbunden. Damit aber sind wir beim eigentlichen Problem: Einmal war es das Barocke, dann das Humane oder das Katholische, dann wieder das Volkstümliche, das Sprachspielerische oder das Mitteleuropäische, das angeblich die österreichische Literatur auszeichnet. Was immer man an inhaltlichen oder formalen, an historischen oder soziologischen Besonderheiten an der Literatur aus Österreich zu erkennen glaubte, es wurde umgedeutet in einen nationalen Wesenszug.

Warum das? Die Antwort liegt auf der Hand. Dahinter steht die Angst vor dem Übersehenwerden, vor der Marginalisierung, und, als Gegenstrategie, die forcierte Anstrengung, wahrgenommen zu werden, und der verständliche Wunsch, das Eigene besser oder überhaupt erst zur Geltung zu bringen; ästhetisch, ökonomisch und politisch. Dieses Konzept bewährte sich in Perioden der ‚Anschluß-' und der Verschmelzungseuphorie mit Deutschland ebenso wie in den Phasen des gesteigerten Abgrenzungsbedürfnisses. Konsequenterweise ist daher das Gefühl der Minderwertigkeit und der Kränkung Geburtshelfer einer ‚nationalen' Literaturgeschichtsschreibung in Österreich. Schon die beiden ersten derartigen Versuche von Franz Sartori (1830) und Joseph Georg Toscano del Banner (1849) verdanken sich primär der Empfindung einer spürbaren Vernachlässigung und Geringschätzung der Literatur Österreichs durch das gelehrte Deutschland. Dafür, dass diese Empfindung, genauer gesagt, diese Empfindlichkeit existierte, gibt es eine Reihe guter und nachvollziehbarer Gründe. Die protestantisch aufgeklärten Norddeutschen – häufig auch synonym mit dem Begriff ‚Preußen' bezeichnet – haben von jeher nicht ungern auf das katholisch-absolutistische, in mancherlei Hinsicht etwas rückständig erscheinende, Österreich herabgeblickt. Die Beispiele reichen von Friedrich Nicolais einigermaßen arroganter *Beschreibung einer Reise durch Deutschland und die Schweiz, im Jahre 1781* – in der die Österreicher als backhendlverzehrendes und dem Wein ergebenes Untertanenvolk dargestellt werden – bis zur einflussreichen und weit verbreiteten *Geschichte der poetischen National-Literatur der Deutschen* von Georg Gottfried Gervinus (1835ff.), in der die literarischen Leistungen Österreichs so ziemlich von oben herab behandelt werden. Die Reaktionen der Österreicher auf Missachtung oder Geringschätzung durch die Deutschen sind zwiespältig. Sie gleichen denen eines gekränkten Liebhabers.

Peter Rosegger, der österreichische Erfolgsautor der zweiten Hälfte des 19. Jahrhunderts – er wurde 1913 sogar für den Nobelpreis vorgeschlagen – hat dieses Gefühl der Enttäuschung anlässlich einer Deutschlandreise 1870, ein Jahr vor der Reichsgründung durch Bismarck und damit vor der endgültigen Trennung Österreichs und Deutschlands, in einem Brief an seinen Kollegen Robert Hamerling formuliert:

> Von den Literaten werde ich überall recht freundlich aufgenommen, doch in Bezug auf die so viel gerühmte Einigkeit in der Literatur mache ich schmerzliche Erfahrungen. Alles ist zerfahren, jeder will der Erste und der Berühmteste sein, und da er es nicht ist, hat er für die anderen Bitterkeit und Herabwürdigung. Der Norddeutsche hat gegen die süddeutsche Literatur [und damit meint Rosegger: gegen die österreichische] ein Vorurteil, eine fast lächerliche Arroganz.

Die angesprochene Zwiespältigkeit meint genau dieses Spannungsverhältnis zwischen dem Wunsch nach Einigkeit, Zugehörigkeit, Gemochtwerden und der Erfahrung von Arroganz und Herablassung auf der anderen Seite. Aus dieser Spannung heraus schwanken die Reaktionen in der Regel zwischen Minderwertigkeitsgefühlen, Wehleidigkeit, Trotz und angriffslustigem Selbstbewusstsein. Diese aparte Mischung findet sich geradezu prototypisch beim verlässlichsten Repräsentanten des prekären Österreichbewusstseins, bei Franz Grillparzer. Grillparzers Haltung gegenüber ‚dem' Deutschen ist das Resultat einer doppelten Abgrenzung und damit auch einer doppelten Selbstbehauptung: Grillparzers Haltung ist geprägt durch die in Österreich von jeher stark verbreitete Abneigung gegen den preußisch-deutschen Führungsanspruch in politischer und auch in literarischer Hinsicht. Gleichzeitig betont Grillparzer jedoch seinerseits ganz dezidiert den Führungsanspruch deutscher Bildung und Kultur innerhalb der Habsburgermonarchie. Das heißt auch, man macht den Deutschen ein

Überlegenheits- und Hegemoniestreben zum Vorwurf, das man als Deutschsprechender gegenüber den nichtdeutschsprachigen Völkern der Monarchie selber nur zu gern praktiziert. Kurz und bündig heißt es bei Grillparzer über das Verhältnis zu Deutschland:

> Deutschland ist weniger als es meint,
> Österreich ist mehr als es scheint.

oder, an einer anderen Stelle

> Da die Deutschen noch bescheiden nach alter Weise,
> Sagt' ich gern ein Wort zu ihrem Preise.
> Nun aber, da sie sich selber loben,
> Fühl' ich mich fürder der Mühe enthoben.

und

> Laßt mich mit eurem Publikum
> Und euren gebildeten Leuten;
> Sonst üb'rall sind nur die Dummen dumm,
> In Deutschland auch die Gescheiten.

Dies alles steht unter der unausgesprochenen Prämisse, dass zwar in Österreich gewiss manches zu tadeln sei, in Deutschland aber noch viel mehr, und dass kein Anlass bestehe, sich von Deutschland Beispiele geben oder gar Vorschriften machen zu lassen. In einer Notiz, die überschrieben ist *Zur Zeitgeschichte, Österreichisches*, bemerkt Grillparzer – und es klingt wie eine Zusammenfassung des bisher Gesagten:

> Ich war immer stolz, ein Österreicher zu sein. Wenn mir literarische Freunde über unser Zurückgebliebensein in der Bildung klagten, und wie das übrige Deutschland

geringschätzig auf uns herabsähe, so dachte ich ... Götz von Berlichingen: [...] Gesunder Menschenverstand und Natürlichkeit der Empfindung sind unscheinbare Güter; wer sie aber durch nachgeplapperte Theorien und *unfruchtbare Vielwisserei* verloren hat, ist übler daran, als wer auf sie allein beschränkt ist.

Es ist kein Zufall, dass die Definition des Österreichischen bei Grillparzer im Wesentlichen in einer Abgrenzung gegen das vermeintlich Deutsche, gegen Kopflastigkeit und den „unglücklichen Hang zur *Grübelei*", die „unfruchtbare Vielwisserei" und die „nachgeplapperte[n] Theorien" besteht. Das Besondere, das Auszeichnende, ja auch das bloß Unterscheidende ist nur um den Preis zu benennen, dass man es den anderen abspricht. Da es bei allen Abgrenzungsbedürfnissen der Österreicher gleichzeitig aber immer auch um die Teilhabe an der literarischen Öffentlichkeit Deutschlands, um Publikationsmöglichkeiten, Verlagskontakte, Absatzgebiete und Leserschaft ging, folgte der Theorie der Unterscheidung die Theorie der Komplementarität auf dem Fuße. Diese Theorie, die im Prinzip auch hinter Grillparzers Argumentation steht, hat ihre berühmteste Ausprägung in Hugo von Hofmannsthals kontrastiver Vorurteilsskala *Preuße und Österreicher. Ein Schema* aus dem Jahre 1917 gefunden: Hofmannsthal stellt in diesem Schema in zwei parallelen Kolonnen nationale Zuschreibungen und Eigenschaften der Preußen und der Österreicher einander gegenüber. Hier einige Beispiele aus dem dritten Abschnitt (gekürzt):

Der Einzelne

| DER PREUSSE | DER ÖSTERREICHER |
|---|---|
| Mangel an historischem Sinn. | Besitzt historischen Instinkt. |
| Stärke der Abstraktion. | Geringe Begabung für Abstraktion. |
| Unvergleichlich in der geordneten Durchführung. | Rascher in der Auffassung. |
| Handelt nach Vorschrift. | Handelt nach Schicklichkeit. |
| Größere Gewandtheit des Ausdrucks. | Mehr Balance. |
| Mehr Konsequenz. | Mehr Fähigkeit, sich im Dasein zurechtzufinden. |
| Selbstgefühl. | Selbstironie. |
| Scheinbar männlich. | Scheinbar unmündig. |
| Behauptet und rechtfertigt sich selbst. | Bleibt lieber im Unklaren. |
| Drängt zu Krisen. | Weicht den Krisen aus. |
| Kampf ums Recht. | Lässigkeit. |
| Unfähigkeit, sich in andere hineinzudenken. | Hineindenken in andere bis zur Charakterlosigkeit. |
| Vorwiegen des Geschäftlichen. | Vorwiegen des Privaten. |
| Harte Übertreibung. | Ironie bis zur Auflösung. |

Der wahre, der perfekte Deutsche, das ist die offenkundige Botschaft dieses Schemas von Hofmannsthal, wäre jener, der die sich ergänzenden Eigenschaften des Preußen und des Österreichers glücklich in sich vereint. Dass die Preußen und die Österreicher ihre komplementären Eigenschaften im nationalen Einvernehmen entwickeln hätten können, das verhinderte paradoxerweise die nationale Politik: Kleindeutsch, wie es hieß, gegen Großdeutsch. Zur Erklärung noch einmal zurück ins 19. Jahrhundert; zu den Daten von 1866 und 1871. Durch den verlorenen Krieg gegen Preußen (Niederlage bei Königgrätz, 1866) und die Reichsgründung durch Bismarck (1871) sahen sich die Österreicher unerwartet und schmerzhaft aus Deutschland ausgesperrt, ja aus Deutschland hinausgeworfen – nachdem, das sei nicht vergessen, die Habsburger jahrhundertelang die Führungsrolle unter den deutschen Fürsten innehatten. Noch Kaiser Franz Joseph hat sich ja als deutscher Fürst gefühlt und sich als solchen bezeichnet.

Der Hinauswurf aus Deutschland, die Auflösung des Deutschen Bundes, die Bildung eines preußisch-kleindeutschen Nationalstaates und die wachsenden deutsch-slawischen Gegensätze und Konflikte innerhalb der Habsburger Monarchie machten vielen deutschsprechenden Österreichern und Österreicherinnen deutlicher als bis dahin bewusst, dass man im ‚eigenen' Staat nur eine Minderheit darstellte. Nach Nationalitäten: Die Deutschsprachigen stellten nur etwa fünfunddreißig Prozent der Bevölkerung innerhalb der Habsburger Monarchie. Sie waren gegenüber den anderen Nationalitäten deutlich in der Minderheit – beanspruchten aber die Führungsrolle. Das Spannungsverhältnis zwischen Staatsbewusstsein und Nationalgefühl, zwischen Staatsnation und Kulturnation ließ sich in dieser Situation nur noch mit einer kulturideologischen Argumentation aufheben, die den politischen Verhältnissen zum

Trotz Kultur und Literatur zu Trägern und Garanten der alten deutschen Einheitsidee verklärte. Das, was realpolitisch nicht möglich war – die Vereinigung Österreichs mit dem Deutschen Reich – war im Reich der Kultur, im Reich der Literatur die behauptete Realität. Oder wie Robert Hamerling es formulierte: „Lebendig in deutschen Landen kreist keinen Schlagbaum kennend der deutsche Geist“.

Der wohl bedeutendste österreichische Germanist des 19. Jahrhunderts, Wilhelm Scherer, beschrieb im Januar 1872 den nach seiner Meinung einzigen Ausweg aus dem österreichischen Dilemma: „Der österreichische Staat, in welchem alle centrifugalen Kräfte sich Stelldichein gegeben haben [...] steht da wie ein noch in Vollzug befindliches Experiment [...]. Der Messias, auf den wir warten, hat seine Herrlichkeit längst gezeigt. Der Retter Oesterreichs kann nur der deutsche Geist sein.“ Dies deshalb, weil die Ausprägungen dieses deutschen Geistes keinen „beschränkt nationalen, sondern einen absolut menschlichen Werth“ besäßen.

Das absolut Menschliche, das immer in Sichtweite ist, wenn es um unser Thema geht, hat offenbar etwas von einem Grenzgänger an sich. Es hängt lediglich von den politischen Umständen ab, auf welcher Seite der deutsch-österreichischen Grenze es jeweils anzutreffen ist. Das absolut Menschliche, wechselweise dem österreichischen oder dem deutschen Geist zugeschrieben, ist hier jedoch nur eine andere Formulierung für jene „Legende“ von einer „spezifische[n] ‚Kultur‘-Mission“, die Max Weber bereits vor dem Ersten Weltkrieg als Kennzeichen jeder nationalen Propaganda definiert hat. Und wie jeder wahrhafte Messias duldet denn auch dieser keine anderen Götter neben sich: „Der deutsche Geist beherrscht seine Umgebung. Es gibt keine specifisch österreichische, es gibt keine tschechische, keine slovenische Cultur. Unsere Cultur ist die deutsche, aber auf einer niedrigeren Stufe." (Wilhelm Scherer) Diese Argumentation verkannte allerdings auf fatale Weise, dass die Tschechen, die Slowenen und die anderen nichtdeutschsprachigen Völker der Monarchie ebenfalls gerade emsig dabei waren, ihre eigene Kultur und ihr eigenes Nationalgefühl zu entdecken.

So ist die Diskussion der Jahrzehnte nach 1866 geprägt von der politisch und kulturell gegenläufigen Entwicklung in beiden Staaten. Das Konzept des Nationalstaates ließ Bismarck-Deutschland zunehmend geschlossener und stärker werden, es wurde gleichsam in eine zentripetale Bewegung auf allen Ebenen hineingezogen, während derselbe nationale Gedanke im Vielvölkerstaat Österreich eine zentrifugale Kraft entwickelte, die das Habsburgerreich langsam zerbrechen ließ und von seinen Rändern her auflöste.

In diese Zeit fallen nicht zufällig die ersten feststellbaren Versuche, von Staats wegen so etwas wie eine österreichische Literatur zu propagieren und zu unterstützen. Es gibt erstmals eine staatliche Literaturförderung mit Stipendien und Ehrenpensionen – auch Grillparzer kommt ein Jahr vor seinem Tod noch in den Genuss einer solchen Zuwendung. Es wird unter der Obhut des Staates eine eigene literarische Zeitschrift (*Die Dioskuren*) gegründet und gefördert mit dem Ziel, so die Formulierung im Ministeriumsakt:

> den in die weitesten Gesellschaftsschichten eingreifenden, oft subversiven zum größten Teil Österreich feindlichen Tendenzen der gleichartigen Literatur des Auslandes ein teilweises Gegengewicht zu schaffen.

Allerdings wurden die Versuche, „eine ‚echt' oesterreichische [...] Literatur" zu propagieren, ziemlich bald als gescheitert bezeichnet. Das geistige Leben Deutsch-Österreichs, so lautete die auch marktstrategisch nicht ungeschickte Argumentation der Gegner eines solchen Konzepts, sei „als Provinz dem großen Reiche des deutschen Geistes eingefügt", und zwar als „eine Provinz, deren sich das Reich wahrlich nicht zu schämen braucht". (Karl Emil Franzos) Den Bedarf, dieser literarischen Provinz das Etikett ‚österreichisch' anzuheften, sahen die meisten als nicht gegeben.

Ohne ein allzu großes Risiko einzugehen, kann man feststellen, dass dies die Position ist, die ein Großteil der literarisch Tätigen in der zweiten Hälfte des 19. Jahrhunderts für sich akzeptiert hätte. Von Adalbert Stifter und Franz Grillparzer über Ferdinand von Saar bis zu Ferdinand Kürnberger und Betty Paoli hat wohl die Mehrzahl der österreichischen Schriftsteller und Schriftstellerinnen ihre literarischen Bestrebungen eher in der Tradition der Weimarer Klassik verankert gesehen als in den spezifischen historischen und ethnischen Bedingungen des Vielvölkerstaates der Habsburgermonarchie – was nicht heißt, dass sie ihre Themen nicht auch aus diesem Raum geschöpft hätten. Je beständiger sich aber die Grenze zwischen dem Deutschen Reich und der Habsburgermonarchie erwies, desto sehnsüchtiger richtete sich der Blick der Österreicher nach Norden.

Eine neue und durchaus pragmatische Dimension erhält die politische und ideologische Diskussion über den Stellenwert einer ‚österreichischen' Literatur und Kultur innerhalb bzw. gegenüber der deutschen durch den Ausgang des Ersten Weltkrieges. Der Zusammenbruch der Habsburgermonarchie eröffnete zum ersten Male seit langer Zeit wieder politische Zukunftsperspektiven. Diskutiert wurde damals u.a. 1) das Modell eines neutralen Kleinstaates nach dem Vorbild der Schweiz, 2) Österreich als Teil einer im Wesentlichen mit Ungarn gebildeten Donauföderation und 3) der Anschluss der deutschsprachigen Gebiete des alten Österreich an das Deutsche Reich. Robert Musil, gewiss ein unverdächtiger und besonnener Zeuge, hat 1919, in einer Situation, in der die künftige Staatsform Österreichs zumindest theoretisch noch zur Disposition stand, in zwei Essays *für* den Anschluss an Deutschland argumentiert, doch gerade nicht, wie viele der Deutschnationalen es taten, mit der Protzgebärde der besonderen Leistungen dieser österreichischen Kultur, sondern mit der pointierten Gegenbehauptung. Musil bestreitet in seinem Essay *Der Anschluß an Deutschland* (1919) nicht, dass es in Österreich „Kultur" gebe, „Lebensform", „Stil", doch von der „geistigen, der eigentlichen Kultur" habe Österreich „besonders wenig". Die Erklärung, die Musil dafür gibt, war ein Schlag in das Gesicht einer Nation, die sich bis heute mit Vorliebe über ihre kulturellen Leistungen definiert. Und nicht wenige der Gründe, die Musil in seiner Erklärung anführt, hatten Gültigkeit über das Notjahr 1919 hinaus, hatten Gültigkeit bis weit in die Zweite Republik herauf: „Man vergleiche", schreibt Musil,

> die Ausstattung der österreichischen Hochschulen mit der der deutschen, Zahl und Größe der Büchersammlungen, der öffentlichen Bildersammlungen, die Gelegenheiten, ausländische Kunst kennenzulernen [...], Intensität und Umfang der öffentlichen Erörterung geistiger Fragen, [...] man denke an die Tatsache, daß fast alle österreichischen Bücher in Deutschland hergestellt werden, daran daß fast alle österreichischen Dichter ihre Existenz deutschen Verlegern verdanken: und dann frage man, worin denn die Kultur eines Landes besteht, wenn nicht in diesen Leistungen?! Die Rede von

> der österreichischen Kultur, die auf dem Boden des nationalen Mischstaats stärker erblühen soll als anderswo […] war eine niemals bewahrheitete Theorie.

Wenige Monate nach dem beherzten Plädoyer Musils in seinem Essay ‚Buridans Österreicher' (1919), ein einziges Mal „das Einfache einfach [zu] tun, trotzdem er es kompliziert unterlassen könnte", schuf die Friedenskonferenz von St. Germain und Versailles mit dem Verbot des Anschlusses Österreichs an das Deutsche Reich eine Situation, in der die Kulturideologen beider Richtungen, die Österreichbewussten und die Deutschnationalen gleichermaßen, gezwungen waren, sich mit den Argumenten der Zeit nach 1871 zu trösten; nun allerdings verschärft durch den mittlerweile wie eine Epidemie sich ausbreitenden Antisemitismus. In den auf Josef Nadler, den damals berühmtesten österreichischen Germanisten, sich berufenden Arbeiten der 1930er Jahre wird nicht nur eine österreichische Literatur, sondern auch das politische Postulat eines souveränen Staates Österreich als historisch obsolet und widersinnig abgelehnt. Von den Anhängern und Schülern Nadlers wurde die „so genannte ‚österreichische' Dichtung", das also, „was etwa mit den Namen Hofmannsthal, Schnitzler, Werfel, Zweig, umschrieben ist", als undeutsch, nämlich als „eine wienerische oder schlechterdings jüdische Angelegenheit" abgetan. Wir stehen hier vor dem letzten, dem Totschlagargument: der Gleichsetzung von ‚österreichisch' und ‚jüdisch' – was mit dem Blick auf die herausragenden Leistungen österreichischer jüdischer Schriftsteller und Schriftstellerinnen zugleich bedeutete, dass der Großteil der österreichischen Literatur damit als ‚artfremd', ‚schädlich', ‚zersetzend' und ‚volksfeindlich' eingestuft wurde. Bei den Bücherverbrennungen vom 10. Mai 1933 in deutschen Universitätsstädten, dem Auftakt der kulturellen Barbarei, sind denn auch schon

Bücher österreichischer Autoren und Autorinnen in den Flammen gelandet. Das Menetekel wurde in Österreich nur von wenigen erkannt.

Josef Nadler, der mit dem Nationalsozialismus sympathisierte, machte die komplementären Eigenschaften der Deutschen und der Österreicher zum zentralen politischen Argument für den Zusammenschluss zwischen Österreich und dem ‚Dritten Reich' Adolf Hitlers: „Die heroischen und die musischen, die spielhaften und die denkerischen Fähigkeiten [...], welche dieser Anlagen könnte das deutsche Volk entbehren bei so mannigfachen Aufgaben, die ihm inmitten des Erdteiles gestellt sind?" Die Bewältigung der mannigfachen Aufgaben, die die Österreicher und die Deutschen in der Folge wieder einmal Schulter an Schulter, mit dem Gewehr in der Hand, in Angriff nahmen, hat allerdings gezeigt, dass im Besonderen bei der Organisation der so genannten ‚Endlösung' der Judenfrage die Österreicher in puncto Tüchtigkeit, Effizienz, Organisationstalent und kaltschnäuzigem Kalkül den Deutschen in nichts nachstanden. Die „spielhaften" und die „musischen" Fähigkeiten der Österreicher waren nun offenbar entbehrlich oder kamen jedenfalls nicht besonders prominent zur Geltung. Wo anders als an diesem Tiefpunkt gemeinsamer nationalistischer Geschichte hat sich das bekannte Wort Grillparzers bewahrheitet: „Von der Humanität durch Nationalität zur Bestialität."

Nach der Befreiung im Jahre 1945 begriffen Kulturpolitiker und Schriftsteller es als nationale Pflicht, das beschädigte Selbstbewusstsein und das internationale Ansehen Österreichs durch deutliche Abgrenzung vom deutschen Nachbarstaat wieder zu heben und zu stärken. Dies geschah in Form einer Reprise der ‚Österreich'-Ideologie der 1920er und 1930er Jahre. Das Vorhaben zielte implizit auf eine ‚Reparatur der

Geschichte'. Indem der Nationalsozialismus als Ergebnis einer „externen Intervention in die österreichische Geschichte" dargestellt wurde, konnte das Dritte Reich als ein „Ereignis außerhalb der eigentlichen österreichischen Entwicklung" und somit als unösterreichisches Intermezzo ausgeblendet werden – so der deutsche Soziologe M. Rainer Lepsius in seiner Arbeit *Das Erbe des Nationalsozialismus und die politische Kultur der Nachfolgestaaten des ‚Großdeutschen Reiches'* (1988). Der Romancier und spätere PEN-Club Präsident Alexander Lernet-Holenia schrieb denn auch im Jahre 1945: „In der Tat brauchen wir nur dort fortzusetzen, wo uns die Träume eines Irren unterbrochen haben..." Mit anderen Worten: Hitler und sein ‚Drittes Reich' gehen uns Österreicher nichts an, wir können dort fortfahren, wo wir vor dem ‚Anschluß' und dem Zweiten Weltkrieg standen. Der Vollständigkeit halber darf man ergänzen, dass dies letztlich implizierte, beim Austrofaschismus Dollfußscher Prägung, der den Parlamentarismus zerstört hatte, fortzusetzen.

Aufs Neue grassierte auf Jahrzehnte hinaus unter Germanisten und Kritikern in Österreich jene geistige Verwirrung, die zutreffend als ‚Nadleritis' bezeichnet wurde. Barocktradition, Katholizismus, Bodenständigkeit, Bescheidenheit, Güte und der „ethisch-religiöse Höhentrieb", die einst das deutsche Wesen komplettierten, durften nun wieder herhalten, um einen wesenhaften Unterschied zum ‚Deutschen' zu begründen und die Immunität des österreichischen „Volkskörpers" gegen den Nationalsozialismus im Nachhinein zu behaupten. Die Restauration des Staates wurde mit der Restauration des Begriffs einer österreichischen Literatur nicht nur forciert, sondern, im Extremfall, beim einflussreichen Kritiker und Publizisten Hans Weigel etwa, auch begründet: „Österreich ist als zweite Republik scheinbar auferstanden, in Wahrheit aber recht eigentlich erstanden, ist gesichert, geborgen, aufbewahrt, ermöglicht im Wort seiner Autoren von heute."

Der Zynismus der vaterländischen Reprise, dieses Rückgriffs auf die Zeit vor 1938, bestand darin, dass nun als Ausstellungsstücke für das Österreichische auch jene – in der Mehrzal bereits verstorbenen – Autoren fungierten, denen im intellektuellenfeindlichen und antisemitischen Klima der Zeit zwischen den beiden Weltkriegen weithin Ignoranz und Missachtung entgegengebracht wurden: Hermann Broch, Karl Kraus, Robert Musil, Hugo von Hofmannsthal, Ödön von Horváth, Joseph Roth, Arthur Schnitzler, Stefan Zweig, Franz Werfel u.a. Zur Aufbesserung des kulturellen Etats wurden kurzerhand sogar jene zu Repräsentanten dieser österreichischen Literatur erklärt, denen, wie etwa Rainer Maria Rilke, erklärtermaßen „alles Oesterreichische zuwider" war. Ausgeschlossen waren hingegen die Vertriebenen und Exilierten; und auch die Literaturpreise und Förderungen gingen fast ausschließlich an jene Autorinnen und Autoren, die schon die Austrofaschisten und die Nationalsozialisten gefördert und ausgezeichnet hatten.

Im selben Maße, in dem die Eigenstaatlichkeit Österreichs und deren Anerkennung durch die Österreicher seit 1955 zur Selbstverständlichkeit geworden ist, stellt sich dieser Vorgang letztlich als eine imagebildende Maßnahme mit Hilfe der Kultur dar. Der Erfolg dieser Strategie war so augenfällig, dass Ende der 1970er Jahre namhafte bundesdeutsche Kritiker wie Heinrich Vormweg von einer „Verösterreicherung" der deutschen Literatur zu sprechen und zu schreiben begannen und Graz zum Zentrum der deutschsprachigen Literatur erklärt wurde.

Man hoffte in den vergangenen Jahrzehnten, der Diskussion über nationale Literaturen die ideologischen Implikationen nehmen zu können, indem man vorgeschlagen hat, nicht mehr von Ländern oder Staaten als Bezugsgrößen zu reden, sondern von „Kulturräumen". Ich habe mit diesem Begriff Schwierigkeiten, weil er mich zu sehr an das rassistisch belastete Konzept der Stämme und Landschaften Josef Nadlers erinnert. Demgegenüber würde ich, noch einmal M. Rainer Lepsius folgend, bevorzugen, von sozialen und kulturellen Milieus zu sprechen. Der Begriff des Milieus wird der sozialen und historischen Dynamik eher gerecht als der statische Begriff des Kulturraumes. Er ermöglicht vor allem auch die historisch und sozial differenzierte Darstellung konkurrierender kultureller Milieus innerhalb einer bestimmten Region. So lässt sich m.E. das einzigartige Phänomen der ‚Wiener Moderne' oder der Kultur der Jahrhundertwende damit besser fassen und beschreiben als mit anderen Ansätzen.

Das Konzept der kulturellen Milieus, der historisch und soziologisch unterschiedlichen ‚Lebenswelten', scheint mir auch ein vernünftiger Ansatzpunkt zu sein für das Interesse an Gemeinsamkeiten und Unterschieden zwischen den deutschsprachigen Ländern; auch von Unterschieden und Gemeinsamkeiten auf der Ebene von Anschauungen, Haltungen, Verhaltensweisen und Mentalitäten. Nirgendwo nämlich sind diese Unterschiede und Gemeinsamkeiten eindrücklicher, anschaulicher und differenzierter dargestellt und formuliert als in literarischen Texten. Von Peter Handke stammt der Satz: „Es ist die Literatur, die das Bild eines Landes bestimmt, gerade indem sie allen fertigen Bildern mit Hartnäckigkeit und sanfter Gewalt widerspricht." Dass in den folgenden, ganz unterschiedlichen Stücken das eine oder andere davon sichtbar werde, hoffte und hoffe ich.

# Adalbert Stifter

## Ein Porträt[1]

In den frühen Morgenstunden des 8. Juli 1842 beobachtete Adalbert Stifter vom Kornhäuslerturm über seiner Wiener Wohnung in der Seitenstettengasse das seltene Schauspiel einer totalen Sonnenfinsternis. „Die ganze Vorstellung dauerte", wie der Herausgeber und Redakteur der *Wiener Zeitschrift für Kunst, Literatur, Theater und Mode*, Friedrich Witthauer, drei Tage später seinen Lesern in Erinnerung rief,

> an zwey Stunden, die Hauptscene aber, der Culminations- und Wendepunct des Ganzen, die Peripetie des Stückes, war in nicht ganz zwey Minuten abgethan, aber in den zwey Minuten war eine Großheit, eine Erhabenheit, eine Göttlichkeit zusammengehäuft, für welche die arme Sprache der Menschen keinen Ausdruck findet.

Schon im ersten Satz seines Berichts hatte Witthauer die Möglichkeit einer Darstellung des Naturereignisses bezweifelt: „Ja, wer's nur beschreiben könnte, was er heute gesehen hat! Wer's nur wiedergeben könnte, was er dabei empfunden! [...] Es gibt Erscheinungen und es gibt Gefühle, die aller Darstellung spotten."[2]

1 Schriftenverzeichnis, Aufsätze Nr. 95.

2 Friedrich Witthauer: Flüchtige Gedanken am Morgen des 8. July 1842. In: Wiener Zeitschrift für Kunst, Literatur, Theater und Mode (11.7.1842). Zit. nach: Adalbert Stifter: Die Sonnenfinsterniß am 8. July 1842. Mit Beiträgen von Friedrich Witthauer, K. L. v. Littrow, Hans Sedlmayr, Hans Eisner. Linz o. J. (= Schriftenreihe des Adalbert Stifter-Instituts des Landes Oberösterreich, Folge 18), S. 14–16, Zit. S. 14f. Vgl. zum Folgenden auch Klaus Amann: Adalbert Stifter: ‚Die Sonnenfinsterniß am 8. July 1842'. In: ide. Informationen zur Deutschdidaktik 19 (1995), H. 2 (=Klassiker in Österreich), S. 72–79.

Den Gegenbeweis für diese Behauptung lieferte, nur drei Tage später, Adalbert Stifter. In der nämlichen Zeitschrift erschien, beginnend mit dem 14.7.1842, an drei aufeinanderfolgenden Tagen Stifters Schilderung *Die Sonnenfinsterniß am 8. July 1842*. Dem kleinen Text, der in den Werkausgaben kaum zehn Seiten einnimmt, wurde von jeher genau das attestiert, was Witthauer – vom eigenen rhetorischen Schwung nicht minder hingerissen als von der Begeisterung über das Gesehene – für unmöglich gehalten hatte: Dass er für die „Großheit" und „Erhabenheit" jenes Ereignisses, für das im Witthauerschen Sinne Unbeschreibliche und Unbeschreibbare, den adäquaten literarischen „Ausdruck" gefunden habe. So heißt es in der weitverbreiteten Stifter-Bildmonographie des Rowohlt Verlages: „Das berühmte Prosastück, unauslotbar in seiner Tiefe und Schönheit, vollbringt das Unerhörte, einen Naturvorgang mit der exakten Präzision des Wissenschaftlers, und zugleich das Unsagbare, das sich dem Mittel der Sprache schlechthin entzieht, in seiner Wirkung anschaulich zu machen."[3] Nicht genug damit, man hat den Text mehrfach (meist in einem Atemzug mit der Erzählung *Aus dem bairischen Walde*, der letzten abgeschlossenen Arbeit Stifters, entstanden 1867, ein Jahr vor seinem Tod) als eine der großartigsten Naturschilderungen der deutschsprachigen Literatur bezeichnet.[4]

Das kleine Prosastück ist gut geeignet, Stifters literarischen Anspruch und seine Poetik in den Blick zu nehmen. Die Sonnenfinsternis erinnert ihn, den einstigen Zögling (und Vorzugsschüler) der Benediktinerabtei Kremsmünster (1818–1826), nicht zufällig an den Bericht des Evangelisten vom Tod Christi,

3 Urban Roedl [d.i. Bruno Adler]: Adalbert Stifter in Selbstzeugnissen und Bilddokumenten. Reinbek b. Hamburg 1965 (= rororo bildmonographien), S. 65.

4 Vgl. Ursula Naumann: Adalbert Stifter. Stuttgart 1979 (=Sammlung Metzler 186), S. 79f.

da die Sonne sich verfinsterte, die Erde bebte, die Toten sich aus ihren Gräbern erhoben und der Vorhang des Tempels in zwei Teile zerriss (Matth. 27, 45ff.); sie erinnert ihn nicht zufällig an das ‚Dies irae' aus der Offenbarung des Johannes (6, 12; 17), wo es – in der Formulierung Stifters – heißt, dass Gott uns „durch das bloße Weghauchen eines Lichtteilchens vernichten" könne.[5] Das Schwinden des Lichts, das Fremdwerden des Vertrauten wird zur Vision von Weltuntergang, Verlassensein und Tod. Gleichzeitig sind die Zuschauer durch das Schauspiel am Himmel gebannt. „Wie herrlich, wie furchtbar!", rufen sie.[6] Das Naturereignis wird als „Tremendum" und „Fascinosum" gleichzeitig wahrgenommen – die herkömmlichen Attribute des zornigen und des liebenden Gottes.[7]

Stifter findet für diesen religiös-theologischen, so gesehen also ‚traditionellen' Beschreibungs- und Deutungsansatz eindrucksvolle Bilder, die auf ganz eigene Weise den Unsagbarkeitstopos thematisieren. Denn gerade das, was an dem Naturereignis in traditioneller Rhetorik menschliche Vorstellungskraft, menschliches Ausdrucks- und Sprachvermögen übersteigt, hat, so die metaphorische Deutung Stifters, mit Schreiben, Lesen und Ausdeuten, mit Sprache also, zu tun – allerdings mit der Sprache „Gottes". Die Gesetze, nach denen die Planeten sich bewegen und die (seit ihrer Entdeckung und Berechnung durch Kopernikus, Newton u.a.) Sonnenfinsternisse prognostizierbar

5 Adalbert Stifter: Die Sonnenfinsternis am 8. Juli 1842. In: A. St.: Sämtliche Werke in fünf Einzelbänden. Hrsg. von Fritz Krökel und Magda Gerken. München: Winkler o. J. [1949–1961], Bd. 4 [1954] (Die Mappe meines Urgroßvaters. Letzte Fassung. Schilderungen. Briefe), S. 501–512, Zit. S. 509.

6 Ebd., S. 510.

7 Vgl. zu dieser Deutung Friedrich Wilhelm Korff: Diastole und Systole. Zum Thema Jean Paul und Adalbert Stifter. Bern 1969, S. 38ff. Korff weist im Text der Sonnenfinsternis erstaunliche, teilweise wörtliche Entsprechungen zu Jean Pauls ‚Rede des todten Christus vom Weltgebäude herab, daß kein Gott sei' (1796) nach.

machen, sind in Stifters Text die „Schrift", die Gott am Firmament hinterlassen hat: „Durch die Schrift seiner Sterne hat er versprochen, daß es [Sonnenfinsternisse etc.] kommen werde nach tausend und tausend Jahren, unsere Väter haben die Schrift entziffern gelernt, und die Sekunde angesagt, in der es eintreffen müsse..."[8] Der Höhepunkt der Erscheinung schließlich, da „wie der letzte Funken eines erlöschenden Dochtes, [...] der letzte Sonnenfunke weg[schmolz]", was auf den Betrachter „wahrhaft herzzermalmend wirkte", war „der Moment, da Gott redete, und die Menschen horchten". Die Schlussfolgerung liegt auf der Hand: Wer Augen hat (die Schrift am Himmel) zu sehen, der sehe; wer Ohren hat, (Gott reden) zu hören, der höre. Aber auch: wer nichts hört und wer nichts sieht, der braucht jemanden, der ihm Augen und Ohren öffnet, der ihn lehrt, die Schrift am Firmament, oder wo auch immer, zu lesen.

Doch die Sonnenfinsternis als religiöses Erlebnis, als eine Epiphanie, in der die Gegenwart Gottes erfahrbar wird, ist nicht der Fluchtpunkt des Textes. Vieles spricht dafür, dass die Dignität des Themas nur besonders gut geeignet war, einen ganz konkreten, das bedeutet auch, einen biographisch begründbaren künstlerischen Anspruch zu beglaubigen und zu legitimieren. (Schließlich endet der Text ja auch mit einer kunsttheoretischen Erwägung und nicht mit einer religiös-erbaulichen Nutzanwendung, doch davon später.) Stifter kommt nämlich, nachdem er in einem ersten Anlauf die Einzigartigkeit des Ereignisses lokalisiert und bewertet hat – „Nie und nie in meinem ganzen Leben war ich [...] von Schauer und Erhabenheit so erschüttert..." – am Ende des ersten Viertels des Textes ganz unvermittelt auf seine Schreibintention zu sprechen:

---

8 Stifter, Sonnenfinsternis (Anm. 5), S. 504.

> Ich will es in diesen Zeilen versuchen, für die tausend Augen, die zugleich an jenem Momente zum Himmel aufblickten, das Bild, und für die tausend Herzen, die zugleich schlugen, die Empfindung nachzumalen und festzuhalten, in so ferne dies eine schwache, menschliche Feder überhaupt zu tun im Stande ist.[9]

Mehreres ist bemerkenswert an dieser Ankündigung: Stifter will demnach nicht jenen das Bild der Sonnenfinsternis ‚nachmalen', die das Ereignis nicht miterlebten – das täte ein Journalist – sondern er richtet sich, wie zur Nachprüfung und zum Beweis dessen, was seine „Feder" zu leisten imstande ist, an die Augenzeugen des Ereignisses, die wohl zum Teil die Meinung Witthauers kennen und teilen mochten, der ja am selben Orte drei Tage früher bezweifelt hatte, dass es möglich wäre, wiederzugeben, was ein Zeuge des Ereignisses „gesehen" und „empfunden" hat.

Stifter will das „Bild" der Sonnenfinsternis *und* die „Empfindung" nachmalen, die dieses Bild beim Betrachter ausgelöst hat. Diese doppelte Intention begründet einen genuin literarischen Anspruch und konstituiert zugleich jene methodische Reflexion der Erzähl*form*, die den Text durchgehend bestimmt. Thematisiert wird diese Voraussetzung in der leitmotivisch behaupteten Defizienz und Unzulänglichkeit des naturwissenschaftlichen Beschreibungsmodells. Stifter führt sich mit den ersten Sätzen des Textes als naturwissenschaftlich und insbesondere als astronomisch Kundigen ein, der die erwartete Sonnenfinsternis nach den Regeln und Maßstäben der Wissenschaft erklären und beschreiben kann – was er, mit einigen einschlägigen Details wie Kernschatten und

9 Ebd., S. 503 und 504.

Achsendrehung der Erde über eine halbe Seite hinweg auch ernsthaft tut; „– dies alles“, resümiert er,

> wußte ich voraus, und zwar so gut, daß ich eine totale Sonnenfinsternis im Voraus so treu beschreiben zu können vermeinte, als hätte ich sie bereits gesehen. Aber da sie nun wirklich eintraf [...] und [ich] die Erscheinung mit eigenen Augen anblickte, da geschahen freilich ganz andere Dinge, [...] an die keiner denkt, der das Wunder nicht gesehen.[10]

Mit anderen Worten: Die Wahrnehmungs- und Beschreibungsmöglichkeiten des naturwissenschaftlichen Blicks liefern nur ein unvollständiges Bild der Wirklichkeit, ein Surrogat; die „ganz anderen Dinge“ bleiben ihm verborgen. Stifter kommentiert deshalb auf einer zweiten, die Darstellung ständig reflektierenden Textebene mögliche Wahrnehmungs- und Darstellungsmodi des Ereignisses. Das heißt, er thematisiert, wie die „Schrift“ am Himmel, die nicht das Ereignis selber ist, sondern es nur repräsentiert, zu lesen und darzustellen wäre, dass auch jenes ‚andere‘ zum Vorschein käme. Dabei bedeutet seine Kritik der streng naturwissenschaftlichen Auffassungsweise keineswegs eine generelle Ablehnung des wissenschaftlichen Zugangs. Seine Kritik richtet sich einzig gegen eine einseitige Verengung und Verarmung des Blicks.

Die „ganz andere[n] Dinge“ werden im Text vorerst metaphorisch als „Wunder“ benannt und später in den Gegensatzpaaren von Verstand und Herz, von Prognose (Vorhersage) und unmittelbarer Anschauung, von Berechnung und Empfindung aufgehoben. In den „physischen Hergang“ (das

10 Ebd., S. 503.

astronomische Phänomen also, das die Wissenschaft berechnen und beschreiben kann) sei „ein solcher Komplex von Erscheinungen", eine solche „moralische Gewalt" gelegt, die sich dem Verstand, der Berechnung entzieht, die aber dem Herzen zugänglich sei, weil allein das Herz imstande ist, „Schauer" und „Erhabenheit" zu „empfinden". Die astronomische Erklärung, die auf die Sekunde genaue Berechnung und Vorhersage des Ereignisses erklären eben nicht „die wunderbare Magie des Schönen". Diese Magie des Schönen ist nicht „rechenbar", so wie der physikalische Vorgang; sie „ist da, weil sie da ist, ja sie ist trotz der Rechnungen da, und selig das Herz, welches sie empfinden kann, denn nur dies ist Reichtum, und einen anderen gibt es nicht –".[11] Die für Stifter so charakteristische Definition des „Schönen" in Form einer Tautologie (einer Begründung durch sich selbst), die gleichzeitig einen Hinweis auf die Selbstbezüglichkeit seines Schreibprozesses gibt, weist auf die Autonomie und das Für-sich-sein des Schönen. Das Schöne ist jedoch – und diese berühmte Formulierung fundiert als Nachklang der christlich-humanistischen Ausbildung in Kremsmünster Stifters Kunstreflexion ein Leben lang – die Darstellung des Göttlichen „im Gewande des Reizes". Dieses Göttliche aber, so Stifter, ist – auf jeweils eigene Weise – nur der Religion und der Kunst zugänglich.[12]

Stifter thematisiert in seiner Schilderung der Sonnenfinsternis vom 8. Juli 1842 somit am Beispiel des Fremdwerdens der Natur nicht nur die Möglichkeiten und Bedingungen einer

11 Ebd., S. 504–506.

12 Adalbert Stifter. Sämmtliche Werke. Hrsg. von August Sauer u.a. 25 Bde., Prag 1904ff., Reichenberg 1927ff., Graz 1957f. (Zit. als PRA), XXII, 77, 13.2.1867 an Carl von Hippel, u.ö. Die Kunst als das „Göttliche im Kleide des Reizes" meint letztlich die „griechische Kalokagathia in christlicher Wendung", so Moriz Enzinger: Adalbert Stifters Studienjahre (1818–1830). Innsbruck 1951, S. 205.

adäquaten Wahrnehmung der Wirklichkeit (und der Natur im Besonderen) – dies ist letztlich das zentrale Thema seines gesamten literarischen Werkes –,[13] er behauptet *mit* seinem Text zugleich die Überlegenheit der literarischen Darstellung über alle anderen Beschreibungsformen und Beschreibungsmöglichkeiten. Seine Schilderung führt den Beweis, dass der Text als *literarischer* Text tatsächlich nicht nur das „Bild“ der Sonnenfinsternis, sondern in seinen eigenen poetischen Bilderfindungen zugleich auch jene „Empfindung[en]“ nachzumalen und zu produzieren vermag, die jenes „Bild“ ausgelöst hat. So bringt der Text gemäß seiner Programmatik tatsächlich Herz und Verstand, Genauigkeit der Wahrnehmung und Empfindung des Wahrgenommenen zusammen und setzt der naturwissenschaftlichen Betrachtung eine eigene *Wahr*nehmung entgegen, die umfassender und differenzierter ist als jene.

Eine besondere Qualität des Stifterschen Textes über die Sonnenfinsternis liegt in der ungemein differenzierten und erfindungsreichen Beschreibung der wechselnden Lichtverhältnisse und Luftschichtungen, die im Verlauf des Ereignisses auftreten. Diese Passagen belegen, dass Stifter das Naturphänomen nicht nur mit den Augen eines Malers, der er ja auch war, *gesehen* hat, sondern dass diese ganz eigene, auf Licht und Farbverhältnisse, auf Konturen und Horizonte, auf räumliche und körperliche Proportionen spezialisierte Wahrnehmung den Text ganz entscheidend bestimmt. Dazu passt, dass Stifter seine Schilderung mit einer seltsamen kunsttheoretischen Erwägung schließt. „Könnte man nicht auch“, fragt er,

13 Vgl. Wolfgang Preisendanz: Die Erzählfunktion der Naturdarstellung bei Stifter. In: Wirkendes Wort 16 (1966), S. 407–418.

> durch Gleichzeitigkeit und Aufeinanderfolge von Lichtern und Farben eben so gut eine Musik für das Auge wie durch Töne für das Ohr ersinnen? Bisher waren Licht und Farbe nicht selbständig verwendet, sondern nur an Zeichnung haftend...[14]

Hier spricht Stifter tatsächlich als *Maler*, und was er vorschlägt ist nichts Geringeres als eine vom Gegenstand emanzipierte Malerei, die sich auf die Komposition von Licht und Farbe beschränkt. Wenn man nun danebenhält, was sich von Stifters Malerei aus den dreißiger und vierziger Jahren erhalten hat, bzw., was er nicht vernichtet hat, so zeigt sich, dass er zwischen 1837 und 1841 immer wieder an Wolkenstudien gearbeitet hat, wobei er „mitunter die Farbe um ihrer selbst willen in fast spielerischer Leichtigkeit handhabte", eine Technik, „für die Stifter weder in der zeitgenössischen Malerei noch bei den alten Holländern Vorbilder hatte".[15] Kunsthistorisch gesehen scheint er mit diesen Wolkenstudien intuitiv zu farblichen und formalen Improvisationen vorgestoßen zu sein, „die bereits den Frühimpressionismus vorwegnehmen."[16]

Was folgt aus all dem? Stifter spricht in der *Sonnenfinsternis* ausdrücklich als astronomisch und naturwissenschaftlich Versierter, er spricht als Maler, und er erhebt – gleichsam vor Zeugen – den Anspruch, als Schriftsteller die Magie des Schönen, Synonym für das Göttliche, die in dem Naturschauspiel offenbar geworden sei, nachzugestalten. Dieses komplizierte Geflecht aus Selbstbildern, Ambitionen und Begründungen ist ein Spiegelbild der Situation, in der Stifter sich Anfang der vierziger

14 Stifter, Sonnenfinsternis (Anm. 5), S. 511.

15 Fritz Novotny: Stifter als Maler. 3. erw. Aufl., Wien 1940, S. 18f.

16 Franz Baumer: Adalbert Stifter, der Zeichner und Maler. Passau 1979, S. 11.

Jahre, als immerhin Mittdreißiger, befand: Er hatte im Krisenjahr 1830 abrupt, nämlich durch Nichterscheinen bei einer entscheidenden Prüfung, seine Studien an der juridischen Fakultät der Universität Wien abgebrochen, um sich ausschließlich der Kunst und der Wissenschaft zu widmen, vor allem der Naturwissenschaft und der Malerei, die er als seine primäre Begabung ansah. Für seinen Lebensunterhalt machte er sich sein vielfach bezeugtes pädagogisches Talent zunutze und wirkte als Privatlehrer in wohlhabenden bürgerlichen und adeligen Familien Wiens. So bewegt sich der Sohn eines 1817 tödlich verunglückten Leinwebers und Flachshändlers aus dem südlichen Böhmerwald – ein anderer Waldbauernbub –, der gescheiterte Student, autodidaktische Maler und naturwissenschaftliche Dilettant plötzlich in den höchsten Kreisen des vormärzlichen Polizeistaates, geht in den Häusern Arnstein und Schwarzenberg aus und ein, trifft mit dem Ehepaar Schumann, mit Grillparzer und Eichendorff zusammen und verkehrt sogar im Hause des Oberhauptes der Reaktion, beim Fürsten Metternich, dessen Sohn er in Mathematik und Physik unterweist. Gleichzeitig geht die langjährige schwärmerische Verbindung mit seiner Jugendgeliebten Fanny Greipl, einer Kaufmannstochter aus der Nachbarschaft des heimatlichen Böhmerwaldortes Oberplan, in Brüche. Die überstürzte Eheschließung mit Amalie Mohaupt (1837), einer 26-jährigen, attraktiven, aber armen Putzmacherin, die kaum des Lesens und Schreibens mächtig ist, isoliert ihn gesellschaftlich und bürdet ihm zusätzliche finanzielle Verpflichtungen auf. So ist durchaus nachzuvollziehen, dass Stifter sich in der Erfahrung seines eigenen beruflichen Scheiterns und in der täglichen schmerzlichen Wahrnehmung sozialer Ungleichheit im Zuge seines Hauslehrerdaseins zu einem Spezialisten für Entfremdung und Klassenunterschiede herangebildet hat. Noch in seinem spätesten Werk, in der ‚Letzten Fassung' der *Mappe meines Urgroßvaters* (1867), formuliert er bitter:

> Da sind die, welche in die Häuser gehen müssen, um ein wenig Erziehung und Unterricht darzureichen, und sich dann wieder von hinnen zu begeben. Und wenn eine Zeit um ist, bekömmst du dein Geld, und niemand kümmert sich um dich. Und wenn dich dein Herz überkömmt, und du aus ihm zu dem Schüler redest, und dann aufstehst, und in Demut Abschied nimmst, und fort gehst, und wenn er an dem Fenster steht, und auf den Scheiben trommelt, und dich unten weggehen sieht, von den Wägen, die da fahren, mit Kot bespritzt, dann deucht er sich mehr zu sein als du, und die Seinigen denken auch so.[17]

Das Interesse an Narren, Sonderlingen und Kindern, seine spürbare erzählerische Sympathie für Schicksalsgeprüfte und Außenseiter unterschiedlichster Art, welche die *Studien* (je zwei Bände 1844, 1847, 1850) und die *Bunten Steine* (1853) über alle Unterschiede hinweg thematisch miteinander verbinden, scheinen in der eigenen sozialen Erfahrung und in den übermächtigen persönlichen Anstrengungen, die der soziale Aufstieg ihm abforderte, begründet zu sein. Stifters Ordnungs- und Sicherheitsbedürfnis andererseits, das ebenso kennzeichnend für sein Leben ist, und das in den Ordnungssystemen und restaurativen Utopien des *Nachsommers* (1857) und des *Witiko* (1865–1867) literarischen Ausdruck findet, ist die Kehrseite seiner biographischen Enttäuschungen, Entfremdungen und sozialen Verunsicherungen. Die Revolution von 1848 stellt dabei die zentrale politische Erfahrung für Stifter dar.

---

17 Adalbert Stifter: Die Mappe meines Urgroßvaters. In: Stifter, Werke (Anm. 5), Bd. 4, S. 70.

Stifter schreibt, nach Anfängen in den späten zwanziger Jahren (*Julius*-Fragment 1827/1829), intensiver seit der Mitte der dreißiger Jahre. Sein primäres Interesse gilt jedoch der Malerei. Obwohl er nie einen formalen Unterricht genossen hat, das Zeichnen und Malen also ausschließlich autodidaktisch betreibt und so notgedrungen auch außerhalb der künstlerischen und akademischen Institutionen steht, scheint er Ende der dreißiger Jahre einigen öffentlichen Erfolg gehabt zu haben. 1839 nimmt er jedenfalls mit fünf Bildern an einer Ausstellung der Akademie teil. Die in dieser Zeit entstehenden Stadtlandschaften, etwa *Blick in die Beatrixgasse* oder *Wiener Vorstadthäuser* gelten, ganz im Unterschied zu seinen eher konventionellen Landschaftsbildern der späteren Jahre, als durchaus originell und technisch interessant.[18] Parallel dazu laufen seine Bestrebungen, zur Sicherung des Lebensunterhaltes irgendwo als Naturwissenschaftler unterzukommen. Unter anderem bewirbt er sich um eine Professur für Physik in Prag und arbeitet im Zusammenhang damit über Lichtbeugung.[19] Alle diese Versuche schlagen jedoch fehl. Jahrelang befindet er sich in der allergrößten finanziellen Bedrängnis. Mehr als einmal – zuletzt noch 1841 – wird er gepfändet, weil er die Miete nicht bezahlen kann.[20] So versucht er es neben Malerei, Naturwissenschaft und Privatunterricht auch noch mit der Literatur. 1840, mit 35 Jahren, veröffentlicht er in Witthauers *Wiener Zeitschrift* seine erste größere Erzählung: *Der Condor*. Trotz aller Anklänge an eine vergangene Literaturepoche, an Jean Paul und E. T. A. Hoffmann, enthält die Erzählung Zeitgenössisches genug, um den Geschmack des Publikums zu treffen. Der Erfolg stellt sich

18 Vgl. Wolfgang Matz: Adalbert Stifter oder Diese fürchterliche Wendung der Dinge. Biographie. München 1995, S. 126ff.

19 Vgl. Martin Selge: Adalbert Stifter. Poesie aus dem Geist der Naturwissenschaft. Stuttgart/Berlin/Köln/Mainz 1976.

20 Vgl. Matz (Anm. 18), S. 132 und 157.

gleichsam über Nacht ein. Binnen kurzem ist Stifter gesuchter Autor bei den Herausgebern von Almanachen und Taschenbüchern. Doch trotz der raschen Anerkennung als Autor versteht Stifter sich offenbar vorerst noch als Maler. Das häufig zitierte Gesuch um Aufnahme in den Witwen- und Waisenfonds bildender Künstler (1844) unterschreibt er – möglicherweise auch aus taktischen Gründen – mit „Landschaftsmaler“ und fügt fast entschuldigend hinzu: „In letzter Zeit hat der Gefertigte zwar einige kleine Versuche in der Schriftstellerei gemacht...“.[21]

Stifters Schilderung der *Sonnenfinsternis* spricht eine andere Sprache. Sie erscheint in jener Zeitschrift, in der er nur zwei Jahre zuvor zum ersten Mal in seiner neuen Rolle als Schriftsteller aufgetreten war. Zwar bildet die Schilderung in ihrer Mischung aus naturwissenschaftlichem Räsonnement, kunsttheoretischen Erwägungen und literarischer Darstellung jene Rollenkonflikte, in die Stifter jahrelang verwickelt war, noch deutlich ab, doch das etwas kokette Understatement in der Formulierung mit der „schwachen [...] Feder“ und der literarische Anspruch, den der Text formuliert (und auch einlöst), zeigen, dass hier einer spricht, dessen Perspektive das Schreiben ist. Unentschlossenheit, Orientierungslosigkeit und Zerrissenheit, die Attribute seiner Wiener Existenz seit 1826,[22] haben, sicherlich bedingt durch den, auch für ihn überraschenden literarischen Erfolg, offenbar einem professionellen Bewusstsein als Schriftsteller Platz gemacht, das sich auf anderer Ebene als entschiedenes Auftreten gegenüber Zeitschriften und Verlagen kundtut. Stifters Erfolg als Schriftsteller in den frühen vierziger

21 Zit. nach Novotny (Anm. 15), S. 24.

22 Vgl. Johann Lachinger: Adalbert Stifter – Natur-Anschauungen. Zwischen Faszination und Reflexion. In: Adalbert Stifter. Dichter und Maler, Denkmalpfleger und Schulmann. Neue Zugänge zu seinem Werk. Hrsg. Von Hartmut Laufhütte und Karl Möseneder. Tübingen 1996, S. 96–104, bes. S. 99f.

Jahren ist nicht unwesentlich dadurch bestimmt, dass er durch allerlei glückliche Umstände schon 1841 den richtigen Verleger findet. Es ist dies Gustav Heckenast, einer der bedeutendsten und auch geschäftlich erfolgreichsten Verleger der Monarchie, der, mit Verlagssitz in Pest, nicht nur eine ganze Reihe bedeutender deutschsprachiger Autorinnen und Autoren (u.a. Betty Paoli, Friedrich Hebbel, Peter Rosegger, Levin Schücking, Franz Stelzhamer) verlegt, sondern, besonders nach der Revolution von 1848 (in der er für die ungarische Sache eintrat), sich auch als großzügiger Förderer der ungarischen Literatur betätigt. Heckenast ist für Stifter weit mehr als sein Verleger. Er ist ihm Freund, Vertrauter, Ratgeber, Tröster, Weinlieferant – und vor allem, ein großzügiger Mäzen, der ihm auch in den Zeiten, da sein Stern im Sinken war, die Treue hielt.[23]

Zwischen 1840 und 1848 ist Stifter nicht bloß gesuchter und vielbeschäftigter Schriftsteller, er ist ein Modeautor und er ist in die Konkurrenz der jährlich erscheinenden ‚Taschenbücher', Almanache und Kalender fest eingebunden. In manchen Jahren erscheinen bis zu vier Erzählungen von ihm in diesen Publikationsorganen, die sich nicht nur mit immer kostbareren Ausstattungen, sondern auch mit Beiträgen von Prominenten und mit Neuentdeckungen gegenseitig zu überbieten suchen. Das Taschenbuch *Iris* beispielsweise, das im Verlag Heckenast erschien und in dem Stifter eine ganze Reihe von Erzählungen publizierte (*Feldblumen, Der Hochwald, Die Narrenburg, Der Hagestolz, Die Schwestern*), war in rote Seide gebunden, hatte Goldprägung und war mit vorzüglichen Stahlstichen illustriert. Den Großteil dieser Erzählungen, die nach den

23 Vgl. Klaus Amann: Stifter und Heckenast. Literarische Produktion zwischen Ästhetik und Ökonomie. In: Vierteljahrsschrift des ‚Adalbert-Stifter-Instituts' des Landes Oberösterreich 27 (1978), S. 47–58.

Publikationsorten als ‚Journalfassungen' bezeichnet werden – obgleich es keine ‚Fassungen', sondern eigenständige Erzählungen sind – hat Stifter, nach eingehenden Umarbeitungen, ab 1844 in den sechs Bänden der *Studien* veröffentlicht. Sie erscheinen bereits 1850 in dritter Auflage. Stifter ist also, sowohl was den Umfang seiner Produktion wie auch was seine Wirkung betrifft, ein knappes Jahrzehnt lang einer der Hauptprotagonisten des österreichischen Literaturbetriebs. Seine Wirkung geht, wie die Rezeptionsgeschichte seiner Werke zeigt, schnell und weit über den regional beschränkten Kreis des Almanach- und Taschenbuch-Publikums hinaus. Wenn die Zahl der Besprechungen ein Indiz für seine Präsenz in der Öffentlichkeit ist, so lässt sich ein steiler Verlauf seiner Prominenzkurve konstatieren. Sind es 1840 nur drei Besprechungen, so steigt ihre Zahl bis 1843 auf etwa ein Dutzend an, um dann, nach dem Erscheinen der ersten beiden *Studien*-Bände, gleichsam zu explodieren: 1844 erscheinen dreiundzwanzig, 1845 zweiundvierzig und 1847 fünfundvierzig Rezensionen. Zeitschriften aus dem gesamten deutschen Sprachraum, aber auch mehrere englische Journale besprechen seine Werke. Unter den Rezensenten finden sich Franz Stelzhamer, Joh. Gabriel Seidl, Levin Schücking, Betty Paoli, Heinrich Laube und Joseph von Eichendorff.[24] Der literarische Erfolg saniert ihn auch finanziell. 1846 verdient er mit der Schriftstellerei und dem Privatunterricht mehr als er zwanzig Jahre später, in seinem letzten Jahr als Landesschulinspektor (1865) an Gehalt beziehen wird.[25]

24 Vgl. Moriz Enzinger: Adalbert Stifter im Urteil seiner Zeit. Festgabe zum 28. Jänner 1968. Wien 1968 (= Österr. Akad. d. Wiss., Phil.-Hist. Kl., Sitzungsberichte, 256. Bd.).

25 Vgl. Adalbert Stifter: Schrecklich schöne Welt. [Buch zur gleichnamigen Ausstellung in Linz und Krumau 1990. Zusammengestellt von Johann Lachinger und Martin Sturm] Linz 1990 (=Vierteljahrsschrift des ‚Adalbert-Stifter-Instituts' des Landes Oberösterreich Jg. 39 /1990, F. 1/2), S. 40.

Stifters Texte dieser Jahre lassen sich inhaltlich, was Themenwahl und Personal betrifft, kaum von der großen Masse der biedermeierlichen Zeitschriften- und Taschenbuch-Literatur unterscheiden.[26] Das allerdings, worin sie sich tatsächlich und substanziell unterscheiden, wurde von den zeitgenössischen Lesern oft nicht wahrgenommen und wenn, dann wurde es dem Autor als Mangel, als Pedanterie oder als Versagen angelastet. Man kann, ohne ungebührlich zu generalisieren, sagen, dass es in seinem Schreiben ein verbindendes Element gibt, das ihn von allen seinen Zeitgenossen unterscheidet und das seine Besonderheit und auch seine Modernität ausmacht: Stifter thematisiert in seinem Erzählen Wahrnehmung. Er thematisiert die Anstrengung und die Verantwortung, die ein sorgsames und adäquates Auffassen und Wahrnehmen der ‚Dinge' (bekanntlich eines seiner Lieblingsworte) und Menschen bedeutet. Das heißt auch, er thematisiert die Täuschungsgefahr, die generell in der sinnlichen Apperzeption liegt – und zwar gleichgültig, ob es sich um die Wahrnehmung von Natur, Kunst oder Menschenwelt handelt. Stifters Schreiben, und somit notwendigerweise auch die Lektüre seiner Texte, thematisiert diesen Vorgang. Seine Texte stellen gleichsam eine experimentelle Situation her, in der es darum geht, Äußeres, Sichtbares, Oberflächen im weitesten Sinne, als Manifestationen, als Zeichen eines Dahinter- oder Darunterliegenden zu sehen – seien es Naturerscheinungen, Gesichter oder menschliche Verhaltensweisen. Dies betrifft in besonderer Weise die ‚sichtbaren', gleichsam nach außen gekehrten Verfestigungen innerer Zustände in Mimik, Gestik, Redeweisen und in den Konventionen des gesellschaftlichen Umgangs. Das „Menschenangesicht", heißt es schon in den *Feldblumen* (1841), ist

26 Vgl. Alfred Doppler: Stifter im Kontext der Biedermeiernovelle. In: Stifter, Neue Zugänge (Anm. 22), S. 207–219.

das „Titelblatt der Seele“[27]. Wie und dass Naturphänomene als „Schrift“ zu lesen sind, führt die *Sonnenfinsternis* paradigmatisch vor. Beides, Natur- und Menschenwelt, alles, die gesamte sichtbare Welt, muss entziffert, muss gelesen werden. Es gibt unzählige Stellen im Gesamtwerk Stifters, die Wahrnehmung mit Begriffen des Lesens, des Forschens, des Entschlüsselns und Entzifferns verbinden und umschreiben. Das Resultat dieses Schreibprogramms ist eine Poetik, welche die sichtbaren Phänomene als ‚Zeichen‘ für eine dahinterliegende ‚Bedeutung‘ nimmt. Die ‚Bedeutungen‘ sind jedoch nicht ‚ohne Weiteres‘ da, sie enthüllen sich erst in der konzentrierten, genauen und kombinierenden Lektüre, die nicht am Vordergründigen, an den Oberflächen hängen bleibt.[28] Lesen wird damit im besten Fall zu einem Erkenntnisvorgang, der sich vom äußeren Schein nicht blenden lässt, der die Details, die Indizien, die Andeutungen, die Wiederholungen richtig kombiniert und damit das ‚Wesen‘ der ‚Dinge‘ und die ihnen innewohnende Ordnung erkennt. Die berühmte *Vorrede* zu den *Bunten Steinen* mit ihrer Problematisierung der falschen Oppositionen von ‚groß‘ und ‚klein‘, die oft als biedermeierlich-quietistischer Rückzug interpretiert wurde, kann unter diesem Gesichtspunkt auch als Manifest einer veränderten oder einer zu verändernden Wahrnehmung gelesen und verstanden werden.

Gleichgültig, ob es sich um den alten Hagestolz, um Brigitta oder um den Pfarrer im Kar (im *Kalkstein*) handelt – um nur drei der augenfälligsten Beispiele zu nennen –, es geht immer darum, dass das Vordergründige, das Augenscheinliche,

---

27 Adalbert Stifter: Feldblumen. In: Stifter, Werke (Anm. 5), Bd. 2 (1950), S. 40.

28 Vgl. Christian Begemann: Die Welt der Zeichen. Stifter Lektüren. Stuttgart/Weimar 1995. Der konsequent semiotische Ansatz Begemanns führt zu erstaunlich präzisen Ergebnissen gerade in jenen Bereichen, die als Charakteristika des Stifterschen Erzählens gelten.

das Offensichtliche, das leicht Fassliche nicht auch schon die ‚Wahrheit' ist. Es bedarf eines genaueren Hinsehens und Hinhörens, um den äußeren Schein zu durchschauen und zu erkennen, dass der alte Hagestolz eben kein starrköpfiger, aggressiver Sonderling und Menschenverächter ist, sondern ein verzweifelter, von Angst und Trauer gepeinigter, schwacher Mensch, der sich aufgrund seiner Erfahrungen in sich selber verbarrikadiert. Es bedarf einer größeren Leseanstrengung, die komplizierte Beziehung zwischen Seelenschönheit und körperlicher Hässlichkeit, die Dialektik von Innen und Außen, von Langsamkeit und Schnelligkeit in *Brigitta* zu durchschauen und so den Verlauf der Erzählung zugleich als einen Prozess der Erkenntnis zu begreifen und zu nutzen – als einen Prozess, der im Laufe der Lektüre die Wahrnehmung und damit die Wertigkeiten von ‚schön' und ‚hässlich' verändert und somit das problematisiert, was spontane Sympathie verdeckt. Und es bedarf einer fast schon detektivischen Haltung, um die Signale, die der Erzähler in *Kalkstein* setzt, nicht vorschnell zu Ungunsten des scheinbar geizigen und in eigenartiger, fast schon fetischistischer Weise auf seine seidene Unterwäsche fixierten Pfarrers auszulegen. Wenn die teils widersprüchlichen, teils unscheinbaren Indizien, welche die Erzählung kommentarlos und ohne Wertung nach- und nebeneinander ausbreitet, richtig gelesen und kombiniert werden, wird die Geschichte plötzlich zu einem Plädoyer für das Nonkonformistische, das Andersartige und Fremde. Sie wird zu einer Lektion im Umgang mit dem Ungewohnten und Irritierenden.[29]

Die auffälligste formale Konsequenz dieser Poetik des Wahrnehmens, die sich bewusst auch als eine Schule des Lesens

29 Vgl. Mathias Mayer: Adalbert Stifter. Erzählen als Erkennen. Stuttgart 2001 (=Reclams UB 17627), S. 64ff., 72ff., 124ff.

versteht, ist die schrittweise Eliminierung von Innerlichkeit und Subjektivität aus den Texten, die bewusste und systematische Vermeidung von Einblicken in das Innere der Figuren, von psychologisierendem Erzählen also. Kommentare, auktoriale Einschübe, Thematisierungen des Erzählvorgangs treten immer seltener auf. Mit dem Erzähler, der sich schrittweise aus dem Erzählten entfernt, verschwinden gleichsam auch die ‚Subjekte'; übrig bleiben personale Hohlformen, deren Innerlichkeit zu einer Funktion ihres sichtbaren Verhaltens wird. Die Texte scheinen nur noch auf das Sichtbare, das Wahrnehmbare, auf Außensichten, auf Gestik, Mimik und Physiognomien fixiert zu sein, auf das, was ein Leser, der am Schauplatz anwesend wäre, selber sehen und hören könnte: wie die Dinge aussehen, wie das Wetter ist, was die Figuren tun und was sie reden. Selbst das Reden der Figuren ist aber kein verlässliches Anzeichen mehr für ihr Empfinden. Durch diese Technik des Verschweigens, die man als ‚Sicht von außen'[30] bezeichnet hat, gewinnen scheinbare Nebensächlichkeiten, kleinste Anzeichen und Hinweise, Widersprüche, Unstimmigkeiten, Wiederholungen und Veränderungen eine besondere Bedeutung. Sie dienen der Leserin, dem Leser als wichtige Indizien für die Konstruktion der Figuren, ihrer Interaktionen und Gefühlswelten. In den späten Erzählungen (*Der fromme Spruch*; *Der Kuß von Sentze)*, vor allem aber in *Witiko*, erreicht diese Technik einen Grad an Abstraktion und Formalisierung, aber auch an Stringenz und Geschlossenheit, der in der deutschsprachigen Literatur des 19. Jahrhunderts ohne Beispiel ist.[31] Dass in der immensen formalen Anstrengung, die viele Texte Stifters prägen, auch der Wunsch erkennbar wird, der von ihm

30 Vgl. Karlheinz Rossbacher: Erzählstandpunkt und Personendarstellung bei Adalbert Stifter. Die Sicht von außen als Gestaltungsperspektive. Diss. Salzburg 1966 (masch.).

31 Vgl. Begemann (Anm. 28), S. 403ff.

als chaotisch und krisenhaft erfahrenen zeitgenössischen Wirklichkeit eine lesbare (und lebbare) Ordnung der Dinge und der Welt entgegenzustellen – und dass gleichzeitig immer wieder auch die Abgründe, über denen diese Ordnungen errichtet sind, zwischen den Sätzen sich auftun – ist oft festgestellt worden, nicht nur kritisch,[32] sondern auch mit Respekt und Bewunderung, so zum Beispiel von Thomas Mann:

> Man hat oft den Gegensatz hervorgekehrt zwischen Stifters blutig-selbstmörderischem Ende und der edlen Sanftmut seines Dichtertums. Seltener ist beobachtet worden, daß hinter der stillen, innigen Genauigkeit gerade seiner Naturbetrachtung eine Neigung zum Exzessiven, Elementar-Katastrophalen, Pathologischen wirksam ist [...]. Stifter ist einer der merkwürdigsten, hintergründigsten, heimlich kühnsten und wunderlich packendsten Erzähler der Weltliteratur, kritisch viel zu wenig ergründet.[33]

Oft ist bemerkt worden, dass der Rigorismus seines Schreibsystems sich einer kompensatorischen Haltung verdanke. Stifter habe herbeigeschrieben, was er in seinem eigenen Leben vermisste. Literatur als Projektion, als Ersatz für ein missglücktes und, in einer unglücklichen Ehe, gescheitertes Leben.[34] Woraus jemand seine psychischen und auch seine physischen Energien bezieht, eine Lebensleistung wie die Adalbert Stifters zustande zu bringen, wird auch mit psychologischen Spekulationen nicht restlos zu klären sein. Es lässt sich mit zahlreichen

32 Vgl. Horst Albert Glaser: Die Restauration des Schönen. Stifters ‚Nachsommer'. Stuttgart 1965.

33 Thomas Mann: Die Entstehung des Doktor Faustus. Roman eines Romans. Amsterdam 1949, S. 124.

34 Vgl. dazu vor allem Matz (Anm. 18).

brieflichen und theoretischen Äußerungen Stifters jedoch etwas anderes belegen: Dass nämlich der zentrale Impetus für sein Schreiben sich einem humanen und pädagogischen Antrieb verdankt. Die Wahl seiner Themen mag im einen oder anderen Falle – unübersehbar im *Nachsommer* – kompensatorisch im Sinne eines Wunschbildes, einer Utopie gewesen sein, prägend für seine zunehmend unzeitgemäße Poetik und seine, im Gegensatz dazu, überaus avancierte Technik des Schreibens war jedoch in weit stärkerem Maße sein Verständnis von Literatur als eines ästhetischen Erziehungsinstruments. Literatur ist für ihn ein Medium, um eigene Erfahrung und eigenes Wissen als Material fruchtbar zu machen für jene Absichten und Erkenntnisexperimente, die er mit seinem Schreiben verfolgt. Stifter huldigt, bei aller Verehrung für Goethe, als dessen Nachfahr er sich gerne gesehen hätte, keineswegs einem autonomen Begriff von Kunst. Literatur und Kunst sind für ihn mit Zwecken, mit Absichten, mit erzieherischen und aufklärerischen Funktionen verbunden. Die Kunst ist zwar an die Wirklichkeit gebunden, sie bildet aber nicht die tatsächlich vorgefundene Realität ab. Im Gegenteil, die Kunst opponiert gegen das Gegebene, sie hat einen gegenbildlichen, einen utopischen Anspruch. Sie soll demgemäß nicht nur das Hässliche meiden (wozu für Stifter auch das Politische gehört), sondern sie muss auch das „gemeine rohe Leben“ transzendieren und „vor uns vergehen machen“.[35] So ist der Schriftsteller für ihn denn auch geradezu programmatisch ein „Lehrer, Führer, Freund seiner Mitbrüder, er kann ihnen ein Dolmetsch und Priester des Höchsten werden“.[36]

35 PRA XVI, 358. Vgl. auch Begemann (Anm. 28), S. 374f.

36 Adalbert Stifter: Ueber Stand und Würde des Schriftstellers [1848]. In: PRA XVI, 10.

Das Jahr 1848 bedeutet für Stifter biographisch und auch künstlerisch eine Wende. Durch die Märzrevolution stürzt er in eine existenzielle Krise. Er ist zunächst ein Anhänger der erhofften Reformen, lässt sich sogar als Wahlmann für die Frankfurter Nationalversammlung aufstellen, zieht sich aber schon im Mai entsetzt und entnervt nach Linz zurück, als er erkennt, dass die Veränderungen nicht auf evolutionärem Wege zu erreichen sind, sondern mit der Waffe in der Hand erzwungen werden und dass dabei „so viele, welche die Freiheit begehrt haben, nun selber von Despotengelüsten heimgesucht werden".[37] Stifter ist humanistisch gesonnen, vielleicht auch bürgerlich-liberal, doch vor allem ist er kaisertreu. Die Obrigkeit ist ihm heilig. So erscheint ihm die Flucht Kaiser Ferdinand I. aus Wien als Symbol des Zusammenbruchs aller Ordnungen. Er hat wenig Verständnis für die nationalen, sozialen und ökonomischen Probleme, die zum Aufstand geführt haben. Stifter sieht das revolutionäre Geschehen in erster Linie als Ausbruch tierischer Begierden und verdammenswerter Leidenschaften eines unmündigen Volkes.[38] Da er davon ausgeht, dass „Österreich [...] immer in seinem Rechte [war]",[39] sind die nationalen Bestrebungen der Ungarn (das wirtschaftlich gegenüber den Erbländern von jeher stark benachteiligt worden war) für ihn nur Ausdruck einer „fanatische[n] Sucht ungebildeter Völker". Die gewaltsame russische Intervention in Ungarn betrachtet er als einen Akt der Wiederherstellung von Recht und Ordnung.[40] Er arrangiert sich schnell mit der neuen politischen Führung und wohl in ihrem Auftrag veröffentlicht er in der offiziösen *Linzer Zeitung* eine Reihe von Artikeln, die

37 PRA XVII, 285.

38 Vgl. PRA XVI, 56 und XVI, 96.

39 PRA XVII, 320.

40 Vgl. PRA XVI, 71.

die dynastischen Interessen verteidigen.[41] Möglicherweise ist es unbillig, diesen Zusammenhang herzustellen, aber er springt ins Auge: Kaum eineinhalb Jahre nach seinem staatstragenden Engagement erhält er über Fürsprache einflussreicher Freunde und politischer Repräsentanten (darunter der Statthalter von Oberösterreich, Alois Fischer) ein Amt. 1850 wird er zum Inspektor der oberösterreichischen Volksschulen ernannt.

Stifters pädagogische Energie ist durch die politischen Irritationen des Jahres 1848 keineswegs erst erzeugt worden, sie hat aber durch die Revolution eine entschiedenere Richtung erhalten, indem er seine Grundsätze nicht nur im Zusammenhang mit seiner amtlichen Tätigkeit als Schulinspektor ausführlich und in die verschiedensten Richtungen begründet und dargelegt hat, sondern vor allem auch dadurch, dass er den erzieherischen Impetus stärker und dezidierter als vor der Revolution zum Fundament seines Schreibens macht. Bildung und Unterricht sind seit den Erfahrungen des Jahres 1848 für Stifter in einem ganz fundamentalen Sinne die Heilmittel gegen Leidenschaft und Triebhaftigkeit, gegen die „tigerartige Anlage" des Menschen, wie es in der kleinen Erzählung *Zuversicht* (1846) heißt.[42] Revolutionsschock, pädagogisches Engagement und literarische Absichten gehen eine Allianz ein, deren bedeutendstes Resultat *Der Nachsommer* (1857) ist, das Traumbild eines geglückten Lebens, das mit einem anachronistischen, aus Generations- und Familienbeziehungen entwickelten patriarchalischen Gesellschaftsmodell auf die Verunsicherungen

41 Vgl. z.B. PRA, XVI, 63–65 (‚Ueber die Befürchtung eines unglücklichen Ausganges in Ungarn') und XVI, 78–79 (‚Dankfest aus Anlaß der Beendigung des Aufstandes in Ungarn').

42 Adalbert Stifter: Zuversicht. In: Stifter, Werke (Anm. 5), Bd. 5 [1961] (Bunte Steine und Erzählungen), S. 350.

und Brüche der Revolution reagiert.[43] Das Besondere daran ist, dass der Roman auf diese Verunsicherungen in einer Form antwortet, die den Leser in substantieller Weise miteinbezieht.[44]

Stifter hat, wie er seinem Verleger nach Fertigstellung des Romans schrieb, den *Nachsommer* um „der Schlechtigkeit willen gemacht, die im Allgemeinen [...] in den Staatsverhältnissen der Welt [und] in dem sittlichen Leben derselben [...] herrscht".[45] Aus diesem Grunde wollte er vorzüglich in der Gestalt des Freiherrn von Risach ein „tieferes und reicheres Leben"[46] der „elenden Verkommenheit gegenüber stellen",[47] damit die Leser „sich einiges andere Leben anlernen".[48] Daraus ergab sich für Stifter allerdings ein erzählpraktisches Problem. Denn sofern er an seiner Überzeugung festhalten wollte, die er anlässlich der Besprechung des *Armen Spielmann* von Grillparzer geäußert hatte, dass nämlich die Literatur „kein sittliches Wörterbuch und Verhaltungsregeln" geben dürfe,[49] konnte er Risach, den Mentor und väterlichen Freund des jungen Heinrich Drendorf, nur schwer zugleich auch zum Erzähler jenes „Vorbild[es]"[50] machen, das er selber sein sollte. Die Lösung, die Stifter wählte, nämlich mit Heinrich einen außenstehenden Ich-Erzähler einzuführen, der in konzentrischen

43 Vgl. Karl Wagner: „Patriarchalisches Stillleben"? Ein sozialgeschichtlicher Versuch über Stifters ‚Nachsommer'. In: Vierteljahrsschrift des ‚Adalbert-Stifter-Instituts' des Landes Oberösterreich 29 (1980), S. 139–165. In dieser nach wie vor grundlegenden Arbeit werden die historischen, sozialen und ideologischen Kontexte des Romans besprochen, die in meiner folgenden, poetologisch orientierten Deutung ausgespart sind.

44 Vgl. Klaus Amann: Adalbert Stifters ‚Nachsommer'. Studie zur didaktischen Struktur des Romans. Wien 1977 (=Wiener Arbeiten zur deutschen Literatur, Bd. 8).

45 PRA XIX, 93, 11.2.1858 an Gustav Heckenast.

46 Ebd., S. 94.

47 Ebd., S. 93.

48 PRA, XIX, 14.1.1860 an Balthasar Elischer.

49 PRA XVI, 329.

50 Wie Anm. 45.

Kreisen den Risachschen Kosmos der vorbildlichen ‚Rosenhaus'-Welt ergründet und erforscht, vermeidet er die Gefahr der peinlichen Selbstbespiegelung Risachs, weil dessen Lebens- und Erziehungsprogramm jeweils nur als dialogisches (bzw. monologisches) Element und in der Wahrnehmung durch den Ich-Erzähler erscheinen kann. Diese Erzähltechnik hatte Stifter bereits in den *Zwei Schwestern* und in *Brigitta* erprobt. Im *Nachsommer* gestattet dieses Modell nicht nur die elegante Lösung eines erzähltechnischen Problems – es hat auch eine wichtige didaktische Funktion. Bei der pädagogischen Heilung der Krankheiten seiner Zeit hatte Stifter seinem Roman, wie erwähnt, eine ganz besondere Funktion zugedacht. Er sollte in seiner spezifischen Konstruktion den Beweis dafür erbringen, dass das Erziehungskonzept einer „Erziehung durch Umgang" praktikabel ist,[51] also die quasi naturhafte Implantierung des Risachschen Weltbildes in junge Menschen, die als einzige Voraussetzung „gut" und „klug"[52] zu sein haben. Zugleich sollte das Buch (durch das sich die Leserinnen und Leser ja „einiges andere Leben anlernen" sollten) mithilfe seiner spezifischen Erzählform gleichsam den Umgang mit Risach simulieren und die Lesenden dadurch konsequent für die Prinzipien der dargestellten Welt disponieren.

Letztlich sind alle Sätze des Romans in tautologischer Weise auf das Normensystem und auf den Werthorizont der Meinungen Risachs bezogen. Der Bildungsfortschritt Heinrichs und

51 Stifter, Werke (Anm. 5), Bd. 3 [1951] (Der Nachsommer), S. 633. Vgl. die Ableitung dieses Grundsatzes im Roman: „...daß man das Leben, wie es uns überall umgibt, aufsuche, daß man seine Erscheinungen auf sich wirken lasse, damit sie Spuren einprägen unmerklich und unbewußt, ohne daß man diese Erscheinungen der Wissenschaft unterwerfe. Darin [...] besteht das natürliche Wissen des Geistes zum Unterschiede von der absichtlichen Pflege desselben." (S. 301). Ähnlich S. 377f., 428, 516, 539, 633, 699, 713.

52 Ebd., S. 529.

– parallel dazu – der Lektürefortschritt vollziehen sich in der Form, dass ständig Äußerungen und Handlungen zueinander in Beziehung gesetzt werden müssen, deren Bedeutung, Funktion und Zusammenhang vorerst unklar sind. Es ist eines der Charakteristika des *Nachsommers*, dass der Ich-Erzähler immer wieder in bereits bekannte Situationen tritt, immer wieder die gleichen Handlungen vornimmt und immer wieder die gleichen Orte aufsucht. Doch die Gleichartigkeit dieser Vorgänge ist trügerisch. Sie bildet nur die Folie, vor der sublime Differenzierungen und Veränderungen stattfinden, die dem Leser oder der Leserin, sofern sie die Veränderungen überhaupt wahrnehmen, die Erkenntnisfortschritte des Ich-Erzählers anzeigen. Als Heinrich bei seinem ersten Aufenthalt im Rosenhaus auch das so genannte „Rosenzimmer" betritt, registriert er lediglich „vier kleine an Größe und Rahmen vollkommen gleiche Ölgemälde".[53] Nach seiner Rückkehr ins Elternhaus vermag er auf die Frage des Vaters nach den Kunstschätzen des Rosenhauses keine befriedigende Antwort zu geben. Bei der nächsten Begegnung mit den Bildern des „Rosenzimmers" erwähnt Heinrich die schon bekannten Bestimmungsstücke, doch jetzt ist bereits auch von der ästhetischen Wirkung auf den Betrachter die Rede: „Je mehr man sie betrachtete, desto mehr fesselten sie die Seele". Schließlich gibt er sogar die Wertung ab: „Sie waren die schönsten, die mein Gastfreund besaß".[54] Eine Verbindung zwischen den beiden Episoden wird, obwohl sie zweihundert Seiten auseinanderliegen, nicht hergestellt. Offensichtlich wird durch die differenziertere Reaktion Heinrichs bei der zweiten Begegnung auf sein mittlerweile erworbenes und gewachsenes Kunstverständnis verwiesen. Ungewöhnlich ist an dieser Situation, der sich Dutzende andere an die Seite

53 Ebd., S. 151.

54 Ebd., S. 350.

stellen ließen, dass ein Ich-Erzähler, der ja über sein Innenleben problemlos Auskunft geben könnte, zur Schilderung von Bilderrahmen und Größenverhältnissen Zuflucht nimmt, um auf seinen mangelnden Kunstsinn zu verweisen. Erschöpfte sich die erzählerische Absicht an den zitierten Stellen also darin, auf diesen Mangel aufmerksam zu machen, stünden einem Ich-Erzähler doch geeignetere und weniger aufwendige Mittel zur Verfügung. Es muss also ein zusätzlicher ‚Effekt' intendiert sein. Dieser Effekt lässt sich als jene Haltung beschreiben, die eine solche Technik des Erzählens beim Lesen erzeugen soll: Man wird zum Vergleich, zum Finden des ausgesparten Grundes, zum Entdecken und Substituieren der nicht ausformulierten Beziehungen und Bedeutungen veranlasst. Man beginnt unwillkürlich, die ausgesparten Lernprozesse, Motivationen, Gefühle etc. zu ergänzen, also das, was Heinrich meist nur im Reflex seines Handelns und Verhaltens erkennen lässt. Man ist gezwungen, durch ständiges Vergleichen, Korrelieren, In-Beziehung-Setzen und Begründen ein stimmiges Motivationsgefüge für das nur in Außensicht wiedergegebene Handeln der Figuren zu konstruieren. Im konkreten Fall ist die erzähllogisch vorhersehbare Konsequenz, dass Heinrich aufgrund seines Erkenntnisfortschrittes (der sich auch in einer Reihe anderer Situationen erweist) nun auch imstande sein wird, seinem Vater Näheres über die Gemälde zu berichten – was er knapp fünfzig Seiten später auch tut. Über den Inhalt der Ausführungen erfährt man allerdings nichts. Doch wir wissen zu diesem Zeitpunkt bereits, dass Heinrichs Bericht mit Sicherheit die bekannten Auffassungen Risachs über die Kunst rekapitulieren wird. Die selbstbezügliche Struktur des Romans mit ihren bestimmenden Elementen Tautologie, Wiederholung, Analogie, Zitat und Verweis zwingt die Leser und Leserinnen letztlich zu genau jener Aufmerksamkeit gegenüber auch unscheinbaren Elementen und Veränderungen innerhalb des Textes und zu eben jenen Haltungen des mühsamen Selberfindens, des Vergleichens und Abwägens, zu jenen Tugenden des Vertrauens, der Sorgfalt und der Geduld, die im Roman selber als grundlegende Bildungsprinzipien formuliert sind.[55]

Die Tatsache, dass Heinrich scheinbar unvermittelt und im Zusammenhang mit einem Gewitter buchstäblich in einem Moment der Erleuchtung zum ersten Mal die Schönheit und Bedeutung der Marmorstatue im Stiegenaufgang des Rosenhauses erkennt, an der er zuvor viele Male achtlos vorbeigegangen war, hat dieser Szene für die meisten Interpreten die Qualität einer Epiphanie verliehen.[56] Tatsächlich aber ist das, was in dieser Szene sich vordergründig als im wahrsten Sinne blitzartige Erkenntnis darstellt, nicht der Beginn, sondern der absolut äußerste Punkt einer Entwicklung, die sich über viele Stationen (Beschäftigung mit dem Malen und Zeichnen, mit kunsthandwerklichen, architektonischen und naturwissenschaftlichen Fragen, mit antiken Dichtern etc.) über mehr als dreihundert Seiten hinzieht. Die symbolträchtigen Blitze in dieser Szene lenken von der Tatsache ab, dass Heinrich genau jene Kriterien, mit denen Risach die Skulptur dann im nachfolgenden Gespräch beschreibt, im Zusammenhang mit seinen Malstudien selber schon entdeckt hatte. Auf die verwunderte Frage Risachs, wer ihn denn auf die Schönheit der Skulptur hingewiesen habe, gibt Heinrich zur Antwort: „Ich habe es selber gesehen." Darauf Risach: „Nun dann werdet Ihr es um so sicherer wissen und mit desto größerer Festigkeit glauben [...] als wenn Euch jemand eine Behauptung darüber

55 Die wichtigsten Bildungsvoraussetzungen und -grundsätze finden sich S. 36, 81, 107f., 165, 190, 301, 328, 428, 529, 592, 633, 713.

56 Ebd., S. 325ff. Vgl. z.B. Klaus Detlev Müller: Utopie und Bildungsroman. Strukturuntersuchungen zu Stifters ‚Nachsommer'. In: Zeitschrift für deutsche Philologie 90 (1971), S. 199–228.

gesagt hätte".[57] Dieses Wahrnehmungsprogramm, dieses Konzept des Selber-Sehen-, Selber-Finden-Müssens gilt für die Leserinnen und Leser des Romans in gleicher Weise wie für Heinrich. In dieser Funktion aber hat dieses Konzept zugleich eine inhaltliche und eine poetologische Dimension. Es thematisiert Wahrnehmung als ein bestimmtes Verhältnis zur Wirklichkeit nicht nur, es intendiert, diese spezifische Form der Wahrnehmung mit literarischen Mitteln hervorzubringen und zu steuern. Die Erzählform des Romans fordert letztlich vom Leser exakt jenes Verhalten, als dessen Objektivation das Dargestellte erscheint.

Dass die *Nachsommer*-Welt, in der vom Gelderwerb vorwiegend in Form von Erbschaften die Rede ist, und in der der Staatsbeamte a.D. Risach einen weitläufigen Landsitz samt Bibliothek, Münzsammlung, Mineralienkabinett und Gemäldegalerie mit Werken von Tizian, Dürer und van Dyck sein Eigen nennt, auch eine Fluchtphantasie des von seiner Pensionierung und von einem „Tusculum" am Traunsee träumenden Schulrates Stifter ist, liegt auf der Hand. Dass er sich die Erfüllung seines Traums nur als Folge eines Lottogewinns oder einer erfolgreichen Aktienspekulation[58] vorstellen konnte, mag bei einem wohlbestallten Beamten und erfolgreichen Schriftsteller doch verwundern. Wie also sieht die Realität hinter dem Wunschbild aus? Stifters Publikationstätigkeit geht nach 1848 stark zurück. Neben der Sammlung *Bunte Steine* (1853), die bis auf eine

57 Stifter, Nachsommer (Anm. 51), S. 328.

58 Vgl. Alois Raimund Hein: Adalbert Stifter. Sein Leben und seine Werke. 2. Aufl., hrsg. und mit einer Einleitung versehen von W. Krieg. Anmerkungen von O. Jungmair. 2 Bde., Wien/Bad Bocklet/Zürich 1952, Bd. 1, S. 482. Mitten in der Arbeit am ‚Nachsommer' schrieb Stifter an Louise von Eichendorff, die Schwester des Dichters: „Wir haben uns an der letzten Märzanleihe beteiligt. Am 15.4.1855 gewinne ich 200.000 Gulden, dann baue ich in Ihrem Garten ein Sommerhaus für Sie und uns ein zweites kleines am Traunsee in Oberösterreich ...".

Erzählung ausschließlich bereits Veröffentlichtes (wie üblich in überarbeiteter Form) enthält, erscheint im Jahrzehnt zwischen der Revolution und der Publikation des *Nachsommers* nur eine Erzählung (*Der Pförtner im Herrenhause,* 1852). Stifter verschwindet aber nicht nur vom Markt, weil seine gewohnten Publikationsorgane (wie das Taschenbuch *Iris*) nach der Revolution eingestellt werden oder, dem Zeitgeschmack entsprechend, ihre Ausrichtung ändern (aus der *Wiener Zeitschrift für Kunst, Literatur, Theater und Mode,* beispielsweise, wird ein satirisches Blatt).[59] Und Stifter ist auch keineswegs nur durch seine Übersiedlung aus der Metropole Wien in das provinzielle Linz – das „kunst- und wissenschaftslose(n) Böotien"[60], das er zuweilen auch als „Hottentottien" apostrophiert – aus dem Blickfeld der literarischen Öffentlichkeit geraten. Der eigentliche Grund ist, dass seine Texte zunehmend als unzeitgemäß, anachronistisch und stilistisch obsolet empfunden werden. Die Reaktion Friedrich Hebbels, der ihn (in *Die alten Naturdichter und die neuen. Brockes und Geßner, Stifter, Kompert usw.*) schon 1849 als Dichter der Käfer und Butterblumen verhöhnt, ist nur eine unter vielen. So prominente Kritiker wie Julian Schmidt und Hieronymus Lorm (d.i. Heinrich Landesmann), einst ein Bewunderer des Autors, schließen sich an.[61] *Nachsommer* und *Witiko* stoßen auf beinahe einhellige Ablehnung. Gleichzeitig fühlt Stifter sich von seinen Amtsgeschäften übermäßig beansprucht. Wohl ein Dutzend literarischer Pläne bleiben unausgeführt. Er ist zerrissen zwischen den beruflichen Erfordernissen und seinen künstlerischen Ambitionen. Ständig ist er auf Inspektionsreisen zu den Volksschulen des Landes, wirkt an Prüfungen und Konferenzen mit, verfasst Hunderte von Eingaben

59 Vgl. Doppler (Anm. 26), S. 209.

60 Roedl (Anm. 3), S. 104.

61 Die Zeugnisse sind in großer Vollständigkeit bei Enzinger (Anm. 24) abgedruckt.

und Vorschlägen für die Verbesserung der Ausbildung und Bezahlung der Lehrer, schreibt pädagogische und didaktische Artikel und veranlasst neben der nötigen Instandsetzung der bestehenden Gebäude den Neubau von 133 Schulhäusern, wobei er auch die Bauausführung einzuleiten und zu überwachen hat. 1851 begründet er die Linzer Realschule, wobei er die konzeptuellen Vorarbeiten, die Auswahl der Lehrkräfte, den Aufbau der Lehrmittelsammlungen und die Formulierung der Lehrpläne bewältigt.[62] Dazu kommen Tätigkeiten wie die eines staatlichen „Conservators" für die Kunstdenkmäler Oberösterreichs (in welcher Funktion er maßgeblich zur Rettung des gotischen Flügelaltars von Kefermarkt beiträgt), eines Kunstreferenten des Linzer Museums, eines Kunstkritikers der *Linzer Zeitung*, eines leitenden Mitglieds des ‚Oberösterreichischen Kunstvereins' und des ‚Diözesanvereins für christliche Kunst'.[63] Stifter ist neben seinem Schriftstellerdasein ein tüchtiger, vielbeschäftigter und hochangesehener Mann, zählt zu den Honoratioren des Städtchens und hat ein nicht unbeträchtliches Berufseinkommen. Weshalb also ist er gezwungen mit Aktien zu spekulieren und auf die Lotterie zu hoffen?

Stifter hat sich selber einmal als „ungeschikter Geldmensch"[64] bezeichnet und wenn man seine finanzielle Gebarung ansieht, wird man kaum einen Grund finden, ihm zu widersprechen. Ab

62 Vgl. Walter Seifert: Literaturidee und Literaturdidaktik bei Adalbert Stifter. In: Stifter, Neue Zugänge (Anm. 22), S. 157–184, bes. S. 158f. Der erstaunliche Umfang seiner amtlichen Tätigkeit sowie Stifters beeindruckendes fachliches und soziales Engagement für Schüler und Lehrer erforderte eine eigene Darstellung. Vgl. Die Schulakten Adalbert Stifters. Mit einem Anhang (Personalakten, Organisations-Entwurf der Linzer Realschule) hrsg. von Kurt Vancsa. Graz/Wien 1955. Kurt Gerhard Fischer (Hrsg.): Documenta Paedagogica Austriaca. Adalbert Stifter. 2 Bde., Linz 1962 (= Schriftenreihe des Adalbert Stifter-Institutes des Landes Oberösterreich, Folge 15).

63 Vgl. Wilfried Lipp: Adalbert Stifter als „Conservator" (1863–1865). Realität und Literatur. In: Stifter, Neue Zugänge (Anm. 22), S. 185–203.

64 PRA XIX, 129.

1846 bezieht er von seinem Verleger Heckenast einen monatlichen Vorschuss von 100 Gulden, mit dem er aber auch dann nicht das Auslangen findet, als er für seine amtliche Tätigkeit als Schulinspektor zuerst 1500 und ab 1855 1800 Gulden jährlich erhält. Obgleich er 1849 feststellt „Das Amt dekt mich reichlich für alle Zukunft",[65] ist er immer wieder gezwungen, bei seinem Bruder und bei Freunden Geld zu leihen oder seinen Verleger um Vorschusszahlungen anzugehen. Das stattliche Jahreseinkommen von 3000 Gulden reicht hinten und vorne nicht. Zum Vergleich: Ein junger Lehrer bezog 300 Gulden jährlich, also gerade ein Zehntel davon, ein Pfarrer 500, ein Adjunkt beim Bezirksgericht 900. Eine Fabrikarbeiterin (Weberin) kam mit einem Stundenlohn von 3–4 Kreuzern bei der damals üblichen Arbeitszeit von 14 Stunden pro Tag gerade auf 10–12 Gulden im Monat bzw. 120–140 Gulden im Jahr.

Was aber bedingte Stifters Geldsorgen? Zum einen ist dies wohl sein überaus aufwendiger und, wie er selber zugesteht, durch „Wohltätigkeits-, Schiklichkeits- und Aufmerksamkeits-Ansprüche"[66] über Gebühr strapazierter Haushalt. Stifter war, was die Aufnahmen aus seinen besten Jahren auch nicht verbergen, dem, was Küche und Keller zu bieten hatten, durchaus nicht abgeneigt. So berichtet Alois Raimund Hein, sein erster Biograph, dass Stifter besonders Forellen liebte, „von denen er selten weniger als ein halbes Dutzend als Vorspeise zu sich nahm" und auch bei Krebsen „blieb er beim ersten Dutzend niemals stehen."[67] An seine Frau Amalia schreibt Stifter von einer Dienstreise: „... Arbeit an Witiko bis 9 Uhr, dann harrt meiner eine ganze Ente. Mich hungert aber jetzt schon so,

65 PRA XVIII, 21.

66 PRA XVIII, 72.

67 Hein (Anm. 58), Bd. 2, S. 603f.

daß ich glaube ich esse zwei."[68] Noch in den letzten zwei, drei Jahren vor seinem Tod, als er, schon schwer leidend, mehrfach in Kirchschlag, nördlich von Linz, zur Kur war, lässt er sich zur Aufbesserung der Schonkost unter anderem folgende Lebensmittel und Genussartikel aus Linz nachschicken oder durch Boten zustellen: Hühner, Kapaune, Tauben, Rebhühner, Krammetsvögel (Wacholderdrosseln), Haselhühner, Rehrücken, Nierenbraten, Hasenrücken, Zunge, Schinken, Fleischextrakt, Gugelhupf, Buchteln, Weißbrot, Striezl, Zwieback, Ingwer, Äpfel, Bier und Wein – nicht zu vergessen „ein Kästchen Cigarren 100 Stük dike Cabanos zu 5 fl. 50 kr."[69] Seinen jährlichen Bedarf an Wein gibt er Heckenast gegenüber mit „8 bis 10 Eimern Tischwein und etwa 40–60 Flaschen feineren Weines" an.[70] Ein österreichischer Eimer war gleich 56,589 Liter. Zum anderen dürften auch kostspielige Liebhabereien wie Kakteenzucht und das Sammeln von Antiquitäten die Haushaltskasse stark belastet haben. So ließ Stifter für die Restaurierung seiner antiken Möbel eigens einen Kunsttischler aus Wien kommen. An dem Prunkstück seiner Sammlung, dem auch im *Nachsommer* erwähnten ‚Delphinschrein', wurde mehrere Jahre lang immer wieder gearbeitet. Seine Frau stand ihm, was die Ansprüche in puncto Repräsentation und Lebensführung betraf, nicht nach: „Die Haushaltung wurde mehr als standesgemäß gehoben, die Schulrätin legte, darin unterstützt von ihrem Gatten, großen Wert auf modische Garderobe, eine ständige Loge im Theater, Fiakerfahrten, schöne alte Möbel und andere Liebhabereien...".[71]

---

68 PRA XX, 33.

69 Vgl. Kurt Palm: Suppe Taube Spargel sehr sehr gut. Essen und trinken mit Adalbert Stifter. Ein literarisches Kochbuch. Wien o. J., S. 14 und S. 111 (Zitat).

70 PRA XIX, 66.

71 Roedl, Stifter (Anm. 3), S. 108.

Da Stifter aufgrund der opulenten Vorschüsse bei seinem Verleger permanent im Minus ist, gerät er schon früh in eine äußerst ungünstige Verhandlungsposition. Um seinen Schuldenstand bei Heckenast von Zeit zu Zeit auszugleichen, ist er nämlich immer wieder gezwungen, die Rechte an seinen Werken vorzeitig (bei den *Bunten Steinen*, beim *Nachsommer* und beim *Witiko* noch vor Fertigstellung des Manuskripts) an den Verleger zu verkaufen. Damit aber brachte er sich selber um die Honorare für die weiteren Auflagen. So einigt er sich mit Heckenast im Falle der *Studien* nach längerem Hin und Her auf einen Pauschalbetrag von 6000 Gulden,[72] was dem Honorar von zwei Auflagen (und immerhin einer Summe von fast zwanzig Jahresgehältern eines Volksschullehrers) entsprach. Zu Lebzeiten Stifters sind jedoch insgesamt sieben Auflagen der *Studien* erschienen. Die Rechte am *Nachsommer* verkauft Stifter schon 1855, also zwei Jahre vor Fertigstellung des Romans, um ebenfalls 6000 Gulden, wobei er annimmt, der Umfang des Werkes werde etwa 40–50 Bogen betragen.[73] Tatsächlich aber hatte das Buch dann einen Umfang von 84 Bogen, es war also doppelt so stark wie geplant. Auch hier war er gezwungen, unter Wert zu verkaufen, weil zu seiner Zeit die Honorare für Romane üblicherweise nach der Anzahl der Bogen berechnet wurden. Stifter hat unter der Situation gelitten, doch er ist zeitlebens aus dem Teufelskreis von Vorschüssen, Schuldentilgung und erneuten Vorschüssen nicht herausgekommen. „Wäre ich mit Ihnen ausgeglichen," schreibt er schon 1850 an den Verleger, „so würde ich nie mehr a conto Zahlungen verlangen oder annehmen, um die Unabhängigkeit zu wahren...".[74]

72 PRA XVIII, 39.

73 PRA XVIII, 253.

74 PRA XVIII, 38.

Trotz seiner ‚Ungeschicklichkeiten' und dem Gefühl der Unfreiheit und Abhängigkeit, das er in finanziellen Dingen hatte, darf man feststellen, dass Stifter, im Vergleich mit seinen literarischen Zeitgenossen, geradezu fürstliche Honorare bezog. So erhielt Gottfried Keller für den ersten Band der *Leute von Seldwyla* (30 Bogen Umfang) 700 Gulden und für den *Grünen Heinrich* nicht einmal ein Fünftel dessen, was Stifter für den etwa gleich umfangreichen *Nachsommer* erhalten hat.[75] Jeremias Gotthelf, dem sein Verleger Julius Springer einmal versicherte, er erhalte „die größten [Honorare] im deutschen Buchhandel",[76] bezog für seinen Roman *Zeitgeist und Berner Geist*, der einen Umfang von knapp 28 Bogen hatte, rund 1400 Gulden. Selbst für die relativ schmale Sammlung der *Bunten Steine* hat Stifter mehr als das Doppelte von Heckenast erhalten, nämlich 3000 Gulden.[77] Allein durch den Verkauf seiner Hauptwerke an Heckenast erzielte Stifter 21000 Gulden. Dabei sind Einzelhonorare für Vorabdrucke in Zeitschriften und Taschenbüchern nicht eingerechnet. Die Bemerkung seines ersten Biographen Alois Raimund Hein, Stifter sei niemals in die Lage versetzt worden, „sich in Erfüllung eines heißen Wunsches ein Heim auf eigener Scholle zu begründen", weil es des Dichters Los sei, „mit dem kleineren Teile des durch seine geistige Arbeit geschaffenen Erträgnisses vorlieb nehmen zu müssen"[78], gehört, zumindest, was Stifter betrifft, eindeutig in das Kapitel Legendenbildung. Zu Stifters Zeiten war in Oberösterreich ein unterkellertes Haus mit Grund, elf Zimmern

75 Vgl. Walter Krieg: Materialien zu einer Entwicklungsgeschichte der Bücher-Preise und des Autoren-Honorars des 15. bis 20. Jahrhunderts. Wien 1953, S. 156f.

76 Vgl. Jeremias Gotthelf: Sämtliche Werke in 24 Bänden. Hrsg. von R. Hunziker und H. Bloesch. Erlenbach-Zürich 1921ff., 8. Ergänzungsband (Briefe) 1952, S. 224.

77 PRA XVIII, 82.

78 Hein (Anm. 58), Bd. 1, S. 380f.

und drei Küchen um 7000 Gulden zu haben.[79] Aber nicht nur, dass Stifter weit davon entfernt war, sich ein Haus (geschweige denn sein „Tusculum" am Traunsee) leisten zu können – er hatte bei seinem Tod 1868 bei seinem Verleger einen Schuldenstand von 12894 Gulden, worin allerdings auch der Verlust von mehr als 5000 Gulden aus einer Aktienspekulation enthalten ist, mit der er seine Finanzen zu sanieren hoffte. Heckenast betrachtete diese Schuld mit der Übernahme der nachgelassenen Schriften Stifters als getilgt – eine Rechnung, die zweifellos aufging, denn immerhin konnte er aus Stifters Nachlass sieben Bände *Briefe*, Erzählungen und *Vermischte Schriften* edieren und die *Studien* verkauften sich ja nach wie vor recht gut. Der Witwe des Dichters setzte er eine jährliche Rente von 400 Gulden aus. Letztlich hat Stifter also doch recht behalten, der in der ununterbrochenen Folge von Vorschüssen, Kontoausgleich und abermaligen Schulden einmal sogar den Fall seines unvorhergesehenen Todes auf der Haben-Seite zu buchen trachtete, indem er den wieder einmal drängenden Verleger mit dem Argument zu besänftigen suchte, dass Heckenast selbst für den Fall seines unvorhergesehenen Todes „Dekung genug" habe, denn „der Zauber des Todes, der für einen Mann öffentlichen Wirkens eintrit, würde rascher Nuzen bringen als es das Leben kann ...".[80] Robert Musil hat denselben Sachverhalt, von dem die Erben und die Verleger in der Regel siebzig Jahre lang profitieren, unter den bedrückenden Bedingungen seines Schweizer Exils 1939 etwas sarkastischer formuliert: „ ... aber erst auf seinen Tod warten zu müssen, um leben zu dürfen, ist doch ein rechtes ontologisches Kunststück!"[81]

---

79 PRA XXIV, 41.

80 PRA XX, 306.

81 Robert Musil an Robert Lejeune, Genf 24.9.1939. Robert Musil: Briefe 1901–1942. Hrsg. von Adolf Frisé unter Mithilfe von Murray G. Hall. 2 Bde., Reinbek. b. Hamburg 1981, Bd. 1, S. 1083.

# Staatsfiktionen
## Bilder eines künftigen Österreich in der Wiener Wochenschrift *Der Friede* (1918–1919)[1]

### I.

Am 26. Januar 1918 erschien in Wien das erste Heft einer politisch-literarischen Wochenschrift, die „aus dem Geist der Empörung gegen das Bestehende", die „Sintflut von Blut und Dreck" geboren war.[2] Die Zeitschrift, nach dem Urteil ihres ständigen Mitarbeiters Egon Erwin Kisch, „radikal wie keine"[3], „erhob die Zumutung, das Problematische der österreichischen Dinge nicht nur zu beraunzen und zu bewitzeln, sondern es zu erkennen": als eine „Fiktion aus Schund und Kitsch".[4]

1 Schriftenverzeichnis, Aufsätze Nr. 29.

2 DER FRIEDE. Wochenschrift für Politik, Volkswirtschaft und Literatur. Hrsg. von Benno Karpeles, Bd. 1–4. Wien: Christoph Reisser's Söhne und (ab Bd. 3, H. 66): Elbemühl, 1918/19.
Bd. 1, 26. Januar bis 19. Juli 1918, Nr. 1–26, 628 S.; Bd. 2, 26. Juli 1918 bis 17. Januar 1919, Nr. 27–52, 624 S.; Bd. 3, 24. Januar bis 18. Juli 1919, Nr. 53–78, 624 S.; Bd. 4, 25. Juli bis 22. August 1919, Nr. 79–83, S. 625–740.
1975 erschien bei Kraus, Nendeln/Lichtenstein ein Reprint der Zeitschrift.
Zitate werden unter der Sigle F, Bandzahl, Seitenangabe und Datum nachgewiesen. Nachweise ohne Verfasserangabe und Titel beziehen sich auf die redaktionellen Beiträge und Glossen, die am Beginn jedes Heftes stehen. Besonders während der Kriegszeit erschienen auch zahlreiche Artikel des Beitragsteiles ungezeichnet. Ein Jahr ‚Friede', F II/603–604 (17.1.1919), Zit. S. 603.

3 Egon Erwin Kisch: Urlaub von der Politik. Abschiedsbrief an meine Genossen [März 1919]. In: E. E. K.: Briefe an den Bruder Paul und an die Mutter 1905–1936. Berlin/Weimar 1978, S. 334–339, Zit. S. 334. Vgl. auch die etwas distanziertere Charakterisierung der Zeitschrift durch Kisch in seinem nachgelassenen Aufsatz ‚Kriegspropaganda und ihr Widerspiel', in: ebenda, S. 344–354, bes. S. 349.

4 Wie Anm. 2, S. 604.

Dass der „Eselskopf der Tyrannei, Zensur geheißen“[5] – dem *Frieden* zufolge die einzige „Behörde in Österreich [, die] gründlich arbeitet“[6] – beharrlich und verbissen weiße Schneisen in die Spalten der Zeitschrift schlug,[7] spricht für den Ernst, mit dem sie ihr Programm vertrat. „[...] es war die Zeitung im Herrschaftsbereich Ludendorffs, in der die kühnsten, die radikalsten Dinge gegen den Krieg gedruckt wurden“[8] – so der gelegentliche Mitarbeiter Rudolf Olden, der später als Verteidiger im Prozess gegen Carl von Ossietzky berühmt gewordene Berliner Schriftsteller und Rechtsanwalt.

„Ist es ein Wunder, wenn Österreich-Ungarn mit solchen Leuten im Leibe trotz vierjähriger beispielloser Anstrengungen seiner Krieger und seiner Bevölkerung schließlich um die Früchte seiner ungeheuren Opfer betrogen wird?“, fragte das auch als ‚Reichspest‘ bekannte „Hauptblatt der Kriegshetzer“ im Oktober 1918. Dem *Frieden* kam die Interpretation des christlichsozialen Blattes durchaus gelegen: dass nämlich am „Untergang des alten Österreich [...] nicht etwa die verbrecherische Gewaltpolitik unserer Kriegshetzer“ und die „‚patriotischen‘ Phrasendrescher“, sondern „unsere Wochenschrift *Der Friede*“ schuld sei. „Es soll uns auch fernerhin als Empfehlung gelten, daß wir uns ihr [der *Reichspost*] so verhaßt gemacht haben“[9].

Am ersten Jahrestag seines Erscheinens, zwei Monate nach Ausrufung der Republik ‚Deutschösterreich‘, konnte der *Friede*,

---

5 Ebenda, S. 603.

6 F I/317 (26.4.1918).

7 In Nr. 13 des ersten Jahrgangs (19.4.1918) strich die Zensur 8 Spalten (von insgesamt 48). Vgl. ebenda.

8 Rudolf Olden: Nachruf auf einen Freund [d.i. Benno Karpeles]. In: Das Neue Tagebuch [Paris/Amsterdam] 6 [1938], H. 6, S. 140–141, Zit. S. 141.

9 F II/314–315 (25.10.1918).

was er ein Jahr zuvor – aus Gründen der Zensur – noch nicht hatte wagen dürfen:

> sein Programm mitteilen. Es ist ganz kurz und lautet: Nachdem die kriegerischen Versuche, Europa deutsch und österreichisch zu machen, gescheitert sind, wollen wir nun versuchen, Deutschland und Österreich europäisch zu machen. Ein Programm, dünkt uns, in dem implicite alle politischen, sozialen, ethischen und ästhetischen Forderungen enthalten sind, zu deren Unterdrückung ein paar Millionen ohnmächtiger Menschen durch ein paar Dutzend mächtiger Unmenschen in den Krieg, ins Elend, ins Grab gehetzt wurden.[10]

In der kurzen, nur gut eineinhalb Jahre währenden Zeitspanne ihres Erscheinens (das letzte Heft, die Nr. 83, erschien am 22.8.1919) gelang es der Zeitschrift, einen Kreis von Mitarbeitern aufzubauen, der das gesamte intellektuelle und politische Spektrum von der bürgerlichen Mitte bis zur anarchistisch oder spartakistisch orientierten Linken abdeckte. Stellvertretend für mehr als 200 Autoren, die im *Frieden* zu Wort kamen, stehen die Namen von Alfred Adler, Peter Altenberg, Henri Barbusse, Franz Blei, Hermann Broch, Max Brod, Paul Claudel, Kasimir Edschmid, Albert Ehrenstein, Anatole France, André Gide, Maxim Gorki, Stefan Großmann, Albert Paris Gütersloh, Maximilian Harden, Theodor Heuss, Kurt Hiller, Heinrich Eduard Jacob, Siegfried Jacobsohn, Oskar Jellinek, Egon Erwin Kisch, Paul Kornfeld, Anton Kuh, Heinrich Lammasch, Andreas Latzko, Karl Leuthner, Adolf Loos, Josef Luitpold (Stern), Thomas Mann, Erich Mühsam, Robert Müller, Robert Musil, Jan Neruda, Rudolf Olden, Karl Otten,

10 Wie Anm. 2, S. 604.

Rudolf Pannwitz, Leo Perutz, E. A. Rheinhardt, Romain Rolland, Robert Scheu, René Schickele, Hugo Sonnenschein, Otto Soyka, Theodor Tagger (d.i. Ferdinand Bruckner), Rabindranath Tagore, Leo Tolstoi, Johannes Urzidil, Berthold Viertel, Jakob Wassermann, Ernst Weiß, H. G. Wells, Franz Werfel, Walt Whitman und Hugo Wolf. Kopf und Herz der Redaktion bildeten vermutlich[11] Benno Karpeles, Karl Tschuppik[12] und Richard A. Bermann (besser bekannt unter seinem Schriftstellernamen Arnold Höllriegel). Sie waren für die politischen und volkswirtschaftlichen Beiträge verantwortlich. Alfred Polgar redigierte den literarischen Teil der Zeitschrift.[13]

## II.

Gründer, Herausgeber und verantwortlicher Redakteur war Benno Karpeles (geb. 1868 in Wien). Er stammte aus dem jüdischen Großbürgertum – sein Vater war Gründer der internationalen Speditionsfirma Schenker und Co. –, wandte sich aber, beeinflusst von seinem Freund und Vorbild, Viktor Adler, dem Führer der österreichischen Sozialdemokratie, schon früh der Arbeiterbewegung zu. So führte er Anfang der 1890er Jahre auf

11 Die spärlichen redaktionellen Mitteilungen geben keinerlei Aufschluss über die Zusammensetzung der Redaktion.

12 Vgl. Klaus Amann: Karl Tschuppik – Der streitbare Bohemien. In: Karl Tschuppik: Von Franz Joseph zu Adolf Hitler. Polemiken, Essays und Feuilletons. Hrsg. und eingeleitet von Klaus Amann. Wien/Köln/Graz 1982, S. 9–30. In diesen Auswahlband wurden auch einige der Arbeiten Tschuppiks aus dem ‚Frieden' aufgenommen.

13 Vgl. Robert Musil: Tagebücher. Hrsg. von Adolf Frisé. 2 Bde., Reinbek b. Hamburg 1976, Bd. 1, S. 945; ferner: E. E. Kisch, Briefe (Anm. 3), S. 161: „In den nächsten Tagen erscheint die neue große Zeitschrift von Benno Karpeles […], Karl Tschuppik und Alfred Polgar […]." (Brief vom 16.1.1918 an den Bruder Paul). R. A. Bermanns Zugehörigkeit zur Redaktion schließe ich aus der Vielzahl seiner Beiträge. Zu Polgars Tätigkeit beim ‚Frieden' vgl. Ulrich Weinzierl: Alfred Polgar. Eine Biographie. Wien/München 1985, S. 89f.

eigene Kosten umfangreiche sozialstatistische Untersuchungen in den mährisch-schlesischen Bergbau-Revieren durch.[14] Nach dem Studium der Rechts- und Staatswissenschaften in Wien ging er zur Fortsetzung seiner ökonomischen Studien von 1894 bis 1897 nach London, wo er auch im Haus von Friedrich Engels verkehrte. Er wurde zuerst Korrespondent, dann – nach einem etwa 2-jährigen Aufenthalt in der Schweiz, wo er die in Zürich lebenden österreichischen Sozialdemokraten organisierte[15] – sozialpolitischer Redakteur der *Arbeiter-Zeitung*, der er in ihren finanziellen Bedrängnissen auch privat beistand.[16] Ab 1897 vertrat er die österreichische Sozialdemokratie als Delegierter bei internationalen Kongressen.

Nach der Jahrhundertwende widmete Karpeles sich intensiv dem sozialistischen Genossenschaftswesen und war führend am Aufbau der sozialdemokratischen Konsumgenossenschaften beteiligt. Um der Partei auch direkt finanzielle Mittel zur Verfügung stellen zu können, gründete er 1909 eine Großbäckerei, die Hammerbrotwerke.[17] Der erhoffte ökonomische

14 Vgl. Benno Karpeles: Die Arbeiter des mährisch-schlesischen Steinkohlen-Reviers. Socialstatistische Untersuchungen. 1. Bd. Leipzig 1894 (306 S.). Vgl. auch den in Anm. 8 genannten, ausführlichen Nachruf von R. Olden, der wichtige biographische Informationen über B. Karpeles enthält.

15 Eine Frucht seiner Londoner Studien bildet das Buch: Die englischen Fabriksgesetze. In deutscher Übersetzung hrsg. von Benno Karpeles. Berlin 1900 (481 S.). Zu seiner Tätigkeit in der Schweiz vgl. Rudolf G. Ardelt: Friedrich Adler. Probleme einer Persönlichkeitsentwicklung um die Jahrhundertwende. Wien 1984, S. 66–81 und S. 150ff. Friedrich Adler, der um diese Zeit in der Schweiz studierte, war von seinem Vater, Viktor Adler, der Obhut von B. Karpeles anvertraut worden.

16 Vgl. Victor Adler: Briefwechsel mit August Bebel und Karl Kautsky, sowie Briefe von und an Ignaz Auer, Eduard Bernstein, Adolf Braun, Heinrich Dietz, Friedrich Ebert, Wilhelm Liebknecht, Hermann Müller und Paul Singer. Gesammelt und erläutert von Friedrich Adler. Wien 1954, S. 204–206 (Anm.6) [biographische Notiz zu Benno Karpeles von F. Adler], S. 217–225, 231–235, 340f., 364, 527.

17 Vgl. ebenda, S. 204–206 und Franz Seibert: Die Konsumgenossenschaften in Österreich. Geschichte und Funktion. Mit einer Einleitung von Josef Weidenholzer. Wien 1978, S. 40ff.

Erfolg des Unternehmens wurde jedoch durch die Obstruktionspolitik des christlich-sozialen Bürgermeisters von Wien, Karl Lueger, vereitelt.[18] Kurz vor Ausbruch des Krieges legte Karpeles deshalb die Leitung der Hammerbrotwerke zurück, die, ironisch genug, wenige Monate später, durch die Kriegskonjunktur bedingt, große Gewinne machten und „der Partei während des ersten Weltkrieges sogar erhebliche finanzielle Mittel zur Verfügung stellen“ konnten.[19] Für Karpeles bedeutete dieser Rücktritt, der mit schwer durchschaubaren Korruptionsvorwürfen nicht nur gegen ihn, sondern auch gegen den damaligen Genossenschaftsfunktionär und späteren Staatskanzler Karl Renner verbunden war,[20] das Ende seines Engagements in der Arbeiterbewegung.[21] Bis zum Tode Viktor Adlers (1918), dem er im *Frieden* einen ergreifenden Nachruf widmete,[22] vermied er den offenen Bruch, dann aber trat er aus der Partei aus. Parallel zum *Frieden* gründete Karpeles im März 1919 eine Tageszeitung mit dem ebenfalls programmatischen Titel *Der Neue Tag*. Diese Zeitung, eines der interessantesten publizistischen Experimente der Ersten Republik, sollte, wie Karpeles schrieb, „im Dienste der Republik, der Demokratie,

18 Er verweigerte die Zustimmung zur Errichtung der Hammerbrotwerke im Stadtgebiet von Wien. Sie wurden deshalb in Schwechat gebaut, „wodurch die Zustellungskosten eine untragbare Höhe erlangten und große dauernde finanzielle Schwierigkeiten und damit Unstimmigkeiten in der Leitung entstanden.“ Adler (Anm. 16), S. 206.

19 Ebenda.

20 Vgl. ‚Arbeiter-Zeitung‘ vom 27.7.1919; ‚Wiener Stimmen‘ vom 4.9.1919; ‚Deutschösterreichische Tageszeitung‘ (Wien) vom 4.2.1926; ‚Neue Freie Presse‘ (Wien) vom 4.7.1928; ‚Reichspost‘ (Wien) vom 29.10.1932; ‚Arbeiter-Zeitung‘ (Wien) vom 26.11.1933 und ‚Wiener Zeitung‘ vom 15.1.1938. (Mappe Karpeles im TagblattArchiv im Rathaus der Stadt Wien. Für die Vermittlung der Zeitungsausschnitte danke ich Herrn Dr. Eckart Früh).

21 Aus diesen Gründen ist es unwahrscheinlich, dass der ‚Friede‘ – wie im Kommentar zu den Briefen E. E. Kischs ohne Quellenangabe behauptet wird [Kisch (Anm. 3), S. 469] – „von den Hammerbrotwerken finanziert“ wurde. Eher ist wohl anzunehmen, dass Karpeles mit seinem eigenen Vermögen einstand.

22 Vgl. Benno Karpeles, Viktor Adler. F II/389–390 (14.11.1918).

der sozialen Reform, der Erneuerung unseres öffentlichen Lebens den Kampf führen". Für diesen Kampf, der nur ein gutes Jahr währte, schienen ihm seine Redakteure und Mitarbeiter vom *Frieden* am besten geeignet. So begegnet man in dieser Tageszeitung vielen alten Bekannten von dort: Karl Tschuppik wurde Chef vom Dienst und der politische Hauptredakteur des Blattes, Alfred Polgar leitete das umfangreiche Feuilleton, für das Franz Blei, Stefan Großmann, Hugo von Hofmannsthal, Egon Erwin Kisch, Anton Kuh, Robert Musil, Rudolf Olden, Leo Perutz, Egon Wellesz u.a. Beiträge lieferten. Joseph Roth veröffentlichte im *Neuen Tag* seine ersten sozialkritischen Feuilletons und Reportagen.[23] Nach dem Scheitern des *Neuen Tag* übernahm Karpeles zuerst in Wien, dann in Berlin leitende Funktionen in der von seinem Vater gegründeten Firma.

Seinen letzten Lebensabschnitt charakterisiert eine neuerliche, überraschende Wendung. Seine Bekanntschaft mit dem christlich-sozialen Bundeskanzler Ignaz Seipel und ein religiöses Erweckungserlebnis durch die stigmatisierte Therese von Konnersreuth ließen Karpeles nicht nur zum Katholizismus konvertieren, sondern auch den naturgemäß vergeblichen Versuch unternehmen, im Angesicht des erstarkenden Faschismus für eine Verständigung zwischen den Sozialdemokraten und den Klerikalen einzutreten – nicht zuletzt deshalb, weil „das Bekenntnis zum Fascismus unvereinbar [...] mit dem Bekenntnis zum Katholizismus" sei. Zu diesem Schluss kam er durch eine eingehende Analyse der Enzyklika Papst Pius IX

23 Zum ‚Neuen Tag' vgl. Weinzierl (Anm. 13), S. 97ff.; Klaus Westermann: Joseph Roth, Journalist. Eine Karriere 1915–1939. Bonn 1987, S. 21–28; R. Musil, Tagebücher (Anm. 13), S. 945; E. E. Kisch, Briefe (Anm. 3), S. 336f.; ‚Wiener Stimmen' vom 20.3.1919; R. Olden, Nachruf (Anm. 8), S. 141; und: Benno Karpeles: Der neue Tag. F III/147–148 (7.3.1919).

*Quadragesimo anno* (1931).[24] Als Karpeles im Januar 1938 völlig verarmt in Wien starb, konnte die *Reichspost* ihre Häme gegenüber einem Mann, der seit dem Ende des Krieges abwechselnd als Vertreter des „großkapitalistischen Preßgelichters“[25], als ‚freiwilliger Lakai‘ der Entente[26] und als raffgieriger jüdischer Korruptionist und Geschäftemacher[27] beschimpft worden war, nur notdürftig verbergen. In etwas voreiliger Siegesgewissheit rechnete sie ihm „rückschauend als Verdienst“ an, dass er durch sein missglücktes Hammerbrotunternehmen „mit zu den Totengräbern der österreichischen Sozialdemokratie“ zähle.[28]

Jener Charakterzug des Benno Karpeles, der den zeitgenössischen Protagonisten einer feindselig-verbitterten Lagerpolitik nur als der Ausdruck des wiederholten Renegatentums erschien, nämlich seine intellektuelle Unabhängigkeit, die es ihm erlaubte, dort, wo es ihm geboten schien, auch mit jenen ins Gericht zu gehen, denen er sich noch am ehesten verbunden fühlte, dieser Charakterzug mag einen Gutteil jener Offenheit und Hellhörigkeit erklären, die seine Zeitschrift *Der Friede* inmitten des ohrenbetäubenden Kriegslärms und des ihm folgenden „Gewaltfrieden“-Geschreis bewiesen hat.

„Eine gute Zeitschrift“, schrieb Alfred Polgar in der zweiten Nummer des *Frieden,* „wird vor allem eine Zeit-Schrift sein müssen. Eine Art Uhr, die die politische, soziale, literarische

24 Benno Karpeles: Klassenkampf, Fascismus und Ständeparlament. Ein Beitrag zur Diskussion über die berufsständische Neuordnung. Wien 1933 (43 S.), S. 30 (im Original gesperrt).

25 Vgl. Der Haß des Preßgelichters. In: ‚Arbeiter-Zeitung‘ (Wien) vom 27.7.1919.

26 Vgl. Das Grausen der Schuldigen. In: ‚Wiener Stimmen‘ vom 4.9.1919.

27 Vgl. Geschäft und Politik. In: ‚Deutschösterreichische Tageszeitung‘ (Wien) vom 4.2.1926.

28 Der Gründer der Hammerbrotwerke gestorben. In: ‚Reichspost‘ (Wien) vom 15.1.1938.

Stunde schlägt".[29] Was die Stunde geschlagen hat, und nicht, was irgendeine Partei an die große Glocke hängen wollte –, das sollte im *Frieden* zur Sprache kommen.[30] Also: „jede Meinung über jede des Bedenkens und Besprechens werte Sache" – unter einer Voraussetzung allerdings, „jener nämlich, daß dem *Friede* die Möglichkeit gegeben ist, zu widersprechen, anderer Meinung zu sein [...]". „Hier darf ‚Hoch!' geschrien werden, soweit wir in der Lage sind, dagegen ‚Nieder', zu schreien. Und umgekehrt".[31] Von beidem wurde eineinhalb Jahre lang auf 1992 engbedruckten Seiten im A4-Format ausgiebig Gebrauch gemacht. Wie nicht anders zu erwarten in einer Situation, in der nichts ungewisser war als die künftige Gestalt des Staates: diese ‚Hoch'- oder ‚Nieder'-Rufe bezogen sich mit Vorliebe auf die Entwürfe eines künftigen ‚Österreich', seiner Grenzen, seiner inneren Ordnung und seiner Beziehungen nach außen. Alfred Polgar schrieb in dem zitierten Artikel über eine gute Zeitschrift, mit dem er zweifellos den *Frieden* meinte, das Richtige sei an seine Zeit gebunden und, Ibsen zitierend, setzte er den Gedanken fort: „Wahrheiten [...] halten, wenn's gut geht, dreißig Jahre. Und das müssen schon schmiedeeiserne Wahrheiten sein".[32] Aus dem sicheren Abstand von siebzig Jahren, die uns gelehrt haben, dass vor allem auch das Falsche an seine Zeit gebunden ist, dürfte der Versuch, zu ergründen, welche der Wahrheiten über Österreich, die der *Friede* verbreitete, sich als „schmiedeeiserne" erwiesen haben, mehr als bloß antiquarisches Interesse beanspruchen.

29 Alfred Polgar: Zeitschrift in Wien. F I/46–47 (2.2.1918), Zit. S. 46.

30 Die 2. Nummer wurde mit folgender Ankündigung eröffnet: „‚Der Friede' vertritt keine Partei, keine Gruppe. Er will helfen, über die wichtigen Fragen unseres öffentlichen Lebens Klarheit zu verbreiten." F I/25 (2.2.1918).

31 F II/49 (9.8.1918).

32 Wie Anm. 29.

Die im *Frieden* eineinhalb Jahre lang kontinuierlich geführte Diskussion über die künftige Gestalt des Staates war dem Programm der Zeitschrift entsprechend eine offene und durch die Redaktion offenbar bewusst breit angelegte Debatte im Sinne der zitierten Pro- und Contra-Philosophie. Große Entwürfe, Visionen und Utopien wechselten mit Kontrapositionen, Polemiken und augenscheinlich bestellten Gegenartikeln, wobei eine eindeutige Präferenz für eine der diskutierten Konzeptionen zumindest bis zum 12. November 1918 (Tag der Proklamation Deutschösterreichs) kaum erkennbar ist. Einig war man sich lediglich in der Ablehnung des Status quo: des deutsch-zentralistischen Habsburgerstaates.

In der Debatte ging es – mit unterschiedlicher Intensität – im Wesentlichen um vier Themen:

- Politische und ökonomische Implikationen der ‚Mitteleuropa'-Idee. Diese Diskussion entzündete sich vor allem am Programm einer mitteleuropäischen Wirtschaftsgemeinschaft, wie es der deutsche Politiker Friedrich Naumann in seinem Buch *Mitteleuropa* (1915) entwickelt hatte;
- Österreich als neutralisierter Kleinstaat nach dem Vorbild der Schweiz;
- Umgestaltung der Habsburger-Monarchie in einen demokratischen Bundesstaat freier Völker (Föderalismuskonzept);
- Anschluss (der deutschsprachigen Gebiete der Monarchie) an das Deutsche Reich

Der Vollständigkeit halber sei erwähnt, dass auch Hirngespinste von dieser Debatte keineswegs ausgeschlossen waren. So stellte der Volkswirtschaftsexperte Alfred Schwoner im März

1918 allen Ernstes die Frage: *Sollen wir nach Kolonialbesitz streben?* In der Erwartung, dass „der Friedensschluß eine Neuverteilung des afrikanischen Kolonialbesitzes mit sich bringen wird“, wog er Gefahren und Vorteile, mögliche Widerstände und strategische Positionen gegeneinander ab, zerbrach sich den Kopf über die Staatssprache in einer österreichisch-ungarischen Kolonie – „Dem Neger [...] kann man nicht zumuten, zugleich Deutsch und Ungarisch zu lernen und zu sprechen. Die Sprache kann nur die deutsche sein [...]“ – und diskutierte abschließend die Frage, welche Gebiete in Betracht kämen:

> Die Kolonie müßte eine Küste haben, damit wir sie mit unseren Schiffen erreichen können, sie müßte fruchtbar und halbwegs gesund sein. Strategisch und wirtschaftspolitisch wäre es wichtig, daß sie an eine deutsche Kolonie anschließt, wodurch die Verteidigung zu Lande uns beiden erleichtert wäre. Dagegen ist es strategisch gleichgültig, ob sie relativ nahe von uns in Nordafrika oder jenseits des Suezkanals im nordwestlichen Afrika liegt. Ist England unser Feind, so sind wir von da und dort abgeschnitten, ist Italien unser Feind, so könnten wir ebenso gut dahin wie dorthin gelangen. Es sprechen also keine strategischen Vorteile zu Gunsten der nordafrikanischen Kolonien, dagegen spricht, daß sie von halbzivilisierten und sehr kriegerischen Volksstämmen bewohnt werden, die einer sehr starken Hand und sehr einheitlichen Verwaltung bedürfen. Es käme für uns ja überhaupt nur Tripolis in Betracht, und auf dieses würden, falls Italien es abtreten müßte, unsere türkischen Verbündeten zweifellos Ansprüche erheben. Ernstlich können wir nur an Erythrea und das Somaliland denken, beziehungsweise an ein Stück Landes nördlich vom künftigen deutschen Ostafrika.

Dass noch wenigen Monate vor Kriegsende die imperialistischen Träume keineswegs ausgeträumt waren, belegen auch die Diskussion der so genannten „austropolnischen Lösung“ oder die Forderung „freie[r] Weg nach Triest“.[33] Aus Umfanggründen muss ich mich im Folgenden auf jene beiden Entwürfe beschränken, deren Diskussion in der Zeitschrift den breitesten Raum einnimmt: föderalistische Lösung versus Anschluss an Deutschland.

## III.

Mit Blick auf den „landesüblichen politischen Analphabetismus“ heißt es in der ersten Nummer des *Frieden:* „In Österreich verzichten viele. Es gibt den Weg ins Kaffeehaus, zur Ästhetik, zum Zynismus. Man kann die Hände ringen und bedauern. Man kann die Achseln zucken und Witze machen. Soll es so bleiben?“ Der *Friede* selbst war die Antwort auf diese Frage. Er machte von Anfang an furios deutlich, dass er nicht bereit war, sich auf „das Niveau der großen Zeit“ zu begeben, die ihre „stärkste sittliche Erhebung“ im „Schlechtbefinden der Feinde“ sah. „Unser einziger Trost im Unglück ist das Unglück der anderen. Indes wir hungern, darf unsere Phantasie in fremdem Elend schwelgen.“ Am „Sterbelager der europäischen Kultur“ stellten die Autoren des *Frieden* ihre Diagnosen. Und sie konstatierten für Österreich zweierlei, Siechtum und Gesundheit.[34]

33 Alfred Schwoner: Sollen wir nach Kolonialbesitz streben? F I/208–210 (22.3.1918), Zit. S. 209. Vgl. ferner: Karl Leuthner: Die austropolnische Lösung. F II/4–6 (26.7.1918) und: Der freie Weg nach Triest. F I/417–418 (24.5.1918).

34 Der Fall Pernerstorfer. F I/5 (26.1.1918) und F I/25 (2.2.1918).

„Ist Österreich krank?", fragte Karl Tschuppik im Februar 1918. „Die Theorie von der Erkrankung Österreichs" sei eine Erfindung jener „verhältnismäßig kleine[n] Gesellschaft, die in alten Vorstellungen aufgewachsen, sich als die wahre und einzige Vertretung unseres Reiches fühlt", die „alten Nutznießer der Macht und ihr literarisch-politischer Anhang". Sie setzten ihren kleinen isolierten Kreis mit seinen engen Interessen, Karriererücksichten und Zukunftsängsten Österreich gleich und meinten, das „wirkliche, große, lebendige Österreich" habe sich nach den kleinen Plänen zu richten, die in ihrem Zirkel als Staatskunst ausgegeben würden. Mit gleichsam fotografischer Genauigkeit hielt Tschuppik in einer historischen Momentaufnahme fest, wie diese Gesellschaft aus Herrenhausmitgliedern, hohen Beamten, Geheimräten und Journalisten von der Galerie des Abgeordnetenhauses auf das „wirkliche Österreich", die bunte und vielsprachige Schar der Volksvertreter im Parterre ganz so hinunterschaut, „wie die ahnungslosen, neugierigen Kinder die Käfige in Schönbrunn zu begucken pflegen".[35]

Die Angriffe auf den umfassenden „Analphabetismus der Gebildeten", „der unser politisches Leben recht eigentlich zu grunde [sic] richtet"[36], weisen auf einen Kernpunkt der Zeitkritik im *Frieden:* Auf das Versagen des deutschen Bürgertums in Österreich, seiner Parteien und Politiker. Die deutschen Parteien Österreichs hätten bestenfalls den Vorstellungen entsprochen, „die der Kleinbürger von der Politik hatte: Sie waren national und industriefeindlich". Der größte Teil der Politiker sei damit zufrieden gewesen, von sich sagen zu können,

35 Karl Tschuppik: Das gesunde Österreich. F 1/102–103 (22.2.1918). Wiederabgedruckt in Tschuppik (Anm. 12), S. 33–35.

36 Vgl. Der Analphabetismus der Gebildeten. F I/129–130 (1.3.1918).

dass er national sei. „Aber daraus wird keine Politik. Daß einer deutsch ist, weil er sonst nichts ist, kann noch kein Verdienst sein; es ist eine selbstverständliche Voraussetzung. Die Politik fängt erst jenseits des Nationalen an." Deshalb seien die Wortführer „unserer heutigen Parteien, Provinzadvokaten und Schriftleiter, die seit Jahrzehnten mit dem Wort ‚deutsch' auskommen", mit ihrem Publikum, den „sozial mißvergnügten und für jede Demagogie empfindlichen Kleinbürgern", unter sich geblieben. Die deutsche Politik in Österreich, „in ihrer Rolle als Polizeimann und Hüter aller Rückständigkeit", sei dabei, unter die Räder zu kommen.[37]

So war es also keineswegs nur der 70. Jahrestag der Revolution von 1848, der die Beiträger des *Frieden,* etwa den Historiker Richard Charmatz, auf den Gedanken brachte, zu den Idealen von 1848 zurückzukehren – gleichsam so als könnte Geschichte wie eine abgelaufene Uhr einfach neu zum Gehen gebracht werden. Es müsse, schrieb er unter dem Titel *Märzgedanken,* „endlich der Weg ins Freie" gefunden werden:

> Für Österreich heißt dies, daß wir zu dem Problem vom Jahre 1848 zurückkehren werden: die Verjüngung des Staates, die Aufrichtung der inneren Freiheit, die Auseinandersetzung der [sic] Nationalitäten, die Begründung der neuen Weltordnung – all dies harrt unser als schwere Aufgabe, all dies will zeitgemäß und doch im Sinne der besten und reinsten Überlieferungen, die wir haben, angefaßt und einer sicheren Lösung zugeführt werden. Wird das Bürgertum, das vor siebzig Jahren auf dem Platze war, zur Stelle sein und seine Sendung erfüllen?[38]

37 Bürgerliche Demokratie. F 1/249–250 (5.4.1918).

38 Richard Charmatz: Märzgedanken. F 1/173–174 (15.3.1918), Zit. S. 174.

Auf die historisch und politisch diffizile Problematik des Verhältnisses der Deutschen Österreichs zu den polnischen, tschechischen, ungarischen oder südslawischen Nationalitäten im Staate, die im *Frieden* durchaus differenziert und auch kontrovers diskutiert wurde, kann ich hier im Detail nicht eingehen, doch es ist nicht zu übersehen, dass viele Autoren, Richard Charmatz war einer davon, eine Möglichkeit zur „Verjüngung des Staates" in erster Linie in einer „demokratische[n] Gemeinschaft freier Völker" sahen.[39] Interessanter als die Erwägungen im Einzelnen, ob dieser Staatenbund nun mit oder ohne die Polen, die Tschechen, die Ungarn, die Südslawen zustande kommen sollte,[40] sind für unseren Zusammenhang die prinzipiellen Argumente für diese Fiktion eines multinationalen, föderalistischen Bundesstaates, denn sie zeigen auch, woran diese Utopie letztlich scheiterte.

Für die österreichische Wirklichkeit des Jahres 1918, die nach einer Formulierung des *Frieden* „mindestens siebzig Jahre hinter der politischen Entwicklung der Welt zurückgeblieben"[41] war, stellte auch die vernünftigste und fundierteste Kritik kein Remedium dar, das anschlug. Bei einer Verfassung des öffentlichen Lebens, die kurz und bündig als „Verwesung bei lebendigem Leibe"[42] und als „Totenstille der Geister [...] im Reiche der Politik"[43] charakterisiert wurde, vermisste der *Friede* vor allem ein politisches Reformprogramm und die Bereitschaft zu

39 Richard Charmatz: Demokratie und Demagogie in Österreich. F II/81–83 (18.8.1918), Zit. S. 81.

40 Vgl. z.B.: Karl Tschuppik: Prag und Berlin. F I/561–563 (5.7.1918); Der Widerspruch der Ungarn, F II/148–149 (6.9.1918); Rudolf Pannwitz: Der Geist der Tschechen. F II/in mehreren Fortsetzungen ab 16.8.1918 [über die Südslawen] F II/170–171 (13.9.1918).

41 Die zeitgemäße Auffassung. F I/608–609 (19.7.1918), Zit. S. 608.

42 Atmosphäre des Vertrauens. F II/52–53 (9.8.1918).

43 Wie Anm. 37, S. 249.

politischem Handeln. „Kurz, man vermeidet es, das Einfachste zu tun, weil man das Größere nicht tun will, und sagt dann, das Größere könne nicht getan werden, weil das Einfachste nicht geregelt sei."[44]

Einen Hauptgrund für die Paralyse des öffentlichen Lebens und die Unmöglichkeit, zu politischen Lösungen zu kommen, sah der *Friede* im Scheinkonstitutionalismus Österreichs, in der Marionettenfunktion seines Parlaments, das zum einen nicht repräsentativ sei und zum anderen nur, „soweit es unbedingt nötig scheint, hie und da zur Beratung der Staatsgeschäfte zugelassen" werde. Das Resultat sei, dass die Regierenden jeden wirklichen Kontakt mit den „Elementen jeder Politik, mit den Staatsbürgen", verloren hätten und dass das Parlament, das das Vertrauen seiner Wähler „nicht unzweifelhaft genießt", sich wie ein „verstopfter Kanal, mehr ein Verkehrshindernis als ein Verkehrsweg zwischen Volk und Regierung" schiebe. Den slawischen Abgeordneten, die man „systematisch in einen unfruchtbaren und selbstmörderischen Radikalismus hineingetrieben habe", stünden „ebenso starrköpfig die Deutschnationalen" gegenüber, „jederzeit bereit, von ihrer fortwährend betonten Staatstreue abzufallen, wenn man von ihnen die leiseste Konzession an die slawische Majorität des Landes verlangt, irgendeinen Akt der selbstverständlichen Gerechtigkeit, irgendeinen Schritt zur Gesundung".[45] Die gesamte Politik des „nationalen Gegners", so Tschuppik im Juli 1918, werde mit den Augen des österreichischen Staatsanwalts betrachtet und „mit dem Begriff ‚Hochverrat' abgetan."[46]

44 Der freie Weg nach Triest. Wie Anm. 33, S. 418.

45 Wie Anm. 42.

46 Karl Tschuppik: Prag und Berlin. Wie Anm. 40, S. 561.

Vor allem der Herausgeber der *Neuen Freien Presse,* „die uns im Krieg mehr schadet als irgend ein feindliches Heer",[47] der „aus Bosheit und Schwachsinn zusammengesetzte"[48] „Papierpapst" und „Schreihals"[49] Moriz Benedikt, wurde als Wortführer und Propagandist eines „deutschzentralistischen Großösterreich", für das Tschechen, Polen, Slowenen und Kroaten „Völker zweiter Klasse, patriarchalisch betreute Vasallen" darstellten, wiederholt auf das Schärfste angegriffen.[50] In Benedikts Kopf, heißt es zwei Monate vor Kriegsende, niste noch immer die „läppische Vorstellung eines zentralistischen Österreichs", die von der Annahme ausgehe, dass die Völker Österreichs dazu da seien, „das Postament abzugeben für eine herrschende Clique der Bureaukratie und der Börsenjobber. Daß das Postament lebendig werden und die Mißgeburt aus Dreck und Betrug herunterwerfen könnte, das will den Nutznießern des Zentralismus nicht in den Sinn".[51] Anton Kuh schlug vor, am „Tourniquet [d.i. Drehkreuz] der neuen Zeit" Kontrollorgane aufzustellen, „um jeden Staatsuntertan, Plakatträger und Apologeten der alten Zeit zurückzuweisen, der behutsam hinüberschleichen will". Moriz Benedikt – „ein arteriosklerotischer Feuerkopf, der Sire noch um Gedankenfreiheit bittet, während es um die Selbstbefreiung geht" – setzte Kuh auf seiner „Proskriptionsliste" für die besagten Kontrollorgane an die erste Stelle. Er befand sich in guter Gesellschaft, denn auch „Herr von Hoffmannsthal" [sic], der „Voltaire" der „feuilletonistischen Süßlinge", findet sich hier. Hofmannsthal habe sich „bis zum Krieg die Gegenwart immer drei Schritte vom

47 Der Widerspruch der Ungarn. Wie Anm. 40, S. 149.

48 Kajetan [d.i. Karl Tschuppik]: Die wahren Hochverräter. F II/293–294 (18.10.1918), Zit. S. 294. Wiederabgedruckt in Tschuppik (Anm. 12), S. 46–50.

49 F II/170–171 (13.9.1918).

50 Vgl. Anton Kuh: Proskriptionsliste. F II/272–273 (11.10.1918).

51 Wie Anm. 49.

ästhetischen Leib“ gehalten, ehe er sich auf die „Leibkürassier-Verpflichtung des ‚Edlen von‘ [Hofmannsthal]“ besonnen habe. „Er hat die Vergangenheit geerbt, wie der Millionärssohn die Louis-Seize-Möbeln [sic]. Darum setzt er sich breiter in sie hinein und gibt sie schwerer heraus. Mein Gott, wird halt als Balzacscher Leidtragender des ancien régime auf Rodaun seine Tage fristen!“ Einem Mann, „der sich Mirko Jellusich [sic] nennt“, traute Kuh – zu Recht – mehr zu. Leuten wie ihm müsse man auf die Finger sehen. „Gebt gut acht, was sie tun und reden! Und ob sie es wagen, sich in den Vordergrund einer Zeit zu stellen, deren größtes Hindernis sie waren.“[52]

Der *Friede* war, wie man sieht, nicht zu vornehm, die wahren und vermeintlichen „Totengräber“[53] Österreichs mit Namen zu nennen. Und er zerrte nach heutigem Verständnis und Empfinden wohl in der überwiegenden Mehrzahl der Fälle die Richtigen ans Licht, die Deutschnationalen zuvorderst, deren Wesen der *Friede* „im Maximum der Verbohrtheit“[54] erkannte. Sie waren dem *Frieden* der eigentliche „Feind der Deutschen“. „Können Feinde grimmiger und boshafter sein in der Erfindung geistiger Verkümmerung, politischen Analphabetentums, sozialer Rückständigkeit, kulturellen Tiefstands? [...] War's möglich, ist's wahrscheinlich, daß eine Welt in Flammen aufgeht und dieses Flammenmeer just den Jahrmarkt der deutschösterreichischen Politik verschont?“[55]

Schon in einer der ersten Nummern der Zeitschrift wurden am deutschnationalen Credo der Waffenbrüderschaft kräftige

52 Wie Anm. 50.

53 Vgl. Kajetan [d.i. Karl Tschuppik]: Rede an die Totengräber. F II/270–271 (11.10.1918).

54 Justus: Die Armeetrennung als demokratische Grundforderung. F I/56–57 (9.2.1918), Zit. S. 56.

55 Eine Schmach. F I/513 (21.6.1918).

Zweifel geäußert: „stehen wir unter dem Diktat", fragte der *Friede*, „unserem [deutschen] Verbündeten ein recht kräftiger Bundesgenosse in seinen Fehden mit Frankreich, England und der ganzen Welt zu bleiben?" Ein entschiedenes „Nein" war die Antwort, denn wer sich nicht mit deutschem „Demokratieersatz" zufriedengebe, müsse daran festhalten, dass „Freiheit, Wohlstand und Kultur mit dem Wesen des militärischen Machtstaates in unversöhnlichem Widerspruch" stünden und müsse „jede vernünftige Föderalisierung heiß herbeiwünschen."[56] Und in einem Beitrag mit dem programmatischen Titel *Föderalismus* lautet die Quintessenz kurz und bündig: „Wer gegen eine Reform der Verfassung im Sinne des Föderalismus ist, der ist, so patriotisch er deklamieren möge, gegen Österreich."[57] Das letzte Wort zur Vision eines „neuen und gerechter begründeten Österreich", das ein demokratischer Bundesstaat freier Völker sein sollte, gebührt jedoch Richard A. Bermann, der in einem bestürzend hellsichtigen Artikel vom Oktober 1918 in der territorialen Zerstückelung der Monarchie den Keim künftiger Katastrophen erkannte und die Ereignisse von 1939 und 1945 vorhersagte:

> Die Tschechen werden darüber nicht hinwegkommen: Fordern und erhalten sie die völlige Loslösung des von Tschechoslowaken besiedelten Gebietes, fällt ihnen auch die Herrschaft über alle gemischtsprachigen Städte und über die kleineren deutschen und magyarischen Sprachinseln zu – so bleibt ihnen doch nur ein geographisch nicht geschlossenes [...] Gebiet, es sei denn, daß man die Deutschen der Sudetenländer ausrottet; anders

56 Wie Anm. 54.

57 Föderalismus. F II/172–173 (13.9.1918), Zit. S. 173. Vgl. bes. auch: Karl Tschuppik: Das deutsche Unglück. F II/221–224 (27.9.1918). Wiederabgedruckt in Tschuppik (Anm. 12), S. 36–45.

> wird man sie in d i e s e n tschechoslowakischen Nationalstaat nicht hineinbekommen. Andererseits wieder könnten die Deutschen der Sudetenländer sich nur an Deutschland anlehnen, von dem sie doch durch ernste geographische Schranken geschieden sind. Sie gehören geographisch einmal zu Böhmen und Mähren; sie können politisch nur dazu gehören, wenn Österreich bestehen bleibt. Man muß die Entente auf die große Ähnlichkeit dieses Problems mit dem von Ulster verweisen; man kann Ulster nicht von seiner Insel Irland wegnehmen, aber man muß den letzten Ulstermann erschlagen, ehe er sich unter die Herrschaft der irischen Majorität beugen läßt; da helfen alle gutgemeinten Versprechungen künftiger Toleranz gegen nationale Minderheiten nichts.[58]

Bei der in vielfältigen Variationen dargelegten Grundthese der Zeitschrift, dass die Bevölkerung genug habe „von all den Utopien von rechts und von links, von den unmöglichen Nationalstaaten [...] und von der großen Germanisation, die nur zum Schaden des Deutschtums ausschlägt“[59], regte die Vorstellung einer Vereinigung Österreichs mit dem Deutschen Reich die Phantasie der *Friedens*-Leute nur mäßig an. Nur wenige, wenngleich gewichtige, Pro-Stimmen lassen sich vernehmen. Die Kritiker, die nicht zufällig im engeren Umkreis der Redaktion anzusiedeln sind, überwiegen bei Weitem.

Im März 1918 schickte der frühere Feuilletonredakteur der *Arbeiter-Zeitung* und Leiter der Wiener Volksbühne, Stefan

58 R. A. B. [d.i. Richard A. Bermann]: Das Selbstbestimmungsrecht und die Sprachenkarte. F II/269–270 (11.10.1918), Zit. S. 269f.

59 Atmosphäre des Vertrauens. Wie Anm. 42, S. 53.

Großmann, aus Berlin (wohin er 1912 übersiedelt war), ein als ‚Monolog' bezeichnetes Sendschreiben an den *Frieden,* das dem „halberstickten Österreich" Deutschland als „Rettung" empfahl. „Wenn unser österreichisches Schicksal uns in Selbstmordnähe treibt, dann taucht, während das umhergeworfene Schifflein kraftlos auf den Wellen treibt, die rettende große deutsche Küste auf. Welchem anderen Stamme ist dieses Glück des zweiten Lebens gegönnt?"[60] Zwar werde, konzedierte Großmann mit verhaltener Sentimentalität, die Seele des Österreichers im Land der Sachlichkeit und Tüchtigkeit nicht ganz satt und ungewollt schössen aus der Lüneburgerheide die Gipfel der Rax auf, doch die Komplementarität dieser Stereotypien, wie sie ja auch aus dem ein Jahr davor entstandenen ‚Schema' von Hofmannsthal, *Preuße und Österreicher*[61], bekannt ist, ließ sich bei Großmann, wie auch in späteren Ausformungen dieses Gedankens nur als ein zusätzliches Argument für den Anschluss verstehen.[62] Der *Friede* zögerte nicht, Großmann umgehend eine Antwort zu erteilen. Sein Argument sei bloß ästhetisch und wenn etwas endlich den gerechten Widerwillen erregen müsse, dann das ästhetische Argument, „womit soviele Österreicher sich und ihresgleichen das Vegetieren zu versüßen" suchten. Die Jugend Österreichs wisse, dass es nicht auf die Ausdeutung Österreichs, sondern auf dessen Umgestaltung ankomme. „Die letzte Generation hat Österreich besungen, in Stimmungen und Bildern festgehalten, seine Laster in Tugenden umgelogen; die österreichische Jugend war

---

60 Stefan Großmann: Glück des Österreichers. Ein Monolog. F I/221–222 (29.3.1918), Zit. S. 221.

61 Vgl. Hugo von Hofmannsthal: Preuße und Österreicher. Ein Schema. In: H. v. H.: Gesammelte Werke in Einzelausgaben, Prosa III. Frankfurt a.M. 1952, S. 407–409.

62 Vgl. Klaus Amann: Die Brückenbauer. Zur ‚Österreich'-Ideologie der völkisch-nationalen Autoren in den dreißiger Jahren. In: Klaus Amann/ Albert Berger (Hrsg.): Österreichische Literatur der dreißiger Jahre. Ideologische Verhältnisse – Institutionelle Voraussetzungen – Fallstudien. Wien/Köln/Graz 1990, S. 60–78.

feuilletonistisch, schöngeistig und zynisch. Die kommende Jugend wird politisch sein", und wenn sie es sei, werde „die Flucht ins Ästhetische, aber auch die Flucht nach Deutschland überflüssig werden."[63]

Robert Müller, der expressionistische Dichter, mag vielleicht nicht übermäßig repräsentativ für Österreichs Jugend um 1918 gewesen sein, seine polemische pointierte Abrechnung mit dem Anschluss-Wunsch war aber jedenfalls politisch begründet. Er bezweifelte im Januar 1919 grundsätzlich und mit Argumenten, die eine verblüffende Ähnlichkeit mit Ohrfeigen haben, dass das nachrevolutionäre Deutschland sich vom imperialistischen und militarisierten Machtstaat Wilhelms II. unterscheide. Der „gefährliche deutsche Nationalismus, der aus aller anerkennenswerten Tüchtigkeit nicht ein Bekenntnis zur Menschheitsordnung, sondern eine W a f f e" mache, dürfe Österreich nicht betören. Der Pferdefuß Deutschlands sei seine Devise: ‚Dem Tüchtigen freie Bahn'. Es frage sich, ob Österreich das Hufeisen zu diesem Pferdefuß abgeben wolle.[64]

Ich halte es nicht für ausgeschlossen, dass das bekannte Votum Robert Musils für den Anschluss, das vierzehn Tage später unter dem Titel *Buridans Österreicher* im *Frieden* erschien, eine direkte Antwort auf die Polemik Robert Müllers ist. Donauföderation und Groß-Deutschland heißen die beiden Heubündel, zwischen denen Musils Österreicher steht. Und letztlich ist es exakt jenes von Müller perhorreszierte Element deutscher Tüchtigkeit, das Musil in Richtung Großdeutschland gravitieren läßt. Der Österreicher sollte, trotzdem er vom Kopfe bis zum Hufe auf Gespaltenheit und noble Subtilität eingerichtet

63 Die Flucht. Eine Entgegnung. F I/222–223 (29.3.1918) Zit. S. 223.

64 Robert Müller: Österreich und das deutsche Geschäft. F III/ 32–34 (31.1.1919).

sei, „ein einziges Mal einen Burgfrieden schließen zwischen der Spiritualität und der gemeinen Wahrheit und das Einfache tun, trotzdem er es kompliziert unterlassen könnte." Die Alternative zum Anschluss an Deutschland wäre, „Österreich unter dem Namen Donauföderation als europäischen Naturschutzpark für vornehmen Verfall weiterzuhegen."[65]

Beide – Müllers und Musils – Stellungnahmen erfolgten nach der Proklamation der Staats- und Regierungsform Deutschösterreichs vom 12. November 1918, deren Artikel 2 bekanntlich erklärte: „Deutschösterreich ist ein Bestandteil der Deutschen Republik." Die seit siebzig Jahren als publizistischer Gemeinplatz kolportierte Behauptung, dass dieser von der Provisorischen Nationalversammlung feierlich proklamierte (wenngleich nicht vollzogene und schließlich durch die Friedensverträge von St. Germain untersagte) Anschluss auf breiteste Zustimmung gestoßen sei, muss zumindest für die politische und literarische Intelligenz bestritten werden, deren Sprachrohr der *Friede* war. Sie fühlte sich durch die Provisorische Nationalversammlung ganz offensichtlich nicht vertreten. „Niemals hat der Vorstand eines Gesangsvereins das Programm seiner nächsten Liedertafel so leichtfertig entworfen, wie unsere Gesetzgeber über die Lebensfrage unseres jungen Staates entschieden haben."[66]

Richard A. Bermann sprach von „unwürdiger Hast", ja von einem „parlamentarischen Putsch" durch die Provisorische Nationalversammlung. „Weder, daß wir als völlig unabhängiger,

65 Robert Musil: Buridans Österreicher. F III/ 82–83 (14.2.1919).
Robert Müller zählte zum engeren Bekanntenkreis Musils. Vgl. auch Musils Nachruf auf Robert Müller (1924) in: Robert Musil: Gesammelte Werke. Hrsg. von Adolf Frisé, 2 Bde., Hamburg 1978, Bd. II (Prosa und Stücke, Kleine Prosa, Aphorismen, Autobiographisches, Essays und Reden), S. 1131–1136.

66 Die Politik der Schlagworte. F II/ 555–558 (3.1.1919), Zit . S. 555.

vielleicht als neutralisierter Kleinstaat nicht leben können, noch, daß ein Wirtschaftsbündnis mit unseren slawischen und ungarischen Nachbarn unmöglich und unvorteilhaft wäre, ist anders bewiesen worden, denn durch heftige Behauptungen und durch Beschimpfungen der Leute, die darüber eine eigene Meinung haben wollten."[67] Ein Seitenblick auf die Motive, die der *Friede* hinter der „unverantwortliche[n] Leichtfertigkeit"[68] dieser Proklamation vermutete, ist deshalb geboten. In einem außergewöhnlich langen Artikel vom 3.1.1919 wurde auf der Grundlage von Parlamentsreden, Zeitungsartikeln und öffentlichen Erklärungen nachgezeichnet, wie sich innerhalb von nur sechs Wochen die Haltung der entscheidenden und einzigen aktiven politischen Kraft in der Nationalversammlung, der Sozialdemokratie, in der Frage Anschluss grundlegend verändert hatte.

Während Viktor Adler in seiner letzten Parlamentsrede am 3.10.1918, wenige Tage vor seinem Tode, noch von einem „neuen Band" gesprochen hatte, das die Völker Österreichs als freie und selbständige miteinander verbinden könnte, legte sich sein Nachfolger, Otto Bauer, gleichsam im Laufschritt auf einen Anschluss an Deutschland fest. Die Erklärung des *Frieden:* „Nicht was in Österreich vorging, lieh die Begründung [...], sondern die Entwicklung der Verhältnisse im Deutschen Reich: die Aufrichtung der Herrschaft der Arbeiter- und Soldatenräte". Oder in der Formulierung Otto Bauers vom 12. November 1918: „Anschluß an Deutschland ist Anschluß an den Sozialismus." Fazit des *Frieden:* „Nicht aus nationalen Gründen, sondern ausschließlich aus parteipolitischen Erwägungen

67 R. A. B. [d.i. Richard A. Bermann]: Eine Freundesstimme über den Anschluß. F III/34–36 (31.1.1919), Zit. S. 34.

68 Wie Anm. 66, S. 558.

heraus hat die Sozialdemokratie den Frontwechsel vorgenommen." Und zwar aus Angst, so die Erklärung der Zeitschrift, in einem Deutschösterreich ohne Deutschböhmen und Sudetenland in die Minderheit zu geraten. Der Anschluss sei für die Sozialdemokratie die „Erfüllung s o z i a l e r Träume". Dafür hatte der *Friede* Verständnis, nicht aber dafür, dass die soziale Forderung wahltaktisch „als eine nationale Forderung" verkauft werde; und auch nicht dafür, dass durch die übereilte Proklamation den „anderen Nationen" die „Tür vor der Nase zugeschlagen" werde.[69]

Der deutsche Schriftsteller Karl Otten, einer der Wegbereiter des Expressionismus in Deutschland, vermochte so wenig wie die innenpolitisch versierten Mitarbeiter des *Frieden* im Anschluss eine „nationale Notwendigkeit" zu erkennen, eher schon eine „Abart machtpolitischer Expansion" und eine „Übersteigerung des wirtschaftlichen Horizonts". Die Idee des „rein nationalen Staates, der Antrieb zu soviel Kriegen", schrieb Otten im Februar 1919, habe durch den Weltkrieg eine eindeutige Widerlegung gefunden. „Sind Friede und friedlicher Ausgleich der Streitfragen unter den Staaten Sinn ihrer Existenz [...], so ist in der Tat die Zugehörigkeit fremder Teile zu nationalistisch labilen Staaten eines der wesentlichen, wenn auch vielleicht schmerzlichen Mittel zum gegenseitigen Verständnis der Völker ..."[70]

Auf einen anderen Aspekt der Anschluss-Gegnerschaft des *Frieden,* der sich ja auch als Wochenschrift für ‚Volkswirtschaft' verstand, sei zumindest am Rande verwiesen. Der bis in die Wahlaufrufe der Parteien hinein verfolgbaren Behauptung,

69 Alle Zitate aus ebenda, S. 555–558.

70 Karl Otten: Der Anschluß. F III/56–57 (7.2.1919), Zit. S. 56.

dass Deutschösterreich auf sich selbst gestellt, kein wirtschaftlich lebensfähiges Gebilde sei, wurde in zahlreichen wirtschaftswissenschaftlichen und statistischen Abhandlungen mit guten Gründen widersprochen. Ein Anschluss gebe eher zu der Befürchtung Anlass, hieß es, „zu einer ‚kontinentalen Kolonie' Deutschlands herabgedrückt zu werden und damit den Sonderinteressen gewisser großkapitalistischer und großagrarischer Kreise Vorspanndienste zu leisten." [71]

Die Argumentation des *Frieden* gegen die Anschluss-Proklamation erhielt durch die Ergebnisse, zeitgenössisch ausgedrückt, durch das ‚Diktat' der Friedenskonferenz von St. Germain eine zusätzliche, radikalisierte Dimension. Die Autoren der Zeitschrift waren sich einig in der Beurteilung, dass der „gellende Schrei nach Revanche [...] jedes Wort der Vernunft"[72] übertönte und dass „mehr noch als der Krieg, der Friede gegen Deutschland gerichtet" sei.[73] Deutschland und Österreich als die Urheber eines, gerade von dieser Seite über die Maßen grausam geführten Krieges würden zu Recht zur Wiedergutmachung des materiellen Schadens verpflichtet werden müssen, betonte der *Friede* – „Der ungeheuren Schuld muß ungeheure Sühne entsprechen",[74] doch der „Gewaltfrieden", der auf die „Demütigung des deutschen Volkes" ziele, mache „alle Hoffnungen auf die Wiedergeburt der Menschheit im Geiste der Gesittung und Versöhnung auf Jahrzehnte hinaus zunichte".[75] „Deutschlands verwesende Leiche wird in

71 Erwin Perles: Wirtschaftsbund mit Deutschland? F 111/376–378 (9.5.1919), Zit. S. 378. (Streckenweise fühlt man sich bei dieser Diskussion mitten in die EWG-Anschluss-Debatte der 1980er Jahre versetzt).

72 Kajetan [d.i. Karl Tschuppik]: Die Herren Europas. F 11/463, (6.12.1918).

73 F III/ 457 (6.6.1919).

74 Dennoch. F III/ 458–459 (6.6.1919).

75 Wie Anm. 72.

den nächsten Jahren die Welt verpesten und kein militärischer Kordon am Rhein wird den Pesthauch abhalten."[76]

Eindeutiges und von Anfang an bekanntes Ziel der Siegermächte sei es gewesen, nicht nur die „Macht des [Deutschen] Reiches" zu verringern, sondern auch jeden künftigen Machtzuwachs auszuschließen. „Und was", fragte der *Friede,* „haben wir getan, um ihnen ihr dornenvolles Vorhaben zu erleichtern?" Das innigste Bestreben der deutschösterreichischen Politik sei es gewesen: „Die Festigkeit der Absicht solchen Zuwachses jenen mitten im Sieg von Zukunftsangst Geschüttelten mit möglichster Deutlichkeit zu zeigen. Und als diplomatische Finesse galt ihr offenbar, darzutun, daß auch ein verbotener Anschluß auf geschichtliche Dauer gegenüber dem Blutdrang des Volkes nicht zu verhindern sein werde."[77] Die dümmste und „wahrhaft verbrecherische Politik" sei von den Deutschnationalen betrieben worden, denen auch nur ein Gran gesunden Menschenverstandes hätte eingeben müssen, dass die Entente nie zugeben werde, dass Deutschland seine Gebietsverluste im Osten, Westen und Norden durch die Einverleibung Deutschösterreichs würde wettmachen können. Aber auch die Sozialdemokraten trügen keine geringere Schuld, denn die Kosten für die starrsinnige Träumerei vom großdeutschen Sozialismus werde auch das österreichische Proletariat zu bezahlen haben.[78] Beide, Sozialdemokraten und Deutschnationale, hätten den Siegermächten nicht geschickter in die Hände arbeiten können als mit ihrer Forderung „Anschluß um jeden Preis".[79]

76 F III/ 289 (18.4.1919).

77 Wie Anm. 73.

78 Die Schuld. F III/482 (13.6.1919).

79 Wie Anm. 73.

Das schwere Fieber, von dem das alte Österreich am Ende seiner Tage geschüttelt wurde und von dem man, nach einem Wort Karl Tschuppiks, nicht wusste, ob es „einen Todeskampf oder Geburtswehen ankündigt“[80], war Symptom für beides: Es brachte den „Zusammenbruch der österreichischen Staatsfiktion“[81] und es begleitete die Geburt eines ungeliebten und ungewollten Kindes: Deutschösterreich.

> DEUTSCHÖSTERREICH ist nicht geboren worden aus dem freien Entschluß des deutschösterreichischen Volkes. Die Tschechen und die Südslawen, die Polen und die Ruthenen haben das alte Reich verlassen und was übrigblieb, war Deutschösterreich und mußte sich schlecht und recht eine staatliche Organisation geben. Und nicht aus dem freien Willen des Volkes ist Deutschösterreich zur Republik geworden: wir haben nur das Signal aufgenommen, das München und Berlin uns gaben. Wir atmen die freie Luft eines demokratischen Staates, aber wir haben uns dieses höchste Gut nicht erkämpft, nicht erobert.[82]

Mit anderen Worten, es war das „Positivum, das nur aus der Negation der anderen entstanden ist“.[83] Vom Willen und vom Bekenntnis zu sich selbst war Österreich noch durch den Abgrund eines Weltkrieges getrennt.

80 Karl Tschuppik: Das deutsche Unglück. Wie Anm. 57, S. 221.

81 F II/337 (31.10.1918).

82 Aufruf an die Bürgerlichen. F II/388–389 (14.11.1918), Zit. S. 388.

83 Wie Anm. 81.

# Bedenken eines Langsamen

## Robert Musil und das Jahr 1933[1]

In einem seiner Arbeits- und Tagebuchhefte, das Musil zwischen 1937 und 1941, also bis kurz vor seinem Tod im Schweizer Exil, führte, sammelte er Materialien und Ansätze für eine Autobiographie. Darin findet sich mit Blick auf das Jahr 1914 die Feststellung: „Der Krieg kam wie eine Krankheit, besser wie das begleitende Fieber, über mich."[2] Das Fieber, von dem Musil da spricht, hat er im selben Heft an anderer Stelle als „atavistisch mystische[s] Moberlebnis"[3] bezeichnet und damit in die Dimension einer kollektiven Psychose gerückt. Zwanzig Jahre früher, in seinem Essay *Die Nation als Ideal und als Wirklichkeit* von 1921 hatte er, noch spürbar affiziert von den Ereignissen, weniger den pathologischen als vielmehr den identitäts- und gemeinschaftsstiftenden Charakter dieser Erfahrung betont; die Lust am Aufgehen in der Masse, ja an der körperlichen Auflösung im Heldentod für die Nation:

> Darin war auch das berauschende Gefühl enthalten, zum erstenmal mit jedem Deutschen etwas gemeinsam zu haben. Man war plötzlich Teilchen geworden, demütig aufgelöst in ein überpersönliches Geschehen, und spürte, von ihr eingeschlossen, die Nation geradezu leibhaft; [...].

1 Schriftenverzeichnis, Aufsätze Nr. 109.

2 T I, 956 (vgl. dazu das Siglen-Verzeichnis am Ende des Artikels). Es ist anzunehmen, dass der Eintrag aus der Zeit in Genf stammt, wo Musil mit seiner Frau Martha seit Anfang Juli 1939 lebte.

3 T I, 947.

> Will man nun glauben, daß es nichts gewesen sei, wenn Millionen Menschen, die zuvor nur für den Eigennutz und in übertünchter Angst vor dem Tode gelebt hatten, plötzlich mit Jubel dem Tod für die Nation entgegenliefen?[4]

Das Gewicht dieser Bemerkungen über das „Sommererlebnis im Jahre 1914", das „nicht erledigt ist"[5], kann man daran ermessen, dass Musils schriftstellerisches Werk nach dem Ersten Weltkrieg im weitesten Sinn der Vorgeschichte und der Verarbeitung dieser Erfahrung oder, mit seinem späteren Wort aus dem Exil, dieser ‚Krankheit' gewidmet war. *Der Mann ohne Eigenschaften* (MoE), mit dem Kriegsausbruch als geplantem Schluss, setzt sich ja bekanntlich die „Schilderung der auf den Krieg zutreibenden Zeit [...], die zur Katastrophe geführt hat"[6] zum Ziel. Auch ein Großteil der restlichen Produktion Musils, und keineswegs nur der essayistischen, ist darauf gerichtet, Ursachen und Folgen des Krieges zu deuten. Die damit verknüpften psychologischen und politischen Fragen berühren ein biographisches Trauma und sie bilden ein Zentrum seiner literarischen Arbeit.

Mit der ‚Machtergreifung' der Nationalsozialisten im Januar 1933 in Deutschland und der Errichtung des autoritären, ‚austrofaschistischen' Ständestaates in Österreich (1933–1934) gewann die Beschäftigung mit diesen Fragen noch eine zusätzliche Dimension für Musil. Nicht nur, weil er sich, wie viele andere auch, in eine schwierige persönliche Entscheidungssituation gedrängt sah, sondern vor allem deshalb, weil der Zwang

4 Robert Musil: Die Nation als Ideal und als Wirklichkeit [Dezember 1921]. In: GW 8, 1059–1075, Zit. S. 1060f.

5 Ebd., S. 1060 und S. 1061.

6 MoE, 1340f. (Kap. 83: Warum Ulrich unpolitisch ist).

zur persönlichen politischen Entscheidung und deren Begleitumstände ihn in seinem Selbstverständnis und in seiner Rolle als Schriftsteller existenziell berührten und bedrohten. Zur Beunruhigung durch die mit sichtbaren Zeichen von Gewalt und Massenhysterie einhergehenden politischen Veränderungen kam die Sorge um die eigene Zukunft als Schriftsteller. Dass die politischen Rahmenbedingungen in Deutschland wie auch in Österreich seine Arbeits- und Wirkungsmöglichkeiten in bedrohlicher Weise reduzierten und einschränkten, wurde Musil schnell bewusst. Ein gesteigertes Interesse an den politischen Vorgängen ist vor allem in seinen Tagebuchnotaten erkennbar.

Ungewohnt und irritierend für den nachgeborenen Leser, der durch die Praxis des öffentlichen Diskurses gewohnt ist, die politische Hemisphäre in ‚links' und ‚rechts' einzuteilen, bleibt bei der Lektüre der einschlägigen Äußerungen Musils seine programmatische politische Ortlosigkeit, sein Widerwille und sein Widerstand dagegen, einem ideologischen Lager zurechenbar zu sein. Trotz seines zeitweiligen Sympathisierens mit der österreichischen Sozialdemokratie der zwanziger Jahre[7] vertraute er zeitlebens nicht auf die Fangnetze und Sicherheitszäune einer politischen Ideologie. Im Gegenteil. Er hat, in dem bereits erwähnten Tagebuchheft zur Autobiographie, sein Verhältnis zur Politik rückblickend als das eines ‚Unzufriedenen' beschrieben:

7 Im März 1927 unterschrieb Musil im Rahmen einer ‚Kundgebung des geistigen Wien' gemeinsam mit Alfred Adler, Sigmund Freud, Hans Kelsen, Alma Mahler, Alfred Polgar, Franz Werfel u.a. eine am 20.4.1927 in der ‚Arbeiter-Zeitung' publizierte Unterstützungserklärung für die Wiener Sozialdemokraten. Ein wesentliches Motiv mag für Musil dabei die vorbildliche Sozialpolitik der Wiener Sozialdemokratie in den Notjahren nach dem Ersten Weltkrieg gewesen sein. Vgl. Karl Corino: Robert Musil. Eine Biographie. Reinbek b. Hamburg: Rowohlt 2003, S. 784f.

> Ich bin ein Unzufriedener. Die Unzufriedenheit mit dem Vaterland hat sich sanft ironisch niedergeschlagen im M[ann] o[hne] E[igenschaften]. Ich bin aber auch von der Untauglichkeit des Kapitalismus oder des Bürgertums überzeugt, ohne daß ich mich ja für seine politischen Gegner hätte entschieden. Gewiß darf der Geist unzufrieden mit der Politik sein. Aber der Geist, der da keine Kompromisse versteht, wird ausgleichenden Männern als zu individualistisch erscheinen.[8]

In den nicht für die Öffentlichkeit bestimmten Erwägungen der Tagebuchhefte, die gleichwohl und häufig etwas unreflektiert die Hauptquelle für die Beurteilung seiner politischen Haltungen bilden, nimmt der Individualismus Musils bisweilen befremdliche Züge an, und dies durchaus nicht nur dort, wo er meint, unter bestimmten Voraussetzungen könnte man, „wenn man will", Hitlers Pakt mit Stalin „genial"[9] nennen. Dieses Befremden, das einen bei der Lektüre der Arbeits- und Tagebuchhefte zuweilen überfällt, ist die Reaktion auf einen ‚Geist', der in seinen Ansichten und Urteilen tatsächlich keine Kompromisse kennt und keinerlei Konzessionen macht. Es ist eine Folge seines ‚unzufriedenen', irritierend konsequenten und kompromisslosen Bedenkens und Analysierens alltäglicher Wahrnehmungen und Erfahrungen, seines unvoreingenommenen und voraussetzungslosen Erforschens von Positionen, Verhaltensweisen und Situationen. Er selbst hat diese Haltung einmal mit „Sachlichkeit als Teilnahmelosigkeit"[10] bezeichnet. Die Tagebuchhefte sind dafür das Laboratorium und das Experimentierfeld. Hier prüft er Wahrnehmungen, Gefühle,

8 T I, 950.
9 T I, 986.
10 T I, 903.

Haltungen, Rollen und Sichtweisen, hier analysiert er die Substanz und die Wirkungen von Ereignissen und Entscheidungen. Hier sammelt, ordnet und deutet er den Lebensstoff im Hinblick auf seine psychologische, philosophische und historische Bedeutung – und das heißt bei ihm immer auch: im Hinblick auf seine mögliche literarische Eignung und Darstellbarkeit.

Dies lässt sich an einem Schlüsselereignis des Jahres 1933 zeigen. Die Bücherverbrennung vom 10. Mai 1933 muss für Musil, der seit Ende November 1931 in Berlin, dem zentralen Ort des Geschehens, lebte, zweifellos ein unmissverständliches Zeichen dafür gewesen sein, wie das Dritte Reich mit seinesgleichen zu verfahren gedachte, zumal ja der studentische Vandalenakt unter der Schirmherrschaft des Propagandaministers Joseph Goebbels stand und vom Reichsrundfunk übertragen wurde.[11] Die Aktion, bei der auch die Werke Alfred Kerrs, des ‚Entdeckers' und entschiedenen Förderers Musils, in Flammen aufgingen, war ein frühes, spektakuläres Zeichen, das den aggressiv-gewalttätigen Charakter des Regimes auch auf dem Feld der Kultur sichtbar machte. Wer in den Tagebuchheften Musils einen Hinweis darauf erwartet, was das Geschehen für ihn bedeutete, wird allerdings enttäuscht. Dort findet sich lediglich der folgende Eintrag:

> *Zweideutigkeit.* Es ist mir spontan als ein Symbol der Anmaßung u. Unwissenheit erschienen, noch dazu als ein unfreiwilliges, daß die Berliner ‚Studenten' mit Ochsenkarren auszogen, die Bücher zu verbrennen. Erst jetzt ist mir aufgefallen, daß eine Jugend, welche die falsche u.

11 Vgl. Klaus Amann: Im Schatten der Bücherverbrennung. In: K. A.: Die Dichter und die Politik. Essays zur österreichischen Literatur nach 1918. Wien: Edition Falter/Deuticke 1992, S. 60–73.

> hinderliche Weisheit der Vergangenheit verbrennt, auch gefallen und den Eindruck eines großen Aufbruchs erwecken kann.
> Es liegt nahe, dieses Beispiel im Sinne der Zweideutigkeit des Geistes auszulegen [...].
> In Wahrheit ist es ein Beispiel dafür, daß es nicht auf das Was, sondern auf das Wie ankommt in moralischen Fragen. Dieses Wie wäre wohl aus Begleitumständen, Gesichtern, Reden, zu erkennen gewesen, in der Hauptsache ist es das aber erst aus Folge u. Entwicklung. Wie kommt man aber, wenn man immer erst die Folgen entscheiden läßt, zu einem bestimmten Verhalten? Soll man sich seiner Affektivität überlassen, aber das Urteil sich vorbehalten? Gewiß nicht usw. [12]

Musils Analyse verrät an keiner Stelle, dass er selbst von dem Vorgang betroffen sein könnte oder dass er sich in seiner Existenz als Schriftsteller bedroht fühlte. Die Notiz ist ein Musterbeispiel für seine Haltung der „Sachlichkeit als Teilnahmelosigkeit" (T I, 903). Dass er die politische Situation, für die die Bücherverbrennung nur ein unübersehbares Symbol war, sehr wohl richtig einzuschätzen wusste, zeigen seine Briefe. Knapp einen Monat zuvor, Mitte April 1933, hatte er an den Freund Franz Blei geschrieben, dass sich „alle Menschen, die nicht mit der Welle schwimmen, in plötzlicher Sorge um ihre eigene Erhaltung befinden." Er habe, so Musil, vorgehabt, „nach Berlin zu übersiedeln, aber vielleicht muß ich im Ausland ein so genanntes neues Leben beginnen [...]. Wenn Sie mir wieder schreiben, wird es wohl das Beste sein, den Brief

---

12 T I, 755. Die Episode mit den Ochsenkarren – die Wiener ‚Arbeiter-Zeitung' berichtete von einem „von zwei Zugochsen gezogenen Mistwagen" – ist nur aus Frankfurt a.M. überliefert. Musil bezog sich in seiner Notiz demnach (auch) auf die Presseberichterstattung. Vgl. ‚Arbeiter-Zeitung' [Wien] vom 12.5.1933, S. 1.

nach Wien zu richten."[13] Musil ahnte, dass er sich im Dritten Reich auf Dauer nicht würde halten können. Die Bücherverbrennung muss da wie eine Bestätigung dieser Vorahnungen gewirkt haben. Doch im Tagebuch ist das symbolträchtige Ereignis für ihn, wie vieles andere auch, das er notiert, interessant nur als Material, als auslegungsbedürftiges Phänomen, als heuristische Aufgabe, als Exempel für eine Kasuistik menschlicher Wahrnehmung und menschlichen Verhaltens – mit anderen Worten: als Stoff für seine literarischen Vorhaben. Bei genauerer Betrachtung ist die Notiz für Musil wohl vor allem in der abschließenden Frage nach der Rolle und Funktion der ‚Affektivität' bei diesem Ereignis interessant. Sie setzt die Bücherverbrennung in direkte Beziehung zu jenem „Sommererlebnis im Jahre 1914".

In dieser abstrahierenden Analyse des Vorgangs, die auf die biographische oder politische Einbettung und Bewertung weitgehend verzichtet, sind für den Leser, die Leserin Missverständnisse angelegt. Musil notiert eine Beobachtung, deutet stichwortartig verkürzt einige theoretische Überlegungen an, stellt einige komplexe, weitläufige Beziehungen her und lässt, da die Notate ja nicht zur Publikation bestimmt waren, vieles offen und unausformuliert; oft auch seine persönliche Einstellung und Bewertung. Wem hätte er sie in diesen Arbeitsheften auch erläutern sollen. Sich selber? Er notiert nur, was ihm an dem Vorgang bemerkenswert erscheint, was in seinen Augen von theoretischer oder symptomatischer Bedeutung ist – als Gedächtnisstütze, zur späteren Verwendung oder für eine weitere Bearbeitung. Als isoliert veröffentlichter Text, als ‚Tagebucheintrag', als der er nicht gedacht war, wird Musils Notat zur Bücherverbrennung jedoch anders gelesen: als ein für sich

13 B I, 566–568, Zit. S. 567 (13.4.1933).

stehendes, biographisches Dokument, als politischer Kommentar, als Beleg für die (fehlende) persönliche Reaktion des Autors auf das Ereignis. In dieser Lesart aber ist es missverständlich. Es könnte unter Umständen als Beispiel einer ‚Zweideutigkeit' Musils oder als Zeugnis für die politische Unentschiedenheit des Autors interpretiert werden. Ein Interpret, der nicht berücksichtigt, dass Musil in seiner Analyse unterschiedliche Perspektiven ausprobiert, die keineswegs die seinen sein müssen, könnte aus dem Text schlimmstenfalls sogar Sympathie mit dem staatlich sanktionierten Vandalenakt, zumindest aber politische Indifferenz des Schreibenden herauslesen. So gesehen wirkt die Notiz wie ein nachgelieferter Beleg für die Position des Erzählers im *Mann ohne Eigenschaften*, die Musil einige Jahre zuvor in dem berühmten Interview mit Oskar Maurus Fontana folgendermaßen beschrieben hatte:

> Die reale Erklärung des realen Geschehens interessiert mich nicht. Mein Gedächtnis ist schlecht. Die Tatsachen sind überdies immer vertauschbar. Mich interessiert das geistig Typische, ich möchte geradezu sagen: das Gespenstische des Geschehens.[14]

So gesehen wäre das ‚Gespenstische' an der Bücherverbrennung eben jenes Moment des Affektiven, das für Musil das Ereignis rückbindet an die Kriegsbegeisterung, an das „Moberlebnis", an die „Krankheit" von 1914. Es geht Musil in den Tagebuchheften, seinem wichtigsten Arbeitsinstrument, also, ganz im Unterschied zu den planvollen Diaristen, nicht um das autobiographisch zentrierte Protokollieren von Ereignissen und Erlebnissen, nicht um Bekenntnisse und nur selten um

14 Oskar Maurus Fontana: Was arbeiten Sie? Gespräch mit Robert Musil [30. April 1926]. In: GW 7, 939–942, Zit. S. 939.

die Festlegung und Dokumentation persönlicher Positionen. Es geht ihm, mit anderen Worten, bei den einzelnen Einträgen nicht um eine literarische oder biographische Zentralperspektive, aus der seine politische Haltung ohne Weiteres extrahiert werden könnte. Er schreibt seine Notizen und Entwürfe nicht mit dem Blick auf zukünftige Leser. Der Großteil der Texte, die wir heute als seine *Tagebücher* lesen, war von ihm in dieser Form nie für eine Publikation vorgesehen, ganz im Gegenteil, er empfand sie, wie er im Zusammenhang mit seinem Projekt einer Autobiographie mit dem Titel *Die 40 Hefte*, ausdrücklich festhielt, in biographischer Hinsicht selber für interpretationsbedürftig.[15] Sie sind grundsätzlich perspektivisch angelegt. Es geht ihm um die Fragen, was Ereignisse und Erlebnisse ‚bedeuten', wie und auf welchem Wege es möglich sei, zu Ansichten und festen Standpunkten zu gelangen und was dies jeweils für seine literarischen Projekte bedeuten könnte. So notiert er unter dem Stichwort „Verhältnis zur Politik" u.a.: „Nicht einmal die Wissenschaft ist sicher, geschweige denn der Dichter. [...] die Entscheidung, was ich glaube, fällt beim Schreiben".[16]

Musil geht nicht von Konzepten, Wahrheiten, Überzeugungen oder Ideologien aus, sondern er versteht das Schreiben selber als Methode und als Instrument, um über Wahrheiten, Überzeugungen und Ideologien, aber auch um über Gefühle und Wahrnehmungen etwas zu erfahren und mitzuteilen. Der „Dichter", sagt Musil, „weiß, was er meint, erst nachdem er geschrieben hat"[17] und: „Eine fertige Weltanschauung verträgt keine Dichtung."[18] Die Tagebuchhefte dokumentieren

15 Vgl. T I, 944.

16 T I, 924.

17 Robert Musil: Aus einem Rapial [Nachlass]. In: GW 7, 824–863, Zit. S. 830.

18 Robert Musil: Vorwort IV. Vorbemerkungen. In: GW 7, 965–974, Zit. S. 971.

daher in erster Linie die Wege, Umwege und manchmal auch die Abwege, die er auf der Suche nach dem, was er ‚wissen' und festhalten wollte, zurückgelegt hat. Dabei hielt er sich sein Leben lang an jene Überzeugung, die er als Zwanzigjähriger, unter dem Einfluss Friedrich Nietzsches, formuliert hat: „Es giebt Wahrheiten aber keine Wahrheit. Ich kann ganz gut zwei einander völlig entgegengesetzte Dinge behaupten und in beiden Fällen Recht haben."[19] Musils Denken ist kein auf ein schlüssiges Ergebnis orientiertes Sortieren von Wahrnehmungen oder vorgegebenen Meinungen. Es ist prinzipiell ein unabgeschlossener Vorgang, ein Weg ins Offene, Unerwartete, nicht Vorhersehbare. Der Ausgang ist ungewiss, wie es – jahrzehntelangen Lösungsversuchen und Revisionen zum Trotz – auch das Ende seines Romans ist. Musils Denken schließt das Widersprüchliche, Unvereinbare und scheinbar Skandalöse immer mit ein. Sein Schreiben ist generell ein Prozess der Problematisierung alles scheinbar Festen, ein Prozess der Problematisierung von Wirklichkeit und Wahrnehmung. Es ist, in den Tagebuchheften ebenso wie in den essayistischen und den literarischen Texten, ein beständiges Prüfen der Verlässlichkeit von so genannten Tatsachen, Standpunkten, Affekten, Empfindungen und Anschauungen.

In diesem unablässigen Erwägen unterschiedlichster Sichtweisen, in diesem ständigen Durchleuchten des Faktischen und des Möglichen hat es zuweilen den Anschein, als verschwinde Musils eigene Position, als löse sie sich auf im Relativismus divergenter Perspektiven. Aber wäre es nicht paradox, nach einer festen Position, nach einer unverrückbaren Haltung dort zu suchen, wo das einzig Feste die begründete Überzeugung des promovierten Psychologen Musil ist, dass Wahrnehmungen

19 T I, 12.

und Gefühle ambivalent, dass Standpunkte und Sichtweisen interessengeleitet und situationsabhängig sind und dass wir uns, metaphorisch gesprochen, prinzipiell in einer Szenerie von Kippbildern bewegen?[20]

Bei allem Unbestimmten und nicht Festlegbaren, bei allen Gedankenexperimenten, Zwei- und Mehrdeutigkeiten, die Musil beschäftigten und faszinierten und die ihn auch in Stalins Sowjetunion und an Hitlers Drittem Reich zumindest partiell Imponierendes sehen ließen,[21] gibt es aber, so scheint mir, doch eine Konstante in seiner Auseinandersetzung mit der Politik: Musil bestimmte seinen politischen Standort implizit und explizit dadurch, dass er nicht noch einmal in die Falle des Affekts tappen, nicht noch einmal jener ‚Krankheit' von 1914 verfallen wollte. Er entwickelte deshalb, ähnlich wie auch sein ‚Konkurrent' Hermann Broch, ein eigenes massenpsychologisches und ideologiekritisches Begriffssystem, mit dem er versuchte, die „Bewegung zum Arbeiter-, Krieger- und Ameisenstaat, dem sich die Welt annähert"[22], terminologisch in den Griff zu bekommen. Damit verbunden ist der Entwurf eines betont individualistischen Gegenkonzepts, das das Recht des Einzelnen gegenüber den kollektiven Ansprüchen von Gemeinschaften, Nationen und Staaten verteidigt.

Was Musil als Person betraf, so verweigerte er sich allem, was nach Partei, nach Dogma oder nach affektiver Gefolgschaft aussah. Wesentlich ist dabei, dass er seine Gegenposition zu den totalitären Systemen und zu den politischen Gesinnungs- und Glaubensgemeinschaften seiner Zeit nicht nur aus politischen

20 Vgl. auch Corino (Anm. 7), S. 219ff.

21 Vgl. z.B. T I, 995.

22 MoE, 1054 (Kap. 40: Der Tugut).

Überlegungen, sondern ganz maßgeblich aus der Reflexion seiner Aufgaben und Möglichkeiten als Schriftsteller entwickelte. Dies bedeutet, er schreibt und spricht im Verhältnis zu Politik, Staat oder Nation zumindest seit der Mitte der zwanziger Jahre bewusst und programmatisch in der Rolle eines Einzelnen, nirgendwo Zugehörigen, er spricht aus der Position des Gegenüber, des Unzufriedenen, des Oppositionellen. Er schreibt und spricht, im Unterschied zu den Parteiliteraten und politischen Günstlingen seiner Zeit, nicht mit der Macht im Rükken, sondern aus dem Abseits der Literatur. Diese Position am Rande hat seine Sensibilität für die prekäre gesellschaftliche Stellung der Schriftsteller geschärft: „*Der Dichter u. diese Zeit*: Mit geringen Ausnahmen war der Dichter immer in der Bedientenrolle. Meine Zeit war eine Ausnahme; u. da spielten die falschen Dichter eine Rolle.“[23]

Die Gelegenheit, die Rolle der „falschen Dichter“ zu kommentieren und seinen eigenen Standort gegenüber den politischen Ansprüchen und Instrumentalisierungsversuchen von Rechts und von Links zu bestimmen, boten ihm nach der ‚Machtergreifung‘ Hitlers drei Schreibanlässe:

1. Die Arbeit an seinem (Fragment gebliebenen und zu Lebzeiten nicht veröffentlichten) politischen Aufsatz mit dem vorläufigen Titel *Bedenken eines Langsamen*, an dem er 1933, noch in Berlin, zu schreiben begonnen hatte.

2. Die Festrede zum zwanzigjährigen Bestehen des ‚Schutzverbandes deutscher Schriftsteller in Österreich‘, im Dezember 1934 in Wien.

23 T I, 879.

3. Die Rede beim ‚Internationalen Schriftstellerkongreß zur Verteidigung der Kultur', ein halbes Jahr später, im Juni 1935 in Paris.

Auf die Zeitspanne 1933–1936 und auf diese drei, auf die aktuelle politische Situation bezogenen Anlässe drängt sich die Klärung der politischen und rollenspezifischen Position Musils zusammen, wobei es ihm letztlich in allen drei Texten um die Stellung des Schriftstellers und um seine Haltung gegenüber der Politik ging. Für ihn ist es eine existenzielle Selbstbefragung im Angesicht der totalitären Systeme von Faschismus, Nationalsozialismus und Kommunismus. Ich beschränke mich hier auf einige Anmerkungen zu seinen in Berlin verfassten Entwürfen zu den „Bedenken eines Langsamen".

Wenn man das vorhandene Material, einschließlich der zugehörigen Texte im Nachlass, sichtet, gewinnt man schnell den Eindruck, Musil habe seit der ‚Machtergreifung' in Deutschland und der schrittweisen Etablierung einer autoritären Herrschaftsform in Österreich unter Bundeskanzler Engelbert Dollfuß auf eine passende Gelegenheit, sich öffentlich zu äußern, geradezu gewartet, „denn heute", schreibt er im November 1933, „wachsen einem die Beobachtungen und Bemerkungen aus den Fingern, und ich bin [...] so voll davon, daß es dem Roman nebenbei gar nicht schlecht zu bekommen brauchte, wenn ich mich davon entlastete."[24] Kurzfristig erwog er sogar „ein Essaybuch über den Untergang des bürgerlichen Menschen"[25] herauszubringen, den er mit der Etablierung der Herrschaft von Nationalsozialismus und Kommunismus als besiegelt ansah. So notierte er in den Tagebuchheften verstärkt

24 B I, 594f., Zit. S. 595 (17.11.1933 an Toni Cassirer).

25 B I, 584f., Zit. S. 585 (3.10.1933 an Karl Otten).

Beobachtungen und Kommentare zur politischen Situation im Dritten Reich und im ‚Neuen Österreich', er äußerte sich in Briefen und er arbeitete intensiv an den Entwürfen für den politischen Essay und für die Reden in Wien und in Paris.

Im Unterschied zu den beiden Reden in Wien und in Paris, die als ausgearbeiteter Text, im Falle der Pariser Rede sogar in zwei Versionen, vorliegen[26], existieren die – offenbar für die Publikation in der Berliner *Neuen Rundschau* bestimmten – *Bedenken eines Langsamen* nur als Materialsammlung in Form einer Folge von z. T. stichwortartigen Entwürfen und einigen längeren, ausformulierten Abschnitten. Sie haben sehr stark den Charakter einer Selbstbefragung und Selbstverständigung. Musil hatte unter dem Eindruck der „revolutionären ‚Erneuerung des deutschen Geistes'"[27], so die Formulierung im ersten Satz, die eine zeitgenössische Parole aufgreift, vermutlich bald nach der ‚Machtergreifung' an dem geplanten Aufsatz zu arbeiten begonnen. Warum er ihn nicht fertig gestellt hat und warum er nicht publiziert wurde, wissen wir nicht. Anfang Mai 1933 vermerkte Martha Musil lapidar, „dass der Aufsatz jetzt noch nicht veröffentlicht wird".[28] Das war vor der Bücherverbrennung. Danach sah die literarische Welt in Deutschland entschieden anders aus. Der Aufsatz intendiert, die Bedeutung und Dynamik der Ereignisse zu begreifen, die Musil während seines Berlin-Aufenthaltes von November 1931 bis Ende Mai 1933 aus nächster Nähe beobachten konnte. Er hatte nach

26 Vgl. Robert Musil: Der Dichter in dieser Zeit [Vortrag in Wien zur Feier des zwanzigjährigen Bestehens des Schutzverbandes deutscher Schriftsteller in Österreich. 16. Dezember 1934. Korrigierte Reinschrift]. In: GW 8, 1243–1256; und Robert Musil: Vortrag. Paris [Korrigierte Maschinenabschrift]. In: GW 8, 1266–1269; sowie Korrigierte Reinschrift. In: GW 8, 1259–1265.

27 Robert Musil: Bedenken eines Langsamen. N.-R.-Aufsatz [1933]. In: GW 8, 1413–1435, Zit. S. 1413.

28 B I, 569 (4.5.1933 an Marie Gräfin Dobrzensky).

dem Erscheinen des ersten Bandes des *Mann ohne Eigenschaften* (November 1930) Berlin bewusst als Wohnort gewählt, nicht nur, um näher bei seinem Verlag (Rowohlt) zu sein, sondern „weil dort", wie er 1938 rückblickend schrieb, „die Spannungen und Konflikte des deutschen Geisteslebens fühlbarer sind als in Wien".[29] Die *Bedenken eines Langsamen* sind eine unmittelbare Frucht dieser Erfahrung. Sie enthalten im Kern bereits jene Überlegungen, Beobachtungen und Beispiele, die dann das Unterfutter für die beiden Reden in Wien und in Paris bilden werden. Einzelne Passagen aus den „Bedenken" finden sich wörtlich in den späteren Redemanuskripten wieder. Man kann die Entwürfe für den politischen Aufsatz und die umfangreichen Nachlassmaterialien im Zusammenhang mit der Arbeit an den beiden Reden in Wien und Paris im Grunde genommen als einen zusammenhängenden Text lesen, in dem Musil seine literarische und politische Positionsbestimmung vornimmt.

Musils „Bedenken" dokumentieren seine bewusst unvoreingenommene Absicht, Motive und Ziele der deutschen „Erneuerungsbewegung" (1418)[30], auch dies ist ein Begriff aus der zeitgenössischen politischen Propaganda, ernst zu nehmen und zu verstehen. Er verwirft die Argumente der Nationalsozialisten nicht von vornherein, sondern prüft sie auf ihre Stichhaltigkeit. Er lädt die Leser und Leserinnen ein, mit ihm das „Gedankenexperiment" zu machen, „ob man sich den Nationalsozialismus

29 Robert Musil: Curriculum vitae [etwa 1938]. In: GW 7, 949–951, Zit. S. 950. Auch dazu gibt es charakteristischerweise im Tagebuch eine Variante, die, subjektiv gesehen, gewiss nicht weniger ‚wahr' sein dürfte: „Ich habe 1931 Wien verlassen, weil Rot und Schwarz darin einig gewesen sind, in Wildgans einen großen österr. Dichter verloren zu haben." (T I, 924) Anton Wildgans, geb. 1881 in Wien, Schriftsteller und zweimaliger Burgtheaterdirektor (1921/22 und 1930/31) ist erst im Mai 1932, also ein halbes Jahr nach der Übersiedlung Musils nach Berlin, gestorben.

30 Wie Anm. 27, weitere Nachweise ebenfalls im Text.

politisch durch etwas anderes ersetzt denken könne", dass er also nicht bloß ein „Wirbel, sondern eine Stufe der Geschichte" sei und dass er „seine Sendung und Stunde" habe. (1414f.) Unter dieser Voraussetzung beginnt Musil, Parolen und Behauptungen, Methoden und Praktiken dieser „dritte[n] deutsche[n] Revolution" (1419), soweit sie bis dahin sichtbar geworden waren, einer konsequenten Analyse zu unterziehen. Die Ernsthaftigkeit dieses Unterfangens einer rationalen Prüfung nationalsozialistischer Propagandabehauptungen und Taktiken geht so weit, dass er beispielsweise den notorischen Vorwurf der ‚Verjudung' des deutschen Geisteslebens mit der Erstellung von Namenslisten und statistischen Tabellen über den Anteil an ‚Ariern', ‚Juden' und ‚Halbjuden' in den verschiedenen Sparten des literarischen Lebens zu entkräften versucht. (1416f. und 1428f.) Einer der Abschnitte ist überschrieben mit: „Sehen wir das einmal etwas genauer an." Das Ergebnis: Er findet unter den „Geistesmänner[n]" der Weimarer Republik

> ungefähr dreimal soviel ‚Arier' […] als ‚Nichtarier'. Ich suche die zweifellos überschätzten wie die unterschätzten heraus und finde darunter Angehörige aus beiden Lagern. Ich vergleiche zur Kontrolle das, was bloß literarische Industrie ist, und finde beim Theater ein Übergewicht jüdischer Autoren, beim Roman dagegen die einträgliche, ohne ihr Wissen scheinheilige, ungeheuer verderbliche Gemütsindustrie, die fast ausschließlich in den Händen von Ariern ist. Sonach sind wir Arier, sowohl auf der Leistungs- wie auf der Unleistungsseite reich vertreten […]. (1417)

Schließlich resümiert er den Vorwurf der angeblichen ‚Verjudung' des deutschen Geisteslebens mit der lapidaren Notiz: „Man muss entw.[eder] sagen, deutsche Juden haben den größten Anteil am Geistesleben oder dieses als verdorben bezeichnen." (1425) Eine „mögliche Ursachengruppe geistiger Schädigung" bleibt in den Augen Musils übrig: „Kritik und Zeitung. Da freilich staubt es, wenn man klopft!" Die Buchkritik sei zu einem großen Teil „Literaten überlassen, die sich gegenseitig lobten", und um die Theaterkritik sei es so bestellt gewesen, „daß man in einer Großstadt wie Berlin acht Zehntel der Kritiker als Ignoranten ansprechen konnte; das Verantwortungsgefühl in Kunstfragen gering; [...] der Unterhaltungsteil von einer Art, die wirklich als Volksvergiftung" zu bezeichnen gewesen sei. Fazit Musils: „[...] wer wäre nicht geneigt, die unerbittlichsten Änderungen auf diesem Gebiet freudig zu begrüßen?!" Allerdings machte er, „um der Wahrheit die Ehre [zu] geben", zwei Zusätze, nämlich, dass die schlimmsten Auswüchse in der „Provinzpresse und in der Parteipresse" zu finden waren und dass unter denen, die „die Hölle der Öffentlichkeit für uns einigermaßen wohnlich machten, [...] wahrscheinlich ziemlich viel Juden waren!" (1417f.) Damit aber war, bei aller Sympathie Musils für unerbittliche Änderungen im Kulturbetrieb, der generalisierenden antisemitischen Argumentation der Nationalsozialisten in doppelter Hinsicht der Boden entzogen.

Musil lässt mehrfach erkennen, dass er der Entwicklung der Weimarer Republik nicht unkritisch gegenüberstand, zumal sie ihre Grundsätze nur „(unzureichend) zu verwirklichen versucht hatte". (1421) Doch seine Beurteilung der behaupteten deutschen ‚Erneuerung' ist absolut eindeutig, vor allem auch aufgrund des im Zuge der Ereignisse sichtbar gewordenen Verhältnisses der Politik zum Geist: Über ihn sei „eine Art Sondergerichtsbarkeit" verhängt worden, „die ihn nicht nach seinen eigenen Gesetzen beurteilt, sondern nach dem Gesetz der Bewegung [=NSDAP]". (1413) „Die Politik schreibt dem Geist das Gesetz vor: das ist neu." (1425) Der Geist stehe vor der Alternative, dass er sich der „Bewegung“ völlig „angleiche und unterordne“ – das aber sei ihm nicht möglich, „ohne sich selbst aufzugeben“ – oder sich „freiwillig ins Feuer“ zu stürzen, auf dass er „zu Asche verbrenne“. (1413) Das Wesen der so genannten deutschen Erneuerung, die sich selber als eine „Umwertung aller Werte“ (1414) begreife, sei aus dem Affekt geboren. „Dieser Affekt ist als Reaktion auf einen ganz bestimmten Zustand aufgetreten, auf den der nationalen Ohnmacht seit dem Kriege und diesen will er ablösen.“ Die Ideen, die mit diesem Zustand verbunden waren, bildeten deshalb notwendigerweise auch das erste Angriffsziel der Nationalsozialisten:

> es sind die Ideen der Demokratie, der Internationalität, des Fortschritts der Objektivität usw., m.a.W. die kulturelle europäische Überlieferung, so wie sie sich in der deutschen Republik (unzureichend) zu verwirklichen versucht hatte. Möglicherweise wäre es richtiger, den Haß gegen die unzureichende Verwirklichung zu richten, aber das psychologisch Nähere ist es, daß sein Gegenstand die Vorstellungen selbst sind. (1421)

An sichtbaren Zeichen dieses Angriffs auf die Vorstellungen und Ideen von Demokratie, Internationalität und Objektivität nennt er u.a. die Abschaffung der Grundrechte und der persönlichen Freiheitsrechte, die Aktionen gegen Juden, die Propagierung von Rassentheorie und Blut-und-Boden-Vorstellungen, das sektenhaft Männerbündische, Anti-Intellektualismus und Antisemitismus, das Totalitäre und Anti-Humane der ganzen ‚Bewegung‘. Wer für Freiheit, Humanität, Internationalität oder Objektivität eintrete, „ja wer eine dieser Ideen verteidigt, macht sich der andern verdächtig, denn er zeigt, daß er nicht die Unteilbarkeit der Verwandlung begriffen hat“. Diese Verwandlung setze „eine Totalität an die Stelle einer anderen“, und so wie sie

„das letzte Argument gegen jeden einzelnen Einwand abgibt", sei sie auch der Sinn dessen, was „in Bausch und Bogen das ‚verdorbene System' genannt wird". (1414) Millionen seien von der Beschneidung ihrer Rechte unmittelbar betroffen: Die „Grundrechte der sittlich selbstverantwortlichen Person, die Freiheit des Meinungsäußerns und -hörens, das Gebäude der unveräußerlichen Überzeugungen" – alles das

> […] mit einem Schlag abgeschafft […] und sie rührten kaum einen Finger! Sie fühlten, daß man ihnen den Geist raube, erkannten aber plötzlich, daß ihnen ihr Körper wichtiger sei. In den Tagen, wo das geschah, bot Deutschland zur Hälfte das Bild stürmischer Sieger, zur andern Hälfte das von eingeschüchterten, ratlosen Menschen. Man darf sogar ruhig sagen, von Feiglingen, denn das Problem liegt gerade darin, daß ein großer Teil dieser Feiglinge vorher im Krieg keine Gefahr gescheut hat, sich als Helden zu erweisen. Daraus ist sowohl der Schluß zu ziehen, daß ihm die Heiligtümer, die er diesmal zu verlieren schien, doch nicht mehr heilig waren, wie auch der andere, daß der heutige Mensch unselbständiger ist, als er meint, und erst im Verband zu etwas Festem wird. Beide Schlüsse liegen im Sinn des Nationalsozialismus. (1415)

Etwa zur gleichen Zeit zog Musil im Tagebuch das Fazit: „Die Demokratie ist bis an die Knochen bloßgestellt". Er notiert unter zahlreichen anderen Beispielen den Fall des Breslauer Theaterintendanten Paul Barnay, der nach Presseberichten „von 5 uniformierten Männern in einem Auto aus seiner Wohnung entführt u. in einem Wäldchen vor der Stadt zum Aussteigen gezwungen u. verprügelt" worden sei. „Solche Beispiele", so Musil,

> gibt es zu hunderten. Früher wäre ein Fall wie der letztere Ausgangspunkt einer Blutrache geworden, heute ist alles persönlich Würdige, persönlich Freie u. dgl. kein Anlaß ernsten Widerstandes mehr. Das allgemeine Gefühl ist: es ist nicht so ernst, wie es sich anhört –: ‚Enternstung'! Das Persönliche besteht darin, daß das gleiche Individuum hilflos feig ist, das vielleicht im Krieg recht tapfer war.[31]

Musils Versuch einer Erklärung: „Beginn des Ameisenmenschen. Er versagt außerhalb seiner Funktion". Nur ein paar Absätze danach ein weiterer Deutungsansatz:

> In dem herrlichen ‚Kaiserwetter' sind die Straßen voll Menschen. ‚Das Leben geht weiter'. Obwohl täglich Hunderte getötet, eingesperrt, verprügelt usw. werden. Das ist nicht Leichtsinn, sondern eher der Hilflosigkeit einer Herde zu vergleichen, die langsam nachgeschoben wird, während die Vordersten dem Tod anheim fallen.

Es ist das Bild von Lemmingen, die über eine Klippe in den Tod stürzen. Musil schließt mit einer scheinbar provokanten, ‚zweideutigen' Schlussfolgerung: „So sieht man auch hier die Maßgeblichkeit der sozial ausgebildeten Verhaltensweisen, die Art der ‚Steuerung'. Der N[ational]s.[ozialismus] hat recht, wenn er die ungeführte Masse verachtet".[32] Selbst, wenn es so klingen mag, Musil sympathisiert hier nicht mit den Nationalsozialisten, sondern er beurteilt deren Taktik. Er simuliert ihre Sichtweisen, um die Attraktion und den Erfolg ihrer Politik zu verstehen.

31 T I, 724f. Schon im Tagebuchheft 9 (1919/1920) hatte Musil den Begriff der „enternstete Mensch" verwendet; dort als Sammelbegriff für den „Durchschnittsmenschen als Bazillenträger aller Gräuel der Welt". T I, 443.

32 T I, 726.

Es ist eine der vielen ‚perspektivischen' Äußerungen in den Tagebuchheften. Diese hat eine konkrete analytische Funktion: Sie versucht, die Technik der Macht von innen heraus zu verstehen. Musils Interesse hat allerdings auch einen persönlichen Aspekt. Es ist verankert in seiner Erfahrung des ‚Herden'-Verhaltens und der eigenen Verstrickung bei Ausbruch des Ersten Weltkriegs. Der stärkste Vorwurf, die größte Enttäuschung Musils 1933: affektgeleitetes Verhalten und mangelnde Zivilcourage. Er wusste, wovon er sprach, er hatte ‚1914' vor Augen – und sein eigenes damaliges Beteiligt- und Überwältigtsein.

Die Frage, ob die „Geistigen", Leute wie er also, sich in dieser Situation „direkt" in die Politik einmengen sollten, verneint Musil und zwar auf der Basis einer klaren Aufgabentrennung zwischen ‚Geist' und Politik oder anders ausgedrückt, auf der Basis seines konsequenten Rollenverständnisses als Schriftsteller. Er sei immer schon gegen den „Aktivismus, d. h. gegen die direkte Einmengung des Geistes in die Politik u. Lebensgestaltung" gewesen. Musil geht von klaren, aber auch klar begrenzten Zuständigkeiten, Möglichkeiten und Fähigkeiten aus und damit von einer scharfen Trennung der Funktionen von Literatur und Politik: „Aus Beurteilung der Aufgabe u. Möglichkeit. Eines schickt sich nicht für alle. Man schreibt nicht mit dem Fuß; man steht nicht auf der Hand." (1426f.) Man könne, besonders was das „Hauptglaubensstück", den Antisemitismus, betreffe, der den, der „abseits bleibt [...] mit Besorgnis, nein mit Verzweiflung über Deutschlands Zukunft" erfülle, „vielleicht heute nur die einfachste Pflicht tun u. auf engstem Gebiet Zeugnis ablegen." (1426) Das war, wie sich zeigen sollte, eine realistische Einschätzung der Möglichkeiten. Mehr blieb ihm, der nach der Sprachregelung des Regimes als ‚jüdisch versippt' gelten musste, wohl ohnehin nicht übrig, auch mit seinen „Bedenken" nicht. Selbst wenn Musil, was anzunehmen ist, für die Druckfassung des Aufsatzes vieles entschärft, wenn er vorsichtiger und diplomatischer formuliert hätte, wäre vermutlich keine Zeitschrift in Deutschland nach dem Mai 1933 bereit und in der Lage gewesen, diese Arbeit zu drucken; auch nicht die *Neue Rundschau*, als deren Redakteur er 1914 dem nationalen Affekt gefolgt war, den Krieg begeistert begrüßt und zu „Treue, Mut, Unterordnung, Pflichterfüllung“ aufgerufen hatte.[33] Den Affekten traute Musil seit damals nicht mehr, so wenig wie Ulrich, sein literarisches Alter Ego im *Mann ohne Eigenschaften,* der seinem Tagebuch anvertraut: „Ich möchte sogar beinahe sagen, daß alle unsere Leidenschaften nur Vermutungen sind; wir irren uns sehr oft in ihnen; wir können ihnen bloß aus Sehnsucht nach Entschiedenheit verfallen.“[34]

Was aber war der Nationalsozialismus anderes als die mörderische Sehnsucht nach Entschiedenheit? Er gab dafür, wie Musil in der Schlusspassage seiner „Bedenken“ formulierte, beides preis: Vernunft und Gefühl: „So wie sie Vernunft haben, werden sie fühllos; so wie sie heftig fühlen, verlieren sie die Vernunft.“ (1435) Musil sah 1933 in Kernbereichen der nationalsozialistischen Politik, etwa in dem „Merkwürdig konsequente[n] Paradoxon: Die Juden ausschalten, die etwas leisten“ (1435) eine „Typische Affekthandlung.“ (1434) Hitler selber ist ihm „ein Person gewordener Affekt, ein sprechender Affekt. Erregt den Willen ohne Ziel.“[35] Es sollte einige Jahre brauchen, bis Musil das Planvolle und Zielgerichtete dieses Affekts erkannte und seinen Eindruck revidierte.

---

33 Robert Musil: Europäertum, Krieg, Deutschtum [September 1914]. In: GW 8, 1020–1022, Zit. S. 1020.

34 MoE, 1244 (Kap. 69: Agathe findet Ulrichs Tagebuch).

35 T I, 725.

> Canossa eines Papstes: Ich habe H.[itler] sehr unterschätzt. Grund: weil er an geistigen (meinen geistigen) Kriterien gemessen, ungenügend erschien. Aporie: Diese Kriterien konnten mir nicht falsch erscheinen. (Ich habe mich bis zuletzt für den Papst gehalten.) Krisis: Nun ist es doch so. Umwälzung: Sie sind falsch. Neuer Weg: Kehre zurück zu dem, wovon sich der geistige Aufstieg abgestoßen hat. Zu dem, was du für den Durchschnittsmenschen gehalten hast. Suche ihn neu zu verstehen, neu zu bewundern.[36]

Am 16. Februar 1933 waren die Räumlichkeiten des Rowohlt Verlages in Berlin von einem SA-Trupp verwüstet worden. Freunde und Bekannte flohen ins Exil, darunter auch Klaus Pinkus, der Vorsitzende der privaten Berliner Musil-Gesellschaft, die den Dichter finanziell unterstützt hatte und die nun, da ihre jüdischen Mitglieder um Leib und Leben bangen mussten, zerfiel.[37] Da auch Rowohlt gezwungen war, ab März 1933 seine Vorschuss-Zahlungen an Musil einzustellen, waren die ohnehin prekären Grundlagen der materiellen Existenz Musils wieder einmal am Zusammenbrechen. Dazu kam die Gefährdung, der Martha Musil, die aus einer jüdischen Familie stammte, ausgesetzt war. So verließ das Ehepaar, eineinhalb Wochen nach der Bücherverbrennung, am 21. Mai 1933 Berlin und reiste nach Karlsbad, um einen lange geplanten Kuraufenthalt anzutreten. Dort schrieb Musil am 11. Juni 1933 rückblickend, der Zustand Deutschlands habe sich jeden Tag neu überschlagen, „während ich immer mehr erstarrte". Er habe noch die Zeit gekannt, „wo man noch nicht an den Krieg glaubte, und dann den Krieg, aber was jetzt geschehen ist und

36 T I, 993f. (nach dem Frühjahr 1939).

37 Vgl. Corino (Anm. 7), S. 1089ff. und 1121ff.

geschieht, ist viel unverständlicher [...]". Es überrasche bloß „durch nackte Hässlichkeit".[38]

Das Jahr 1914 und das Jahr 1933 sind für Musil strukturell miteinander verbunden – „daß man alles unter der Perspektive post [19]14 verstehen muß" (1425), steht ausdrücklich in den „Bedenken". So erklärt Musil auch das eine aus dem anderen, die nationalsozialistische ‚Gleichschaltung' aus den Begleiterscheinungen der Kriegshysterie von 1914 und umgekehrt. Da er 1914 als persönlich schicksalhaft empfand und der Situation rund um den Ausbruch des Ersten Weltkriegs beinahe zwei Jahrzehnte seiner schriftstellerischen Arbeit gewidmet hatte, drängte es ihn zu begreifen, wie es zu 1933 gekommen war, und es drängte ihn zu erklären, wo er stehe.

Bei allem Bemühen um Fairness und historisches Verständnis gegenüber den Ansprüchen und Verlautbarungen der deutschen „Erneuerungsbewegung", bei aller Sympathie Musils für die Kritik am ‚System von Weimar', machen die Notizen zu den *Bedenken eines Langsamen* ganz unmissverständlich klar, wo Musil stand: Diesmal eindeutig auf der Gegenseite. Da war absolut nichts mehr von eigenem Beteiligtsein, gar von Rausch, Affekt und mystischem Einheitsgefühl. Mit diesen ‚Erneuerern' hatte Musil, trotz seiner Kritik an den politischen Verhältnissen und am Kulturbetrieb nach 1918, nichts gemein. Er verspürte, wie er in mehreren Formulierungsansätzen in den „Bedenken" festhielt, die „Pflicht zu sprechen; Kritik zu üben. Ich halte mich keineswegs für den Geeignetsten. Aber ich habe das Gefühl, es ist Pflicht. Schweigen, länger, die Quelle von Mißverständnissen." Er maße sich kein „Mandat" an, er sei „nie der Wortführer der andern" gewesen, „aber gewisse

38 B I, 573–574 (an Ziebolz).

Eindrücke sind ganz offenkundig gleich“ und es könne „nur nutzen, so einfach wie möglich einige Eindrücke auszusprechen“. Der erste und umfassendste dieser Eindrücke sei „ein maßloses Erstaunen“. (1427) Die sich daraus ergebende Frage „Haben wir unsere Zeit verschlafen?“, verneint er entschieden. Unter den vielen Fehlern der Nachkriegszeit finde sich gerade dieser nicht. „Könnte ich es vielleicht für meine Person annehmen, so ist es doch i.[m] a.[llgemeinen] mit einer an Sicherheit grenzenden Wahrscheinlichkeit auszuschließen, daß etwas verschlafen worden ist. Nein, mit wachen Augen haben wir nichts gesehen!“ (1428)

In den folgenden beiden Jahren hat Musil die Schlüsse, die er aus den Berliner Erfahrungen gezogen hat, mit seinen scharfen Beobachtungen zur ‚Kulturpolitikskultur‘ im Austrofaschismus verbunden und hat in den beiden Reden in Wien und in Paris daraus Konsequenzen gezogen, die in ihrer analytischen Schärfe, ihrer Stringenz und ihrer Hellsichtigkeit sich vorteilhaft von der ideologischen Gutgläubigkeit und politischen Verschlafenheit vieler seiner Kollegen abheben. Ohne seine Argumentation hier im Einzelnen nachzeichnen zu können, lässt sich folgendes Resümee ziehen: Gegen den politischen Totalitarismus von Rechts wie von Links helfen laut Musil nur politische Instrumente, also die Mittel der Macht, nicht aber die „unpolitischen Mittel“ der Literatur. Diese wirken allenfalls längerfristig – vorausgesetzt, die Bereitschaft zu Erkenntnis und Einsicht ist vorhanden. Musil war hierin weder resignativ noch defaitistisch, er war nur skeptisch, was die Möglichkeiten des Schriftstellers und die aufklärende Wirkung von Kunst und Literatur betrifft. In der ‚Korrigierten Reinschrift‘ des Pariser Vortrags lauten die letzten Sätze:

> Ich bezweifle, daß man die Welt durch Beeinflußung ihres Geistes bessern kann; die Motoren des Geschehens sind von gröberer Natur. Aber man muß sich auf die Forderungen besinnen, die der Geist an sich selbst zu stellen hat, soll sie aufstellen und, nach Vermögen, denen zu Bewußtsein führen, die den Auftrag zur Macht besitzen oder zu besitzen glauben.[39]

Die bestehenden Verhältnisse zu ändern und die Voraussetzungen dafür zu schaffen, dass geistige und künstlerische Arbeit wirksam werden können, das ist, so darf man Musils Gedanken übersetzen, nicht die Aufgabe der Künstler und der Intellektuellen, sondern derer, die die Macht haben, der Politiker also. Die Künstler, die letztlich machtlos sind, weil sie in ihrer Rolle als Künstler nur als Einzelne wirken können, haben die Aufgabe, Wächter, Mahner, Kritiker und Fordernde zu sein, die daran erinnern, was offen, was noch unerfüllt und uneingelöst ist. Kunst und Literatur erhalten „das Noch-nicht-zu-Ende-Gekommene des Menschen, den Anreiz seiner Entwicklung am Brennen".[40] Dafür aber ist es notwendig, dass sie sich und ihr Werk gegen alle Forderungen, Illusionen, Versprechungen und Zugriffe durch Parteien, Staaten, Religionen und Ideologien schützen. Darin liegt letztlich das genuin Politische an der Haltung des scheinbar ‚unpolitischen' Schriftstellers Robert Musil: Dass er sich in seiner Rolle als Schriftsteller gegenüber allen ideologischen Ansprüchen, Illusionen und Instrumentalisierungsversuchen konsequent verweigerte – für ein Werk,

39 Musil: Vortrag. Paris, Korrigierte Reinschrift (Anm. 25), S. 1265. Ganz ähnlich auch in der Nachlass-Mappe VI/1/79: „Im Ganzen: Ich bezweifle, daß man die Welt durch Beeinflussung des Geistes bessern kann, bei bleibenden Formen. Aber man kann die Forderungen aufstellen u. sie denen vorhalten, die die Macht ausüben." (Aus den Notizen zum Pariser Vortrag).

40 Musil, Der Dichter in dieser Zeit (Anm. 26), S. 1255.

dessen Thema die auf den Krieg zutreibende Zeit ist, dessen Kern aber die Verteidigung des autonomen, denkenden und fühlenden Menschen ist.[41]

## SIGLEN:

| | |
|---|---|
| GW 1–9 | Robert Musil: Gesammelte Werke in neun Bänden. Hrsg. von Adolf Frisé. Reinbek b. Hamburg: Rowohlt 1978. |
| MoE | Robert Musil: Der Mann ohne Eigenschaften. Hrsg. von Adolf Frisé. Reinbek b. Hamburg: Rowohlt 1970. |
| B I | Robert Musil: Briefe 1901–1942. Hrsg. von Adolf Frisé unter Mithilfe von Murray G. Hall. Reinbek b. Hamburg: Rowohlt 1981. |
| B II | Robert Musil: Briefe 1901–1942. Kommentar, Register. Hrsg. von Adolf Frisé unter Mithilfe von Murray G. Hall. Reinbek b. Hamburg: Rowohlt 1981. |
| T I | Robert Musil: Tagebücher. Hrsg. von Adolf Frisé. Reinbek b. Hamburg: Rowohlt 1976. |
| T II | Robert Musil: Tagebücher. Anmerkungen, Anhang, Register. Hrsg. von Adolf Frisé. Reinbek b. Hamburg: Rowohlt 1976. |

41 Die Ansätze und Überlegungen dieses Beitrags habe ich weiter ausgeführt in K. A.: Robert Musil – Literatur und Politik. Mit einer Neuedition ausgewählter politischer Schriften aus dem Nachlass. Reinbek b. Hamburg: Rowohlt 2007 (= rowohlts enzyklopädie 55685).

# Der österreichische NS-Parnaß

## Literaturbetrieb in der ‚Ostmark' 1938–1945[1]

> Sie mußten, so hart es ihnen fiel, hinein in die Schrifttums-Kammer, die Kultur-Kammer, die Theater-Kammer, die Presse-Kammer.
>
> Wenn ich sie nicht recht von Herzen bedauern kann, so deshalb, weil mein Mitleid aufgebraucht wird für die, die in die Gaskammer mußten.
>
> Alfred Polgar

Im katholischen Österreich hat man den ‚Anschluß' an das ‚Dritte Reich' Adolf Hitlers in einer wahren Inflation an religiöser Metaphorik als ‚Deutsche Ostern', als ‚Auferstehung', als ‚Weg zum Licht', als ‚Pfingstwunder', als ‚Tag der Erlösung' und als ‚Stunde des Gerichts' sakralisiert.[2] Hitler war der ‚Messias', der ‚verlorene Sohn' und der ‚Erlöser' in einem. In der Charakterisierung als ‚heiliger', ‚deutscher Frühling' oder als ‚Sonnenwende' wurde dem politischen Gewaltakt zudem eine geradezu naturgesetzliche Qualität zugeschrieben. (Damolin 1982, Bd. 2) In der hochgestimmten Metaphorik der zahllosen literarischen und publizistischen Huldigungs-, Bekenntnis- und Legitimationstexte nach dem März 1938

---

1 Schriftenverzeichnis, Aufsätze Nr. 66.

2 Es gibt bisher keine zusammenfassende Darstellung des literarischen Lebens in Österreich zwischen 1938 und 1945. Die Arbeiten von Schreiner (1980), Renner (1986), Amann (1996) und Baur u.a. (1998), die ersten auf diesem Gebiet, behandeln Teilbereiche. Die atmosphärisch dichten, stilistisch und im Urteil etwas eigenwilligen Bücher von Rebhann (1969, 1973, 1978) sind chronikalische Darstellungen ohne wissenschaftlichen Anspruch. Die Literaturangaben im Text verweisen auf das Literaturverzeichnis S. 158ff.

wurde er andererseits als revolutionärer Akt stilisiert. Von ‚Anbruch' und ‚Umbruch' war die Rede, von ‚Wende', ‚Festlicher Revolution' und von einem ‚Sieg des Geistes'.[3] Doch die pathetische Rhetorik der Sieger war auch durchsetzt mit mehr oder minder kryptischen Andeutungen darüber, dass das, was nach außen hin als eine spontane Aktion erschien, als ein, gewiss auch Eindruck machendes Vorgehen der nun legal gewordenen Parteikreise, die mit Entschlossenheit und Geschick die Gunst der Stunde nutzten, im Grunde nicht der Beginn, sondern der End- und Höhepunkt einer längerfristigen, exakt geplanten und gesteuerten Entwicklung gewesen sei. Die „deutsche Wandlung [...] aus dem Ersten ins Dritte Reich der Deutschen" war nicht nur nach der Meinung Josef Nadlers, des angesehensten österreichischen Germanisten der Zeit, auch das wohlbedachte und wohlvorbereitete Werk österreichischer Schriftsteller. Da es sich, nicht nur in Nadlers Optik, beim ‚Anschluß' letztlich um eine längst überfällige Familienzusammenführung handelte, waren auch die Erklärungsmuster intimer und familiärer Art: Die „deutsche Verwandlung Wiens" sei „vor allem eine Sache des Herzens" gewesen, sie habe sich „am tiefsten und vollkommensten, ungestört und in schrankenloser Aufrichtigkeit dort vollzogen [...], wo immer Seele redet, im deutschen Liede". Dort also, in den Werken von Josef Weinheber, Karl Hans Strobl, Robert Hohlbaum, Mirko Jelusich, Josef Wenter, Hermann Stuppäck und Max Mell, die Nadler neben anderen nennt, sei der Prozess der „deutsche[n] Verwandlung" als ein „Wandel von einer Weltanschauung zur anderen" angebahnt worden. „Es ist

3 Vgl: Rudolf List: Kulturpolitische Wende. In: ‚Reichspost' (Wien) vom 1.4.1938, S. 10; Karl Anton Prinz Rohan: Festliche Revolution. In: ‚Neues Wiener Tagblatt' vom 20.3.1938, S. 1f.; Friedrich Schreyvogl: Ein Sieg des Geistes. In: ‚Neues Wiener Tagblatt' vom 17.4.1938, S. 2–4; Anon.: Der kulturelle Anbruch in Österreich. In: ‚Völkischer Beobachter' (Wien) vom 18.3.1938, S. 8.

die Dichtung, die ihn [diesen Wandel] bewegt und bezeugt. Und es ist der Staatsmann, der ihn vollstreckt". Die Schriftsteller, die „geistigen Stimmführer" des Volkes, hätten den österreichischen Staat daran gehindert, sich in der Dichtung ein „volksfremdes und volksfeindliches Urbild zu schaffen"; die Dichtung sei es gewesen, die „die Stadt [Wien] auf geistige Weise aus ihrer Überfremdung freigekämpft" habe. (Josef Nadler 1938)

Unversehens weicht allerdings dort, wo der begrenzte Horizont des Eigenen, des Familiären überschritten wird, dem alles andere, alles Jüdische zumal, als ‚fremd' und ‚feindlich' erscheint, die Metaphorik des Herzens der Metaphorik des Kampfes. Im *Bekenntnisbuch* des ‚Bundes der deutschen Schriftsteller Österreichs' vom Frühjahr 1938, einem einzigartigen Dokument kollektiver Unterwerfung und intellektueller Selbstaufgabe, wird den dort versammelten 71 „führenden nationalen Dichter[n]" in einem Vorspruch bescheinigt, sie hätten ihren „Kampf" mit den „makellosen Waffen des Geistes" geführt; einen Kampf, der zum Ziele gehabt habe, ein „einiges Deutschland [aufzurichten], das alle umfaßt, / die desselben Blutes und derselben Sprache sind; / ein Deutschland, dessen Herrlichkeit und Macht / alle Länder Europas überstrahlt und überdauert ...".[4]

4 Vgl. Bekenntnisbuch 1938. Der zitierte Vorspruch stammt von Max Stebich, dem Geschäftsführer des ‚Bundes'. Unter den 71 Beiträgern und Beiträgerinnen findet man: Richard Billinger, Bruno Brehm, Egmont Colerus, Egon Cäsar Conte Corti, Franz Karl Ginzkey, Hermann Graedener, Paula Grogger, Wladimir von Hartlieb, Robert Hohlbaum, Mirko Jelusich, Linus Kefer, Hans Kloepfer, Erich Landgrebe, Rudolf List, Max Mell, Josef Georg Oberkofler, Hermann Heinz Ortner, Josef Friedrich Perkonig, Erwin H. Rainalter, Friedrich Schreyvogl, Karl Springenschmid, Franz Spunda, Max Stebich, Karl Hans Strobl, Herbert Strutz, Hermann Stuppäck, Franz Tumler, Karl Heinrich Waggerl, Josef Weinheber, Josef Wenter, Julius Zerzer.

Dass die Beseitigung der ‚Fremdblütigen', ‚Artfremden' und Andersdenkenden aus dem neuen Deutschland mit den „makellosen Waffen des Geistes" allein nicht zu bewerkstelligen war, wussten die „führenden nationalen Dichter" Österreichs und ihre Interpreten nur allzu gut. Einzelne bekannten sich auch öffentlich zu diesem Wissen. Josef Nadler etwa. Drei Jahre nach dem ‚Anschluß' schrieb der Wiener Ordinarius für Germanistik in den ‚Leitgedanken' zum vierten Band seiner vielzitierten und weitverbreiteten *Literaturgeschichte des Deutschen Volkes*, dass „Heilung" des kranken und entkräfteten Volkskörpers naturgemäß „die Aussonderung der Juden aus dem deutschen Volksraum" bedeute:

> Der Volkskörper, durch Krieg, Hunger, Krankheit entkräftet, sich selbst entfremdet, konnte nur geheilt werden durch Einsicht in das Wesen volkhafter Lebensvorgänge, durch harten Willen zu den unerläßlichen Mitteln, durch Entschlossenheit zu den äußersten Folgen. [...] Zunächst kam alles auf die Rettung und Neubildung eines Volkskernes an. Sie mußte in dessen innersten Zellen einsetzen und sie bedeutete naturgemäß Ausscheidung alles fremden Lebensstoffes willensmäßig, geistig und körperlich. (Nadler 1941, S. 5)

Das Bekenntnis zu den „äußersten Folgen" macht den Literaturhistoriker, der so vehement die „Sache des Herzens" zu verfechten vorgab, schließlich zum Metaphernlieferanten und Fürsprecher für die Ausrottung der Juden. Das organisierte Treiben der Mörder findet in den Bildern aus den Bereichen ärztlicher Diagnose und Therapie seine ‚literarische' Rechtfertigung: Der industrialisierte Mord, die in eben diesem Jahr 1941 anbefohlene ‚Endlösung' ist weiter nichts als eine „Ausscheidung", ein natürlicher Stoffwechselprozeß.

Es empfiehlt sich, die Texte der literarischen „Stimmführer" des Jahres 1938 ernst zu nehmen. Das, was sie schrieben, meinten sie nicht nur, es war auch der Fall; und dort, wo sie ungeschützt glaubten reden zu können, brachten sie Text und Realität bereitwillig zur Deckung. „Ich will wahrhaftig *nichts*, als arbeiten", schrieb der katholische Autor Friedrich Schreyvogl, Duzfreund Schuschniggs und Kardinal Innitzers – gleichzeitig illegales NSDAP-Mitglied seit 1934 – wenige Wochen nach dem ‚Anschluß' an seinen Schriftsteller- und Parteigenossen Hermann Heinz Ortner, „– jetzt haben wir ja Platz *genug*".[5] In der Tat. Darum war es von allem Anfang an, und seit 1933 durch die politische Entwicklung im ‚Reich' entscheidend begünstigt, gegangen. Die *Wiener Allgemeine Zeitung* hat schon vor dem unübersehbar symbolischen Akt der Bücherverbrennung vom 10. Mai 1933 die Motive des braunen „Kampf[es] gegen den undeutschen Geist" auf den Begriff gebracht. Dieser Kampf habe in Wirklichkeit „gar kein geistiges, sondern nur ein sehr schäbiges materielles Motiv". Wie vielen anderen waren auch Heinrich Mann die Methoden dieses ‚Kampfes' nicht verborgen geblieben. Er berichtete darüber in einer Wiener Zeitung: „Wo kein Geschäft mehr geht, ist es ein Trost, wenigstens die israelitischen und marxistischen Konkurrenten loszuwerden. Diese wie jene verschwinden vom Schauplatz, und wem es zu lange dauert, bis sie abhauen, der denunziert sie ...".[6] Das Zeugnis der Exilierten bestätigt die Beobachtungen Heinrich Manns. Hermann Broch etwa, der 1938 mit knapper Not

5 Schreyvogl an Ortner, 26.5.1938. Nachlass H. H. Ortner, ‚Adalbert-Stifter-Institut', Linz. Kurt Tucholsky hatte fünf Jahre zuvor, am 17.5.1933, in einem Brief an Walter Hasenclever prophezeit: „Da kommen sie nun aus allen Löchern gekrochen, die kleinen Provinznutten der Literatur, nun endlich, endlich ist die jüdische Konkurrenz weg – jetzt aber!". (Tucholsky 1962, S. 258f.).

6 p.d.: Der deutsche Kulturverfall. In: ‚Wiener Allgemeine Zeitung' vom 27.4.1933, S. 1. Heinrich Mann: Sittliche Erziehung durch deutsche Erhebung. In: ‚Bunte Woche' (Wien) vom 17.9.1933.

entkam, schrieb 1949 rückblickend: „Was ich da [in Österreich 1933–38] an Spießbürgergemeinheit und -niedertracht erlebt habe, ist schlechterdings unschilderbar.“ (Broch 1981, S. 311). Die entscheidende Triebkraft dieses „Kampf[es] um die Weidegebiete“ [7] war bei vielen völkischen Autoren und Autorinnen Österreichs ein – wenn man auf ihre Auflagezahlen vor 1933 blickt – vielfach unberechtigtes Gefühl des Zukurzgekommenseins, das sich an den Minderwertigkeits- und Neidgefühlen gegenüber den erfolgreichen – und keineswegs nur den erfolgreichen jüdischen – Kollegen und Kolleginnen nährte.

Für den Zeitraum 1933–1938 ist mittlerweile einigermaßen exakt dokumentiert, mit welchen Mitteln und Methoden dieser Kampf um die Futterkrippe geführt wurde. (Aspetsberger 1980, Amann 1984, Sachslehner 1985, Hall 1985, Sonnleitner 1989, Amann/Berger 1990, Thaller 1992, Hall 1994, Amann 1996). So wissen wir heute beispielsweise, dass die protzige Verlautbarung, die Hermann Stuppäck, der ehemalige Leiter des illegalen Landeskulturamtes (1935–1938) der österreichischen NSDAP, 1940 rückblickend über die Presse verbreiten ließ, durchaus den Tatsachen entspricht: „Während der Verbotszeit [1933–1938] wurde der Umbruch auf kulturpolitischem Gebiet systematisch vorbereitet, so daß im Augenblick der Machtergreifung in Österreich binnen 24 Stunden sämtliche kulturpolitischen Positionen besetzt werden konnten.“[8] Im Falle des Burgtheaters ging die ‚Besetzung‘ folgendermaßen vor sich: Am 12. März 1938, noch vor dem Einmarsch der

7 Vgl. Erich Mikoleit: Der Blubo-Krieg. In: ‚Der Christliche Ständestaat‘ (Wien) vom 1.3.1936, S. 213–214, Zit. S. 214.

8 ‚Kleine Volkszeitung‘ (Wien) vom 17.12.1940; eine ähnliche Meldung brachte schon der ‚Völkische Beobachter‘ (Wien) vom 18.3.1938. Genannt wurden u.a. folgende Institutionen: Burgtheater, Gesellschaft der Musikfreunde, Staatsoper, Künstlerhaus, Nationalbibliothek, Akademie der Bildenden Künste, Secession, Wiener Philharmoniker, RAVAG etc.

deutschen Truppen in Wien, erschien der Schriftsteller Mirko Jelusich im Büro des Burgtheaterdirektors Hermann Röbbeling und wies einen Zettel vor, auf dem stand: „Wir ernennen Herrn Dr. Mirko Jelusich zum Komm.[issarischen] Leiter des Burg- und Akademietheaters." Unterschrift: Stuppäck.[9]

Unter dem Aspekt personeller und institutioneller Kontinuität war der März 1938 also weder ein ‚Pfingstwunder' noch ein ‚revolutionärer' Bruch; und er war ebenso wenig eine ‚Stunde Null' wie der Mai 1945. Legale und illegale Organisationsversuche der mit dem ‚Reich' sympathisierenden Künstler und Schriftsteller Österreichs lassen sich, parallel zu den Aktivitäten der Nationalsozialisten im ‚Reich', seit dem Beginn der dreißiger Jahre nachweisen, wobei die Akteure – eine seltsame Allianz aus katholischen, nationalen, ‚vaterländischen', nationalsozialistischen und ‚unpolitischen' Autoren, die unsere vermeintliche Sicherheit in der Wahrnehmung ‚linker' und ‚rechter' Positionen ständig irritiert – im Wesentlichen immer die gleichen waren. So finden sich diejenigen, die 1933 unter Protest aus dem Wiener P.E.N.-Club ausgetreten sind, weil einige ihrer Kollegen gegen die Bücherverbrennungen und die Verfolgung von Schriftstellern im Dritten Reich protestiert hatten, fast ausnahmslos auch unter den Bekennern und Akteuren des Jahres 1938. (Amann 1984) Zwischen 1933 und 1935 war es vor allem der von Goebbels gegründete ‚Reichsverband Deutscher Schriftsteller' (RDS), der eine große Attraktion auf die Österreicher ausübte. Er war durch ‚Gleichschaltung' des ‚linken' ‚Schutzverbandes deutscher Schriftsteller' entstanden und bereitete als monopolistischer Zwangsverband die

9 Zeugenaussage von Hermann Röbbeling vom 30.1.1948 im Hochverratsprozess gegen Mirko Jelusich. Landesgericht für Strafsachen Wien, Vg 2b Vr 5164/45 und Vg 2b 9315/46.

Eingliederung der Schriftsteller in die Reichsschrifttumskammer (RSK) vor. Ende 1934 waren angeblich schon mehr als 450 österreichische Schriftsteller und Schriftstellerinnen beim RDS angemeldet. Wie die Bundespolizeidirektion in Wien herausfand, erfolgten die Beitritte „hauptsächlich" deshalb, „weil nur Mitglieder desselben ihre Arbeiten im Deutschen Reich veröffentlichen dürfen". (Amann 1996, S. 76) Da mit dem Beitritt eine Loyalitätserklärung gegenüber dem nationalsozialistischen Regime verbunden war, wurde so dem politischen Bekenntnis mit ökonomischer Erpressung beziehungsweise mit der Aussicht auf entsprechende Belohnung nachgeholfen. Der RDS ging Ende 1935 in der RSK auf. Damit waren die Österreicher, denen ja die Mitgliedschaft in der RSK verwehrt war, berufspolitisch ‚heimatlos'. Dieses Manko beseitigte der im Dezember 1936 legal konstituierte ‚Bund der deutschen Schriftsteller Österreichs' mit Max Mell als Vorsitzendem, Friedrich Schreyvogl, Mirko Jelusich, Hermann Heinz Ortner, Josef Weinheber im Vorstand, und etwa 80 Mitgliedern – die Hälfte davon waren auch schon illegale Parteigenossen. Er war (trotz seines vereinsrechtlich legalen Status) de facto eine getarnte Organisation der in Österreich verbotenen NSDAP. Dem ‚Bund' gelang es mit massiver Unterstützung durch die Deutsche Gesandtschaft in Wien, das Propagandaministerium und die Reichsschrifttumskammer, sich bereits geraume Zeit vor dem ‚Anschluß' als eine Art Außenstelle der Reichsschrifttumskammer in Österreich zu etablieren. Der ‚Bund' exekutierte die rassistischen Grundsätze nationalsozialistischer Literaturpolitik (Arierparagraph, Gesinnungsprüfung etc.) und zielte darauf ab, die literarischen Kontakte mit Deutschland zu monopolisieren. Mitglieder des ‚Bundes', Friedrich Schreyvogl, Robert Hohlbaum und Hermann Heinz Ortner beispielsweise, betätigen sich als Denunzianten ihrer österreichischen Schriftstellerkollegen und -kolleginnen. (Renner 1986, Amann

1996) Nach dem ‚Anschluß' bildete der ‚Bund' den personellen und organisatorischen Nukleus für den Aufbau der (Landesleitung der) Reichsschrifttumskammer in Österreich. Der Geschäftsführer des ‚Bundes', Max Stebich, wurde nach einigem Hin und Her gleichsam in seinem Amt bestätigt und durfte (bis 1940) die Geschäfte der Reichsschrifttumskammer in Österreich führen. Für die (mehr repräsentative) Funktion des Landesleiters waren Max Mell, Karl Heinrich Waggerl[10] und der illegale Landeskulturleiter Hermann Stuppäck im Gespräch. Die Wahl fiel schließlich auf Karl Hans Strobl, der sich in einem Brief vom 13. März 1938 dem Präsidenten der Reichsschrifttumskammer, Hanns Johst, für dieses Amt angetragen hatte, da es ja notwendig sein werde, „einem Kenner der hiesigen Verhältnisse die Erfassung und Auswahl der Kameraden zu übertragen".[11] Vorerst noch ohne jede gesetzliche Grundlage – das Reichskulturkammergesetz wurde erst am 11. Juni 1938 in Österreich eingeführt – forderte Stebich in einer Pressenotiz am 15. April 1938 die „rein arischen Schriftsteller" Österreichs zum Beitritt in die Reichsschrifttumskammer auf. (Renner 1986, S. 268) Einem für Goebbels bestimmten

10 Zu Einzelheiten, z.B. Kompetenzstreitigkeiten und Rivalitäten zwischen örtlichen Parteistellen (Bürckel), Reichsschrifttumskammer und Propagandaministerium vgl. Renner 1986, S. 264ff., ferner die Personalakten Paul Anton Keller und Karl Heinrich Waggerl im Berlin Document Center (BDC). Waggerl wurde schließlich Landesobmann der Schriftsteller für den Gau Salzburg, Ortskulturwart von Wagrain und Kreisamtswalter der NS-Volkswohlfahrt.

11 Vgl. BA (Bundesarchiv) Koblenz, R 56V, Bd. 57, Bl. 23 und 26. Stuppäck wurde nach dem ‚Anschluß' Kommissarischer Staatssekretär für Kunst und Kultur, Gaudramaturg, Leiter der Kulturabteilung im Reichspropagandaamt Wien und schließlich, 1944, als ‚Generalkulturreferent' Baldur von Schirachs der mächtigste Kulturfunktionär der ‚Ostmark' (BDC/Stuppäck). 1964–1980 leitete er die Salzburger Sommerakademie für bildende Künste. (Vgl. auch Hall 1985: Bd. 2, S. 356). Strobl an Johst, 13.3.1938, BA Koblenz, R 56V, Bd. 57, Bl. 111. Am 4.2.1939 fand die ‚Hofübergabe' zwischen Mell und Strobl statt. Die Rede Mells, die verlesen werden musste, weil er erkrankt war, schloss mit Mells Bitte an Strobl, die ehemaligen Mitglieder des ‚Bundes' als die „Kerntruppe" seiner „Getreuen" anzunehmen: „Dem Landesleiter der Reichsschrifttumskammer Karl Hans Strobl Sieg Heil". (Renner 1986, S. 291f.).

Bericht zufolge sind daraufhin bis Juli 1938 nicht weniger als 1958 Aufnahmeanträge in Wien eingegangen, über die allerdings vorerst nicht entschieden werden konnte, da die obligaten Ariernachweise fehlten.[12] Nur drei Wochen später wurden in Berlin insgesamt 3.000 Anmeldungen von österreichischen Schreibwilligen gezählt.[13] Etwa ein Drittel davon dürfte schließlich aufgenommen worden sein. Das offizielle *Schriftsteller-Verzeichnis* aus dem Jahre 1942 verzeichnet insgesamt 811 Schriftsteller (darunter 181 Frauen) auf dem Gebiet des ehemaligen ‚Österreich' als Mitglieder der Reichsschrifttumskammer.

*

Die offensichtliche Attraktivität der Reichsschrifttumskammer ist leicht erklärt. Wahrscheinlich war es – politische und literarische Anpassungsfähigkeit vorausgesetzt – nie leichter, literarischen Erfolg zu haben als während der Zeit des Dritten Reiches. Die ‚Ausschaltung', d. h. die Verfolgung, Vertreibung und Ermordung der jüdischen, der linken und der liberalen Konkurrenz hatte einen spürbaren Bedarf an Schriftstellern entstehen lassen. Schon im September 1933 hat Heinrich Mann in dem erwähnten Wiener Zeitungsartikel festgehalten: „Es muß gesagt werden, daß sie [die Autoren des Dritten Reiches] an die Stelle der Verschwundenen getreten sind und daß ihre eigene Bedeutung in unverhoffter Weise zugenommen hat, weil andere auswanderten, verboten wurden und ins Elend kamen." Dabei hat sich ein Spezifikum nationalsozialistischer Literaturpolitik als besonderer Anreiz erwiesen: Die von der Reichsschrifttumskammer, dem ‚Vortragsamt' beim Reichsministerium für Volksaufklärung

12 Bericht vom 20.7.1938. BA Koblenz, R 56V, Bd. 57, Bl. 143.

13 Ungezeichnetes Schreiben der Reichsschrifttumskammer (wahrscheinlich von Geschäftsführer W. Ihde) an den Präsidenten der Reichskulturkammer, Minister Goebbels, vom 13.8.1938. BA Koblenz, R 56V, Bd. 57, Bl. 16.

und Propaganda, der NS-Gemeinschaft ‚Kraft durch Freude', der Rosenbergschen ‚Reichsstelle zur Förderung des deutschen Schrifttums' und von vielen Parteistellen und kommunalen Körperschaften organisierten literarischen Aktivitäten hatten tendenziell die Aufhebung der herkömmlichen Mechanismen des literarischen Marktes zur Folge. Literarische Konkurrenz auf dem Markt wurde durch eine Gesinnungskonkurrenz im Vorfeld des Marktes ersetzt. Der staatlich kontrollierte Zugang zur kulturellen Öffentlichkeit (über die Zwangsmitgliedschaften in der Reichskulturkammer) eröffnete auch den Zugang zu einem privilegierten und geschützten Sektor der Gesellschaft, in dem konformes Verhalten mit materiellen Gratifikationen und Garantien abgegolten wurde: Durch reiche Publikations- und Aufführungsmöglichkeiten, Vortragsreisen, Dichtertreffen, zahlreiche und gut dotierte Literaturpreise, staatliche Druck-, Absatz- und Honorargarantien, Auftragsarbeiten, attraktive und lukrative Möglichkeiten der Mitarbeit in der umfangreichen Film- und Unterhaltungsindustrie etc. etc. (Strothmann 1960, Wulf 1966, Barbian 1993) Eine Analyse der Einkommensverhältnisse ‚österreichischer' Autoren zwischen 1938 und 1945 zeigt nicht nur, dass sich das Einkommen einzelner (F. Schreyvogl, P. A. Keller, R. H. Bartsch, E. Mitterer, E. A. Mayer u.a.) nach dem ‚Anschluß' um das Zehn- bis Zwanzigfache steigerte, sondern auch, dass die Spitzenverdiener unter ihnen, Mirko Jelusich etwa, auf das Sechsfache dessen kamen, was Oberbefehlshaber des Heeres und Gauleiter bezogen. Jelusich lukrierte zwischen 1940 und 1942 jährlich zwischen 150.000 und 170.000 RM. Der Jahresverdienst eines Arbeiters lag bei 2.000 RM. (Amann 1996, S. 201ff.) Die Schriftsteller durften sich nicht nur als „Vorhut" und „Führer" der Nation begreifen (Schreyvogl 1933) und daraus Selbstwertgefühl und Prestige ableiten, ihre Dienste wurden auch entsprechend honoriert. Die Mentalität des ‚do ut des' wird im *Leitheft Schrifttumswesen und Schrifttumspolitik* des Reichsführers-SS vom März 1937 unverhüllt formuliert. Die „Kulturschaffenden“ werden dort als „Träger einer öffentlichen Sendung, [als] Mitstreiter und Mitvollzieher des Staatswillens“ definiert. Deshalb werte sie der Staat auch „nach dem Grade ihrer positiven oder negativen Bedeutung für die völkische Gemeinschaft.“[14]

*

Wie hat nun die literarische ‚Vorhut‘ Österreichs in den Jahren 1938–1945 zahlenmäßig ausgesehen? Als einzige österreichische Zeitschrift hat der von Otto Basil in Wien herausgegebene *PLAN* (1945–1948), zweifellos die bemerkenswerteste Kulturzeitschrift der unmittelbaren Nachkriegszeit, die „großen und kleinen Schwätzer“ beim Namen genannt, „die dem ‚Aufbruch der Nation‘ und dem daraus sich entwickelnden Blutrausch Hymnen, Oden, Päane [antiker hymnischer Chorgesang], Dithyramben und andere Lyrik–Kränze gewunden haben – denn bei dem Geschäft [!] ging es verdammt klassisch zu ...“. Als „Vorspann der deutschen Bestialität“ seien sie „*mitverantwortlich* für all das, was Hitler-Deutschland der Welt angetan hat.“ Aus der ‚Ostmark‘, die „ihre munterste Mannschaft“ gestellt habe, werden – mit der Einschränkung, dass es „nur einige daraus“ seien – die folgenden genannt:

> Erna Blaas, Bruno Brehm, Edmund Finke, Siegfried Freiberg, Hermann Graedener, Maria Grengg, Robert Hohlbaum, Karl Itzinger, Mirko Jelusich, Hans Gustl Kernmayr, Joseph Georg Oberkofler, Hermann Heinz Ortner, Erwin H. Rainalter, Ernst Scheibelreiter,

14 BA Koblenz, R 58, Bd. 1106, Bl. 35ff; Reichsführer-SS: Leitheft Schrifttumswesen und Schrifttumspolitik. März 1937 (Geheim).

> Franz Schlögel, Friedrich Schreyvogl, Max Stebich, Karl Hans Strobl, Fritz Stüber, Hermann Stuppäck, Ingeborg Teuffenbach, Franz Tumler, Josef Weinheber, Kurt Ziesel; während die [Richard] Billinger, [Eduard Paul] Danszky, [Franz Xaver] Dworschak, [Wladimir von] Hartlieb, [Walter H.] Kotas, [Erich] Landgrebe, [Rudolf] List, [Franz] Löser, [Kurt] Maix, [Oswald] Menghin, [Georg] Rendl, [Friedrich] Sacher, [Franz] Spunda, [Grete von] Urbanitzky, [Karl Heinrich] Waggerl, [Josef] Wenter u.a. willig ‚mittaten'.[15]

Diese Liste mit 40 Namen ist ein bemerkenswertes Dokument dafür, wie – ein halbes Jahr nach Kriegsende – die ‚Mittäterschaft' der österreichischen Schriftsteller und Schriftstellerinnen von informierten Zeitgenossen quantitativ eingeschätzt wurde, wobei nicht erkennbar ist, aufgrund welcher Kriterien die Abstufung zwischen denen, die „willig ‚mittaten'" und den anderen, die offenbar mehr als das taten, erfolgte. Da die überwiegend illegalen und konspirativen Aktivitäten der österreichischen Nazi-Schriftsteller der Nachkriegsöffentlichkeit nicht im Detail bekannt sein konnten, wird das Hauptkriterium für die Erstellung der Namensliste im *PLAN* wohl das der öffentlichen Präsenz dieser Namen während der zurückliegenden sieben Jahre gewesen sein. Die öffentliche Präsenz eines Autors, einer Autorin im Literaturbetrieb des Dritten Reiches ist in der überwiegenden Zahl der Fälle das Resultat eines komplexen, schwer durchschaubaren, zuweilen auch irrationalen Wechselspiels zwischen politischer Selbstdeklaration, persönlichen Beziehungen, der Bereitschaft und Fähigkeit, die gängigen Genres und

15 Vom österreichischen NS-Parnass. In: PLAN. Literatur – Kunst – Kultur. [Hrsg. von Otto Basil] 1 (1945), H. 1 (Oktober), S. 72–76, Zit. S. 72–74. [Reprint, das Original ist nicht paginiert].

Medien zu bedienen und andererseits den Förderungs- und Lenkungsmaßnahmen durch Staat und Partei, die meist eine Konsequenz der erstgenannten Bedingungen waren. Der Versuch, diese Momente an einigen markanten Punkten auch numerisch zu erfassen und zu verschränken, sollte es ermöglichen, den harten Kern jener munteren ‚Schriftsteller-Mannschaft' zu bestimmen, den die ‚Ostmark' stellte (wobei der Perspektive der Zeit folgend, einige Südtiroler und ‚sudetendeutsche' Autoren dieser Ostmark-Mannschaft zugeschlagen werden).[16]

Einen guten Gradmesser für die ‚offizielle' Wertschätzung ‚österreichischer' Autoren und Autorinnen durch amtliche Stellen des Reiches bilden die diversen Empfehlungslisten, die ein wichtiges Instrument der nationalsozialistischen Literaturpolitik waren. Sie belegen die Akzeptanz und den Grad öffentlicher Präsenz auf der Ebene staatlicher Förderung. In der etwa 5.000 Titel umfassenden *Ersten Grundliste für den Deutschen Leihbuchhandel. Das Buch, ein Schwert des Geistes* – einem Gemeinschaftswerk der Dienststelle Rosenberg und der Reichsschrifttumskammer – sind ca. 70 ‚Österreicher' mit etwa 170 Titeln vertreten. [17] Die Liste, die neben Belletristik auch politische Literatur, Sachbücher und Übersetzungen enthält, verzeichnet Erstausgaben und Neuausgaben älterer Titel, die im Jahrzehnt vor dem 1. April 1939 erschienen waren. Dies ist für

16 Die Tabelle am Ende dieses Beitrags (S.152–157) ist ein Versuch, diese Verschränkungen graphisch darzustellen.

17 ‚Das Buch, ein Schwert des Geistes' 1940. Die (bedeutend schmälere) Folge 2 (Leipzig 1941) verzeichnete „in der Hauptsache" Literatur „des Kriegsgeschehens", Folge 3 (Leipzig 1943), die im Umfang etwa der ‚Ersten Grundliste' entspricht, legte den Schwerpunkt auf die „während des Krieges besonders wichtigen Buchgruppen, unter ihnen auch das schöngeistige und unterhaltende Schrifttum". In den beiden Listen sind ca. 50 ‚österreichische' Autoren und Autorinnen vertreten, die sich zu etwa 80 % mit denen der ‚Ersten Grundliste' überschneiden. Neu hinzugekommen sind u.a. Richard Billinger, Egmont Caesar Conte Corti, Egmont Colerus, Erich Landgrebe, Ann Tizia Leitich, E. A. Mayer, Friedrich Sacher.

die folgende Aufstellung vor allem mit Blick auf die jüngeren Autoren und Autorinnen von Bedeutung. Gertrud Fussenegger etwa hatte erst 1937 ihre erste Buchveröffentlichung.

Häufigkeit der Nennungen (Auswahl):

| | |
|---|---|
| 9 Titel: | Bruno Brehm |
| 7 Titel: | Friedrich v. Gagern, Robert Hohlbaum |
| 5 Titel: | Mirko Jelusich, Karl Springenschmid, Karl Heinrich Waggerl, Ines Widmann |
| 4 Titel: | Josef Weinheber, Emil Ertl, Franz Nabl, Erwin H. Rainalter, Hans Watzlik |
| 3 Titel: | Franz Tumler, Josef Friedrich Perkonig, Karl Itzinger, Karl Hans Strobl, Sepp Keller, Sepp Dobiasch |
| 2 Titel: | Rudolf Hans Bartsch, Marie Grengg, Josef Georg Oberkofler, Anton Graf Bossi-Fedrigotti, Fritz Weber, Franz Spunda, Carl Hans Watzinger |
| 1 Titel: | Wladimir v. Hartlieb, Luis Trenker, Franz Braumann, Franz Karl Ginzkey, Paula Grogger, Hermann Graedener, Friedrich Schreyvogl, Max Reisch, Kurt Ziesel, Gertrud Fussenegger, Max Mell, Linus Kefer, Josef Wenter, Julius Zerzer, Josef Nadler, Herbert Tichy, Alma Holgersen, Heinz Kindermann, Hubert Mumelter |

Auf eine Beobachtung, die auf den ersten Blick als ein Widerspruch nationalsozialistischer Literaturpolitik erscheinen mag, sei gleich hier verwiesen. Obschon in der Einleitung und in den Geleitworten zu dieser Empfehlungsliste äußerst radikale und kämpferische Töne angeschlagen werden,[18] enthält die

18 Wilhelm Baur: Geleitwort. In: Erste Grundliste 1940: „Das Buch ist eine Waffe. Waffen gehören in die Hand von Kämpfern. Kämpfer für Deutschland sein, heißt Nationalsozialist sein. Seht in dieser Buchliste eine Waffensammlung für Vertiefung unserer Weltanschauung“. W. Baur war Vorsteher des Börsenvereins der Deutschen Buchhändler und Vizepräsident der Reichsschrifttumskammer.

Liste selbst einen beträchtlichen Prozentsatz an Titeln, die sich mit nationalsozialistischen Vorstellungen gar nicht oder nur von fern berühren; Unterhaltungs- und Reiseliteratur etwa. Im Besonderen gilt dies für die Empfehlungen älterer, ‚klassischer' Werke. Sie lassen kaum eine ideologische oder literarische Programmatik erkennen: Rosegger (5 Titel), Stifter (3), Ebner-Eschenbach (2), Anzengruber, Saar, Sealsfield, F. M. Felder (je 1 Titel). Noch ausgeprägter zeigt sich dieses Phänomen im *Schrifttums-Verzeichnis der Zentrale der Frontbuchhandlungen*, der Empfehlungsliste jener Organisation also, die die Soldaten an der Front und in den besetzten Gebieten mit Lektüre versorgte. In dieser Liste aus dem Jahr 1941, die insgesamt etwa 2.500 Titel empfiehlt, ist ein besonders hoher Prozentsatz an älterer Literatur, besonders jener des 18. und 19. Jahrhunderts enthalten (Goethe, Hölderlin, Keller, Arnim, Alexis, Eichendorff, Fontane, Gotthelf, Kleist, Raabe, Storm u.a.). Bei den Österreichern hält Stifter die Spitze (12 Titel), gefolgt von Grillparzer (3), Saar, Ebner-Eschenbach, Rosegger, Sealsfield (je 2) und Anzengruber (1). Von zeitgenössischen ‚österreichischen' Schriftstellern (insgesamt etwa 60) werden knapp 200 Titel empfohlen und zwar in folgender Verteilung.

Häufigkeit der Nennungen (Auswahl)
12 Titel: Bruno Brehm
11 Titel: Luis Trenker, Robert Hohlbaum
7 Titel: Mirko Jelusich, Friedrich von Gagern
6 Titel: Karl Hans Strobl, Karl Heinrich Waggerl
5 Titel: Franz Nabl, Josef Weinheber
4 Titel: Josef Georg Oberkofler, Karl Springenschmid, Ines Widmann, Gerhard Ellert (d.i. Gertrud Schmirger)
3 Titel: Josef Friedrich Perkonig, Franz Tumler, Marie Grengg, Egmont Colerus

2 Titel: Gertrud Fussenegger, Franz Karl Ginzkey, Heinrich von Srbik, Kurt Ziesel, Hans Kloepfer, Erwin H. Rainalter, Fritz Weber, Hubert Mumelter

1 Titel: Anton Graf Bossi-Fedrigotti, Rudolf Brunngraber, Emil Ertl, Linus Kefer, Sepp Dobiasch, Max Mell, Max Reisch, Paul Anton Keller, Hans Deissinger, Rudolf Greinz, Rudolf Haas, Ernst Kratzmann[19]

Zum Vergleich bietet sich eine in der ‚Ostmark' entstandene Empfehlungsliste an: das von den Städtischen Büchereien in Wien veröffentlichte Bücherverzeichnis *Romane und Erzählungen* aus dem Jahre 1944. Das Verzeichnis, das sich auf Prosa beschränkt und mehr als 1000 Titel empfiehlt, nennt knapp 50 ‚österreichische' Autoren und Autorinnen, wobei die Nennungen im Vergleich mit den beiden genannten Empfehlungslisten nahezu identisch sind. Die Liste wird wiederum von B. Brehm mit 13 empfohlenen Titeln angeführt, es folgen K. Springenschmid (8), E. Ertl, J. F. Perkonig, E. H. Rainalter (je 6), F. v. Gagern, M. Grengg, M. Jelusich, K. H. Waggerl, H. Watzlik (je 5), R. Hohlbaum, F. Nabl, F. Tumler (je 4), G. Fussenegger, F. K. Ginzkey (je 3), G. Ellert, R. Haas, K. Itzinger, P. A. Keller, S. Keller, H. Kloepfer, M. Mell, J. G. Oberkofler, K. H. Strobl, L. Trenker, J. Wenter, I. Widmann, K. Ziesel (je 2), A. Bossi-Fedrigotti, S. Dobiasch, P. Grogger, L. Kefer, K. Schönherr, H. Strutz, C. H. Watzinger, J. Zerzer u.s.w. (je 1).[20]

19 Aufgabe der ‚Zentrale der Frontbuchhandlungen' war „die Koordination der Bestellungen und Zuteilungen der Buchkontingente zwischen den Buchhandlungen im Frontgebiet bzw. in den unter deutscher Besatzung stehenden Ländern und dem Buchhandel im Reich", der Aufbau eines Netzes von Frontbuchhandlungen und der Einsatz „mobiler Bücherwagen". (Barbian 1993, S. 313f.).

20 Romane und Erzählungen. Ein Bücherverzeichnis. Städtische Büchereien Wien 1944. Die Bibliographie ist ein Bestandsverzeichnis jener Bücher, die in allen 37 Zweigstellen der Wiener Städtischen Büchereien vorhanden waren. Vgl. auch: Österreich. Ein Bücherverzeichnis. 2. verb. Aufl., Leipzig 1938.

Die drei Empfehlungslisten, die von ganz unterschiedlichen Dienststellen erstellt wurden und die jeweils andere Zielgruppen ansprachen (hier die Wehrmachtsangehörigen, dort das Publikum der Leihbibliotheken, der Volks- und Werkbüchereien und schließlich die durch eigene Literaturtraditionen und -vorlieben bestimmte Bevölkerung Wiens), zeigen nicht nur bei den empfohlenen Autoren und Autorinnen, sondern auch in der Häufigkeitsverteilung (die freilich durch die Zahl der veröffentlichten Werke eines Autors mitbestimmt war) auffällige Übereinstimmungen. Da aber alle drei Listen fast ausschließlich erzählende (in geringerem Umfang auch lyrische) Texte empfehlen, sind sie für jene Autoren, die auch oder vorwiegend für die Bühne oder für den Film schrieben (Friedrich Schreyvogl, Hermann Heinz Ortner, Hans Gustl Kernmayr, aber auch Alexander Lernet-Holenia z.B.) nicht repräsentativ. Dennoch scheint der Schluss zulässig, dass von den ca. 800 ‚österreichischen' Mitgliedern der Reichsschrifttumskammer kaum mehr als 50–70 eine größere Rolle im Literaturbetrieb des Dritten Reiches gespielt haben dürften. Der große Rest ist wohl in die Kategorie der Gelegenheitsschriftsteller einzureihen, die u.a. die Feuilletons bedienten oder hin und wieder kleinere Arbeiten veröffentlichten. Dies betrifft vor allem die zahlreichen Inhaber eines ‚Befreiungsscheines'. Es waren dies jene, die sich nur in „geringfügigem Umfang schriftstellerisch betätigt" haben – die es also, nach den Bestimmungen der RSK, auf jährlich „höchstens 12 kleinere Veröffentlichungen (Aufsätze oder Gedichte in Zeitungen und Zeitschriften, [...] kleinere Broschüren bis zu 16 Seiten Umfang)" brachten. (Schriftstellerverzeichnis 1942, S. 253)

Auf die Zahl von etwa 50 kommt man auch, wenn man die Namen jener ‚Österreicher' und ‚Österreicherinnen' kompiliert, die in den jährlichen *Vorschlagslisten für Dichterlesungen* aufscheinen. Diese Listen wurden vom Propagandaministerium für die zahllosen privaten und parteiamtlichen Vortragsveranstalter erstellt und hatten verbindlichen Charakter. (Vorschlagsliste 1938–42)[21] Die Vortragsreisen der Dichter, die bis zu einem halben Jahr dauern konnten[22], wurden vom ‚Vortragsamt' beim Propagandaministerium organisiert. Die Aufnahme in diese Liste ist also ein zuverlässiger Indikator dafür, welche Autoren und Autorinnen die Literaturfunktionäre des Dritten Reiches ‚unter's Volk' bringen wollten. Nach den internen Richtlinien des Propagandaministeriums wurde „im Zusammenwirken mit der Partei [...] dafür Sorge getragen, daß nur diejenigen Autoren in die Vorschlagsliste für Dichterlesungen aufgenommen wurden, die im Neuen Reich erwünscht sind". (Barbian 1993, S. 181) Bei jährlich insgesamt zwischen 200 und 280 empfohlenen Autoren und Autorinnen waren die ‚Österreicher' mit jeweils 30–45 Namen – gemessen an den Einwohnerzahlen im ‚Altreich' und in der ‚Ostmark' – überproportional gut vertreten.

21 Vgl. auch die ‚Einsatzliste' für Dichterlesungen (1942–1945) des ‚Werbe- und Beratungsamtes für das deutsche Schrifttum beim Reichsministerium für Volksaufklärung und Propaganda', enthalten im Nachlass Max Stebich in der Wiener Stadt- und Landesbibliothek. Die „kriegswichtige Bedeutung dieses Dichtereinsatzes", heißt es 1942, liege in der „Stärkung der seelischen Widerstandskraft des deutschen Volkes" und, zwei Jahre später, in der „geistigen und seelischen Betreuung der Heimatfront". In diesen Listen erscheinen mehrfach die Namen der ‚Österreicher' Franz Karl Ginzkey, Sepp Keller, Franz Nabl, Josef Georg Oberkofler, Karl Hans Strobl, Bruno Brehm, Karl Heinrich Waggerl und Robert Hohlbaum. Der letzte, im Juni 1944 erstellte ‚Einsatzplan' reichte bis März 1945.

22 Vgl. z.B.: Josef Weinhebers Vortragsreisen. In: ‚Neues Wiener Tagblatt' vom 10.10.1940: „Josef Weinheber, [...] verließ Anfang Oktober seinen Landsitz in der Umgebung von Kirchstetten [...], um den aus allen Gauen des Reiches an ihn ergangenen Rufen Folge zu leisten. [...] Das Programm der Vortragsreise 1940/41 ist sehr reichhaltig. Die Monate Oktober, November, Dezember sind Lesungen in den Ostmarkgauen gewidmet. [...] Der Februar sieht ihn in Braunschweig, Düsseldorf, Köln und Aachen. Der Gau Baden wird vom 8. bis 21. Februar Gelegenheit haben, den Dichter zu hören. Im März 1941 sind als Ziele Danzig, Westpreußen und Sachsen vorgesehen. Anfang April kehrt der Dichter wieder nach Kirchstetten zurück."

Wenn man einige Einfachnennungen nicht berücksichtigt, kommt man auf folgende Liste:

> Rudolf Hans Bartsch, Bruno Brehm, Richard Billinger, Anton Graf Bossi-Fedrigotti, Egon Caesar Conte Corti, Sepp Dobiasch, Gertrud Fussenegger, Friedrich von Gagern, Franz Karl Ginzkey, Hermann Graedener, Marie Grengg, Rudolf Haas, Wladimir von Hartlieb, Robert Hohlbaum, Karl Itzinger, Mirko Jelusich, Linus Kefer, Paul Anton Keller, Sepp Keller, Hans Kloepfer, Ernst Kratzmann, Erich Landgrebe, E. A. Mayer, Max Mell, Max Millenkovich-Morold, Franz Nabl, Josef Georg Oberkofler, Josef Papesch, Josef Friedrich Perkonig, Richard Plattensteiner, Erwin H. Rainalter, Ilse Ringler-Kellner, Friedrich Sacher, Franz Schlögl, Karl Springenschmid, Franz Spunda, Max Stebich, Erwin Stranik, Karl Hans Strobl, Hermann Stuppäck, Ingeborg Teuffenbach, Franz Tumler, Karl Heinrich Waggerl, Carl Hans Watzinger, Hans Watzlik, Fritz Weber, Josef Weinheber, Josef Wenter, Ines Widmann, Friedrich Winterholler, Julius Zerzer, Kurt Ziesel.

Die Tatsache, dass diese Liste ‚österreichischer' Autoren (und fünf Autorinnen), die gleichsam im Staatsauftrag nicht nur in der ‚Ostmark' und im ‚Altreich' unterwegs waren, sondern auch in die ‚befreiten' Gebiete und an die Front geschickt wurden, nahezu deckungsgleich ist mit den Namen der ‚Österreicher' in den drei genannten, so unterschiedlich ausgerichteten Empfehlungslisten, bestätigt die These, dass der innere Kreis der ‚österreichischen' Literaturprotegés nur wenig mehr als ein halbes Hundert Autoren (inklusive einer Handvoll Autorinnen) umfasst haben dürfte. Diese allerdings tauchen in allen möglichen Zusammenhängen immer wieder auf: als

Literaturpreisträger (Strallhofer-Mitterbauer 1994), als Mitarbeiter an repräsentativen Anthologien[23], bei Dichtertreffen, in Literaturgeschichten, in der Tagespresse, im Zusammenhang mit Lektüreempfehlungen. Bezeichnend für die Übergänge und Kontinuitäten zwischen Austrofaschismus und Nationalsozialismus ist, dass viele dieser Autoren sich schon im Umkreis der P.E.N.-Club Spaltung des Jahres 1933 finden, dass viele von ihnen sich um die Mitgliedschaft beim RDS bemüht haben und dass nahezu alle bereits auch Mitglieder des getarnt nationalsozialistischen ‚Bundes der deutschen Schriftsteller Österreichs' waren. Jener 1936 gegründete ‚Bund' mit dem katholischen Paradeautor Max Mell als Galionsfigur erwies sich so im Nachhinein tatsächlich als ein äußerst effizienter politischer Stoßtrupp, der bereits vor dem ‚Anschluß' mit gutem Gespür dafür, wer literarisch und politisch opportun (bzw. opportunistisch genug) sein würde, den harten Kern der völkisch-nationalen und nationalsozialistischen Schriftsteller Österreichs organisatorisch zusammenfasste. Dass ein beträchtlicher Prozentsatz seiner Mitglieder es im Dritten Reich zu etwas brachte, spricht nicht nur für das politische Gespür der Autoren und der Handvoll Autorinnen, die – aus ihrer Sicht – rechtzeitig auf das richtige Pferd gesetzt hatten, sondern ebenso für Geschick und Durchsetzungsvermögen des ‚Bundes' im Ganzen.

---

23 Die Präsenz ‚österreichischer' Autoren in Anthologien des Dritten Reiches ist bislang zweimal näher untersucht worden: Müller (1990) wertet insgesamt 82 Titel aus, worunter sich auch Lesebücher oder Periodika wie ‚Das Innere Reich' und die ‚Salzburger Soldatenzeitung' befinden; eine Grazer Projektgruppe unter der Leitung von Uwe Baur, die seit 1987 an einem ‚Handbuch der österreichischen Literatur im Nationalsozialismus. Autoren – Institutionen – Funktionäre' arbeitet, hat 1993 eine Bibliographie von 116 Titeln (mit einem Verzeichnis der Beiträger) erarbeitet: ‚Liste der erfaßten Anthologien und Sammelschriften. Graz, Institut für Germanistik' [mschr.], wobei sich die Grazer Liste in 36 Fällen mit der Liste von Müller deckt. Die beiden Listen umfassen insgesamt etwa 150 Titel. Trotz unterschiedlicher Materialbasis zeigt die Häufigkeit, mit der die ‚österreichischen' Autoren da und dort vertreten sind, frappante Übereinstimmungen. Die Ergebnisse sind dem Schema im Anhang zu entnehmen.

Ergänzt man die Liste dieser etwa 50 Autoren noch um jene 10–20 Namen, die aus unterschiedlichen (z.B. gattungsspezifischen) Gründen nicht oder nur selten in den ausgewerteten Verzeichnissen aufscheinen, so kommt man auf die erwähnte Zahl von etwa 70 Schreibenden, die als die literarischen Repräsentanten der ‚Ostmark' in z.T. erheblichem Umfang öffentliche Anerkennung, Förderung und Verbreitung erfuhren. Dass sie sich im Einzelnen, im Literarischen wie auch im Umfang und Charakter ihres politischen Engagements, beträchtlich unterscheiden, liegt auf der Hand. Die notwendigen Differenzierungen sind auf der Grundlage von Einzelanalysen möglich, die auch als Fallstudien zum nationalsozialistischen Literaturbetrieb gelesen werden können. Zu Arnolt Bronnen, Robert Hohlbaum, Mirko Jelusich, Karl Hans Strobl, Karl Heinrich Waggerl und Josef Weinheber liegen mittlerweile Monographien vor, die nicht nur als solche gelesen werden können, sondern auch als illustrative Beispiele für die politischen Optionen und Übergangsmöglichkeiten in den dreißiger und vierziger Jahren des Zwanzigsten Jahrhunderts. Dass die individuellen Entscheidungen innerhalb dieser Optionen in den meisten Fällen auch den Verrat – an sich selber, an anderen, an der Literatur – implizierte, macht zugleich die prekäre Rolle der Schreibenden in diesen Jahrzehnten augenfällig. (Sachslehner 1985, Sonnleitner 1989, Aspetsberger 1995, Müller 1997, Berger 1999)

Doch wie auch immer diese notwendigen Unterscheidungen getroffen werden, eine Grundtatsache nationalsozialistischer Literaturpolitik ist unbestreitbar: Die Funktion literarischer Texte und ihre Instrumentalisierbarkeit im Rahmen nationalsozialistischer Herrschaft war nicht notwendig – und mit der Dauer dieser Herrschaft immer weniger – von den politischen Inhalten und Stoffen abhängig, die sie transportierten.

Ganz im Gegenteil. Bereits 1934 setzte auf höchster Ebene (durch Goebbels und Bouhler, wenig später auch durch Schirach) die Kritik an der so genannten ‚Konjunkturliteratur' und am ‚nationalen Kitsch' ein. (Strothmann 1960, S. 393) Die Einrichtung der ‚Parteiamtlichen Prüfungskommission zum Schutze des nationalsozialistischen Schrifttums' (1934) war nicht zuletzt von der Absicht getragen, die Kontrolle über die politische und politisierende Literatur zu gewinnen.[24] Zweifellos begründeten sich derartige Maßnahmen aus einem herrschaftstechnischen Kalkül, das einer allmählichen und subtilen Verinnerlichung nationalsozialistischer Anschauungen und Ideologeme größere Chancen zusprach als der plakativen und beispielsweise von Goebbels als „dilettantisch" klassifizierten Weltanschauungsliteratur der „Nichtskönner".[25] Hellmuth Langenbucher, der prominente Literaturstratege aus Alfred Rosenbergs Imperium, formulierte diesen Standpunkt unmissverständlich: „Ein Buch, in dem kein Wort von SA, vom Dritten Reich oder vom Nationalsozialismus enthalten ist, kann doch tausendmal nationalsozialistischer sein als ein Roman, in dem es von braunen Erlebnissen nur so wimmelt ...". (Langenbucher 1935, S. 20)

Mit dem Ausbruch und vor allem mit der Dauer des Krieges wurde auch diese Strategie der subtilen Beeinflussung fragwürdig, weil die Leser das Interesse an politischer Literatur fast gänzlich verloren, und auch, weil sie begreiflicherweise andere Bedürfnisse entwickelten. In den wöchentlichen Geheimberichten des Sicherheitsdienstes der SS, die die

24 Vgl. Philipp Bouhler: Ansprache zur ‚Woche des deutschen Buches' 1936. In: Das war ein Vorspiel nur ... 1983, S. 390–392. (Bouhler war Reichsleiter der NSDAP und Leiter der Parteiamtlichen Prüfungskommission zum Schutze des NS-Schrifttums.)

25 Vgl. Joseph Goebbels: Rede zur Eröffnung der ‚Woche des deutschen Buches' 1934. In: Das war ein Vorspiel nur ... 1983, S. 385–387.

Stimmung in der Bevölkerung dokumentierten, wird immer wieder die „einheitlich[e]" und „überaus starke Nachfrage" nach schöngeistigem Schrifttum und leichter Unterhaltungslektüre betont. Das Bedürfnis, „im Buch Erholung, Entspannung, Kraft für den Alltag zu suchen [ist] spürbar angewachsen". In den Bibliotheken würden spannende Unterhaltungsromane verlangt, „um nicht nachts mit Sorge auf die Flieger zu warten und nachher stumpfsinnig im Keller hocken zu müssen". Ähnlich seien die „Lesewünsche der Soldaten", die die „Zeit zwischen Dienst und Einsatz möglichst angenehm [...] verbringen [möchten], ohne den Geist allzu viel zu belasten". Politische, propagandistische und kriegsbezogene Literatur, die in großem Umfang vorhanden sei, werde abgelehnt:

> Die Beobachtung geht durchweg dahin, daß sich die Volksgenossen mit diesem Schrifttum *‚überfüttert'* fühlten. [...] In den verschiedentlich recht krassen Äußerungen hierzu heißt es z.B.: ‚Wenn man erreichen will, daß man der Kriegspropaganda überdrüssig wird, dann braucht man nur in eine Buchhandlung zu gehen und die zahlreichen Schriften vom Frankreichfeldzug, vom Krieg in Norwegen, in Griechenland, in Afrika, im Osten, vom Heer, von der Kriegsmarine und von der Luftwaffe, gegen England, den Kapitalismus, den Bolschewismus, das Judentum usw. bloß anzusehen.'[26]

Wenn die Haltung der nationalsozialistischen Literaturpolitik gegenüber der Unterhaltungsliteratur auch insgesamt ambivalent und schwankend war, weil man in ihr auch einen

26 BA Koblenz, R 58, Bde. 150ff. (1940ff.). Zitate: Bd. 154 (September 1940) und Bd. 169 (Februar 1942).

destabilisierenden Faktor sah, ein Reservat privater und eskapistischer Wunscherfüllung, das dem staatlichen Zugriff entzogen war (Geyer-Ryan 1978), so kann andererseits kein Zweifel darüber bestehen, dass dem Bedürfnis nach Entspannung, Entlastung und Ablenkung ganz bewusst und auf verschiedenen Wegen entgegengekommen wurde – mithilfe ‚älterer' Literatur, der Reise- und Unterhaltungsliteratur etc. – was die diversen Empfehlungslisten klar belegen.

Goebbels forderte, getreu seiner Devise ‚Gute Laune ist kriegswichtig'[27], in einer programmatischen Rede in Weimar 1942 ein „leichtes, fesselndes Schrifttum, das keinen großen seelischen Aufwand erfordert, sondern unaufdringlich vom Alltag hinwegführt". Diese Rede wurde von den Praktikern als Signal verstanden, „daß die Verlagerung des Lesebedürfnisses von der politischen Broschüre zum erzählenden, zum unterhaltenden [...] Schrifttum bejaht und in der Bücherproduktion noch mehr als bisher befriedigt werden soll". Im Hintergrund solcher Überlegungen stand nicht zuletzt die Tatsache, dass das Buch ein „nicht rationierter, also markenfreier Artikel" war, mit dem „freie und überschüssige Kaufkraft in besonders hohem Maße" abgezogen werden konnte. (Witsch 1942, S. 264) Aus diesem ins Auge springenden Schwenk innerhalb der Literaturpolitik des Dritten Reiches, folgt keineswegs, dass die (Literatur-)Strategen des Propagandaministeriums früher kapituliert hätten als ihre Kameraden in der Wehrmacht. Vielmehr nahmen sie die während des Krieges mit existenzieller Gewalt entstehenden Bedürfnisse der Bevölkerung ernst und suchten sie für ihre Zwecke – Besänftigung und Ablenkung der Unzufriedenen durch Unterhaltung, Regeneration

27 Zit. nach Theodor Venus: Bis zum Ende gespielt – Zur Geschichte des ‚Reichssenders Wien' im Dritten Reich. In: Rathkolb u.a. 1988, S. 108–157, Zit. S. 156.

und Kräftesammeln für das Durchhalten um jeden Preis – zu nutzen.[28]

Was aber sehr wohl daraus folgt, ist die Erkenntnis, dass nicht nur die Antisemiten und Rassisten, die Fanatiker und Denunzianten unter den ‚österreichischen' Schriftstellern, sondern dass auch jene Autoren und Autorinnen, die – vermeintlich fern jeder Politik – den Literaturbetrieb des Dritten Reiches mit ihren harmlosen oder raffinierten, lustigen oder traurigen, spannenden oder langweiligen, vermeintlich ‚unpolitischen' Büchern bedienten, ihren Beitrag zum Funktionieren der Todesmaschinerie geleistet haben.

*

Zweifellos wäre es notwendig, dieses Urteil, das durch die der Tendenz nach totale Funktionalisierung von Kunst und Literatur im Dritten Reich zu begründen ist, auf dem Hintergrund der Kulturpolitik Baldur von Schirachs, des Reichsstatthalters

---

28 Strothmann (1960) beschreibt S. 356ff. anschaulich die jeweils tagespolitisch motivierten Anstrengungen amtlicher Stellen, bestimmte Literatursparten zu fördern. „Der nicht abnehmende Bedarf an Entspannungs- und der Mangel an ‚gehobener' Unterhaltungslektüre" habe schließlich sogar die „Übernahme fremdsprachlicher Literatur in Übertragungen" (J. Galsworthy, M. Mitchell, E. Wallace, P. S. Buck, J. Conrad, S. Hedin, A. J. Cronin u.a.) notwendig gemacht. (416)
Das Motiv der Ablenkung und Unterhaltung spielte vor allem im Theaterbetrieb und im Rahmen der ausgedehnten Filmproduktion während der Kriegszeit eine bestimmende Rolle. Die Einspielergebnisse der ‚Wien-Film' etwa zeigen, dass die Rechnung politisch und finanziell aufging. Im Geschäftsjahr 1942 wurde der – auch für die Gesellschaft – überraschend hohe Reingewinn von 5,5 Mill. RM verbucht. Ein Film wie ‚Wiener Blut' (Herstellungskosten 2,6 Mill. RM) spielte innerhalb von 8 Monaten 7,5 Mill. RM ein. Einspielergebnisse zwischen 3 und 5 Mill. RM erzielten bis 1942: ‚Der Postmeister', ‚Operette', ‚Mutterliebe', ‚Heimkehr', ‚Wiener Gschichten', ‚Schicksal', ‚Wir bitten zum Tanz', ‚Ein Leben lang' und ‚Der unsterbliche Walzer'. Der zuletzt genannte Film lief 1942 bereits seit 40 Monaten (vgl. BA Koblenz, R 55, Bd. 1326). Vgl. auch Goebbels 1987: Bd. 4, S. 555: „Im Film steht's großartig. 70 Millionen Reinverdienst im abgelaufenen Jahr. Dazu noch tolle Gewinne zu erwarten". (29.3.1941).

und Gauleiters von Wien zu diskutieren. In den Augen mancher hat ja Schirachs Politik „den Boden für den echten kulturellen Widerstand des österreichischen Volkes bereitet". (Suchy 1977, S. 259) Ich beschränke mich darauf, einige damit zusammenhängende Probleme zu skizzieren. Bezeichnenderweise beziehen sich jene Darstellungen, die die ‚liberalistischen' und ‚separatistischen' Tendenzen der Schirachschen Kulturpolitik betonen, vornehmlich auf die Entlastungs- und Rechtfertigungsschrift des ersten ‚Generalkulturreferenten' Baldur von Schirachs, Walter Thomas, der 1947 den Begriff der ‚künstlerischen Opposition' für die kulturelle Szene Wiens 1940–1945 prägte. (Andermann 1947, daran anknüpfend Suchy 1977, Rebhann 1969ff. und Luža 1977, S. 200–206) Was allerdings innerhalb eines Systems, das aus dem Kalkül politischer Nützlichkeit und Selbstlegitimation im Bereich der Kultur vereinzelt Anzeichen einer sozusagen ‚systemwidrigen' Toleranz zeigte, als ‚liberalistisch', als ‚separatistisch' oder gar als ‚oppositionell' gelten kann, ist wohl nur im Einzelfall und unter strikter Berücksichtigung jenes politischen Kalküls zu beurteilen. Dass Schirach und sein Generalkulturreferent Thomas mit einigen kulturellen Projekten Schwierigkeiten bei den Berliner Zentralstellen und insbesondere mit Goebbels hatten, steht außer Zweifel (Wortmann 1982, S. 187ff.), besagt aber vorderhand nicht mehr, als dass es innerhalb der nationalsozialistischen Führungsclique Auffassungsunterschiede, Animositäten und auch Konkurrenz in künstlerischen Dingen gab. Dass derartige Konflikte, die nicht zuletzt deshalb entstanden, weil Hitler seinen von jeher bestehenden Ressentiments gegen Wien mehr und mehr freien Lauf ließ (Goebbels 1987), Schirach im Nachhinein als politischer Bonus gutgeschrieben werden, indem seiner – auf Konkurrenz mit der Reichshauptstadt Berlin und auf Rivalität mit dem Berliner Kulturgewaltigen Goebbels basierenden – Kulturpolitik

„ziemlich liberale […] Neigungen“ attestiert werden (Luža 1977, S. 202), das hat er nun wahrlich nicht verdient. Die besondere Pflege der Kultur mit dem Ziel, die zunehmende Unzufriedenheit der Wiener Bevölkerung einzudämmen, war ursprünglich Hitlers Auftrag an Schirach. (Wortmann, S. 1982, S. 188ff.) Er hat ihn – anders als den anderen Teil des Auftrags: die Stadt ‚judenrein‘ zu machen – nicht zur Zufriedenheit seines ‚Führers‘ erfüllt. Die Gründe dafür liegen aber eher in Schirachs Geltungsdrang, in seiner Macht- und Prunksucht, die fast zwangsläufig den Widerstand der Berliner Führung hervorriefen, als in seinen ‚liberalen Neigungen‘. Selbst Thomas, der bezeichnenderweise immer wieder säuberlich zwischen Kultur und Politik trennt, konzediert, dass Schirach künstlerische Erfolge in Wien „aus politischen Gründen“ brauchte. (Andermann 1947, S. 112) Hintergrund dafür war sein nie aufgegebenes Ziel, in der Reichspolitik Fuß zu fassen. Während des Krieges waren die Erfolge, die er brauchte, eben nur „auf dem Gebiete der Kulturpolitik [zu] erringen“. (Andermann 1947, S. 29)[29]

Die Behauptung einer eigenständigen, gar die Behauptung einer ‚liberalen‘ Wiener Kulturpolitik zwischen 1938 und 1945 nährt bestenfalls einen gewissen ‚Lokalmythos‘ (Schreiner 1980), der während des Krieges und danach vordergründigen politischen Zwecken diente – der Entlastung und der Verdrängung. Die Meinung beispielsweise, dass „Gedächtnisveranstaltungen“ wie die Raimundwoche (1.6.–9.6.1940), die

29 Vgl. auch Botz 1978: Politische Bestrebungen, die „schon unübersehbar gewordenen Erscheinungen von ‚Reichsmüdigkeit‘ der Wiener Bevölkerung abzufangen“ seien allein schon durch die Kriegspolitik des Dritten Reiches zum Scheitern verurteilt gewesen, jedoch auf einem „weitaus weniger finanzielle Mittel, Rohstoffe und Arbeitskraft bindenden Gebiet, im Bereich der Kulturpolitik, bis in die letzten Kriegsmonate hinein und mit einigem Erfolg verwirklicht“ worden. (S. 587)

Grillparzerwoche (15.1.–21.1.1941) oder die Mozartwoche (28.11.–5.2.1941) den „Partikularismus Wiens und Österreichs betonten“ (Luža 1977, S. 204), ist vielleicht schmeichelhaft, aber unzutreffend. Ein Blick in die Programme und Festreden genügt. Da wird Ferdinand Raimund vom ‚Reichsdramaturgen‘ Rainer Schlösser als „großer faustischer Mensch“, als Vorläufer des Nationalsozialismus und als „wesentlich nordisch bestimmte Natur“ gepriesen. Heinz Kindermann spricht „gerade inmitten dieses tragisch heroischen Ringens“ des Krieges dem „tiefgründigen Humor [Raimunds] als wichtiger lösenden und seelisch überwindenden Kraft eine unendlich große Aufgabe“ zu, denn im „gefühlstiefen Humor“ steckten ja „alle die Mut schenkenden und leidüberwindenden Kräfte“. Seine „von Grund auf nordisch sittliche Haltung“ aber zeige sich so richtig im *Verschwender*: „In ihm wird die Bühne zum Volksgericht über Ordnungsbereit und Ordnungszerstörend“. (Raimundfeier 1940) Nach diesem Auftakt bedarf es keiner großen Phantasie mehr, sich vorzustellen, dass die Grillparzer-Festwoche nicht unbedingt dazu diente, „das Andenken des österreichischen Dramatikers und Dichters zu ehren, der als Kritiker der Reaktion und als Fürsprecher des Österreichertums aufgetreten war“. (Luža 1977, S. 204) Vielmehr trat Schirach selber auf und pries Grillparzer als „großdeutsche[n] Dichter“, dessen „Sendung“ sich „erst heute, 150 Jahre nach seiner Geburt“, erfüllt habe. (Zit. nach Rebhann 1973, S. 131) Und Mozart, dem „nordisch-dinarischen Mischling“ erging es nicht besser. Allenthalben wurden die „starke[n] nordischen Züge“ in seinem „stammesbedingten Ahnenerbe“ entdeckt, so sein „nordische[r] Leistungsdrang“. Aber Schirach kam vor Hunderten von geladenen Gästen aus dem befreundeten Ausland und aus den besetzten Gebieten auch aufs Eigentliche zu sprechen:

> Die Klänge der *Zauberflöte* dringen unablässig in unsere Seelen. Keine Feuerprobe, die wir nicht bestehen würden, da solche magische Macht uns stärkt. – So besteht für uns gar kein Widerspruch zwischen der Tat der grauen Helden, die in der grimmigen Kälte des Ostens als Soldaten des tapfersten Heeres dieser Erde ihren Auftrag ausführen und uns, die wir in der durch die Tapferen gesicherten Heimat das Lebenswerk, oder besser, *das Werk des ewigen Lebens*, aufführen, das mit dem Begriff Wolfgang Amadeus Mozarts verbunden ist. Auch dies ist eine *Feier der Front*, mehr als ein festliches Ereignis des Theaters und Konzertsaales! Wenn wir Mozarts gedenken, bekennen wir uns zum Wesen unserer Kunst. Im Kriege aber bedeutet die Beschwörung seines Geistes eine Handlung im Sinne der kämpfenden Soldaten. *Denn wer für Deutschland das Schwert zieht, der zieht es auch für ihn.* (Schirach 1943, S. 8)

Gegen Ende der Rede zitierte Schirach das bekannte Hitler-Wort, Kunst sei „eine zum Fanatismus verpflichtende Mission". Für Schirach, den zu diesem Zeitpunkt 34-Jährigen, der für die Deportation von fast 60.000 Wiener Juden verantwortlich ist (Wortmann 1982, S. 11ff.), gilt auch die Umkehrung dieses Satzes. Für ihn war der Fanatismus eine Kunstform und ein integraler Bestandteil seiner Kulturmission. Was er im Letzten unter ‚Kultur' verstand, formulierte er in seiner Begrüßungsrede vor dem ‚Europäischen Jugendkongress' am 14. September 1942 in Wien vor aller Öffentlichkeit:

> Jeder Jude, der in Europa wirkt, ist eine Gefahr für die europäische Kultur! Wenn man mir den Vorwurf machen wollte, daß ich aus dieser Stadt, die einst die europäische Metropole des Judentums gewesen ist, Zehn-

tausende und aber Zehntausende von Juden ins Ghetto abgeschoben habe, muß ich antworten, ich sehe darin einen aktiven Beitrag zur europäischen Kultur. (Zit. nach Wortmann 1982, S. 212)

Nicht nur diejenigen, die sich der Förderung, Duldung oder Freundschaft [30] Schirachs erfreuten, sondern alle, die den Kultur- und Unterhaltungsbetrieb des Dritten Reiches bedienten, konnten wissen, mussten wissen, dass es *dieser* Begriff von ‚Kultur' war, auf den sie sich eingelassen hatten. Auf irgendeine Weise müssen sie damit zurechtgekommen sein – wie anders hätten sie weiterschreiben und weiterspielen können.

30 Zum Freundeskreis Schirachs zählten z.B. die ‚österreichischen' Dichterkollegen Bruno Brehm und Josef Weinheber. An Max Mell verlieh Schirach gegen den Willen von Goebbels den Ehrenring der Stadt Wien (1942).

| | (1) PEN 1933 | (2) RDS | (3) BDSÖ 1936 | (4) Bekenntnisbuch 1938 | (5) NSDAP |
|---|---|---|---|---|---|
| Bartsch, Rudolf Hans 1873–1952 | | | • | | |
| Billinger, Richard 1890–1965 | • | | | • | |
| Blaas, Erna 1895–1990 | | | • | • | 1938 |
| Bossi-Fedrigotti, Anton 1901–1990 | | | | | 1933 |
| Brehm, Bruno 1892–1974 | • | • | • | • | 1936 |
| Colerus, Egmont 1888–1939 | • | | • | • | zurückgestellt |
| Corti, Egon Caesar Conte 1886–1953 | • | | • | • | abgelehnt |
| Danszky, Eduard Paul 1884–1971 | | | • | • | |
| Deissinger, Hans 1890–1986 | | | • | • | |
| Deschmann, Ida Maria 1886–1976 | | | • | • | 1932 |
| Dobiasch, Sepp 1896–1947 | | | | | 1932 |
| Egermann, Ernst 1910–1942 | | | • | | 1938 |
| Finke, Edmund 1888–1968 | | | • | • | 1931 |
| Fischer-Colbrie, Arthur 1895–1968 | | | • | • | |
| Freiberg, Siegfried 1901–1985 | | | • | • | 1940 |
| Fussenegger, Gertrud 1912–2009 | | | | | 1933 (?) |
| Gagern, Friedrich von 1882–1947 | | | | | |
| Giebisch, Hans 1888–1966 | | | • | • | 1933/39 |
| Ginzkey, Franz Karl 1871–1963 | • | • | • | • | gnadenhalber 1941 |
| Graedener, Hermann 1878–1956 | | • | • | • | 1938 |
| Greinz, Rudolf 1866–1942 | | • | • | | |

Quellen zu den Einträgen in den einzelnen Spalten:

(1) Protestaustritt aus dem Wiener P.E.N.-Club 1933: Amann 1984, Renner 1986, Personalakten des Berlin Document Center (BDC).

(2) Mitgliedschaft beim Reichsverband Deutscher Schriftsteller (RDS) 1933–1935: ‚Kürschners deutscher Literatur-Kalender' 1934, Renner 1986, Amann 1996. (Die Nennungen in dieser Spalte sind aufgrund der schlechten Quellenlage lückenhaft)

(3) Mitglied des 1936 gegründeten Bundes der deutschen Schriftsteller Österreichs: Personalakt H. H. Ortner BDC, ‚Bekenntnisbuch' 1938, ‚Neues Wiener Tagblatt' vom 3.4.1938.

(4) Beiträger zum ‚Bekenntnisbuch österreichischer Dichter' 1938.

(5) Parteimitgliedschaft; Eintrittsdatum: BDC-Personalakten, Auskünfte des Grazer Projektteams ‚Österreichische Literatur im Nationalsozialismus 1938–1945', Müller 1990.

| (6) Preise | (7) Vorschlagsliste für Dichterlesungen 1938 – 1942 | | | | (8) Das Buch ein Schwert | (9) Schrifttumsverzeichnis | (10) Anthologien I | (11) Anthologien II | (12) Liste PLAN 1945 |
|---|---|---|---|---|---|---|---|---|---|
| | 38/39 | 39/40 | 40/41 | 41/42 | | | | | |
| | | • | • | | • | | 4 | 5 | |
| 3 | | • | | | • | | 21 | 18 | • |
| | | | | | | | 21 | 11 | • |
| | • | • | • | • | • | • | 5 | 8 | |
| 2 | • | • | • | • | • | • | 25 | 24 | • |
| | | | | | • | • | 3 | 2 | |
| | | | • | • | • | | 1 | | |
| | | | | | | | 4 | 3 | • |
| | | | | | • | • | 9 | 12 | |
| | | | | | | | 4 | 4 | |
| | • | • | • | • | • | • | 3 | 4 | |
| 1 | | | | | | | 12 | 8 | |
| | | | | | • | • | 5 | 5 | • |
| 2 | | | | | | | 11 | 7 | |
| 1 | | | | | | | 4 | 6 | • |
| 1 | • | • | • | • | • | • | 9 | 8 | |
| | | • | • | • | • | • | 3 | 3 | |
| 1 | | | | | | | 8 | 6 | |
| | | • | • | • | • | • | 11 | 10 | |
| | • | • | • | • | • | | 9 | 6 | • |
| | | | | | | • | 4 | 5 | |

(6) Anzahl der Literaturpreise. Strallhofer–Mitterbauer 1994.
(7) Empfohlener Autor in ‚Vorschlagsliste für Dichterlesungen' 1938–1942.
(8) Empfohlener Autor in ‚Das Buch, ein Schwert des Geistes' 1940–1943.
(9) Empfohlener Autor im ‚Schrifttumsverzeichnis der Zentrale der Frontbuchhandlungen' 1941.
(10) Häufigkeit des Vorkommens in den von Müller 1990 ausgewerteten 82 Anthologien.
(11) Häufigkeit des Vorkommens in den von der Grazer Projektgruppe ‚Österreichische Literatur im Nationalsozialismus 1938–1945' ausgewerteten 116 Anthologien.
(12) Nennung im ‚PLAN' 1945.

| | (1) PEN 1933 | (2) RDS | (3) BDSÖ 1936 | (4) Bekenntnisbuch 1938 | (5) NSDAP |
|---|---|---|---|---|---|
| Grengg, Marie 1888–1963 | | | | | 1940 |
| Grogger, Paula 1892–1984 | • | | • | • | |
| Haas, Rudolf 1877–1943 | | • | • | | |
| Hartlieb, Wladimir 1887–1951 | • | | • | • | zurückgezogen 1941 |
| Hohlbaum, Robert 1886–1955 | • | • | • | • | 1933 |
| Itzinger, Karl 1888–1948 | | | | | 1938 |
| Jelusich, Mirko 1886–1969 | • | | • | • | 1931 |
| Kefer, Linus 1909–2001 | | | • | • | 1933 |
| Keller, Paul Anton 1907–1976 | | | • | | 1933 |
| Keller, Sepp 1912–1945 | | | | | 1930 |
| Kernmayr, Hans Gustl 1900–1977 | | • | | | 1933 |
| Kloepfer, Hans 1867–1944 | | | • | • | 1938 |
| Kotas, Walter Hjalmar 1900–1956 | | • | • | • | 1933 |
| Kratzmann, Ernst 1889–1950 | | • | • | • | 1933 |
| Landgrebe, Erich 1908–1979 | | | • | • | 1938 |
| List, Rudolf 1901–1979 | • | | • | • | 1940 |
| Mayer, Erich August 1894–1945 | | | • | • | 1932 |
| Mell, Max 1882–1971 | • | | • | • | zurückgezogen 1942 |
| Michel, Robert 1876–1957 | • | • | • | • | |
| Millenkovich-Morold, Max 1866–1945 | | • | • | | 1932 |
| Nabl, Franz 1883–1974 | • | | • | | |
| Oberkofler, Joseph Georg 1889–1962 | | | | • | |
| Ortner, Hermann Heinz 1895–1956 | • | | • | • | 1935/1938 |
| Papesch, Josef 1893–1968 | | • | • | | 1934 |
| Perkonig, Josef Friedrich 1890–1959 | • | | • | • | 1934, abgelehnt 1939 (Gnadengesuch 1941) |
| Plattensteiner, Richard 1878–1956 | | | • | • | 1940 |

| (6) Preise | (7) Vorschlagsliste für Dichterlesungen 1938 – 1942 | | | | (8) Das Buch ein Schwert | (9) Schrifttumsverzeichnis | (10) Anthologien I | (11) Anthologien II | (12) Liste PLAN 1945 |
|---|---|---|---|---|---|---|---|---|---|
| | 38/39 | 39/40 | 40/41 | 41/42 | | | | | |
| | • | • | • | • | • | • | 7 | 8 | • |
| | | | | | • | | 11 | 14 | |
| | | • | • | | • | • | 4 | 7 | |
| | • | • | | | • | | 6 | 6 | • |
| 1 | • | • | • | • | • | • | 25 | 21 | • |
| | • | • | • | • | • | | 6 | 2 | • |
| 1 | • | • | • | • | • | • | 16 | 16 | • |
| 1 | • | • | • | | • | • | 13 | 8 | |
| | | | • | | • | • | 8 | 9 | |
| | • | • | • | • | • | | 9 | 6 | |
| | | | | | • | | | | • |
| 2 | • | • | • | • | | • | 20 | 22 | |
| | | | | | | • | 4 | 4 | |
| | | | • | • | | • | 4 | 4 | |
| | | | • | • | • | • | 6 | 2 | |
| | | | | | • | • | 4 | 4 | |
| | | • | • | | • | | 6 | 4 | |
| 2 | • | • | • | | • | • | 16 | 18 | |
| | | | | | • | | 2 | 3 | |
| | • | • | • | | | | 2 | 2 | |
| 1 | • | • | • | • | • | • | 14 | 10 | |
| 1 | | • | • | • | • | • | 16 | 16 | • |
| 1 | | | | | | | 9 | 6 | • |
| | • | • | • | • | | | 3 | 3 | |
| | | • | • | • | • | • | 16 | 15 | |
| | | • | • | | | | 2 | 1 | |

| | (1) PEN 1933 | (2) RDS | (3) BDSÖ 1936 | (4) Bekenntnisbuch 1938 | (5) NSDAP |
|---|---|---|---|---|---|
| Prochaska, Bruno (Pseud. Bruno Wolfgang) 1879–1966 | | • | • | • | 1936 |
| Rainalter, Erwin H. 1892–1960 | • | • | • | • | 1933 |
| Riemerschmid, Werner 1895–1967 | | • | | • | 1933 |
| Ringler-Kellner, Ilse 1894–1958 | | | • | • | 1937 |
| Rohan, Karl Anton 1898–1975 | | • | • | • | 1935 |
| Sacher, Friedrich 1899–1982 | | | • | • | 1926 |
| Scheibelreiter, Ernst 1897–1973 | | • | • | • | |
| Schlögel, Franz 1894–1968 | | | | | 1930 |
| Schönherr, Karl 1867–1943 | • | | | | |
| Schreyvogl, Friedrich 1899–1976 | • | • | • | • | 1934 |
| Springenschmid, Karl 1897–1981 | | • | | • | 1932 |
| Spunda, Franz 1890–1963 | • | • | • | • | 1932 |
| Stebich, Max 1897–1972 | | | • | • | abgelehnt |
| Strobl, Karl Hans 1877–1946 | • | • | • | • | 1935 |
| Strutz, Herbert 1902–1973 | | | • | • | 1933 |
| Stuppäck, Hermann 1903–1988 | | • | • | • | 1931 |
| Teuffenbach, Ingeborg 1914–1992 | | | | | 1935 |
| Tumler, Franz 1912–1999 | | | • | • | 1940 |
| Wache, Karl 1887–1973 | | • | • | | 1931 |
| Waggerl, Karl Heinrich 1897–1973 | | | • | • | 1938 |
| Watzinger, Carl Hans 1908–1994 | | • | • | • | 1933 |
| Watzlik, Hans 1879–1948 | | | | | 1938 |
| Weber, Fritz 1895–1972 | | • | | | 1933 |
| Weinheber, Josef 1892–1945 | | | • | • | 1931 |
| Wenter, Josef 1880–1947 | | | • | • | 1933 |
| Widmann, Ines 1904–2002 | | | | | 1936 |
| Würtz, Johannes 1900–1967 | | • | • | • | 1933 |
| Zerzer, Julius 1889–1971 | | • | • | • | |
| Ziesel, Kurt 1911–2001 | | | | | 1931 |

| (6) Preise | (7) Vorschlagsliste für Dichterlesungen 1938 – 1942 | | | | (8) Das Buch ein Schwert | (9) Schrifttumsverzeichnis | (10) Anthologien I | (11) Anthologien II | (12) Liste PLAN 1945 |
|---|---|---|---|---|---|---|---|---|---|
| | 38/39 | 39/40 | 40/41 | 41/42 | | | | | |
| | | | | | | | 9 | 5 | |
| | • | • | • | • | • | • | 7 | 7 | • |
| | | | | | | | 7 | 9 | |
| | | | • | • | | | 11 | 8 | |
| | | | | | | | 2 | 1 | |
| | | | | | • | | 11 | 11 | • |
| 3 | | | | | | | 10 | 17 | • |
| | | • | • | • | | | 9 | 12 | • |
| | | | | | | | 6 | 6 | |
| | | | | | • | | 6 | 6 | • |
| 1 | • | • | • | • | • | • | 26 | 24 | |
| | | • | • | | • | | 6 | 6 | • |
| | • | • | | | | | 6 | 6 | • |
| 1 | • | • | • | • | • | • | 15 | 16 | • |
| 2 | | | | | | | 9 | 9 | |
| 1 | • | • | • | • | | | 11 | 13 | • |
| 2 | | | • | • | | | 9 | 12 | • |
| 3 | • | • | • | • | • | • | 24 | 24 | • |
| | | | | | | | | | |
| 1 | • | • | • | • | • | • | 16 | 21 | • |
| 2 | | • | • | • | • | | 12 | 8 | |
| 4 | • | • | • | • | • | • | 20 | 21 | |
| | • | • | • | • | • | • | 7 | 5 | |
| 2 | • | • | • | • | • | • | 33 | 34 | • |
| 3 | • | • | • | | • | | 9 | 12 | • |
| 1 | • | • | • | • | • | • | 2 | | |
| | | | | | | | 10 | 4 | |
| | • | • | • | • | • | | 17 | 13 | |
| | | | • | • | • | • | 7 | 7 | • |

# Literatur

Amann, Klaus: Zahltag. Der Anschluß österreichischer Schriftsteller an das Dritte Reich. 2. erw. Aufl., Bodenheim 1996.

Amann, Klaus: Die Dichter und die Politik. Essays zur österreichischen Literatur nach 1918. Wien 1992.

Amann, Klaus und Berger, Albert (Hrsg.): Österreichische Literatur der dreißiger Jahre. Ideologische Verhältnisse – Institutionelle Voraussetzungen – Fallstudien. 2. Aufl. Wien/Köln/Graz 1990.

Amann, Klaus: P.E.N. – Politik, Emigration, Nationalsozialismus. Ein österreichischer Schriftstellerclub. Wien/Köln/Graz 1984.

Andermann, W. Th. [d.i. Walter Thomas]: Bis der Vorhang fiel. Berichtet nach Aufzeichnungen aus den Jahren 1940–1945. Dortmund 1947.

Aspetsberger, Friedbert: arnolt bronnen. Biographie. Wien/Köln/Weimar 1995.

Aspetsberger, Friedbert: Literarisches Leben im Austrofaschismus. Der Staatspreis. Königstein/Ts 1980.

Barbian, Jan-Pieter: Literaturpolitik im ‚Dritten Reich'. Institutionen, Kompetenzen, Betätigungsfelder. Frankfurt a.M. 1993.

Baur, Uwe u.a. (Hrsg.): Macht Literatur Krieg. Österreichische Literatur im Nationalsozialismus. Wien/Köln/Weimar 1998.

Bekenntnisbuch österreichischer Dichter. Hrsg. vom Bund deutscher Schriftsteller Österreichs. Wien 1938.

Berger, Albert: Josef Weinheber 1892–1945. Leben und Werk – Leben im Werk. Salzburg/Wien 1999.

Botz, Gerhard: Wien vom ‚Anschluß' zum Krieg. Nationalsozialistische Machtübernahme und politisch-soziale Umgestaltung am Beispiel der Stadt Wien 1938/39. Wien/München 1978.

Broch, Hermann: Kommentierte Werkausgabe. (Hrsg.) von P. M. Lützeler. Bd. 13/3 (Briefe). Frankfurt a.M. 1981.

Das Buch, ein Schwert des Geistes: Erste Grundliste für den Deutschen Leihbuchhandel. Hrsg. vom Reichsministerium für Volksaufklärung und Propaganda. Abt. Schrifttum. Leipzig 1940

Dass., 2. Folge, Leipzig 1941.

Dass., 3. Folge, Leipzig 1943.

Damolin, Rudolf: Die Reaktion der im Lande gebliebenen österreichischen Schriftsteller auf den so genannten ‚Anschluß' im Frühjahr 1938; im Spiegel einiger Tageszeitungen, Kulturzeitschriften und Anthologien. Magisterarbeit aus Germanistik. 2 Bde., Univ. Salzburg 1982 [masch.].

‚Das war ein Vorspiel nur ...'. Bücherverbrennung Deutschland 1933. Voraussetzungen und Folgen. Berlin/Wien 1983.

Geyer-Ryan, Helga: Trivialliteratur und Literaturpolitik im Dritten Reich. In: Sprache im technischen Zeitalter 67(1978), 267–277.

Die Tagebücher von Joseph Goebbels. Sämtliche Fragmente. Hrsg. von E. Fröhlich im Auftrag des Instituts für Zeitgeschichte und in Verbindung mit dem Bundesarchiv. Teil I, Aufzeichnungen 1924–1941. 4 Bde., München/New York/London/Paris 1987.

Hall, Murray G.: Der Paul Zsolnay Verlag. Von der Gründung bis zur Rückkehr aus dem Exil. Tübingen 1994.

Hall, Murray G.: Österreichische Verlagsgeschichte 1918–1938. 2 Bde., Wien/Köln/Graz 1985.

Langenbucher, Hellmuth: Nationalsozialistische Dichtung. Einführung und Übersicht. Berlin 1935.

Luža, Radomir: Österreich und die großdeutsche Idee in der NS-Zeit. Wien/Graz/Köln 1977.

Müller, Karl: Karl Heinrich Waggerl. Eine Biographie mit Bildern, Texten und Dokumenten. Salzburg/Wien 1997.

Müller, Karl: Zäsuren ohne Folgen. Das lange Leben der literarischen Antimoderne Österreichs seit den dreißiger Jahren. Salzburg 1990.

Nadler, Josef: Literaturgeschichte des Deutschen Volkes. Dichtung und Schrifttum der deutschen Stämme und Landschaften. 4., völlig neu bearb. Aufl., 4 Bde., Berlin 1939–1941.

Nadler, Josef: Wien im Umbruch zum neuen Reich. In: Volkstum und Reich. 1938, 208–221.

Die Raimundfeier der Stadt Wien. 1. bis 9. Juni 1940. Prolog, Festreden und Bericht. Hrsg. vom Kulturamte der Stadt Wien. Wien/Leipzig o. J.

Rathkolb, Oliver u.a. (Hrsg.): Die veruntreute Wahrheit. Hitlers Propagandisten in Österreichs Medien. Salzburg 1988.

Rebhann, Fritz M.: Wien war die Schule. Wien/München 1978.

Rebhann, Fritz M.: Das braune Glück zu Wien. Wien/München 1973.

Rebhann, Fritz M.: Finale in Wien. Eine Gaustadt im Aschenregen. Wien/München 1969.

Renner, Gerhard: Österreichische Schriftsteller und der Nationalsozialismus (1933–1940). Der ‚Bund der deutschen Schriftsteller Österreichs' und der Aufbau der Reichsschrifttumskammer in der ‚Ostmark'. Frankfurt a.M. 1986 (= Sonderdruck aus ‚Archiv für Geschichte des Buchwesens', Bd. 27, 195–303).

Sachslehner, Johannes: Führerwort und Führerblick. Mirko Jelusich. Zur Strategie eines Bestsellerautors in den Dreißiger Jahren. Königstein/Ts 1985.

Schirach, Baldur von: Rede zur Eröffnung der Mozartwoche 1941. Weimar 1943.

Schmatz, Ferdinand: Karl Hans Strobls Bismarcktrilogie. Zur völkisch-nationalen und nationalsozialistischen Literatur in Österreich (1900–1945). Diss. Univ. Wien 1982 [masch.].

Schreiner, Evelyn: Nationalsozialistische Kulturpolitik in Wien 1938–1945; unter spezieller Berücksichtigung der Wiener Theaterszene. Diss. Univ. Wien 1980 [masch.].

Schreyvogl, Friedrich: Die Dichter als Vorhut der Nation. In: Kindermann, Heinz (Hrsg.): Des deutschen Dichters Sendung in der Gegenwart. Leipzig 1933, 257–263.

Schriftsteller-Verzeichnis. Hrsg. von der Reichsschrifttumskammer. Leipzig 1942.

Schrifttums-Verzeichnis der Zentrale der Frontbuchhandlungen. Berlin 1941.

Sonnleitner, Johann: Die Geschäfte des Herrn Robert Hohlbaum. Die Schriftstellerkarriere eines Österreichers in der Zwischenkriegszeit und im Dritten Reich. Frankfurt a.M. 1989.

Städtische Büchereien Wien (Hrsg.): Romane und Erzählungen. Ein Bücherverzeichnis. Wien 1944.

Strallhofer-Mitterbauer, Helga: NS-Literaturpreise für österreichische Autoren. Eine Dokumentation. Wien/Köln/Weimar 1994.

Strothmann, Dietrich: Nationalsozialistische Literaturpolitik. Ein Beitrag zur Publizistik im Dritten Reich. Bonn 1960.

Suchy, Viktor: Der Kampf des Dritten Reiches gegen die österreichische Kultur und Österreichs Widerstand. In: Madajczyk (Hrsg.): Inter arma non silent musae. The war and the culture 1939–1945. Warszawa 1977, 245–264.

Thaller, Anton: ‚Arisches Theater'. Nationalsozialistische Theaterprojekte in Wien. Diplomarbeit (Theaterwissenschaft), Univ. Wien 1992 [masch.].

Tucholsky, Kurt: Ausgewählte Briefe 1913–1935. Hrsg. von M. Gerold-Tucholsky und F. J. Raddatz. Reinbek b. Hamburg 1962.

Vom österreichischen NS-Parnaß. In: PLAN. Literatur – Kunst – Kultur. 1(1945), H. 1, 72–76 [Reprint].

Vorschlagsliste für Dichterlesungen. Hrsg. von der Reichsschrifttumsstelle beim Reichsministerium für Volksaufklärung und Propaganda. Berlin 1938–1942 [5 Folgen].

Witsch, Josef: Die Herbstveranstaltung des deutschen Schrifttums und die deutsche Volksbücherei. In: Die Bücherei 9(1942), H. 9/12, 263–268.

Wortmann, Michael: Baldur von Schirach. Hitlers Jugendführer. Köln 1982.

Wulf, Josef: Literatur und Dichtung im Dritten Reich. Eine Dokumentation. Frankfurt a.M./ Berlin/Wien 1966.

# Vivant sequentes oder Wie man es schafft, sein eigener Nachfolger zu werden.[1]

> Ich finde Namen im Mitglieder-Verzeichnis, die ich auch in Goebbels' ‚Reich' etc. ... als Mitarbeiter las. Und ich finde etwa den Namen Polgars, Waldingers ... nicht. Aber Ihr werdet ja wissen, was Ihr tut, und ich habe es aufgegeben, mich in dieser Hinsicht auseinanderzusetzen. Fontana schrieb mir, [...] daß Schreyvogel – Heil – einen Kritikerposten in Wien hat. Vivant sequentes ...! Nicht, dass mich dies verwunderte ... Es ist eine schoene Sache um das ‚Verzeihen' und – wie gesagt – lokal moegen andere Gesichtspunkte walten. Von hier aus und vom Standpunkt derer, denen das ‚Nichtvergastwordensein' offenbar eben nicht verziehen wird, sieht es wieder anders aus.[2]
>
> Ludwig Ullmann

Der bleibende Makel der literarischen Öffentlichkeit Österreichs in der Zweiten Republik ist die Art und Weise, wie nach 1945 zur Tagesordnung übergegangen, nein exakter, in der Tagesordnung fortgefahren wurde. Die Literatur und der Literaturbetrieb wurden auf Jahre hinaus die Beute der im Lande „Übriggebliebenen" (Milo Dor 1954). Sie halfen sich gegenseitig wieder in die Sättel und beeilten sich, dort weiterzutun, wo sie 1938 „die Träume eines Irren unterbrochen" hatten

1 Schriftenverzeichnis, Aufsätze Nr. 74.

2 Ludwig Ullmann am 5.11.1948 aus New York an den Präsidenten des Österreichischen P.E.N.-Clubs, Franz Theodor Csokor, Wien.

(A. Lernet-Holenia 1945). Die öffentlich sichtbaren Merkmale dieser Haltung waren Indolenz und Selbstgerechtigkeit als die hilfreichsten Eigenschaften, sich gegen das Ansinnen zu wehren, den Nationalsozialismus als Teil der eigenen Geschichte, als Teil der eigenen Biographie zu begreifen, gar „die Kraft zu schuldiger Achtung und Ächtung" (Michael Guttenbrunner) aufzubringen. Man sah sich und das Land als Opfer und neben diesem Gefühl war kein Platz für die Wahrnehmung der anderen, von denen man ohnehin annahm, sie hätten durch ihr ‚Weggehen' den besseren Teil erwählt. So blieben die Exilierten, die man nach wie vor als unliebsame literarische Konkurrenz ansah, verbannt und stigmatisiert über das Ende des Dritten Reiches hinaus – selbst, wenn sie die Rückkehr wagten: „Erst in der Heimat bin ich ewig fremd", bilanzierte Theodor Kramer, der aus Großbritannien zurückgekehrte Flüchtling vor den Nazis. Das literarische Leben Österreichs war nach der ‚Befreiung' in seinen bestimmenden Strukturen bald zwei Jahrzehnte lang ein Gunstgewerbe unter alten Bekannten aus der Zeit des Austrofaschismus und des Nationalsozialismus. Am Beispiel der Literaturpreisträger der fünfziger Jahre lässt sich die eine wie die andere Behauptung illustrieren.

Dass den Politikern und Jurymitgliedern der Zweiten Republik mehr als ein Jahrzehnt lang fast ausschließlich jene Autoren und Autorinnen als preiswürdig erschienen, die schon den Literaturfunktionären des Austrofaschismus und des Dritten Reiches aufgefallen waren, ist symptomatisch für die geistige Atmosphäre der Nachkriegszeit. Es ist dies nicht nur ein schöner Beleg für das zeit- und regimeüberdauernde Wirken der entsprechenden Seilschaften, sondern auch der augenfällige Beweis für die von Alexander Lernet-Holenia formulierte Haltung des ‚Weitertuns'. Die Nazizeit – ein unösterreichisches Intermezzo, für das die Deutschen die Verantwortung zu tragen haben – ist, gemessen am „langen Bestande Österreichs" nur „ein Augenblick ...Wir werden ihn vergessen". So der ehemalige stellvertretende Leiter der Reichsschriftumskammer im Gau Kärnten, Josef Friedrich Perkonig, 1946.

Die Wiedereinrichtung der Österreichischen Staatspreise für Literatur, Musik, Architektur und Bildende Kunst 1950 erfolgte denn auch, wie der zuständige Beamte ausdrücklich auf dem Akt vermerkte, „in Anlehnung an die Grundsätze, nach denen vor 1938 die Preisstiftung erfolgte". So ist es nur konsequent, dass das Personal lediglich die Seiten wechselte. Der Juror der Staatspreisjury im Austrofaschismus und vaterländische Multifunktionär Rudolf Henz, der sich 1938 mit antisemitischen Bekenntnissen bei den Nazis anzubiedern versucht hatte, erhält den Preis 1953; 1954 wird der katholische Paradeautor und ehemalige Juryvorsitzende Max Mell ausgezeichnet, der seit 1936 als Präsident des antisemitischen ‚Bundes der deutschen Schriftsteller Österreichs' eine getarnte Außenstelle der Reichsschrifttumskammer in Österreich aufbauen half. 1957 ist dann der ehemalige Juror und Beiträger zum nationalsozialistischen *Bekenntnisbuch österreichischer Dichter* (1938), Franz Karl Ginzkey an der Reihe, der sich schon in den dreißiger Jahren bei deutschen Nazifunktionären erkundigt hatte, wie er sich als Mitglied des österreichischen Staatsrates in diesem Gremium zu verhalten habe. Josef Nadler, ebenfalls einstiger Juryvorsitzender und einer der prominentesten und radikalsten Nazi-Germanisten, erhält 1958 wenigstens die Stifter-Medaille.

Der Eindruck, den Zeitgenossen wie Milo Dor, Ilse Aichinger und Ernst Jandl hatten – dass die österreichische Kulturpolitik nach 1945 einen direkten und engen Anschluss an die Verhältnisse der Vorkriegszeit suchte (und damit auch die

Nazikarrieren der Geehrten in Kauf nahm), trügt also nicht. Nur – zur Kultur der Vorkriegszeit gehörten von den 1950 noch Lebenden und damit potentiell Auszeichnungswürdigen zweifellos auch Vicki Baum, Ulrich Becher, Hermann Broch, Max Brod, Ferdinand Bruckner, Fritz Brügel, Elias Canetti, Franz Theodor Csokor, Albert Ehrenstein, Hans Flesch-Brunningen, Erich Fried, Paul Frischauer, Arnold Hauser, Raoul Hausmann, Hugo Huppert, Heinrich Eduard Jacob, Erich von Kahler, Gina Kaus, Egon Erwin Kisch, Arthur Koestler, Theodor Kramer, Ernst Krenek, Ernst Lothar, Paula Ludwig, Robert Neumann, Leo Perutz, Alfred Polgar, Alexander Sacher-Masoch, Hilde Spiel, Friedrich Torberg, Johannes Urzidil, Berthold Viertel, Ernst Waldinger, Hermynia Zur Mühlen und noch manch andere – alle in der einen oder anderen Form Opfer der Nürnberger Gesetze und des nazionalsozialistischen Terrors. Nennenswerte Auszeichnungen erhielten von den drei Dutzend Genannten im Jahrzehnt 1950 bis 1960 lediglich Franz Theodor Csokor (Preis der Stadt Wien 1953, Staatspreis 1955), Ferdinand Bruckner (Preis der Stadt Wien 1957) und Theodor Kramer (Preis der Stadt Wien 1958, postum).

Österreichische Literaturpreise wurden unmittelbar nach dem Krieg also nicht – was parallel zur literarischen Würdigung ja durchaus im Bereich des Denk- und Vorstellbaren läge, und was für ein neues politisches und kulturelles Selbstbewusstsein Signalfunktion hätte haben können – *auch* als symbolisches Instrument der Wiedergutmachung oder als Anreiz für die Rückkehr der Exilierten in Betracht gezogen. Ganz im Gegenteil. Bei den Beratungen über den, ab 1950 wieder verliehenen Staatspreis wurde – mit ausdrücklicher Zustimmung der Vertreter der wichtigsten Schriftstellervereinigungen (u.a. des P.E.N.-Clubs und der ‚Vereinigung sozialistischer Schriftsteller und Journalisten') – eine Festlegung getroffen, die Exilierte von vornherein als Preisträger ausschloss. Die Begründung dafür verdient festgehalten zu werden:

> Umstritten war die Frage, ob die Staatspreise auch an Österreicher, die ihren ständigen Wohnsitz im Ausland haben, verleihbar sein sollten. Da eine Abwanderung der Staatspreise nach dem Ausland weder von den hier schwer um Existenz und Anerkennung ringenden Autoren noch von der öffentlichen Meinung gebilligt werden würde, beschloß man einstimmig, diesen Punkt so zu präzisieren, daß die Staatspreise nur an österreichische Staatsbürger verliehen werden können, die ihren ständigen Wohnsitz in Österreich haben.
>
> (P.E.N.-Archiv, Wien, 9.3.1950)

Man war zwar durchaus der Auffassung, für die Verleihung des Staatspreises könne nur die künstlerische Leistung ausschlaggebend sein – „soziale Erwägungen oder andere Ressentiments dürfen von den Juroren nicht angewendet werden" –, doch durch die Wohnsitzklausel wurde zugleich impliziert, dass zwischen den Unterlagen der österreichischen Meldeämter und dem Rang österreichischer Schriftsteller ein direkter Zusammenhang etwa in der Weise bestehe, dass die besten die sind, die immer schon da waren, wenn es etwas zu verteilen gab. Der Verdacht ist nicht abzuweisen, dass hier zwar keine sozialen Erwägungen, sehr wohl aber andere Ressentiments „angewendet" wurden.

Nicht nur der Staatspreis, auch andere repräsentative Literaturpreise gingen in der Folge im großen Umfang gerade an jene Autoren, die entweder bereits unter dem Austrofaschismus oder unter dem Nationalsozialismus oder unter beiden

Systemen protegiert und ausgezeichnet worden waren: Für Max Mell (Rosegger-Literaturpreis 1951), Franz Nabl (Preis der Stadt Wien 1952, Rosegger-Literaturpreis 1953, Staatspreis 1956), Franz Karl Ginzkey (Preis der Stadt Wien 1954, Würdigungspreis der Stadt Linz 1959), Gertrud Fussenegger (Förderungspreis des Landes Oberösterreich 1951), Robert Hohlbaum (Förderungspreis des Landes Oberösterreich 1951), Paula Grogger (Rosegger-Literaturpreis 1952, Enrica von Handel-Mazzetti-Preis 1955), Julius Zerzer (Enrica von Handel-Mazzetti-Preis 1952, Rosegger-Literaturpreis 1955), Erna Blaas (Trakl-Preis 1957), Paul Anton Keller (Rosegger-Literaturpreis 1955), Karl Heinrich Waggerl (Adalbert Stifter-Preis 1957) – für all diese Autoren und Autorinnen war die Teilnahme an Jubel-Anthologien zum ‚Anschluß' an Hitlerdeutschland, waren die Beiträge für irgendwelche ‚Bekenntnisbücher', waren Führergedichte und Wahlaufrufe für Hitler, waren NSDAP-Mitgliedschaften, Ehrenringe, Preise und Ehrendoktorate aus der Hand von Goebbels und Schirach, waren illegale und – ab dem März 1938 – ‚legale' Arbeit im Dienste der Nationalsozialisten und ihrer Eroberungskriege, waren Verleumdungen und Denunziationen von Kollegen und Konkurrenten jedenfalls kein Ausschlussgrund von alsbaldigen öffentlichen Ehrungen im befreiten Österreich. Einige wenige, wie Bruno Brehm oder Ingeborg Teuffenbach, erhielten ein paar Jahre Veröffentlichungsverbot. Dann waren sie alle wieder da. Oder fehlte einer? Ja, Weinheber, er hatte, wohl in falscher Einschätzung der Lage, beim Näherrücken der Roten Armee Suizid begangen.

Es ist also durchaus keine Provokation, sondern ein leicht belegbares Faktum, festzustellen, dass gerade die am häufigsten geehrten österreichischen Schriftsteller der Nachkriegszeit dieses Österreich, das sich ihnen nun mit Preisen und Ehrenkreuzen anzudienen versuchte, nur wenige Jahre vorher bereitwillig an den momentan vielleicht verheißungsvolleren, vor allem aber zahlungskräftigeren Konkurrenten verraten hatten und dass sie sich dessen auch rühmten. Die partielle Wiederbelebung der Kulturpolitik und der Österreichideologie der dreißiger Jahre, die in der Nachkriegszeit vor allem auch im Personellen stattfand, impliziert deshalb nicht nur die angestrebte Kontinuität des ‚Österreichischen', das man als Gegenbegriff zum nationalsozialistisch kompromittierten ‚Deutschen' propagierte, diese Wiederaufnahme impliziert in der personellen Besetzung, die man wählte und im Blick auf die Vorgeschichte zugleich auch dessen Verrat. So aber kann man bequem sein eigener Nachfolger werden.

Nachweise:

Archiv des Österreichischen P.E.N.-Clubs, Wien. Vorstandsprotokolle.

Hans F. Prokop: Österreichisches Literaturhandbuch. Wien/München 1974.

Friedbert Aspetsberger: Literarisches Leben im Austrofaschismus. Der Staatspreis. Königstein/Ts 1980.

Klaus Amann: P.E.N. – Politik, Emigration, Nationalsozialismus. Ein österreichischer Schriftstellerclub. Wien/Köln/Graz 1984.

# „Mauthausen ist eine schöne Gegend“[1]
# Die Last des Verschwiegenen[2]

Abb. 1 [Oberösterreich, Brandstätter/Hubmann]

Oberösterreich – ein Land wie aus dem Bilderbuch. Friedlich und schön hingebreitet, der Horizont begrenzt von der Kette der Alpen. Ein Sinnbild für Vielfalt, Harmonie und Kraft. Eine Landschaft, vollendet wie die zugehörige Prosa Adalbert Stifters, in der diese Landschaft zum ersten Mal literarisch bleibende Gestalt gewann. Anders jedoch als Stifter, für den ‚Natur‘ stets auch das ‚Andere‘, das für den Menschen Fremde und Bedrohliche sein kann, haben einige seiner literarischen Nachfahren in den 30er und 40er Jahren des vergangenen Jahrhunderts das, was sie als Charakter und Alltag der Menschen, Fleiß und Industrie des Landes Oberösterreich sehen

1 Robert Schindel: Gebürtig. Roman. Frankfurt a.M. 1992, S. 11.

2 Schriftenverzeichnis, Aufsätze Nr. 73.

und propagieren wollten, unmittelbar und ungebrochen aus der Natur des Landes, aus seinem Boden herausgelesen.

> Dreifach ist also das Leben unter dem einen Himmel: karg und in sich gekehrt ruht es im Norden des Stromes, blüht dann breit in dem fruchtbaren Grund in der Mitte, und im Gebirge ist es zerfallen in vielgestaltiger Schönheit und wieder gesammelt zu lauterer Strenge.
> [...]
> Das ist ein Sinnbild für alles Leben im Land: es ist wie das Tagwerk des Bauers, so wie sein Haus dasteht im Viereck gebaut [...]. Ringsum liegen die Felder und die Höfe der Nachbarn, deren Arbeit vor aller Augen verrichtet wird, wie die eigene. Weil sie bei jedem gleich ist und zu bestimmten Zeiten geschehn muß, weil sie die Leute an dieselben Orte führt, [...] haben alle ein gemeinsames Leben, und keinem ist Absonderung oder Willkür erlaubt. [...] selbst das Sterben ist ohne Angst, denn der Tod ist niemals ganz fremd, daß er nicht immer ins Leben, das vor ihm mächtig wird, seinen Schatten würfe.

Dieses Bild des Landes stammt von Franz Tumler – aus einem Text, der, jeweils zeitgemäß adaptiert, mehrfach publiziert wurde, so z.B. 1940 unter dem Titel *Die Landschaft Oberdonau – der Heimatgau des Führers* in Tumlers literarisch-ideologischer Programmschrift *Österreich ist ein Land des Deutschen Reiches*, erschienen im Zentralverlag der NSDAP.[3]

3 Franz Tumler: Die Landschaft Oberdonau – der Heimatgau des Führers. In: Franz Tumler: Österreich ist ein Land des Deutschen Reiches. Berlin 1940 (= Schriftenreihe der NSDAP. Gruppe III; Volkheit und Glaube), S. 9–19, Zit. S. 10. Erstdruck unter dem Titel: Die Landschaft Oberösterreich. In: Das Innere Reich 2 (1935/36), S. 1531–1541. Der Text ist in der Buchausgabe von 1940 gegenüber dem Erstdruck an vielen Stellen politisch aktualisiert und schärfer gefasst.

Oberösterreich oder korrekter ,Oberdonau', wie das Land zwischen 1938 und 1945 hieß, erscheint hier als ein einziger großer Bauernhof, „das Tagwerk des Bauers" heißt es ja, ist ein „Sinnbild für alles Leben im Land": die für alle gleiche Arbeit wird unter aller Augen verrichtet, man führt ein Leben in Gemeinsamkeit und Gemeinschaft, es gibt weder Absonderung noch Willkür, selbst Tod und Sterben sind ohne Angst, organisch eingefügt in den Kreislauf bäuerlichen Lebens, der dem Kreislauf der Natur folgt.

Veröffentlicht und gelesen wurde dieser Text 1940: Einige Zehntausend Oberösterreicher lagen in Polen und in Frankreich im Dreck der Schützengräben, ein paar Hundert oder gar Tausend waren bereits gefallen. Linz, Steyr und St. Valentin waren dabei, sich zu Zentren der großdeutschen Schwer- und Rüstungsindustrie zu entwickeln. Die ,Reichswerke Hermann Göring' sollten sich alsbald zum größten Industriekomplex der ,Ostmark' entwickeln. Zehntausende von ,Fremdarbeitern' und Kriegsgefangenen waren bereits im Land. Ende 1943 sollten es 180.000 sein – weit mehr als die Hälfte aller Beschäftigten des Tumlerschen Bauernlandes. Das Konzentrationslager Mauthausen, das größte der ,Ostmark', war errichtet und gründete ein Nebenlager nach dem anderen; 49 sollten es schließlich sein. Die Verbrennungsöfen von Hartheim, der größten Euthanasieanstalt auf österreichischem Boden, waren in Betrieb. Der Gestank verbrannten Fleisches lag über Teilen des Landes.[4]

---

4 Vgl. Harry Slapnicka: Oberösterreich – als es ,Oberdonau' hieß (1938–1945). Linz 1978 (= Beiträge zur Zeitgeschichte Oberösterreichs Bd. 5), S. 114ff.; Widerstand und Verfolgung in Oberösterreich 1934–1945. Eine Dokumentation. Hrsg. vom Dokumentationsarchiv des österreichischen Widerstandes. 2 Bde., Wien 1982, Bd. 2, S. 509ff.

Scheinbar ganz unberührt von all dem ist ‚Oberdonau', der Heimatgau Adolf Hitlers, auch in den fotografischen Darstellungen der Zeit. Sie zeigen eine Landschaft mit den bestimmenden Attributen: schön, friedlich geordnet, fruchtbar, kräftig, prangend und stark. Diese Landschaft ist, so wie sie in den repräsentativen Fotobüchern der Zeit erscheint, in ihrer ersten und letzten, in ihrer eigentlichen Bestimmung die Plazenta, die den Führer heranreifen ließ. Auf ihn hin sind alle Kräfte des Landes orientiert, durch ihn gewinnen sie ihre Bestimmung und affektive Bedeutung. In dem Bildband *Oberdonau, die Heimat des Führers*, herausgegeben vom Gauamt für Kommunalpolitik (1940), konstituiert sich die Landschaft Oberösterreich zuallererst aus der Perspektive einer glückhaften politischen Erfüllung, die im katholischen Österreich naturgemäß heilsgeschichtliche Züge trägt.

Abb. 2
[Lenk, Schulweg
A. Hitlers]

Die Topographie des Landes wird aufgeladen mit politischer Bedeutung. Sie wird, je nach Ausschnitt, präsentiert als Rahmen für die Biographie Hitlers, als Kraftort, als Memento für die Parteigeschichte, als erlesene und kostbare Mitgift für den ‚Anschluß' Österreichs an das Dritte Reich, als Bestimmungsort (etwa für die Führermuseen Linz), als ökonomisches Reservoir, aber auch als ästhetisches Refugium und als Ort, an dem ‚Volksgemeinschaft' und die Einheit von Blut und Boden im Tumlerschen Sinn vorbildlich verwirklicht sind. Landschaft als Metapher für eine politische Erlösungsgeschichte. Dazu ein Beispiel:

Die Struktur der Landschaft auf dem nebenstehenden Bild, Ausschnitt, Blickrichtung und Perspektive, entsprechen etwa der ersten Abbildung. Der Unterschied ist der, dass durch die Bildunterschrift die Rezeption wie durch einen optischen Filter von der ästhetischen hin zur politisch-historischen Wahrnehmung verschoben wird. Die Legende lautet: ‚Das Voralpenland (Schulweg Adolf Hitlers von Leonding nach Linz)'. Dieser Hinweis will den Blick von Leonding Richtung Linz in spezifischer Weise determinieren: als Blick der Andacht und des Eingedenkens, als Blick, der die Anwesenheit des Führers in dieser Landschaft als eine immerwährende imaginiert. Das Voralpenland, ‚Oberdonau' im Ganzen, wird zur bloßen Kulisse für die Kindheit des Auserwählten. In den Textbeiträgen des Bandes wird dieser Bezug explizit und als ganz selbstverständlich hergestellt:

> Das Schicksal hat den Acker unseres Landes gewählt und aus ihm das Kraftkorn der neuen Zeit gezogen. Das uralte Leben der Heimat, schon immer auf Großes und Ewiges angelegt, war sein Nährboden; das schöpferische Land erfüllt sich im Geschöpf [A. Hitler].
> Die Nähe und die Ferne richtet sich nach ihm aus ...[5]

5 Rudolf Lenk: Oberdonau, die Heimat des Führers. Hrsg. vom Gauamt für Kommunalpolitik, Gau Oberdonau. München 1940, S. 60.

*Oberdonau, die Heimat des Führers* enthält auch eine Aufnahme des Steinbruchs von Mauthausen:

Abb. 3
[Lenk, Steinbruch bei Mauthausen]

Es sind herumliegende Blöcke des berühmten Mauthausener Granit, Geleise zum Abtransport der Steine und die Staubwolke einer Sprengung erkennbar. Nichts deutet auf die Anwesenheit von Menschen, von Arbeitern, gar von „KZlern", wie die Lagerhäftlinge von der Bevölkerung abschätzig genannt wurden. Es ist, als ob die Natur sich selbst bearbeite. Das Bild wurde aufgenommen im Moment der Sprengung, da die Arbeit ruht und aus einer Entfernung, die Einzelheiten, Menschen etwa, nicht mehr unterscheiden lässt. Es ist ein Bild, das im Zusammenfall von Stillstand und Bewegung, in der Verteilung von Licht und Schatten, im geometrischen Aufbau der Gesteinskörper und im Zusammenspiel all dieser Momente einen großen ästhetischen Reiz ausübt – und es ist als Bilddokument zugleich in der Lage zu dementieren, was an Gerüchten über die Arbeit im Steinbruch von Mauthausen im Umlauf war, zu dementieren, was an Terror und Angst von diesem Ort ausging. Es ist, wie der Großteil der Aufnahmen in diesem Band, ein Bild, das es den Betrachtern und Betrachterinnen leicht machte zu glauben, was geglaubt werden sollte und das als Beweis gegen das angeführt werden konnte, was andere möglicherweise als Gerücht über diesen Ort verbreiteten. Die ästhetische Manipulationsabsicht und Manipulationskraft dieser Aufnahme wird deutlich, wenn man sie mit dem konfrontiert, was im Mauthausener Steinbruch aus der Nähe zu sehen war. In einer der frühesten Dokumentationen über die deutschen Vernichtungslager, dem Buch *Der SS-Staat* von Eugen Kogon, findet sich auch eine Schilderung des Mauthausener Steinbruchs und der berüchtigten ‚Todesstiege':

> Am zweiten Tag nach ihrer Ankunft wurden die [holländischen] Juden in den Steinbruch gejagt. Sie durften die 148 Stufen, die in die Tiefe führten, nicht hinuntergehen, sondern mußten im seitlichen Steingeröll hinunterrutschen, was vielen bereits den Tod oder zumindest schwere Verletzungen eintrug. Man legte ihnen dann die zum Steintragen bestimmten Bretter über die Schultern, und zwei Häftlinge wurden gezwungen, jedem Juden einen überschweren Stein auf das Brett zu heben. Dann ging es im Laufschritt die 148 Stufen aufwärts! Zum Teil fielen die Steine gleich nach hinten, so daß manchem Nachfolgenden die Füße abgeschlagen wurden. Jeder Jude, dem der Stein herunterfiel, wurde entsetzlich geschlagen, der Stein von neuem aufgeladen. Viele verübten aus Verzweiflung gleich am ersten Tag Selbstmord, indem sie sich von oben in die Tiefe stürzten. Am 3.

> Tag öffnete die SS das „Todestor“: man trieb die Juden unter furchtbaren Prügeln über die Postenkette, wo sie von den Turmposten mit den Maschinengewehren haufenweise niedergeschossen wurden. Tags darauf sprang jeweils nicht mehr bloß einer der Juden in die Tiefe, sondern sie gaben einander die Hand, und der erste zog neun bis zwölf Kameraden hinter sich her in den schrecklichen Tod. Es dauerte nicht sechs, sondern knapp drei Wochen, und der Block war judenleer. Alle 340 Mann haben durch Erschießen, Prügeln, andere Martern oder durch Selbstmord den Tod gefunden.
> Erwähnt sei noch, daß Zivilangestellte des mauthausener Steinbruchs baten, den Tod durch Herunterstürzen zu verhindern, weil die Gehirn- und Fleischfetzen, die am Gestein klebten, einen zu grausigen Anblick boten.[6]

Können wir die Schönheit des Landes im Stifterschen oder selbst im zitierten Tumlerschen Sinn noch wahrnehmen, ohne uns zugleich dessen zu erinnern, dass diese Landschaft blutgetränkt ist, dass sie ein Schauplatz und ein Tatort industriell geplanter und fabrikmäßig betriebener Menschenvernichtung war, der bis heute die Zeichen und Narben dieser Verbrechen trägt? Wie könnte eine literarische Annäherung an eine solche Erinnerung aussehen und wo müsste sie ansetzen? Für die Beantwortung dieser Frage wähle ich einen kleinen Umweg.

1975 erschien im Verlag Fritz Molden der prachtvolle Bildband *Oberösterreich*, der trotz seines stattlichen Preises von annähernd tausend Schilling in nur zwei Jahren eine Auflage von 7000 Exemplaren erzielte; nicht zuletzt wohl auch deshalb,

---

6 Eugen Kogon: Der SS-Staat. Das System der deutschen Konzentrationslager. Gütersloh o. J. [1946], S. 224f.

weil er von amtlichen Stellen des Landes bei offiziellen Anlässen als Geschenk verteilt wurde. Das Buch muss also der Vorstellung, wie man das eigene Land sehen wollte und wie es von außen wahrgenommen werden sollte, ziemlich exakt entsprochen haben. Eine opulentere und ‚schönere' Selbstdarstellung des Landes im Medium Fotografie ist auch kaum denkbar. Perspektiven, Lichtverhältnisse und Farbkompositionen der Aufnahmen von Franz Hubmann sind schlechthin perfekt. Die gewollte und strikt durchgehaltene Ästhetik des Bandes hat allerdings ihren Preis. Sie ist erkauft um den Preis der Abwesenheit von Menschen und der Abwesenheit von Geschichte: Die Bilder des Bandes sind so menschenleer wie jenes des Mauthausener Steinbruchs von 1940.

Auf den 217 Farb- und 18 Schwarzweißaufnahmen sind gezählte drei Menschen, nein, drei Repräsentanten des Landes zu sehen: die Schriftstellerin Gertrud Fussenegger als „Vertreterin des geistigen", Landeshauptmann Erwin Wenzl als „Vertreter des politischen Lebens" – so die Bildunterschriften – und, als dritter, ein älterer Mann, mit Hut, Gamsbart und Hirschhornknöpfen am Rockrevers ohne Weiteres als Vertreter der Landeskinder identifizierbar.[7] Das ist alles; auf nahezu 250 Fotos, kein arbeitender Mensch, keine Abbildung eines historischen Ereignisses, kein Bild, auf dem die Folgen des Krieges und der Zerstörungen sichtbar wären, kein Auto, kein Traktor, keine Maschine, kein Industriebau, nicht einmal ein Wohnblock aus der Zeit des Wiederaufbaus. Dafür aber unzählige Bauernhöfe, Scheunen, Ställe, Bildstöcke, Wegkreuze, Kirchen, Felder, Wiesen und Äcker. Das ganze Land, ein einziges großes Museum für unberührte Natur, bäuerliche Landschaft, pittoreske

7 Oberösterreich. Hrsg., gestaltet und mit einer Textauswahl versehen von Christian Brandstätter. Fotos von Franz Hubmann. Wien/München/Zürich 1975, Photocahier 2, S. 2 und Photocahier 3, S. 7.

Dörfer und fassadenträchtige Städte, für Kunst und Architektur vor 1900, allerdings ohne Personal und ohne Besucher. Die Texte, die zu den Bildern des Buches einen topographischen Kommentar bieten, stammen fast ausnahmslos aus dem 19. Jahrhundert und aus der Zeit vor dem Zweiten Weltkrieg. Von Adalbert Stifter und Franz Stelzhamer, F. C. Weidmann, Benedikt Pillwein und einer Reihe noch älterer Autoren. Franz Tumlers eingangs zitierter Text *Die Landschaft Oberdonau* von 1940, der mehrfach vorkommt, gehört zu den wenigen Belegen aus dem 20. Jahrhundert. Bezeichnenderweise symbolisieren die spärlichen Gegenwartsbezüge des Buches – das Bild Gertrud Fusseneggers und die Texte Franz Tumlers – zugleich auch den Zusammenhang zwischen Verdrängung und Verstrickung: beide, Tumler und Fussenegger, zählten zu den größten und dementsprechend heftig hofierten und herumgereichten Nachwuchshoffnungen der NS-Literatur, beide waren institutionell und personell im NS-Literaturbetrieb bestens verankert, beide waren mit politischen und ideologischen Bekenntnissen keineswegs zurückhaltend.[8]

So überrascht es auch nicht, dass jener Ort, auf den ich mich zubewege, in dem Buch von Brandstätter und Hubmann mit einem Text aus dem Jahre 1783 charakterisiert wird – entnommen Friedrich Nicolais *Beschreibung einer Reise durch Deutschland und die Schweiz im Jahre 1781* (Berlin-Stettin 1783):

> Um sechs Uhr waren wir bey dem schönen Flecken Mauthhausen (welches auch Matthausen und Maithausen ausgesprochen wird); er liegt dicht an der Donau

8 Vgl. Klaus Amann: Jungstar im Dritten Reich. Franz Tumlers literarisches Debüt. In: K. A.: Die Dichter und die Politik. Essays zur österreichischen Literatur nach 1918. Wien 1992, S. 169–187 und 286–296 (darin auch zu G. Fussenegger).

am Fusse einer Anhöhe, welche aus lauter fruchtbaren Feldern besteht.[9]

Die zugehörigen Fotografien bezeugen, dass sich seit Nicolais Zeiten nicht allzu viel getan hat. In Mauthausen ist die Zeit offenbar 200 Jahre lang stehengeblieben:

Abb. 4 [Hausfassaden Mauthausen, Brandstätter/Hubmann]

Die Aufnahmen beweisen jedoch auch, dass alles das, was über die Charakterisierung ‚schöner Flecken' hinausgeht, 1975 nicht in den Kontext und das Konzept des Herzeigbaren passte. Hannah Arendt, die kurz nach dem Zweiten Weltkrieg das zerstörte Deutschland besuchte, berichtete erstaunt, dass die Deutschen „inmitten der Ruinen [...] einander Ansichtskarten von Kirchen und Marktplätzen, den öffentlichen Gebäuden und Brücken" schickten, „die es gar nicht mehr gibt".[10] Der Kontrast, den der Prachtband zu der Beobachtung Hannah Arendts sichtbar macht, ist der, dass es hier die abgebildeten Gebäude zwar noch oder schon wieder gibt, dass es jedoch, überspitzt gesagt, das zugehörige Land nicht mehr gibt. Die Fassaden verdecken gleichsam die Sicht auf die Gegend, die dahinter liegt, mit all ihren Verwüstungen und verwitterten Spuren der

9 Oberösterreich (Anm. 7), Kap. ‚Das Mühlviertel', Text Nr. 72.

10 Hannah Arendt: Besuch in Deutschland 1950. Die Nachwirkungen des Nazi-Regimes. In: H. A.: Zur Zeit. Politische Essays. Hrsg. von Marie Luise Knott. Aus dem Amerikanischen von Eike Geisel. Berlin 1986, S. 43–70, Zit. S. 44.

Zerstörung. Sie verstellen, metaphorisch gesprochen, die Sicht auf die Berge von Toten und auf die Davongekommenen. Die Ästhetik des Prachtbandes *Oberösterreich* ist das Resultat und das Zeugnis einer Erinnerungsverweigerung. Mauthausen als Ort des Terrors und des Mordens ist kein Teil der eigenen Geschichte, den man freiwillig herzeigt, das sagt dieses Buch. Er gehört nicht zur Schauseite des Landes. Er ist nicht repräsentationsfähig und deshalb auch nicht erinnerungswürdig. Ist das zu viel gesagt?

Meinrad Ziegler und Waltraud Kannonier-Finster haben Anfang der neunziger Jahre in einer umfangreichen mentalitätsgeschichtlichen Studie *Über Erinnern und Vergessen der NS-Vergangenheit* vorwiegend anhand oberösterreichischer Quellen (Tagespresse, Rundfunk, Interviews) diese polemisch anmutende Hypothese im Detail belegt.[11] Eine kurze, schreckensstarre Phase lang, als man nach der Befreiung Mauthausens und seiner Nebenlager, vor allem aber durch die Berichterstattung über die Nürnberger Prozesse, vom Ausmaß der Verbrechen erfuhr, herrschten Betroffenheit und Entsetzen. Man beklagte die eigene Verblendung und die Täuschung, der man erlegen sei, bekannte mangelndes Mitgefühl und mangelnde Hilfsbereitschaft den Verfolgten gegenüber ein. Doch schon nach gut einem Jahr verschoben sich Wahrnehmung und Einstellung. Zum einen war man mit der Bewältigung der eigenen Not und der eigenen Verluste beschäftigt, zum anderen begann ein Buhlen um die Wählerstimmen der ‚Belasteten', was eine offene Diskussion über Schuld und Verstrickung schon aus taktischen Gründen verbot. Bei den Wahlen

11 Vgl. Meinrad Ziegler und Waltraud Kannonier-Finster unter Mitarbeit von Marlene Weiterschan: Österreichisches Gedächtnis. Über Erinnern und Vergessen der NS-Vergangenheit. Mit einem Beitrag von Mario Erdheim. Wien/Köln/Weimar [2]1997 ([1]1993).

zum oberösterreichischen Landtag im Jahre 1949 erreichte der VdU, der ‚Verband der Unabhängigen', das Sammelbecken der ehemaligen Nationalsozialisten, 21 Prozent der Stimmen (bundesweit erreichte der VdU bei den Nationalratswahlen im selben Jahr 12 Prozent).[12] Die Entnazifizierung wurde weithin als moralisches Unrecht der Sieger gegenüber einer Bevölkerung gesehen, die ohnehin schwer genug unter den Kriegsfolgen zu leiden habe.

Die Diskussion um den Staatsvertrag und die damit verbundene Absolution Österreichs als erstes Opfer der Hitlerschen Aggression festigte schließlich die äußerst zweckdienliche Überzeugung, dass der Nationalsozialismus ausschließlich ein von außen kommendes Ereignis gewesen sei, das mit der eigentlichen österreichischen Geschichte und mit der österreichischen Mentalität nichts zu tun habe. Solcherart wurde der Nationalsozialismus „externalisiert". Er wurde als etwas betrachtet, das zur Geschichte Deutschlands und nicht zur Geschichte Österreichs gehört. Wer sich als österreichischer Patriot an die Zeit des Nationalsozialismus erinnerte, tat es somit berechtigterweise aus der Perspektive des Opfers, denn Österreich war ja, so die offiziell gepflegte Erinnerung, von Hitler annektiert und ausgelöscht worden. Von Opfern war die Rede ausschließlich im Sinne von Opfern ideologischer Täuschung und Opfern des Krieges. Die vom Nationalsozialismus verfolgten und ermordeten Menschen waren in diesem Kontext nicht präsent und sie waren kein Bestandteil der rückblickenden Erinnerung. Die „Kultur der patriotischen Erinnerung", schreiben die Autorinnen und Autoren, ist eine „Kultur des Vergessens".[13]

---

12 Vgl. ebda. S. 62f.

13 Ebda. S. 240.

Die Vergessensanstrengungen mussten in einem Land wie Oberösterreich, das dem ‚Reich' den ‚Führer' geschenkt hatte, besonders groß sein. Der unnatürlich schöne, von politischer Geschichte und menschlicher Anwesenheit systematisch gereinigte, dem Selbstbild offenbar entsprechende Prachtband *Oberösterreich* ist der imposante Beleg dafür, wie weit diese Anstrengungen 1975 gediehen waren. Er ist jedoch auch ein Beleg dafür, dass das Verdrängte nicht verschwindet. Es arbeitet subversiv weiter, kehrt unbewusst und unerwartet wieder. Der Mensch ist nicht Herr im eigenen Haus, sagt Sigmund Freud. Das gewaltsame Vergessen setzt immer auch unvermutete Energien des Unterbewussten frei.[14] Im Falle des so gründlich und systematisch purgierten Prachtbandes manifestiert es sich in Gestalt der zweifachen ‚Repräsentanten' Franz Tumler und Gertrud Fussenegger.

Christoph Ransmayr hat in einem Text über das Mostviertel, der den Zusammenhang zwischen Landschaftsästhetik und Geschichtsbewusstsein für jene Gegend eindrucksvoll entwickelt, von zwei Frauen berichtet, die – jede auf ihre Art – mit der Irritation, die von einem Ort wie Mauthausen ausgeht, zurechtzukommen versuchen. Die eine, eine alte Frau aus Wolfsbach, hat noch den „schrecklichen Geruch in der Nase, der bei Wind aus Nordwest von den Schloten Mauthausens nicht anders ins Land geweht kam als jetzt der Gestank der Chemiewerke von Linz". Wo ist der Unterschied? Unangenehm ist allemal, was der Wind aus Nordwest bringt. Die andere, die Altbäuerin Maria Grubhofer aus Wegleiten bei Oed, erzählt, sie habe „die Gegend von Mauthausen in der *fraglichen Zeit* sehr gemieden, weil sie

14 Vgl. Brigitte Rauschenbach: Politik der Erinnerung. In: Die dunkle Spur der Vergangenheit. Psychoanalytische Zugänge zum Geschichtsbewusstsein. Erinnerung, Geschichte, Identität 2. Hrsg. von Jörn Rüsen und Jürgen Straub. Frankfurt a.M. 1998, S. 354–374.

überzeugt war, dort etwas zu sehen, was sie ihr Leben lang nicht würde vergessen können. Und wer, sagt Maria Grubhofer, wollte schon mit unauslöschlichen Bildern im Kopf leben!"[15]

Von dieser Anstrengung, die Bilder der Vergangenheit aus der Erinnerung zu tilgen und von den Verheerungen, die diese Anstrengung anrichtet, handelt der Roman *Februarschatten* (1984) von Elisabeth Reichart. Die Bilder der Vergangenheit: das ist im Roman die so genannte ‚Mühlviertler Hasenjagd', jene ungeheuerliche Menschenhatz im Februar 1945 nach dem Massenausbruch sowjetischer Häftlinge aus dem Konzentrationslager Mauthausen. Bei den Flüchtenden handelte es sich um so genannte K-Häftlinge – sowjetische Kriegsgefangene, Offiziere und politische Kommissare, die laut einem Geheimbefehl des Oberkommandos der Wehrmacht (General W. Keitel) seit März 1944 in das Konzentrationslager Mauthausen eingeliefert wurden, völkerrechtswidrig selbstverständlich, doch was bedeutete schon eine Kategorie wie ‚Völkerrecht' im Zusammenhang mit der Kriegsführung der Nazis. Im Februar 1945 waren von den 4700 K-Häftlingen in Mauthausen noch 580 am Leben. 500 von ihnen wagten in der Nacht vom 2. auf den 3. Februar 1945 den größten Ausbruchsversuch in der Geschichte der deutschen Konzentrationslager. 75 Kranke konnten nicht teilnehmen, sie wurden noch in derselben Nacht von der SS ermordet.

Der Ausbruch ging nach den Recherchen von Peter Kammerstätter so vor sich: Nachdem der Blockälteste und seine Stubendienste erdrosselt worden waren, stürmten die Häftlinge durch die Barackentüren und -fenster auf den Vorhof, schalteten mit

15 Christoph Ransmayr: Die vergorene Heimat. In: Rudolf Palla: Die Mitte der Welt. Bilder und Geschichten von Menschen auf dem Land. Wien 1989, S. 103–143, Zit. S. 138.

Schaumlöschern und Wurfgeschossen die Wachposten aus und schlossen mit nassen Decken die stromführenden Stacheldrähte kurz. Bereits in dieser Phase kamen etwa 100 Häftlinge um. 419 gelang es, das Gebiet des Lagers zu verlassen. In dieser Nacht hatte es minus acht Grad und eine Schneedecke von zwanzig bis dreißig Zentimetern Höhe. Viele der Flüchtenden waren barfuß. Die SS löste eine Großfahndung aus, mit der ausdrücklichen Weisung, dass keiner der ergriffenen Häftlinge lebend eingebracht werden dürfe. Gendarmerie, Volkssturm und Hitlerjugend wurden in die Aktion miteinbezogen. Neben todesmutigen Akten der Menschlichkeit einzelner, die Flüchtenden mit Nahrung oder Kleidung halfen oder sie gar in ihren Häusern oder Ställen versteckten, sind zahlreiche wahrhaft viehische Akte der Zivilbevölkerung des Mühlviertels überliefert. Soweit bis heute eruierbar war, haben von den 419 Geflüchteten nur 11 die Mühlviertler Menschenhatz überlebt, 7 gelten als vermisst – alle anderen wurden in den Tagen nach Maria Lichtmeß 1945 in der Gegend um den Flecken Mauthausen erschossen, erhängt, mit Dreschflegeln erschlagen, mit Mistgabeln erstochen. Einige der Mörder waren noch keine siebzehn Jahre alt. In der Chronik des Gendarmeriepostens Mauthausen steht unter dem 2.2.1945 auch der Satz: „Hervorgehoben werden muß die Tatsache, daß sich die ausgebrochenen KZ-Häftlinge der Bevölkerung gegenüber sehr anständig benommen haben."[16]

In *Februarschatten* von Elisabeth Reichart ist die Figur im Mittelpunkt, Hilde, als junges Mädchen in dieses kollektive Verbrechen verstrickt worden. Sie lebt in der Nähe des

16 Zit. nach Widerstand und Verfolgung (Anm. 4), Bd. 2, S. 559. Die in dieser Dokumentation abgedruckten Zeugnisse zur ‚Mühlviertler Hasenjagd' beruhen zum größten Teil auf der Materialsammlung von Peter Kammerstätter: Der Ausbruch der russischen Offiziere und Kommissare aus dem Block 20 des Konzentrationslagers Mauthausen am 2. Februar 1945. Linz 1979.

Vernichtungslagers. Nach dem Ausbruch der sowjetischen Häftlinge wird auch ihr Dorf Schauplatz der Menschenjagd. Der Vater, kein Nazi, aber ein Trinker und prügelnder Haustyrann, gehorcht stoisch den Anweisungen des Nazi-Nachbarn. Zwei der Brüder sind ebenfalls beteiligt. Einzig ihr Lieblingsbruder Hannes wagt es, sich dem kollektiven Druck zu entziehen. Er versteckt einen verletzten Flüchtling und weiht die Schwester in sein Geheimnis ein. Ihr Wunsch nach Geborgenheit, ihr Wunsch, zu den Starken zu gehören, nicht ausgeschlossen zu sein, macht sie mittelbar schuldig. Als der Flüchtling aus dem Schrank geholt und zu Tode getreten wird, als ihr Bruder von der SS zuerst blutig geschlagen und dann an einem Baum aufgehängt wird, wird ihr „Hauptwort auf unbestimmte Zeit" das Wort ‚vergiß'[17] – ein Wort, das sie für sich selbst und für die anderen unkenntlich machen soll. Sie versucht, die Demütigungen ihrer Kindheit zu vergessen, die unerfüllten Wünsche nach Zuneigung und Wärme, nach Lernenkönnen, nach sozialer Anerkennung; sie will vergessen, was sie kleingemacht und niedergedrückt, was sie im entscheidenden Moment ihrem Bruder entfremdet hat. Wie Notsignale, wie Hilfeschreie springen die Namen dieser Verlust- und Angstgefühle, die im Buch in Großbuchstaben erscheinen, aus dem Text heraus. Ihre Ehe mit Anton, der sie aus dem „blutenden Haus" (86) geholt hat, gelingt um den Preis der Selbstaufgabe, um den Preis, „die eigene Stimme auf seine Stimme einstellen zu müssen". Erika, ihre Tochter, der in Studium und Beruf gelingt, was ihr selbst misslungen ist, versucht, das Vergessenwollen der Mutter aufzubrechen, weil sie in der Geschichte der Mutter, in der Wahrheit über das Leben der Mutter, auch die Wahrheit über die Geschichte ihres Landes sucht. Nach dem Tode des

17 Elisabeth Reichart: Februarschatten. Roman. Frankfurt a.M. 1989, S. 102. ([1]1984). Die weiteren Nachweise mit Seitenangabe im Text.

Vaters stürzen alle gewaltsam aufgebauten Distanzverhältnisse, alle Schutzabstände in sich zusammen. Mutter und Tochter fahren – zum ersten Mal – in das Dorf der Kindheit, in das Dorf der Gewalt und des Vergessens. Es ist eine Fahrt in eine Landschaft, die die Wundmale der Erinnerung trägt:

> Nach der nächsten Kurve lag das Dorf vor ihnen.
> Sah Hilde den alten Birnbaum, auf dem Hannes
> – mein Hannes –
> gehangen hatte.
> Februarbaum.
> Unverändert seither. Blattlose Äste. Unfruchtbare Äste.
> Die Erde mit Schnee bedeckt. Mit matschigem Schnee.
> Viele Stiefelabdrücke. Auch heute. An diesem heißen
> Sommertag. (48f.)

Es ist eine Fahrt in die verdrängte Vergangenheit und es ist das Ende einer Flucht: Das Ende der Flucht vor dem Vergessenmüssen, einem Vergessenmüssen, das sich in diesem Buch als notwendiger Tribut und als Anpassungsleistung an die herrschende Haltung in Österreich nach 1945 erweist.

Der Roman von Elisabeth Reichart hat eine irritierend eigenwillige Struktur mit zahlreichen Brüchen in der Erzählhaltung, mit einem permanenten Wechsel der Darstellungsformen: erlebte Rede, innerer Monolog, Traumprotokolle, Selbstgespräche, Fragenkataloge, Litaneien von einfachen Aussagesätzen wechseln mit traditionell erzählten Passagen. Die Form des Erzählens ist meist seltsam streng, fast rituell, dann wieder ganz frei und assoziativ. Es ist ein vielfach gebrochener Text, der keine psychologischen Gewissheiten behauptet, ein Text, der imstande ist, jene Ambivalenzen zwischen Hoffen und Verzweifeln auszuhalten, die das Leben der Hauptfigur dieses Buches paralysieren und die das komplizierte Verhältnis zwischen Mutter und Tochter bestimmen. Zugleich ist diese formale Eigenart des Romans die Voraussetzung dafür, dass man als Leser oder Leserin auch ganz absehen kann vom geschilderten Fall, absehen kann von der Ebene der Mutter-Tochter-Beziehung. Man kann die Geschichte als ein Modell dafür nehmen, welche psychischen Verheerungen der kollektive Zwang angerichtet hat, so tun zu müssen als wäre nichts gewesen, sich verhärten zu müssen gegen Erinnerung und Einsicht, gegen die Trauer.

Das Konzentrationslager Mauthausen kommt in Reicharts Roman zunächst nur in der Richtungsbezeichnung ‚dort' vor, als der Ort, „Wohin ich nicht sehen wollte. Wohin ich nicht sehen durfte." (55) Die Nacht des Ausbruchs, Sirenen, Schüsse, Hundegebell, rücken dieses ‚dort': „Daß du mir ja nicht – dort – hingehst [...]. – dort – hat niemand etwas zu suchen", erst die Nacht des Ausbruchs rückt dieses ‚dort' näher: „Die Sirene kam von – dort – . – dort – das Konzentrationslager Mauthausen. [...] Dieses nahe – dort – . Dieses sichtbare – dort – ." (89)

Die abgezehrten, frierenden, hungernden, gehetzten Gestalten – „Diese Körper. Unbewaffnet. Hilflos. Zerbrechlich" (94) – treten im Geheul der Lager-Sirene aus der Unwirklichkeit des ‚dort' unvermittelt in das ‚hier', bitten um Nahrung, Kleidung, Schutz, stellen sich plötzlich in den Blick, der an dem ‚dort' vorbeigegangen war, jahrelang, vorbeigehen musste, der keine unauslöschlichen Bilder aufnehmen wollte. Deshalb auch die Entschiedenheit der fanatisierten und verängstigten Bevölkerung, diese Körper wieder dorthin zu bringen, woher sie gekommen waren, darum vielleicht die Bereitschaft, der SS das blutige Geschäft abzunehmen, darum vielleicht der Eifer, die Ordnung des ‚hier' und ‚dort' gewaltsam wiederherzustellen;

ein Eifer vielleicht auch, geboren aus der Angst, jene fremde Welt, die sich in diesen geschundenen Körpern zeigte, könne den Zusammenbruch der eigenen Welt ankünden. Ich lese die Tagebucheintragung des Pfarrers Josef Radgeb aus dem Dorf Allerheiligen in diesem Sinne. Pfarrer Radgeb schrieb am 2.2.1945:

> Die Gefangenen werden wie Schwerverbrecher gejagt. Sind ohne Schuhe geflohen. Drei Tage hatten sie nichts zu essen [...]. Die Leute fürchten sich und geben nichts, obwohl sie [die Gefangenen] doch keine Schwerverbrecher sind und niemandem etwas getan haben. Vor lauter Feigheit gibt es kein Erbarmen.[18]

Der Zusammenprall des ‚dort' mit dem ‚hier' ist der Moment der Entscheidung, einer Entscheidung, der man jahrelang vielleicht ausweichen konnte; der Entscheidung, mitzutun, wegzusehen und es geschehen zu lassen, oder Erbarmen zu zeigen. Das Unfassbare, das Unvorstellbare, das dort drüben möglicherweise geschah, war plötzlich fassbar, vorstellbar, es war körperlich. Dies ist wohl auch ein Grund, weshalb keine andere Begebenheit aus der Geschichte des Nationalsozialismus in Österreich so häufig literarisch dargestellt wurde. Das Thema Mauthausen bildet nicht nur den Nukleus des Romans von Elisabeth Reichart und ihres Prosabandes *La Valse*, es liegt auch den Erzählungen *Maria-Lichtmeß-Nacht* und *Der Weg zum Ödensee* von Franz Kain und dem Buch *Die Hatz* von Thomas Karny zugrunde. Es spielt eine zentrale Rolle in *Verschwinden des Blicks* von Christoph Janacs und es grundiert die Erfahrungen der Figuren in Robert Schindels Roman *Gebürtig*. Im weiteren Sinne gehören auch Erich Hackls

18 Zit. nach Widerstand und Verfolgung (Anm. 4), Bd. 2, S. 561.

*Sidonie* und Christoph Ransmayrs *Morbus Kitahara* in diesen Zusammenhang.[19]

Auf das Buch von Thomas Karny möchte ich deshalb kurz eingehen, weil ich es für das lehrreiche Beispiel eines – trotz lauterster Absicht des Autors – missglückten Werkes halte. Karny strebt, unter Verwendung aller verfügbaren Dokumente, eine Gesamtdarstellung der ‚Mühlviertler Hasenjagd' an. Seine Methode ist im Grunde nichts anderes als eine ‚Literarisierung' der Quellen. Der Erzähler gibt vor zu wissen, was einzelne SS-Männer gesagt, getan, gedacht haben, was namentlich bezeichnete Häftlinge empfunden, gehofft, geplant, gelitten haben. Das Buch unternimmt es, den Schrecken des Todesblocks in der Sprache nachzustellen. Karny illustriert die Dokumente mit der imaginierten Psyche der Opfer und der Täter. Er projiziert damit das absolut Unbegreifliche, das Grauen des Todeslagers auf das Niveau unseres Alltagsbewusstseins und unserer Alltagserfahrung. Was ich in den Sätzen Jean Amérys über Gestapohaft und Folter[20] als unbegreifbar aber wahr, verbürgt durch die Lebensgeschichte des Sprechenden, erfahre, tritt mir hier trotz aller zitierten Dokumente als nur Wahrscheinliches, als effektvoll Imaginiertes entgegen.

Franz Kains Erzählung *Maria Lichtmeß-Nacht*[21] vermeidet diese Gefahren, weil sie sich dem Geschehen von seinen Rändern her nähert, also weder aus der Perspektive der SS-Männer

19 Vgl. Erich Hackl: Abschied von Sidonie. Erzählung. Zürich 1989; Christoph Janacs: Das Verschwinden des Blicks. Salzburg 1991; Thomas Karny: Die Hatz. Bilder zur Mühlviertler Hasenjagd. Grünbach 1992; Elisabeth Reichart: La Valse. Erzählungen. Salzburg/Wien 1992; Christoph Ransmayr: Morbus Kitahara. Roman. Frankfurt a.M. 1995.

20 Vgl. Jean Améry: Die Tortur. In: J. A.: Jenseits von Schuld und Sühne. Bewältigungsversuche eines Überwältigten. Stuttgart ²1980, S. 46–73.

21 Franz Kain: Maria Lichtmeß-Nacht. In: F. K.: Das Schützenmahl. Geschichten. Berlin/Weimar 1986, S. 111–119.

noch der der Häftlinge. Bei Kain erzählt eine Bäuerin, deren fünf Söhne an der Front sind, wie sie – zuerst gegen den Widerstand ihres Mannes – zwei der Flüchtenden ins Haus genommen und versteckt hat. „Weib, du hast uns den Tod ins Haus gebracht“, sagt er. Sie darauf: „Vater, ich weiß es, aber denk an unsere eigenen Kinder. Wir müssen das Kreuz auf uns nehmen“. (113) Es ist, der Nachsatz der Bäuerin deutet es an, kein primär politischer Akt, obwohl die Eheleute sich politisch einig sind: „Von dem Hügel geht der Schrecken aus“ (113), es ist vielmehr – im Sinne der Tagebucheintragung des Pfarrers Josef Radgeb – ein Akt der Barmherzigkeit: „Ich habe mir gedacht, es könnte einer von deinen eigenen Söhnen sein, der jetzt in kalter Nacht und in höchster Todesnot an eine fremde Tür klopfen könnte. [...] Ich konnte gar nicht anders und habe ihm aufgetan.“ (118f.) Was in der Erzählung Franz Kains, die formal an die Kalendergeschichten Johann Peter Hebels erinnert, als ein über die Maßen naives Wunschbild menschlichen und menschenwürdigen Verhaltens „in versteinerter Zeit“ (118) erscheinen mag, hat ein gewichtiges Argument für sich. Die Geschichte beruht auf Fakten. In der Dokumentation von Peter Kammerstätter ist der Bericht der Maria Langthaler aus Schwertberg über ihre Rettung der beiden sowjetischen Offiziere Michail Rjabtschinskij und Nikolai Zemkalo aufgezeichnet.[22] Kains Erzählung folgt diesem Bericht bis ins Detail und sie erhebt, wie viele der realistischen Erzählungen Franz Kains, keinen anderen Anspruch als den, Geschichte mithilfe von Geschichten zu beleuchten, „menschliches Verhalten, Bewähren und Versagen“ darzustellen; zu zeigen, „was dem Menschen widerfährt ...“.[23]

22 Vgl. Widerstand und Verfolgung (Anm. 4), Bd. 2, S. 562f.

23 Franz Kain: Vom Wagnis, Geschichten zu schreiben. In: F. K.: Der Schnee war warm und sanft. Erzählungen. Weitra/Linz 1989, S. 85–89, Zit. S. 86.

Darüber, was den Menschen in der Epoche von Mauthausen widerfahren ist, hat Franz Kain auch im Sinne einer „nationalen Selbstkritik“[24] immer wieder geschrieben. Er hat, vielleicht auch deshalb, für seine Geschichten lange keinen Verleger in Österreich gefunden. Im Schlussessay seines Geschichtenbandes *Der Weg zum Ödensee* spricht Kain, an seine Erfahrungen als Holzarbeiter anknüpfend, von den ‚Würgmalen‘, die an jungen Bäumen beim Versuch, sie abzubrechen, entstehen und die noch im gehobelten Holz als deutliche Verknotungen und als pechende Stellen erkennbar seien. „Unsere Geschichte“, schreibt Kain, „hat viele und ausgeprägte Würgmale, die allen Versuchen, sie glattzuhobeln, widerstehen“.[25] Folge man den Würgemalen unserer Geschichte, ergebe sich ein Weg, der in vielen Windungen zunächst einmal zum Ödensee führe.

Auf dem Weg zum Ödensee, gemeint ist der Wildensee im Toten Gebirge, ist im Mai 1945 der aus Ried im Innkreis stammende Ernst Kaltenbrunner, SS-Obergruppenführer, Stellvertreter Heinrich Himmlers, Nachfolger Heydrichs als Chef des Reichssicherheitshauptamtes, maßgeblich Beteiligter an der so genannten ‚Endlösung‘ der Judenfrage. Kaltenbrunner wollte für einige Zeit in den Bergen untertauchen, um bei günstiger Gelegenheit wieder in die Welt zurückzukehren. Auf einen Mann mit seinem Sachverstand und Talent würde man nicht verzichten können. So seine, wenn man die Nachkriegsentwicklung in Österreich betrachtet, durchaus realistische Einschätzung.

Franz Kain legt in seiner Erzählung *Der Weg zum Ödensee*[26] Schicht um Schicht die Mentalität dieses österreichischen

24 Franz Kain: Von den Würgmalen. In: Der Weg zum Ödensee. Geschichten. Wien o. J. ([1]1973), S. 199–204. Zit. S. 204.

25 Ebd., S. 200.

26 Vgl. ebd., S. 152–198.

Naziführers frei. Das dokumentarische Material, das Kain teils erzählerisch verarbeitet, teils kontrastierend in die Geschichte hineinmontiert, beglaubigt zum einen den erzählten Vorfall, die historisch verbürgte Flucht Kaltenbrunners, verhindert aber gleichzeitig die Gefahr des Psychologisierens. Die Rechtfertigungsversuche, Selbsttäuschungen, Schutzbehauptungen und Verteidigungsstrategien Kaltenbrunners werden durch Zeugenaussagen, Protokolle und dokumentarisches Material zurechtgerückt. So sehr die erzählte Geschichte die persönliche Geschichte Kaltenbrunners ist, die vor allem in jenen Passagen, die das Konzentrationslager Mauthausen betreffen (etwa die eigens für ihn arrangierten Hinrichtungen), an Grausamkeit und Verkommenheit kaum zu überbieten sind, so typisch und repräsentativ ist die geschilderte Mentalität. Man meint, die meisten Rechtfertigungssätze Kaltenbrunners schon irgendwo einmal gehört zu haben und bekanntlich ist einer beträchtlichen Zahl ehemaliger Nazigrößen das Projekt, das Kaltenbrunner verfolgte – die alsbaldige Rückkehr in wirtschaftliche oder politische Führungspositionen – ja geglückt. Kaltenbrunner selbst wurde bei Kriegsende in Bad Aussee verhaftet und im Oktober 1946 in Nürnberg hingerichtet.

*Der Weg zum Ödensee* ist, nicht ganz zufällig, 1973 in der DDR erschienen. Ich erwähne die Erzählung nicht allein deshalb, weil sie meines Wissens einen der frühesten literarischen Versuche darstellt, das Verschwiegene und Verdrängte, gewissermaßen das Oberdonauische im Oberösterreichischen zur Sprache zu bringen, sondern auch, weil der Text, etwas unüblich für Kain, im Formalen experimentiert. Das, was Thomas Karny in *Die Hatz* anstrebt, die Verbindung von Faktischem und Fiktionalem, ist Franz Kain in seiner Erzählung gelungen. Der Erzähler versetzt sich einerseits in Kaltenbrunner hinein, denkt seine Gedanken, teilt seine Gefühle mit, berichtet dann aber wieder distanziert, analytisch und urteilend. Er konfrontiert Haltungen und Meinungen Kaltenbrunners mit Dokumentarischem, mit Aussagen von Häftlingen, mit Gerichtsprotokollen, mit historischen Fakten, mit gängigen Redensarten. Dadurch bleibt der Text in der Schwebe, er bleibt erkennbar als Konstrukt, er prätendiert nicht, die Psyche Kaltenbrunners nachzuzeichnen. Er entwirft, ähnlich wie der Text Elisabeth Reicharts, ein literarischer Modell, das eine dokumentarisch verbürgte Plausibilität hat.

Heimrad Bäcker, der seit Ende der sechziger Jahre sich mit dem Problem der Darstellbarkeit dessen beschäftigt, was Mauthausen, was Auschwitz ermöglichte, ist den Schritt in Richtung dokumentarische Literatur mit noch größerer, ja mit äußerster Konsequenz gegangen. Sein Werk umfasst drei Teile: Das mehrfach ausgezeichnete Hörstück *Gehen wir wirklich in den Tod?* (SFB und ORF 1988, Cassette und CD), die Ausstellung EPITAPH (Linz 1988 und 1990) und die Buchpublikationen *nachschrift* (1986) und *nachschrift 2* (1997).

Bäckers *nachschrift*[27] ist gleich weit entfernt von Beschreibung und Bericht wie von einer historischen Dokumentation. Der Text ist, rein äußerlich, ein System von dokumentarisch verbürgten Zitaten, ein Netz schriftlicher Spuren dessen, was die Begriffe Mauthausen oder Auschwitz umfassen – aufgespürt in Zeitungsmeldungen, gesetzlichen Verordnungen, Richtlinien, Verboten, Dienstanweisungen, Fernschreiben, Tätigkeitsberichten, Befehlen, Vernehmungsprotokollen, Zeugenaussagen,

27 Heimrad Bäcker: nachschrift. Hrsg. und mit einem Nachwort von Friedrich Achleitner. Linz 1986. (Verbesserte und korrigierte Neuauflage: Graz 1993); Heimrad Bäcker: nachschrift 2. Graz 1997. (Die folgenden Zitate stammen aus ‚nachschrift', Graz 1993, S. 33 und S. 50). Vgl. zum Folgenden: Klaus Amann: ‚MONUMENTA GERMANIAE HISTORICA'. Über Heimrad Bäckers ‚nachschrift'. In: K. A.: Die Dichter und die Politik (Anm. 8), S. 223–234 und 307–309.

Aktenvermerken, Gerichtsurteilen, letzten Briefen zum Tode Verurteilter, Exekutionslisten, usw. Das formale Prinzip in *nachschrift* ist das der dokumentarischen Montage. Die Aussage der zitierten Texte in *nachschrift* entspringt nicht in erster Linie ihrem Charakter als Dokument, sie ist primär eine Leistung des formalen Prinzips, dem die Dokumente unterworfen werden: wie z.B. Isolierung der Texte im Raum, Verknappung, Änderung der Abfolge, Montage, Positionierung auf der Fläche der Buchseite, Kleinschreibung usw. Das heißt, die persönliche und literarische Subjektivität des Autors verstellt in keinem Moment den Blick auf das Dokument, auf die Authentizität des historischen Materials, weil der Autor nicht als Aussage-, sondern als Regiesubjekt im Text vorhanden ist. Seine Eingriffe sind erkennbar, seine Methode ist nachprüfbar, die Authentizität des Materials ist durch Anmerkungen und Quellenverzeichnis belegt.

Die literarische Leistung Heimrad Bäckers besteht darin, dass er die konventionellen Möglichkeiten der Montage von dokumentarischem Material, wie es sie im thematischen Zusammenhang mit Judenvernichtung und Drittem Reich bei Rolf Hochhuth, Peter Weiss und Helmut Heißenbüttel gibt,[28] durch die literarischen Verfahren der Konkreten Poesie erweitert hat. Sprache, in erster Linie die Mördersprache der Nazis, wird in *nachschrift* im buchstäblichen Sinne ausgestellt; sie wird in ihrer verfestigten Form, als Schrift, selbst Objekt der Betrachtung. Der substanzielle Unterschied zu vergleichbaren Texten besteht darin, dass die Fläche der Buchseite in *nachschrift* zu einem konstitutiven Element des Textes gemacht wird. Die Isolierung der Zitate aus ihren ursprünglichen Zusammenhängen ist auch eine sichtbare

28 Vgl. Rolf Hochhuth: Der Stellvertreter. Mit einem Vorwort von Erwin Piscator. Reinbek b. Hamburg 1963. Peter Weiss: Die Ermittlung. Oratorium in 11 Gesängen. Frankfurt a.M. 1965. Helmut Heißenbüttel: Deutschland 1944. In: H. H.: Textbücher 1–6. Stuttgart 1980, S. 266–272.

Isolierung im Raum, die ihnen den Charakter von Inschriften, den Charakter von Sprach-Denkmälern gibt. So notiert Bäcker beispielsweise die Zahl der Getöteten im Lager Sobibor im Zeitraum 2.4. bis 1.6.1942. Die entsprechende Seite in *nachschrift* sieht so aus:

2400
2600
4600
6600
9100
stärke unbekannt
stärke unbekannt
10600
stärke unbekannt
stärke unbekannt
stärke unbekannt
12600
14600
16600
17600
21000
21400
26400
27030
29330
30530
32030
35079
36079
38749
39249
40449

Die statistischen Angaben, untereinandergeschrieben, ergeben die Form eines Kreuzes. Das ist kein vom Autor nachträglich gebildetes Symbol. Was die Statistik wortlos enthält, wird im literarischen System von *nachschrift* sichtbar: Statistik als Epitaph, als Grabstein für die Namenlosen. Dies ist ein besonders augenfälliges, in seiner demonstrativen Symbolhaftigkeit jedoch nicht repräsentatives Beispiel für die Arbeit Heimrad Bäckers in *nachschrift*. Die Monumentalität des Grauens ist nicht vorstellbar und nicht darstellbar, auch nicht in den Symbolen des Totengedenkens. Sie wird jedoch punktuell sichtbar am herausgeschnittenen, isolierten, ausgestellten Detail, an den von Bäcker buchstäblich ‚nachgeschriebenen' Worten und Sätzen, bei denen der fehlende, der abgeschnittene Zusammenhang ein Nachdenken über die Beziehung zwischen Worten und Taten und eine Konzentration auf die Relation von Zeichen und Bedeutung ermöglicht.

> ich bin am zweiten juni zwölf jahre alt geworden
> und lebe
> vorläufig noch

Dieser Satz aus dem Brief eines Kindes, geschrieben im Konzentrationslager, ist der einzige auf Seite fünfzig von *nachschrift*. Er enthält in einem einzigen Wort, im Wort „vorläufig", alles, was im Begriff ‚mörderische Willkür' des NS-Systems nur abstrakt angedeutet und umschrieben wäre. Der Versuch, diesen Satz zu erläutern, mündet, wie bei den übrigen Texten der beiden Bände *nachschrift*, lediglich in eine Paraphrase dessen, was im Text selber unmittelbare Evidenz hat. Diese Evidenz des Textes ist durch Interpretation und Auslegung nicht zu übertreffen. Seine Substanz und seine Form gründen in dem methodisch reflektierten und literarisch überzeugend dargestellten Akt der Vermeidung und Verweigerung der Beschreibung des Unbeschreiblichen. Darin liegt seine Leistung.

Von der Ausstellung der sprachlichen Relikte der so genannten ‚Endlösung‘ zur Ausstellung ihrer materieller Relikte ist es nur ein kleiner, aber zwingender Schritt. Die Ausstellung EPITAPH, die 1988 und 1990 in Linz gezeigt wurde, stellt diesen Schritt dar. Heimrad Bäcker hat darin Gegenstände, Fotos und Dokumente, die die reale und die geistige Topographie von Mauthausen repräsentieren, versammelt in einer Anstrengung, in der man auch den letztlich vergeblichen Kampf gegen den natürlichen Prozess des Verschwindens sehen kann. So hat er unter anderem in jahrzehntelanger Arbeit

Abb. 5 [aus Heimrad Bäcker: EPITAPH]

die materiellen Überbleibsel der Schauplätze und Tatorte, ihr allmähliches Verschwinden, fotografisch dokumentiert.

Die Ausstellung hat diesen Prozess des Verschwindens, aber auch die Haltung des Wegschauens und Nichtwahrnehmenwollens thematisiert und damit gezeigt, dass es nicht um die Gegenstände geht, die jene Ausstellung zeigte und die der Katalog[29] dokumentiert. Es geht vielmehr, wie Friedrich Achleitner es in der Eröffnungsansprache zur Ausstellung formuliert hat, um die Bereitschaft und um die Fähigkeit zur Wahrnehmung und um die Kraft, aus einer veränderten Wahrnehmung Konsequenzen zu ziehen.[30]

Einige der bedeutendsten Schriftsteller und Schriftstellerinnen des Landes haben die Bereitschaft und die Kraft, gängige Wahrnehmungen zu durchbrechen, bewiesen und sie haben zur Sprache gebracht, was das offizielle Oberösterreich jahrzehntelang nicht ungern versteckte und verschwieg. Franz Kain und Heimrad Bäcker, Elisabeth Reichart, Christoph Ransmayr, Robert Schindel und einige andere lehren uns die Gegend um den Flecken Mauthausen nicht nur als ‚schöne Gegend', sondern auch als historischen Raum mit all seinen Narben und Verwüstungen, mit seiner Geschichte also, wahrzunehmen; als Ort, der für Unzählige genau das bedeutete, was der Text Franz Tumlers zu dementieren suchte: Absonderung, Angst, Willkür und Mord; als einen Ort, an dem „gemeinsames Leben" eben gerade nicht möglich war. Daran zu erinnern ist, mit einem Wort von Adorno, aber „das einzige [...], was unsere Ohnmacht ihnen [den Ermordeten] schenken kann, das

29 Vgl. Heimrad Bäcker: EPITAPH [Katalog]. Linz 1989 (erweiterte Ausgabe Linz 1990).

30 Friedrich Achleitner: Zu Epitaph. Unveröffentlichtes Manuskript. Kopie in meinem Besitz.

Gedächtnis".[31] Einer der Orte dieses Gedächtnisses, nicht selten der einzige, ist die Literatur.

## Abbildungsverzeichnis

Abb. 1: Franz Hubmann: Das obere Mühlviertel. In: Oberösterreich. Hrsg., gestaltet und mit einer Textauswahl versehen von Christian Brandstätter. Fotos von Franz Hubmann. Wien/München 1975. Photocahier 1, S. 10. (Im Original farbig).

Abb. 2: Otto Kaiser: Das Voralpenland (Schulweg Adolf Hitlers von Leonding nach Linz). In: Rudolf Lenk: Oberdonau, die Heimat des Führers. Hrsg. vom Gauamt für Kommunalpolitik. Gau Oberdonau. München 1940. Bildteil S. 40.

Abb. 3: Robert Stenzel: Steinbruch bei Mauthausen an der Donau. In: Lenk, Oberdonau (wie Abb. 2), Bildteil S. 55.

Abb. 4: Franz Hubmann [Motive aus Mauthausen]. In: Oberösterreich (wie Abb. 1), Photocahier 1, S. 14. (Im Original farbig).

Abb. 5: Heimrad Bäcker: Reste des Schotterbrechers im Steinbruch Wienergraben, Mauthausen: „Seit 1945 dem Verfall und der Vegetation überlassen". In: Heimrad Bäcker: EPITAPH. Erweiterte Ausgabe. Linz 1990, S. 29, Zit. S. 53.

31 Theodor W. Adorno: Was bedeutet Aufarbeitung der Vergangenheit. In: Th. W. A.: Erziehung zur Mündigkeit. Vorträge und Gespräche mit Hellmuth Becker 1959–1969. Hrsg. von Gerd Kadelbach. Frankfurt a.M. 1970, S. 10–29, Zit. S. 13.

# Milo Dors Roman *Tote auf Urlaub* und die österreichische Literatur über den Zweiten Weltkrieg[1]

Befragt nach der österreichischen Literatur zum Zweiten Weltkrieg wird der durchschnittlich interessierte Leser (der erfahrungsgemäß eher eine Leserin ist) nach längerem Nachdenken vielleicht zwei Gedichttitel von Ernst Jandl nennen: *schtzngrmm* und *vater komm erzähl vom krieg*:

vater komm erzähl vom krieg
vater komm erzähl wiest eingrückt bist
vater komm erzähl wiest gschossen hast
vater komm erzähl wiest verwundt wordn bist
vater komm erzähl wiest gfalln bist
vater komm erzähl vom krieg[2]

Die Antwort wäre wahrscheinlich repräsentativ, allerdings nicht nur in quantitativer, sondern auch in bewusstseinsgeschichtlicher Hinsicht, denn mit seinem insistierenden „vater komm erzähl“ spricht das Gedicht ja zuallererst vom Verschweigen der Kriegserfahrung. Schließlich ist es ja das Nichtreden- und Nichterzählenwollen des Vaters, das den Text konstituiert. Jandls Gedicht wäre darüber hinaus auch in dem Sinne repräsentativ für unseren Umgang mit der Kriegserfahrung, als in ihm eine entscheidende Frage nicht gestellt wird: die Frage:

1 Schriftenverzeichnis, Aufsätze Nr. 92.

2 ernst jandl: poetische werke. Hrsg. von Klaus Siblewski. 10 Bde. München: Luchterhand 1997, Bd. 5, S. 176 und Bd. 2, S. 47 („schtzngrmm‘).

‚vater komm erzähl wast gsehn hast', also die Frage, die nicht auf das eigene Schicksal zielt, sondern sich dafür interessiert, was den anderen widerfahren ist. Die Ausstellung ‚Verbrechen der Wehrmacht', die in einer überarbeiteten Fassung auch in Wien gezeigt wurde,[3] dokumentierte das, was man davon sehen (unter Umständen sogar fotografieren) konnte, dokumentierte, was viele gesehen haben, ohne zu fotografieren und ohne später davon zu erzählen. Darin liegt ihre Bedeutung und darin liegt das Ärgernis für manche. Die Literatur hat, auf andere Weise und in einem weniger spektakulären Medium, etwas Ähnliches geleistet.

Österreichische Autoren und Autorinnen, und beileibe nicht nur Ernst Jandl, haben nach der Befreiung davon berichtet, was man sehen konnte und was sie gesehen haben, doch den Antworten, die sie gaben, korrespondierten beim Publikum offenbar keine Fragen. Das Interesse an den literarischen Antworten auf den Krieg war in Österreich von jeher nicht besonders ausgeprägt.[4] Milo Dor hat dafür zwei lakonisch-desillusionierte Erklärungen gegeben. Die erste im Vorwort zu seiner Anthologie *Die Verbannten* (1962), wo er beklagt, dass das österreichische Publikum eineinhalb Jahrzehnte nach der Befreiung „noch immer an den Autoren des untergegangenen ‚tausendjährigen Reichs' mit rührender Liebe hängt"[5], die zweite in seiner

---

3 Vgl. Vernichtungskrieg. Verbrechen der Wehrmacht 1941–1944. Hrsg. von Hannes Heer und Klaus Naumann. Hamburg: Hamburger Edition 1995 und: Verbrechen der Wehrmacht. Dimensionen des Vernichtungskrieges 1941–1944. Ausstellungskatalog. Hrsg. vom Hamburger Institut für Sozialforschung. Hamburg: Hamburger Edition 2001.

4 Dies gilt ebenso für die literaturwissenschaftliche Beschäftigung mit dem Thema. Eine der wenigen größeren Arbeiten zum Thema stammt von Peter Roessler: Studien zur Auseinandersetzung mit Faschismus und Krieg im österreichischen Drama der Nachkriegszeit und der 50er Jahre. Köln: Pahl-Rugenstein 1987.

5 Die Verbannten. Eine Anthologie. Hrsg. von Milo Dor. Graz: Stiasny 1962, S. 6.

Dankesrede zur Verleihung des Preises der Stadt Wien (1978), als er im Rückblick konstatierte: „Wir waren [...] als Zeugen des Todes und der Vernichtung einfach unbequem.“[6]

Was also ist vom nationalsozialistischen Vernichtungskrieg in der österreichischen Literatur sichtbar geworden? Und was ist dabei Milo Dors Beitrag? Mein Bericht bezieht sich auf die unmittelbare Nachkriegszeit bis zum Abschluss der Staatsvertragsverhandlungen 1955. Diese Dekade bildet, das ist meine Hypothese, insofern eine geschlossene Epoche, als sie gerade auch im kulturellen Bereich vom Kampf um die staatliche Souveränität geprägt war, einem Kampf, der die Beschäftigung mit der Rolle Österreichs im Dritten Reich zunehmend mit einem Tabu belegte. Der Blick zurück war, wie Michael Scharang einmal formulierte, nur „als Schielen gestattet“.[7] Einige österreichische Autoren und Autorinnen widersetzten sich dem selbstverordneten Sprechverbot. Sie alle (mit Ausnahme Franz Theodor Csokors und Alexander Lernet-Holenias, die einer anderen Generation angehörten) sind in Milo Dors Anthologie *Die Verbannten* vertreten; mit den meisten war er befreundet. Ein Zufall?[8]

Wenn man von Alexander Lernet-Holenias Roman *Mars im Widder*, der den Überfall auf Polen schildert, und Franz

6 Milo Dor: Unfreiwillig und freiwillig in Wien. Zur Verleihung des Preises der Stadt Wien (1978). In: Milo Dor: Schriftsteller und Potentaten. Schriften aus fünf Jahrzehnten. Wien: Picus Verlag 1991, S. 31–33, Zit. S. 33.

7 Michael Scharang: Beruf: Fremder. In: Milo Dor. Beiträge und Materialien. Hrsg. von Helmuth A. Niederle. Wien/Darmstadt: Zsolnay 1988, S. 17–22, Zit. S. 18.

8 Vertreten sind in dieser Sammlung, die – so der Herausgeber im Vorwort – auch ‚Die Überlebenden‘ oder ‚Die Freunde‘ heißen könnte, „die Arbeiten jener Generation, die den letzten Weltkrieg überlebt hat.“ (Dor, Die Verbannten [Anm. 5], S. 7) Dies sind u.a.: Ingeborg Bachmann, Michael Guttenbrunner, Bertrand Alfred Egger, Christine Lavant, Fritz Habeck, Oskar Jan Tauschinsky, Reinhard Federmann, Erich Fried, Christine Busta, Walter Toman, Ilse Aichinger, Hans Heinz Hahnl, Marlen Haushofer, Hans Lebert, Herbert Eisenreich, Hermann Friedl, Herbert Zand, Gerhard Fritsch und Paul Celan.

Theodor Csokors Bericht *Als Zivilist im polnischen Krieg* absieht, die beide 1940 publiziert wurden,[9] beginnt die österreichische Erzählliteratur über den Zweiten Weltkrieg mit Franz Theodor Csokors Buch *Als Zivilist im Balkankrieg* – das in großen Teilen bereits während des Krieges entstanden – 1947 in Wien erschien.[10] Seine selbstgewählte schriftstellerische Rolle als des „Todes Zeuge"[11] hat Csokor, den späteren Freund und Förderer Milo Dors,[12] bestimmt, seinem Buch über den polnischen Krieg, in dem er auch die neue Taktik der deutschen Kriegsführung beschrieben hatte, die sich vor allem auch gegen die Städte und die Zivilbevölkerung richtete, eine umfangreiche Fortsetzung anzufügen.

Franz Theodor Csokor war schon früh ins Visier der Nazis geraten und deshalb eine Woche nach dem ‚Anschluß' Österreichs nach Polen emigriert.[13] Bei Ausbruch des Krieges floh

9 Vgl. Alexander Lernet-Holenia: Mars im Widder. Stockholm: Bermann-Fischer 1947. Lernet-Holenias Roman war Ende 1940/Anfang 1941 in der Berliner Zeitschrift ‚Die Dame' vorabgedruckt worden. Die erweiterte Buchausgabe erschien im S. Fischer Verlag, der im April 1941 die erste Auflage mit 15.000 Stück druckte. Das Buch wurde jedoch vom Oberkommando der Wehrmacht und vom Propagandaministerium verboten. Bei einem Luftangriff auf Leipzig im Dezember 1943 verbrannte die gesamte Auflage. Ein einziges Exemplar, das Vorausexemplar Lernet-Holenias, blieb erhalten. Nach diesem wurde 1947, wiederum bei S. Fischer, die Nachkriegsausgabe gedruckt. Lernet-Holenia schrieb in einer Vorbemerkung zur Buchausgabe (1947), dass der Text „von geringfügigen stilistischen Verbesserungen abgesehen" dem Manuskript der 1941 gedruckten (und dann verbotenen) Ausgabe folge. Franz Theodor Csokor: Als Zivilist im polnischen Krieg. Amsterdam: Allert de Lange 1940.

10 Franz Theodor Csokor: Als Zivilist im Balkankrieg. Wien: Ullstein 1947. ‚Als Zivilist im polnischen Krieg' und ‚Als Zivilist im Balkankrieg' erschienen 1955 in bearbeiteter Fassung unter dem Titel: Franz Theodor Csokor: Auf fremden Straßen 1939–1945. Wien/München/Basel: Desch 1955.

11 Csokor, Als Zivilist im Balkankrieg (Anm. 10), S. 17 (Seitenangaben werden im Folgenden nach dem ersten Quellennachweis im Text in Klammern eingefügt).

12 Vgl. Milo Dor: Auf dem falschen Dampfer. Fragmente einer Autobiographie. Wien/Darmstadt: Zsolnay 1988, S. 123f.

13 Vgl. Klaus Amann: P.E.N. Politik – Emigration – Nationalsozialismus. Ein österreichischer Schriftstellerclub. Graz/Wien: Böhlau 1984, S. 23ff.

Csokor vor den Deutschen Richtung Süden. Nach einer gefährlichen Odyssee zwischen den Fronten glückte ihm buchstäblich in letzter Minute der Grenzübertritt nach Rumänien.[14] Csokors Flucht aus der „rote[n] Finsternis des Krieges“[15] in Polen hat ihn über Bukarest, Belgrad, Mostar, Sarajewo, Split und Korčula Ende 1944 schließlich in das von den Alliierten befreite Bari geführt. Ich lasse die historischen und biographischen sowie auch die manchmal etwas befremdlichen völkerpsychologischen Spekulationen des Buches über den ‚Balkankrieg‘ beiseite und lese es als Dokument, das wohl vornehmlich die österreichischen Leser und Leserinnen über das unermessliche Morden in einer Gegend unterrichten wollte, die hierzulande mit der pejorativen Bezeichnung ‚Balkan‘ weggerückt wird, die jedoch, und das ist eine der Kernaussagen des Buches, bis zu diesem Krieg eine mit österreichischer Geschichte und Kultur aufs Engste verbundene Weltgegend war. Csokor selbst fühlt sich als eine Verkörperung dieser Konstellation. Sein Vater, ein bekannter Wiener Bakteriologe und Kollege Julius Wagner-Jaureggs, stammte aus der Nähe von Belgrad. In Belgrad, seiner zweiten Heimatstadt gleichsam, holt der Krieg Csokor wieder ein. Ohne Kriegserklärung, ohne Vorwarnung wird in den Morgenstunden des 6. April 1941, es war der orthodoxe Ostersonntag, Belgrad von deutschen Stukas bombardiert. Görings Flieger (unter dem Kommando des Österreichers General Alexander Löhr) überziehen die Stadt mit jenem berüchtigten Bombenteppich, mit dem auch Rotterdam und Coventry verwüstet wurden. Tausende Tote, überwiegend Zivilisten, bleiben zurück. Mit viel Glück und mit der Hilfe von Freunden

14 Vgl. Stefan H. Kaszyński: Ein Österreicher im Exil. Csokors polnische Odyssee. In: S. H. K.: Identität. Mythisierung. Poetik. Beiträge zur österreichischen Literatur im 20. Jahrhundert. Poznań: Uniwersytet im. Adama Mickiewiczka 1991 (= Seria Filologia Germańska, Nr. 33), S. 99–111.

15 Csokor, Als Zivilist im polnischen Krieg (Anm. 9), S. 94.

gelingt es Csokor, die Insel Korčula zu erreichen, die nach der Aufteilung Jugoslawiens den Italienern zufällt, die ihn als Besitzer eines polnischen Passes zwar unter Beobachtung halten, aber relativ ungestört lassen. Er nützt die Flucht und seine späteren Kontakte auf der Insel, um in Erfahrung zu bringen, was im Landesinneren geschieht.

Das, was Csokor davon in seinem Buch 1947 berichtet, mochte den Lesern angesichts dessen, was sie etwa zur gleichen Zeit in den Zeitungen über die Nürnberger Kriegsverbrecherprozesse hatten oder hätten lesen können, wie eine Erzählung von einem Nebenschauplatz erschienen sein. Die Erzählung Csokors behauptet sich gegen solche Relativierungen, weil sie als biographisch orientierter Bericht dokumentiert, was man auch ohne gerichtliche Ermittlung wissen und sehen konnte – selbst als Zivilist, und weil sie mit literarischen Mitteln die Schicksale Einzelner stellvertretend für Hunderttausende Namenloser nachzeichnet. In kaum einem anderen vom Krieg betroffenen Land sind proportional zur Bevölkerung so viele Menschen getötet worden wie in Jugoslawien: 1,7 Millionen bei einer Gesamtbevölkerung von 18 Millionen. Unter den Getöteten waren mehr als eine Million Zivilisten.[16] Diese Allgegenwärtigkeit des Terrors und des Mordens vermittelt das Buch auch ohne diese Zahlen zu nennen, die 1947 wahrscheinlich noch gar nicht bekannt waren. Ob es sein Gastfreund in Belgrad ist, ein Verleger, den die Deutschen „nach irgendeinem Sabotageakt [...] mit anderen Intellektuellen“ (80)

16 Von Alexander Sacher-Masoch, der gemeinsam mit Csokor auf Korčula war und der die Situation auf der Insel in seinem Roman ‚Die Ölgärten brennen‘ (Wien: Zsolnay 1956) verarbeitet hat, wissen wir, dass Csokor gemeinsam mit dem örtlichen Priester beim italienischen Kommandanten gegen die Erschießung Unschuldiger protestiert hat. Vgl. auch Vlado Obad: Gezwungene Sommergäste des Krieges. Österreichische Schriftsteller in der Emigration auf der Insel Korčula (1942–1944). In: Zagreber Germanistische Beiträge, Beiheft 6 (2001), S. 133–157.

als Geisel erschießen, ob es ein befreundeter Bildhauer ist, ob es eine Nachbarin auf Korčula, eine als Spionin verdächtigte Deutsche, ist, ob es vier Dorfbewohner sind, die der Unterstützung von Partisanen verdächtig sind – rundherum wird nicht wahllos, sondern gezielt gequält, gefoltert, gemordet.

Penibel verzeichnet Csokor Nachrichten und persönliche Berichte, die auf das Systematische der Vernichtung zielen: So erzählt er detailliert von der starken Zunahme der Geiselerschießungen im Frühjahr 1943 (221), schildert die Deportation von mehr als 1000 Zagreber Juden am 8. Januar 1942 (181f.) und weist auf das Schicksal der Zigeuner hin, die „zu Hunderttausenden [...] ausgerottet worden" (105) seien. Nach Berichten von Überlebenden beschreibt er detailliert die furchtbaren Zustände im Konzentrationslager Jasenovac, das man das jugoslawische Auschwitz genannt hat, und in dem die kroatischen Ustascha mit Duldung der Deutschen an die Hunderttausend orthodoxe Serben, Zigeuner und Juden mit unvorstellbarer Grausamkeit abgeschlachtet haben. (184f.) Was Csokor in seinem Polenbuch vorausgesehen hatte: Ein mächtiges Anwachsen der Partisanenbewegung, das ist in seinem Jugoslawienbuch Realität. Und obgleich er kommunistischer Neigungen nicht verdächtig ist, gehört seine ganze Sympathie den „grünen Kadern", „dem Heer des Volkes". (132)[17]

17 Auch Csokors 1943 geschriebenes Drama ‚Der verlorene Sohn' (Tragödie in vier Akten. Wien: Ullstein 1947), in dem er persönliche Wahrnehmungen auf Korčula verarbeitet, greift die Partisanenthematik auf. Der Konflikt zwischen Kollaboration und Widerstand, der unter dem Terror der Besatzer zur tödlichen Falle wird, reißt eine ganze Familie in den Untergang. Der junge Partisan – er verkörpert die positiv gezeichnete Figur des ‚verlorenen Sohns' – wird mitschuldig am Tod des Vaters und zum Mörder seiner Brüder, die „mit dem Krieg im Frieden" (38) leben, weil sie mit den Besatzern kollaborieren. Es ist ein mutiges, ja angesichts der Geringschätzung des Widerstandes und des Partisanenkampfes in Österreich ein geradezu verwegenes Stück. Dass es 1947 am Burgtheater aufgeführt werden konnte (vgl. Roessler [Anm. 4], S. 123–135), ist nur aus der Euphorie des ersten Freiheitsgefühls erklärbar. Danach ist es gründlich vergessen worden.

Von Widerstand und Verrat, vom Sterben und zufälligen Überleben, vom Terror der Besatzer und ihrer Handlanger handelt auch Milo Dors Roman *Tote auf Urlaub,* der 1952 erschien.[18] Milo Dor, 1923 als Sohn eines serbischen Arztes in Budapest geboren, besuchte ab 1933 das Gymnasium in Belgrad. 1940 wurde er aus politischen Gründen vom Schulbesuch ausgeschlossen, weil er dem ‚Ortskomitee des Bundes der kommunistischen Jugend Jugoslawiens' (Mesni komitet SKOJ-a) angehörte und gemeinsam mit anderen gegen den Unterrichtsminister, einen Mussolini-Anhänger, agitiert und einen Streik organisiert hatte. Die Matura absolvierte er 1941 als Externist. Nach der Besetzung Belgrads durch deutsche Truppen schloss er sich der Widerstandsbewegung an. Er arbeitete propagandistisch, stellte Flugzettel her und verteilte sie, sammelte Medikamente für die Partisanen und nahm teil an Sabotageakten, war aber nicht am bewaffneten Kampf beteiligt, was ihm, als er im Frühjahr 1942 verhaftet wurde, wahrscheinlich das Leben rettete. Er wurde von serbischen Spezialpolizisten, den Handlangern der deutschen Besatzer, mehrfach schwer gefoltert, verriet jedoch nichts und wurde schließlich in einem Umerziehungslager für Jugendliche, die als Widerstandskämpfer gefasst worden waren, interniert (Smederevska Palanka). Dies betrachtet er als Erfolg der Interventionen und Bemühungen seiner Eltern, die beträchtliche Summen aufbrachten, um ihn ‚freizukaufen'.[19] Im Sommer 1943 wurde er als so genannter ‚Fremdarbeiter' nach Wien deportiert, wo er im September 1944 erneut in Gestapohaft

18 Milo Dor: Tote auf Urlaub. Roman. Stuttgart: Deutsche Verlagsanstalt 1952. Zitiert wird nach der Ausgabe Frankfurt a.M./Wien/Zürich: Büchergilde Gutenberg 1966.

19 „Meine Eltern, die bisher teils mit Gleichmut und teils mit Grauen und Empörung meine politischen Eskapaden ertragen hatten, setzten nun alles, auch große Teile ihres Vermögens, ein – die serbische Polizei, die der Gestapo unterstand, war Gott sei Dank korrupt –, um mir das Leben zu retten, was ihnen schließlich auch gelang." Dor, Auf dem falschen Dampfer (Anm. 12), S. 101.

kam. Vor der Überstellung nach Mauthausen bewahrte ihn der Einmarsch der sowjetischen Truppen in Wien.[20] Da war er gerade zweiundzwanzig Jahre alt.

In seinem ersten Buch *Unterwegs*, einem Band mit Erzählungen, der 1947 in Wien erschien und in dem vieles von dem inhaltlich und strukturell angedeutet und skizziert ist, was der Roman zu einem großen Panorama ausfalten wird, heißt es in einer Geschichte, in der ein Überlebender sich an die Bombardierung Belgrads erinnert: „... wir dürfen nicht in die Vergesslichkeit des Lebens versinken, damit uns die Nacht des Todes nicht verschlingt".[21] Das bedeutet auch: Normalisierung, Weitertun als ob nichts gewesen wäre, nichts mehr davon wissen zu wollen, wäre nicht nur Selbstaufgabe, sondern Verrat an sich selbst und an den ehemaligen Kameraden. Dies ist der poetologische und zugleich der politische Kern des autobiographischen Romans *Tote auf Urlaub*. Er führt uns in die Innenräume der nationalsozialistischen Tyrannei, in ihre Kerker, Keller, Zellen und Lager, in denen geschlagen, gefoltert und gemordet wird. Er führt uns allerdings gleichzeitig auch den menschenvernichtenden Dogmatismus der von heute auf morgen wechselnden stalinistischen Doktrin vor. Je nach Strategie und politischer Opportunität sind Funktionäre und Parteigläubige letztlich auch dazu bereit, das nationalsozialistische Terror- und Foltersystem als Exekutionsinstrument für ihre Rache- und Sanktionsgelüste den eigenen Leuten gegenüber

20 Vgl. ebenda, S. 17, 45ff., 101ff. und Milo Dor. In: Die Tiefe der Tinte. Hrsg. von Harald Friedl. Salzburg: Verlag Grauwerte 1990, S. 83–97, bes. S. 91 und 95. Vgl. auch Ivan Ivanji: Dichtung und Wahrheit bei Milo Dor. In: Dor, Beiträge und Materialien (Anm. 7), S. 23–32, S. 24.

21 Milo Dor: Unterwegs. Mit Illustrationen von Hans Robert Pippal. Wien: Erwin Müller 1947, S. 26. Auch der Nukleus des Romans, die Erzählung ‚Der Gehetzte' findet sich in dieser Sammlung. (S. 73–91) Die meisten Erzählungen des Bandes sind autobiographisch fundiert und spielen, wie auch der Roman, in Belgrad und in Wien.

zu benutzen. Der Roman erinnert an die Widerstandskämpfer, an die zwischen die Fronten Geratenen, an die als Geiseln Erschossenen, an die zu Tode Gequälten, an jene, die nicht mehr Zeugnis ablegen können. Einer dieser Todgeweihten, der in einem anderen Leben vielleicht ein Dichter geworden wäre, notiert im Roman den Satz: „Die Geschichte des Lebens schreibt man mit den Körpern, die sich nach dem Aktschluß nicht mehr erheben können, um sich vor dem Publikum zu verbeugen.“ (157). Milo Dor gibt diesen namenlosen, geschundenen und zerfetzten Körpern mit den Figuren seines Romans ihre Geschichte und ihre Würde zurück. Dies ist der Eckpfeiler seiner Poetik. Wenige Jahre nach dem Erscheinen seines Romans wird er in einem Essay, der von der Verantwortung des Schriftstellers handelt, diese Intention als moralische Selbstverpflichtung formulieren: „... so oft ich mich zur Arbeit setze, ertappe ich mich bei dem Gedanken, daß ich eigentlich für meine ehemaligen Kameraden schreibe, die für mich mit der Zeit gesichtslos geworden sind. So halte ich stumme Zwiesprache mit den Toten und mit den Überlebenden ...“.[22]

Was Csokor als Außenstehender gar nicht wahrnehmen konnte oder was er nur vom Hörensagen kannte, das schildert Milo Dor von innen, buchstäblich aus der Erfahrung am eigenen Leib. Die protokollarische Nüchternheit und dokumentarische Genauigkeit des Textes erwecken den Eindruck von Distanz, ja von Kälte. Doch abgesehen davon, dass die distanzierte Erzählhaltung nach Milo Dors eigener Darstellung die einzige Möglichkeit war, sich dem Erlebten, insbesondere der Folter, schreibend noch einmal zu nähern,[23] sind beides,

22 Milo Dor: Schriftsteller und Gesellschaft (1959). In: Dor, Schriftsteller und Potentaten (Anm. 6), S. 19–24, Zit. S. 20.

23 Vgl. Dor, Die Tiefe der Tinte (Anm. 20), S. 95.

Distanz und Kälte, die Voraussetzung für die Glaubwürdigkeit des Dargestellten und die Voraussetzung für die Möglichkeit einer emotionalen Beteiligung beim Lesen. Der Autor meidet auf diese Weise konsequent die in der Literatur der fünfziger Jahre häufig anzutreffenden Deutungsmuster, die den Krieg als etwas Schicksalhaftes und somit letztlich Unvermeidliches darstellen. Kein allegorischer Symbolismus, keine existenzielle Metaphorik, kein moralischer Kommentar, kein Selbstmitleid, kein Sentiment schiebt sich über die Erzählung des Geschehens. *Tote auf Urlaub* ist der erste Roman in Österreich über Widerstand und Folter und er gehört darin zu den frühesten und wichtigsten literarischen Zeugnissen in deutscher Sprache.[24] Es gibt für diesen Text innerhalb der österreichischen Literatur kein Vorbild, keine Tradition, kein Modell. Milo Dor schrieb ihn mit Fünfundzwanzig und in einer Sprache, die nicht seine Muttersprache ist. Er hat mit diesem Roman eine dem Inhalt gemäße Darstellungsform gefunden, in der seine Erfahrung und seine ethische Grundhaltung als Möglichkeit des Begreifens und einer empathischen Anteilnahme beim Lesen vergegenwärtigt ist. Man kann ihn als Vorläufer und literarisches Gegenstück zu dem großen und großartigen autobiographisch-analytischen Essay *Die Tortur* aus *Jenseits von Schuld und Sühne* von Jean Améry lesen.[25] Es scheint sogar, dass Jean Améry in seinem Essay *Über Zwang und Unmöglichkeit, Jude zu sein*, erschienen im selben Band wie *Die Tortur*, Milo Dor seine Reverenz erwiesen hat, wenn er an einer Stelle davon spricht, dass Jude zu sein für ihn seit dem Tage der Eingliederung Österreichs in das Großdeutsche Reich geheißen habe, „ein Toter auf Urlaub [zu] sein, ein zu

24 Vgl. Cornelius Hell: Milo Dor. In: Kritisches Lexikon der deutschsprachigen Gegenwartsliteratur. Hrsg. von Heinz Ludwig Arnold. München: edition text + kritik 1978ff., S. 6.

25 Vgl. Jean Améry: Die Tortur. In: J. A.: Jenseits von Schuld und Sühne. Bewältigungsversuche eines Überwältigten. Stuttgart: Klett-Cotta 1977 ([1]1966), S. 46–73.

Ermordender, der nur durch Zufall noch nicht dort war, wohin er rechtens gehörte …".[26]

Der Roman schildert in kurzen, durch harte Schnitte gefügten Szenen – die sich erst nach und nach zu einem großflächigen, durch viele Verbindungslinien strukturierten Mosaik vereinen – die Geschichte des Widerstandes in Belgrad in den Jahren 1941 bis 1943 und die Verhaftung, Folter und Deportation eines Aktivisten nach Wien. Mithilfe eines Geflechtes von beinah zwei Dutzend Einzelschicksalen, die sich immer wieder kreuzen und überschneiden, gelingt es Milo Dor, die komplexe Situation von Okkupation und Kollaboration, von Widerstand und Verrat, Hoffnung und Bedrohung, von Normalität und Ausnahmezustand in vielen Abstufungen und Nuancen sichtbar werden zu lassen. Die Hauptfigur ist der kaum zwanzigjährige Mladen Raikow,[27] der nach dem Hitler-Stalin-Pakt (23. August 1939) an der Partei zu zweifeln beginnt und deshalb von ihr fallengelassen wird. Er wird verhaftet und von der serbischen Spezialpolizei, die für die Gestapo die Drecksarbeit verrichtet, mehrfach bis an die Schwelle des Todes gefoltert. Trotzdem verrät er keinen der Kameraden. Er kommt, nachdem er durch den Verrat eines Mithäftlings für die Polizei wertlos geworden ist, in ein Umerziehungslager für Jugendliche und wird schließlich als Zwangsarbeiter nach Wien deportiert. Auf dem Weg nach Wien sieht er, um nur ein Detail aus diesem Manual der Schrecken zu zitieren, an den Telegraphenmasten längs der Bahnstrecke immer wieder die Leichen gehenkter Partisanen, die man zur Abschreckung

26 Jean Améry: Über Zwang und Unmöglichkeit, Jude zu sein. In: J. A.: Jenseits von Schuld und Sühne, ebenda, S. 130–156, Zit. S. 135. (Dieser Essay war in der ersten Auflage des Buches von 1966 noch nicht enthalten.)

27 Mladen Raikow hieß einer der Großväter von Milo Dors Vater. Vgl. Dor, Auf dem falschen Dampfer (Anm. 12), S. 284.

tagelang hatte hängen lassen. „Die ganze Strecke ist eine einzige Totenallee" (197) kommentiert ein erfahrener Mitreisender. „Alle Leichen waren barfuß; die Schuhe trugen jetzt ihre Henker." (199)

In Wien wird Raikow abermals verhaftet und in ein Arbeitslager gesteckt, wo er u.a. durch einen russischen Mithäftling vom Wüten der Wehrmacht im Osten erfährt, besonders gegen die russischen Soldaten und Offiziere, die in Gefangenschaft gerieten. Am Tag der Befreiung Wiens, am 12. April 1945, vergewaltigen Soldaten der Roten Armee in seiner Gegenwart ein Mädchen, das ihn im Gefängnis unterstützt hatte. In diesem Moment weiß er endgültig, dass er nicht „für", sondern „gegen jemand" (348) gekämpft hat und dass er mit diesem Kampf gegen Hitler recht gehabt hat. Die mosaikartige Anlage des umfangreichen Romans, die ein enges Netz an Handlungssträngen und Figurenkonstellationen knüpft, gibt nicht nur ein differenziertes Bild der Strategien, Widersprüche und ideologischen Irrwege des Widerstandes, geschildert aus der Sicht eines Beteiligten, sondern auch ein ebenso plastisches Bild der Gegenseite: der deutschen Besatzer mit ihrer Willkür, Brutalität und Erbarmungslosigkeit, und der serbischen Folterknechte, die ihre Kenntnis der Personen und Umstände zur Perfektionierung ihres blutigen Handwerks nutzten. Sie sind im Roman unter ihren wirklichen Namen beschrieben, was dazu geführt hat, dass nach der Übersetzung des Buches ins Englische „einer von ihnen in Kanada aufgespürt und zur Verantwortung gezogen wurde".[28]

28 Hell (Anm. 24), S. 4 und Hellmut Butterweck: Tote im Gepäck. Der Romanfigur Gruitschich aus Milo Dors Klassiker ‚Tote auf Urlaub' droht nun in Kanada der Prozeß. In: Profil Nr. 49/1992, S. 79.

Die Wahrheit des Romans liegt jedoch nicht darin, dass die Folterknechte und Mörder im Buch und in der Wirklichkeit die gleichen Namen tragen, sie liegt nicht einmal darin, dass die Narben an Milo Dors Körper, wie Dors Freund Ivan Ivanji berichtet, die Wahrheit des Beschriebenen bezeugen.[29] Die Wahrheit des Buches liegt in seiner literarischen Form. In der genauen und überzeugenden Darstellung totalitärer Herrschaft, ihrer Strukturen und Techniken und in der gültigen und überzeugenden Gestaltung der Charaktere und ihrer Schicksale. Sie sind wahr nicht im Sinne ihrer eventuell überprüfbaren, individuellen, historischen und topographischen Authentizität, sondern in der Möglichkeit ihrer Ablösung davon, in ihrer Loslösung vom Zufall des Besonderen. Dieses Besondere, die Erfahrungen, die Narben des Autors, die tödlichen Verwundungen seiner Freunde, aber auch die Grausamkeiten und die Willkür der Nazis und ihrer Helfer, wie auch der Idealismus und die Heimtücke der eigenen Genossen werden in der Gestalt dieses Buches lesbar und überlieferbar. Erst in der Form, die Milo Dor diesem Besonderen gegeben hat, wird es zu jenem Allgemeinen, das uns alle etwas angeht. Was Angst, was Gehetztsein, was Verrat, was Hoffnung, was Zufall, was Verzweiflung, was Freundschaft, was Mut, was Willkür, was Folter, was mithin Leben in einem von den Nazis besetzten Land und in den von ihnen erzeugten und gestützten Zusammenhängen heißt – was all das ‚konkret' bedeutet, wofür wir nur abstrakte Begriffe haben, das zeigt dieses Buch. Deshalb stelle ich *Tote auf Urlaub* in eine Reihe mit den Büchern von Jorge Semprún, Robert Antelme, Boris Pahor oder Ruth Klüger. Milo Dors Buch hat das Verdienst, das erste in dieser Reihe zu sein.

29 Vgl. Ivanji (Anm. 20), S. 25. Vgl. auch Dor, Die Tiefe der Tinte (Anm. 20), S. 95, wo Dor über die Folterungen durch diesen Mann spricht.

Milo Dor hat 1998 in einem Interview beklagt, dass der Roman bei seinem ersten Erscheinen in Österreich so gut wie nicht registriert worden sei. In Rezensionen sei ihm sogar vorgeworfen worden, er sei pervers, er habe die geschilderten Folterungen erfunden. Diese Abwehr – „die Leute wollten das verdrängen" – hänge mit der ‚verhatschten' Situation in Österreich zusammen, dass man durch die Moskauer Deklaration von 1943 sich als erstes Opfer Hitlerdeutschlands fühlen durfte: – „Demnach waren die Österreicher keine Nazis" – und dass man dies politisch erfolgreich eingesetzt habe, musste sie in ihrem Glauben bestärken. Andererseits habe sich Österreich „nach dem Krieg nie ganz von der Nazizeit gelöst". Die Republik beruhe auf einer Lüge: „Das war unser Problem als Schriftsteller: wir Autoren setzten uns sehr wohl damit auseinander, hatten aber kein Echo und wurden nicht rezipiert." Jahrzehntelang seien sie totgeschwiegen worden.[30]

Mit diesem ‚Wir' sind – neben Milo Dor – Ilse Aichinger, Ingeborg Bachmann und Paul Celan gemeint, die auch miteinander befreundet waren. Alle vier haben ihren Weg zum deutschen Publikum Anfang der 1950er Jahre über Einladungen der Gruppe 47 und die dort geknüpften Kontakte gefunden.[31] Ingeborg Bachmann lasse ich hier außer Betracht, weil

30 ‚Unsere Republik beruht auf einer Lüge' — Marion Hussong im Gespräch zum Thema Vergangenheitsbewältigung in der österreichischen Literatur. In: Glossen, Heft 5/1998; Zit. nach http://dickinson.edu/glossen/. Paul Kruntorad berichtet, dass Milo Dors Roman in Deutschland größere Aufmerksamkeit und mehr Rezensionen gehabt habe als selbst Heimito von Doderer, der in den 1950er Jahren als Romancier die österreichische Literatur nach außen repräsentierte. Vgl. Paul Kruntorad: Prosa in Österreich seit 1945. In: Kindlers Literaturgeschichte der Gegenwart. Autoren. Werke. Themen. Tendenzen seit 1945. Bd. 5 (Die zeitgenössische Literatur Österreichs I). Hrsg. von Hilde Spiel. Frankfurt a.M.: Fischer 1980 (= Aktualisierte Taschenbuchausgabe), S. 135–323, bes. S. 174f. und S. 204f.

31 Vgl. Hans Werner Richter: Mein Freund Milo Dor. In: Milo Dor, Beiträge und Materialien (Anm. 7), S. 69–74.

ihre Veröffentlichungen mehr das Fortleben des Krieges, die „Nachgeburt der Schrecken“, als den Krieg selber betreffen und auch, weil die entsprechenden Texte zum Großteil außerhalb des gewählten Zeitrahmens liegen.[32] Ilse Aichingers Erstlingswerk aber, der Roman *Die größere Hoffnung*,[33] der 1948 bei Bermann-Fischer in Amsterdam,[34] also gleichsam noch im Exil erschienen ist, war für Walter Jens (anlässlich der Taschenbuchausgabe 1960) „die einzige Antwort von Rang, die unsere Literatur der jüngsten Vergangenheit gegeben hat.“[35] Auch wenn Jens damit nicht nur Milo Dor eklatant Unrecht tut, hat sich seine Einschätzung dieses eigenartigen – und verglichen mit der übrigen Literatur der unmittelbaren Nachkriegszeit auch einzigartigen – Buches im Großen und Ganzen bestätigt. Es ist ein Buch, das in einer unerhört poetischen Sprache vom Ungeheuerlichen erzählt. Aus der Perspektive eines Mädchens wird vom Leben und Sterben jüdischer Kinder aus Wien, von ihren Hoffnungen und Verzweiflungen, von Solidarität und tödlicher Verlassenheit erzählt: „Wie ungewiß war

32 Ingeborg Bachmann: Psalm. In: I. B.: Werke. Hrsg. von Christine Koschel, Inge Weidenbaum, Clemens Münster. 4 Bde., München: Piper 1993, Bd. 1 (Gedichte, Hörspiele, Libretti, Übersetzungen), S. 54. Das Gedicht stammt aus dem Band ‚Die gestundete Zeit‘ (1953); es wirft, ebenso wie ‚Früher Mittag‘ oder ‚Alle Tage‘ aus demselben Band ein scharfes Licht auf die ‚Normalisierung‘ nach 1945, die mit Vergessen, Verdrängen und dem nicht Wahrhabenwollen von Verantwortung und Schuld einhergeht. Vor allem aber in den beiden Erzählungen ‚Jugend in einer österreichischen Stadt‘ und ‚Unter Mördern und Irren‘ aus dem Erzählband ‚Das dreißigste Jahr‘ (1961) wird das Thema Krieg und Nachkrieg zum zentralen Thema Ingeborg Bachmanns. (Vgl. ebenda, Bd. 2 [Erzählungen], S. 84–93 und S. 159–186.)

33 Ilse Aichinger: Die größere Hoffnung. Roman. Bermann-Fischer 1948. Zitiert wird nach Ilse Aichinger: Werke. Taschenbuchausgabe in acht Bänden. Hrsg. von Richard Reichensperger. Frankfurt a.M.: Fischer Taschenbuch Verlag 1991, Bd. 1 (‚Die größere Hoffnung‘).

34 Angeblich drängte Hans Weigel „dem unentschlossenen Verleger“ den Roman „geradezu auf“. Vgl. Dor, Auf dem falschen Dampfer (Anm. 12), S. 168.

35 Walter Jens: Ilse Aichingers erster Roman [1960]. In: Ilse Aichinger. Leben und Werk. Aktualisierte und erweiterte Neuauflage. Hrsg. von Samuel Moser. Frankfurt a.M.: Fischer Taschenbuch Verlag 1995, S. 169–172, Zit. S. 172.

alle Gewissheit. Gewiß war das Ungewisse, und es wurde immer gewisser seit der Erschaffung der Welt." (101) Dass in der lyrischen „Entkonkretisierung" des Erzählten – „Die Welt hat einen Blutsturz" (235) heißt es einmal – durch die der Schrecken tendenziell seine konkrete Gestalt zu verlieren droht, möglicherweise auch eine Schwäche des Buches liegt, möchte ich nicht verschweigen.[36] Andererseits bricht Aichinger in der Bildlichkeit, in der Perspektive, im Duktus des Erzählens radikal mit den traditionalistischen Formen der Zeit und schreibt einen der ersten Texte der literarischen Avantgarde im Nachkriegsösterreich. Da der Roman von allen hier besprochenen Werken der bekannteste ist, gehe ich nicht näher darauf ein. Es mag jedoch nicht unwichtig sein zu erwähnen, dass er, so wie alle bisher genannten Werke, einen autobiographischen Kern hat. Der 1921 als Tochter einer jüdischen Ärztin und eines nichtjüdischen Lehrers geborenen Ilse Aichinger und ihrer Mutter gelang wegen des Kriegsausbruchs die Flucht aus Wien nicht mehr. Die Großmutter und die jüngeren Geschwister der Mutter wurden 1942 nach Minsk deportiert und im Vernichtungslager Maly Trostinez ermordet. Ilse Aichinger und ihre Mutter überlebten, ständig bedroht, in einem Zimmer in der Marc-Aurel-Straße in unmittelbarer Nähe zum Hauptquartier der Wiener Gestapo. Als sie nach Kriegsende beim Wiener Wohnungsamt um Ersatz für die 1938 enteigneten Wohnungen der Familie ansuchten, wurden sie von einem Beamten mit den Worten weggeschickt: „Schlafn'S in der Hängematt'n".[37]

36 Vgl. Wendelin Schmidt-Dengler: Bruchlinien. Vorlesungen zur österreichischen Literatur 1945–1990. Salzburg/Wien: Residenz 1995, S. 43. Dagegen betont Marion Hussong die konkrete historische und topographische Verankerung des Romans. Vgl. Marion Hussong: Der Nationalsozialismus im österreichischen Roman 1945–1969. Tübingen: Stauffenberg 2000, S. 36ff.

37 Richard Reichensperger: Vita. In: Aichinger, Leben und Werk (Anm. 35), S. 341–344, Zit. S. 341.

Ilse Aichinger sah, genauso wie Ingeborg Bachmann und Paul Celan, unter den gegebenen, von Milo Dor wohl zutreffend charakterisierten Verhältnissen keine schriftstellerische Zukunft in Österreich. Alle drei verließen das Land. „Wir sind praktisch nach Deutschland emigriert in den fünfziger Jahren. Man kann sagen, daß wir alle, erst nachdem wir in Deutschland bekanntgeworden sind, wieder in der Heimat ein bisserl fußgefaßt haben", sagte er in einem Interview.[38] Ilse Aichinger hat in der Bundesrepublik Deutschland, wo sie seit 1950 lebte, vier bedeutende Literaturpreise erhalten,[39] ehe sie in Österreich die erste namhafte Auszeichnung bekam: 1968 den Anton-Wildgans-Preis, zwanzig Jahre nach der Publikation von *Die größere Hoffnung*, als 47-Jährige.[40] Im Falle Celans ist interessant, dass sein kurzer Aufenthalt in Wien (Dezember 1947–Juli 1948)[41] und seine Freundschaft mit Milo Dor einige bemerkenswerte literarische Spuren hinterlassen hat, die unmittelbar mit unserem Thema zusammenhängen. Im letzten Heft der von Otto Basil in Wien herausgegebenen Zeitschrift *PLAN* (1945–1948), dem wichtigsten kulturellen Periodikum der unmittelbaren Nachkriegszeit, zu dessen engerem Umkreis Milo Dor zählte, hatte Paul Celan (etwa zeitgleich mit einer Publikation in der Schweizer

38 Dor, Die Tiefe der Tinte (Anm. 20), S. 87. Die Schilderung dieser Erfahrung in Dors fragmentarischer Autobiographie ist überschrieben mit ‚Das andere Deutschland', eine Bezeichnung, die – vielleicht sogar in Anspielung auf einen Aufsatz, den Bertolt Brecht 1943/44 im amerikanischen Exil geschrieben hat – auf jenes Deutschland anspielte, das nicht hinter Hitler stand. Vgl. Dor, Auf dem falschen Dampfer (Anm. 12), S. 121–138.

39 Preis der Gruppe 47 (1952), Immermann-Preis der Stadt Düsseldorf (1955), Bremer Literaturpreis (1957), Literaturpreis der Bayerischen Akademie der Schönen Künste (1961).

40 Als einzige Auszeichnung in Österreich hatte sie davor den Förderungspreis des Bundesministeriums für Unterricht und Kunst 1952 erhalten. Vgl. Hans F. Prokop: Österreichisches Literaturhandbuch. Wien/München: Jugend und Volk 1974, S. 39.

41 Vgl. Displaced. Paul Celan in Wien 1947–1948. Hrsg. von Peter Goßens und Marcus G. Patka im Auftrag des Jüdischen Museums in Wien. Frankfurt a.M.: Suhrkamp 2001.

Tageszeitung *Die Tat*) seine erste Veröffentlichung im deutschen Sprachraum (Februar 1948). Es handelte sich um den Vorabdruck einiger Gedichte[42] aus seinem ersten Lyrikband *Der Sand aus den Urnen*, der im September 1948 in einem Wiener Verlag erschien.[43] Viele der Gedichte dieses Bandes sprechen von der Erfahrung des Krieges und der Verfolgung, so auch mehrfach von der Ermordung seiner Mutter.[44] In der Wiener Publikation wurde auch Celans *Todesfuge* zum ersten Mal publiziert,[45] das wohl berühmteste Gedicht der deutschsprachigen Literatur über den Massenmord an den Juden, dessen Vers „der Tod ist ein Meister aus Deutschland sein Auge ist blau / er trifft dich mit bleierner Kugel er trifft dich genau"[46] nach dem Wiederabdruck des Gedichts in *Mohn und Gedächtnis* (1952), der ersten Buchpublikation Celans in Deutschland, zu erbitterten Kontroversen im Zusammenhang mit der Diskussion um die Kollektivschuldthese geführt hat. Mir ist nicht bekannt, dass es in Österreich, wo

42 Vgl. PLAN, 2. Jg. (1947/48), H. 6, Feb. 1948, S. 363–369: ‚Irrsaal'; ‚Am Brunnen'; ‚Schlafendes Lieb'; ‚Schlaflied'; ‚Die Zeit tritt ehern'; ‚Schnee ist gefallen'; ‚Nähe der Gräber'; ‚Nachts ist dein Leib'; ‚Umsonst malst Du Herzen'; ‚Marianne'; ‚Harmonika'; ‚Talglicht'; ‚Ins Dunkel getaucht'; ‚Ein Knirschen von eisernen Schuhn'; ‚Der Sand aus den Urnen'; ‚Espenbaum'; ‚Das ganze Leben'.

43 Paul Celan: Der Sand aus den Urnen. Gedichte. Mit zwei Originallithographien von Edgar Jené. Wien: A. Sexl 1948. (Nach Erscheinen, Ende September 1948, auf Anweisung Celans zurückgezogen und zum großen Teil vernichtet, weil das Buch zahlreiche sinnentstellende Druckfehler aufwies und Celan mit Ausstattung und Illustrationen nicht einverstanden war.) Die meisten der Gedichte dieses Bandes wurden in Celans zweiten Lyrikband ‚Mohn und Gedächtnis' (Stuttgart 1952) aufgenommen.

44 „ESPENBAUM, dein Laub blickt weiß ins Dunkel. / Meiner Mutter Haar ward nimmer weiß. / […] / Runder Stern, du schlingst die goldne Schleife. / Meiner Mutter Herz ward wund von Blei. / […]". In: Paul Celan: Mohn und Gedächtnis. Gedichte. Frankfurt a.M.: Suhrkamp 1976 [¹1952], S. 15.

45 Davor gab es nur einen Erstdruck in der rumänischen Übersetzung von Petre Solomon unter dem Titel ‚Tangoul morţii' in der Zeitschrift ‚Contimporanul' (Bukarest, 2.5.1947).

46 Paul Celan: Todesfuge. In: Celan, Mohn und Gedächtnis (Anm. 44), S. 35–39, Zit. S. 38.

das Gedicht 1951 (im ersten Band der *Stimmen der Gegenwart)* sogar ein zweites Mal publiziert worden war,[47] eine vergleichbare Reaktion gegeben hätte. Der zitierte Vers ist in Österreich, wenn überhaupt, dann wohl im Hinblick auf die Debatte um Österreichs ‚Opferrolle' als entlastendes Argument gelesen worden; von einem Gedicht, das den Tod als „Meister aus Deutschland" bezeichnet, musste man sich hierzulande nicht betroffen fühlen. Im Oktober 1946 hatte in derselben Zeitschrift, die Celans Gedichte erstveröffentlicht hatte, Peter Rubel, der Leiter der Sparte ‚Tribüne der Jungen' im *PLAN*, in einem Grundsatzartikel die Situation folgendermaßen beschrieben:

> Die beiden großen politischen Parteien Österreichs bemühen sich, der Welt einzureden, daß das österreichische Volk an den Ereignissen der letzten acht Jahre *völlig* unschuldig sei. [...] das österreichische Volk greift in seiner Mehrheit gierig nach der beglichenen Rechnung. [...] Und prompt – viel prompter als alles andere – stellte sich der Freispruch ein ...[48]

Rubels daran anknüpfende Frage, ob man die neue Epoche mit einem „pharisäerhaften Taschenspielertrick" beginnen dürfe, hat unter den österreichischen Dichtern keiner konsequenter und schärfer beantwortet als Michael Guttenbrunner. Schmerz und Empörung, die beiden Begriffe, die er 1946 als Titel für seine erste Buchpublikation, eine Anthologie mit Antikriegsgedichten von Andreas Gryphius bis

47 Auch in Milo Dors Anthologie ‚Die Verbannten' (Anm. 5), S. 220f. wurde das Gedicht nachgedruckt.

48 Peter Rubel: Wir sind alle schuldig. In: PLAN, 1. Jg. (1945/47), H. 9, Sept./Okt. 1946, S. 781–783, Zit. S. 781. Hervorhebung im Original.

Karl Kraus, wählte,[49] sind auch seine Grundhaltungen dem gegenüber, was Gerhard Fritsch, ebenfalls ein enger Freund Milo Dors,[50] später „unser aller Mitvergangenheit“[51] genannt hat, und was für Guttenbrunner nie zu einer „beglichenen Rechnung“ wurde. Er hat bei keinem der öffentlichen Taschenspielertricks mitgemacht, sondern stets die Personen und die Umstände in Vers und Prosa beim Namen genannt. So hat er zu einer Zeit den Anteil der Kärntner Partisanen an der Befreiung des Landes gewürdigt,[52] als der Lohn dafür noch Verdächtigungen und Verachtung waren und er hat die intellektuellen Kollaborateure des Nationalsozialismus, Leute wie Heinz Kindermann und Bruno Brehm, Josef Weinheber

---

49 Vgl. Schmerz und Empörung. Eine Anthologie. Hrsg. von Michael Guttenbrunner. Sekirn: Eduard Kaiser-Verlag 1946. Auch Michael Guttenbrunners erste Prosapublikation ‚Spuren und Überbleibsel‘ (Klagenfurt: Eduard Kaiser-Verlag 1947), „ein singuläres poetisches Erzeugnis“ (J. Sonnleitner), ist bestimmt und getränkt von den Erfahrungen des Krieges. Vgl. Johann Sonnleitner: „Sehend, was schwer zu sagen ist“. Zu Michael Guttenbrunners früher Prosa. In: Michael Guttenbrunner. Hrsg. von Klaus Amann und Eckart Früh. Klagenfurt: Ritter 1995, S. 116–134: „Guttenbrunner ist [...] einer der wenigen österreichischen Wehrmachtssoldaten, die offen über die eigene widersprüchliche Haltung Zeugnis ablegten und die über die Verbrechen schrieben, die SS-Einheiten, Gestapo und auch die deutsche Wehrmacht verübt hatten.“ (S. 120)

50 Vgl. Dor, Auf dem falschen Dampfer (Anm. 12), S. 301.

51 Gerhard Fritsch: Fasching. Roman. Frankfurt a.M.: Suhrkamp 1995 [[1]1967], S. 10. Der Roman schildert auf eindrucksvolle Weise die tatsächlichen und die ideologischen Maskeraden eines steirischen Dorfes im Übergang vom Nationalsozialismus zum österreichischen Alltagsfaschismus der fünfziger Jahre. Er gehört mit dem (m.E. etwas problematischen, weil mythisch befrachteten) Roman ‚Die Wolfshaut‘ (Hamburg: Claassen 1960) von Hans Lebert zu den wichtigsten literarischen Zeugnissen einer Auseinandersetzung mit Krieg und Nachkrieg im österreichischen Roman der sechziger Jahre. Vgl. auch Konstanze Fliedl und Karl Wagner: Tote Zeit. Zum Problem der Darstellung von Geschichtserfahrung in den Romanen Erich Frieds und Hans Leberts. In: Literatur der Nachkriegszeit und der 50er Jahre in Österreich. Hrsg. von Friedbert Aspetsberger, Norbert Frei und Hubert Lengauer. Wien: ÖBV 1984 (= Schriften des Instituts für Österreichkunde Bd. 44/45), S. 303–319.

52 Vgl. Michael Guttenbrunners Beiträge in ‚Die Einheit‘, dem deutschsprachigen Organ der Kärntner Partisanen, das 1949–1951 der Reihe nach in Klagenfurt, Wien und Graz erschien. Eine Dokumentation dieser Arbeiten befindet sich in der Bibliothek des Robert-Musil-Instituts der Universität Klagenfurt/Kärntner Literaturarchiv.

und Karl Heinrich Waggerl „zu einer Zeit glossiert, als kein anderer daran dachte und keine Redaktion bereit war, dafür einzutreten".[53]

Michael Guttenbrunner, geboren 1919 in Althofen (Kärnten), wurde 1935, als Sechzehnjähriger, wegen „illegaler Betätigung für die verbotene Sozialdemokratische Partei" zum ersten Mal verhaftet. Im März 1938 Hinauswurf aus der Graphischen Lehr- und Versuchsanstalt in Wien, weil er sich weigerte, das Horst-Wessel-Lied zu singen, darauf vier Monate Untersuchungshaft. 1940 eingezogen zur Wehrmacht; ‚Balkanfeldzug', Griechenland, Kreta, Russland u.s.w.; mehrfach schwer verwundet; er stand wegen „Widersetzlichkeit" zweimal vor dem Kriegsgericht und büßte mehrmonatige Arreststrafen ab; beim dritten Mal wurde er wegen eines tätlichen Angriffs auf einen Vorgesetzten zum Tode verurteilt, nach Fürsprache aus der Truppe jedoch begnadigt und zur „Frontbewährung" in die Strafkompanie „SS-Sturmbrigade Dirlewanger" kommandiert. Im Dezember 1944 abermals schwer verwundet.[54]

Die Erfahrung des Krieges – „Unter dem Sonnenrad" und „im Schatten des Galgenbaums", da „an die Wand gestellt / war, was im Wege stand", wie es in dem Gedicht *Hakenkreuz* heißt[55] – prägen Werk und Biographie des Autors über den engeren Bereich seiner Kriegslyrik hinaus. Krieg ist der planmäßige Betrieb zur Schändung von Menschenwürde und Menschenrecht und zur Zerstörung der Körper. Guttenbrunners Empörung richtet sich gegen das Verdrängen, gegen das Vergessen

53 Brief an Konstantin Kaiser vom 12.11.1992. Robert-Musil-Institut der Universität Klagenfurt/Kärntner Literaturarchiv, Sammlung Guttenbrunner.

54 Vgl. Michael Guttenbrunner: Mein Leben. In: Michael Guttenbrunner (Anm. 49), S. 298–301.

55 Michael Guttenbrunner: Opferholz. Gedichte. Salzburg: Otto Müller 1954, S. 65.

der Ungeheuerlichkeiten der Naziherrschaft und der Kriegsgräuel, da sich, wie es in seinem Gedicht *Die unbarmherzige Schenke* heißt, „Orden auf Morden" reimte.[56] Die Gedichte aus dem Band *Schwarze Ruten*, seiner ersten Lyrikveröffentlichung aus dem Jahre 1947 sind ausnahmslos in den Jahren 1938–1945 entstanden.[57] Es sind darunter auch Rapporte von der Front, Gedichte, die bewusst mit starken Mitteln arbeiten, mit naturalistischen und expressiven Elementen vornehmlich,[58] die der drastischen Überhöhung des Ausdrucks dienen. Die Drastik ist jedoch nie Selbstzweck oder bloßer Effekt, sie hat eine kathartische Funktion. Sie will das Elend, die Gewalt, den Dreck, das Zerstörerische und Entmenschlichte des Zustandes ‚Krieg' vor Augen führen. Seine Gedichte sind die denkbar stärksten Antithesen gegen eine Heroisierung des Krieges, gegen Heldentum, angebliche Vaterlandsverteidigung und Pflichterfüllung.

Wie einige der Kriegsgedichte von Michael Guttenbrunner, so führt auch der Roman *Letzte Ausfahrt* von Herbert Zand,[59] der 1953 erschien, in die vorderste Feuerlinie. Und auch Zand wusste, wovon er sprach, denn der 1923 Geborene wurde als Achtzehnjähriger eingezogen, erlitt 1944 in Russland eine schwere Verwundung, von der er sich nie mehr erholte und an deren Folgen er 1970, noch nicht fünfzig Jahre alt, starb. Sein ‚Roman der Eingekesselten', so der Untertitel, ist einer der wenigen ernstzunehmenden Versuche in der österreichischen

---

56 Ebenda, S. 63.

57 Vgl. Michael Guttenbrunner: Schwarze Ruten. Gedichte. Klagenfurt: Ferdinand Kleinmayr 1947.

58 Vgl. Albert Berger: Michael Guttenbrunner – „Nur Narr! Nur Dichter!". In: Michael Guttenbrunner (Anm. 49), S. 80–99, bes. S. 90.

59 Herbert Zand: Letzte Ausfahrt. Roman der Eingekesselten. Wien: Donau-Verlag 1953. Zitiert wird nach der Ausgabe Wien/Frankfurt a.M./Zürich: Büchergilde Gutenberg 1971.

Literatur, die Erfahrung der Front erzählerisch zu verarbeiten. Er steht dabei einer Phalanx von Kriegsromanproduzenten wie Erich Kern, Erich Landgrebe, Kurt Ziesel oder Hans Gustl Kernmayr gegenüber,[60] die zwar militärisch, nicht aber ideologisch kapituliert hatten und die den Krieg zumindest zwischen den Buchdeckeln noch zu gewinnen hofften – was ihnen, wenn man die Auflagenzahlen ihrer Bücher betrachtet, letztlich auch gelang.

Zands Roman konzentriert das Geschehen auf die Monate März/April 1945 an der Ostfront. Aus der Situation einer Kesselschlacht entwickelt er in der durch die Umstände bedingten extremen Zuspitzung, die im Roman alles wie unter einem Vergrößerungsglas erscheinen lässt, so etwas wie eine Phänomenologie des Krieges. Auf drei unterschiedlichen Ebenen: auf der der Stäbe, der eines Lazaretts und der einer kleinen Gruppe verzweifelt um ihr Leben kämpfender Soldaten werden die möglichen Positionen zwischen Fanatismus und Defaitismus durchgespielt: mit dem Ergebnis, dass die Auflehnung ebenso in den Untergang führt wie die Passivität. „Vorne der Tod, hinten das Kriegsgericht; kein Platz dazwischen für Feigheit und kein Platz für Tapferkeit." (40) Am aussichtsreichsten erscheint noch das Lavieren, das jedoch nur auf der obersten Ebene möglich ist, wo gleichzeitig der Zynismus und der Vernichtungswille am größten sind, weil die Akteure am weitesten vom Kampfgeschehen entfernt sind.

Jede denkbare Handlung im Zusammenhang mit Krieg, jedes denkbare Verhalten kommt vor: Spionage, Verrat, Desertion, Terror; Abtötung und Ablenkung durch Alkohol und

60 Vgl. Karl Müller: Bilder vom Zweiten Weltkrieg in der Literatur aus Österreich nach 1945. [2000]: http://www.zum-thema.com/wissensbank/text.

Drogen; Erhängen von Deserteuren; Beseitigung eines fanatischen Unteroffiziers, der seine Leute mit dem Gewehr im Anschlag in den Kampf treibt, durch eine Kugel in den Rücken; Häftlinge, die mit bloßen Händen Minen räumen müssen; Geiselerschießungen; Beispiele von Sadismus, Heimtücke, Selbstlosigkeit, Liebe usw. Jeder nur denkbare Typus kommt vor: der zynische Technokrat; die erotisch attraktive Spionin; der distanzierte Beobachter; der Schöngeist; der enttäuschte Kommunist; die selbstlose Ärztin; der gute Kamerad; der Überläufer; der Nihilist; der fanatische Volkssturmmann usw. Jede der Figuren wirkt in eine andere Richtung, alle zusammen treiben das Chaos der reinen Willkür und der Gewalt hervor, die die Innenseite des Krieges sind: „Die Bezeichnung Krieg erwies sich als dünner Schleier vor dem Worte Mord. Totschlag aus Notwehr – man konnte nicht wissen, gegen wen es sich in nächster Zeit zu wehren galt.“ (64) Der Roman sei der Versuch, schrieb Zand in einem Kommentar, „den Krieg von innen her zu unterlaufen“. Indem die Soldaten in einer aussichtslosen, ja sinnlosen Situation den Kampf bis zum letzten Augenblick „als Kämpfer mustergültig“ fortführten, also so wie es von ihnen gefordert wird, führten sie den Krieg „durch die peinliche Befolgung seiner eigenen Regel ad absurdum“.[61]

Zand beherrscht ein beeindruckendes Register an erzählerischen Möglichkeiten. Der Roman ist stilistisch reich instrumentiert. Es gibt spannende, grausame, groteske, berührende Szenen, und doch hat er für mich eine Schwäche. Er traut seinem eigenen realistischen Verfahren nicht. Mit anderen Worten: Es fehlt ihm die Präzision und Stringenz von

61 Herbert Zand, Brief vom 16.4.1953 an einen unbekannten Adressaten. Zit. bei Wolfgang Kraus: Nachwort. In: Zand, Ausfahrt (Anm. 59), S. 275–281, S. 276f.

*Tote auf Urlaub*. Er gibt der Versuchung nach, das Geschehen umzudeuten in Gleichnisse und Symbole schicksalhafter Verstrickung und allgemeinmenschlicher Tragik. Die politische Dimension des Krieges, seine Ursachen, seine Ziele, seine Akteure kommen so gut wie nicht in den Blick. Andererseits gibt es im Zustand des totalen Chaos bei gleichzeitiger Agonie einen, der den Überblick bewahrt, und das ist der allwissende Erzähler. Was er an Deutungen anbietet, trägt jedoch stark die Signatur der Entstehungszeit des Romans. Krieg ist für ihn kein politisches Instrument, sondern „Schicksal schlechthin, die Tragödie des Menschen".[62] Es sind, verkürzt gesagt, die Positionen eines katholisch geprägten Existenzialismus, die letztlich auf eine Enthistorisierung des Krieges hinauslaufen. Damit konnte man in Österreich gut leben. Herbert Zand hat für das Manuskript von *Letzte Ausfahrt* bereits 1952, noch vor Erscheinen des Romans, den Förderungspreis des Unterrichtsministeriums erhalten.[63]

Es ist bekannt, dass die Währungsreform von 1948 zu einem dramatischen Verlags- und Zeitschriftensterben in Österreich geführt hat und dass dadurch in erster Linie die Publikationsmöglichkeiten für jüngere Autoren und Autorinnen sich drastisch verschlechterten.[64] Hans Weigel, der sich als Förderer junger Autoren große Verdienste erworben hat, gründete in dieser Situation 1951 das Jahrbuch *Stimmen der Gegenwart*, um der ‚jungen Generation', und das ist die Kriegsgeneration,

62 Kraus, Nachwort, ebenda, S. 277.

63 Vgl. Hans Weigel: Herbert Zand. In: H. W.: In memoriam. Graz: Styria 1979, S. 172–177. H. Weigel, der nach Lektüre des Manuskripts Zand gedrängt hatte, es für den Preis einzureichen, spricht fälschlich von ‚Staatspreis'. (S. 175)

64 Vgl. Heinz Lunzer: Der literarische Markt 1945 bis 1955. In: Literatur der Nachkriegszeit (Anm. 51), S. 24–45. Diagramm S. 45.

eine Plattform zu bieten.[65] In den *Stimmen der Gegenwart* fehlt kaum ein wichtiger Name der Literatur der Zweiten Republik, einige hatten hier ihr Debüt. Ein Blick in diese Jahrbücher ist deshalb auch für unser Thema aufschlussreich. Fast die Hälfte der 23 Beiträger des ersten Bandes 1951 beschäftigt sich im weiteren Sinne mit dem Thema Krieg. Es wirkt fast programmatisch, wenn der Band mit Kriegsgedichten eines Deserteurs eröffnet wird. Sie stammen von Bertrand Alfred Egger, der als 19-jähriger 1943 eingerückt war, 1944 desertierte und in Paris untertauchte. Auch der erste Prosatext des Bandes, eine Erzählung, ist von ihm. Sie beginnt mit den Sätzen:

> An einem alten Festungswall bei Paris haben sie täglich siebzig Menschen erschossen, erzählte mir der Gefreite aus Niederbayern. Er war einige Zeit beim Pariser Wachregiment gewesen und hatte die Erschießungen Tag für Tag erlebt. Männer, Frauen, halbe Kinder, wie es kam, wurden am Wall bei Paris im Morgennebel erschossen. Frankreich war groß und es gab viele Patrioten und viele Verräter.

Der Niederbayer, dem dieser Dienst nicht leichtfiel, musste sich, wie er erzählt, „jeden Abend bei meiner kleinen Französin davon erholen".[66] Eine längere Erzählung von Herbert Eisen-

65 Vgl. Stimmen der Gegenwart. Hrsg. von Hans Weigel. Wien 1951/1952/1953/1954/1956. Der dreimalige Verlagswechsel vom Verlag für Jugend und Volk / Verlag Jungbrunnen zum Albrecht Dürer Verlag (1953) und schließlich zum Herold Verlag (1956) ist ebenfalls ein Indiz für die schwierige Situation. Eine weitere Initiative Weigels war die Gründung der Buchreihe ‚Junge österreichische Autoren' im Verlag Jungbrunnen in Wien, in der 1951/52 insgesamt 12 Bändchen von Autoren und Autorinnen erschienen, die alle auch in den ‚Stimmen der Gegenwart' vertreten waren (u.a. Marlen Haushofer, Reinhard Federmann, Walter Toman, Ilse Aichinger, Gerhard Fritsch, Hans Heinz Hahnl, Jeannie Ebner, Herbert Eisenreich).

66 Bertrand Alfred Egger: An einem alten Festungswall in Paris. In: Stimmen der Gegenwart 1951 (Anm. 65), S. 10–11, Zit. S. 10.

reich, der, ein Jahr jünger als Egger, im selben Jahr einberufen und 1944 an der Westfront schwer verwundet wurde, schildert den Verrat einer Partisanengruppe durch einen Spitzel und, in quälender Genauigkeit, die Erschießung von dreizehn Partisanen zusammen mit dem Verräter. Daran, dass Eisenreichs Sympathie den Partisanen gilt, gibt es keinen Zweifel.[67]

Die bedeutendsten Beiträge des Jahrbuchs stammen von Ilse Aichinger[68], Gerhard Fritsch und Paul Celan, der, damals schon in Paris lebend, über Vermittlung von Milo Dor, vier Gedichte zur Verfügung gestellt hatte, darunter auch, wie erwähnt, die *Todesfuge*.[69] Von Gerhard Fritsch sind eine Reihe von Gedichten abgedruckt, die wie ein lyrisches Kriegstagebuch, jeweils mit Ort und Datum als Titel, Stationen seiner Einsätze rekapitulieren. Fritsch, geboren 1924, wurde 1942, unmittelbar nach der Matura, eingezogen, er war Funker bei der Luftwaffe, Transportflieger in Frankreich, Norwegen und Finnland, ab 1943 an der Ostfront; 1945 Gefangenschaft. Rückkehr Ende 1945. Einige dieser Gedichte zeichnen, auf den ersten Blick, fast idyllische Bilder, doch in jedem von ihnen bricht an einer Stelle die Oberfläche und gibt den Blick frei auf die Verbrechen, oder aber auf den Zwiespalt im eigenen Inneren. Sechs begeisterte Strophen über das freundlich sonnige *Paris/Mai 1943* münden in das Fazit:

67 Herbert Eisenreich: Betty und die Idee vom Tod. In: Ebenda, S. 78–98.

68 Ilse Aichinger: Die geöffnete Order. In: Ebenda, S. 12–18. Diese Erzählung eröffnet auch Ilse Aichingers 1952 in Hans Weigels Reihe im Jungbrunnen-Verlag (vgl. Anm. 65) erschienenen Band ‚Rede unter dem Galgen', in dem auch ihre berühmte ‚Spiegelgeschichte' enthalten ist, für die sie im selben Jahr den Preis der Gruppe 47 erhalten hat.

69 Paul Celan: ‚Wer sein Herz...'; ‚In Ägypten ...'; ‚So schlafe ...'; ‚Todesfuge'. In: Ebenda, S. 130–133.

Besonntes Pflaster, Pflaster von Paris,
die Stiefel, die dich traten, brannten mich.
Ich sah, daß all dein Glänzen mich verstieß,
besonntes Pflaster, sonnig nicht für mich.[70]

In *Minsk/Februar 1944* gibt es einen Rasttag. Er schlendert durch die Stadt

[...]
Ruinen, Schutt, ein schwerer Denkmalrumpf.
Auch das wie überall, wohin wir gehen.
[...]
Auf allzugroßem Platz ein Fußballspiel.
[...]
Wo früher einmal die Tribüne stand,
verwittern Dosen, Draht und Schädelknochen.

Das stört sie nicht. Genau so wenig stört
das Lager fünf, sechs Kilometer weiter,
von dem man manchmal leise reden hört.
Es geht sie ja nichts an. Das Spiel geht weiter.
[...][71]

In *Wien/November 1945* steht er vor den Trümmern seines Elternhauses und sinniert, wie alles gekommen ist:

[...]
Ich war im Krieg und habe mitgemacht,
wie alle neben, vor und hinter mir.
Ein paar Millionen wurden umgebracht...
Und viel zu spät, mein Freund, erzähl ich dir.[72]

---

70 Gerhard Fritsch: Paris / Mai 1943. In: Ebenda, S. 40.

71 Ebenda, S. 45.

72 Ebenda, S. 49.

Es mag nach Kriegen und Gewaltereignissen ein psychologisch verständliches Bedürfnis geben, nicht nur zu verdrängen, sondern sich durch Schweigen zu distanzieren, auch, weil das Reden über das Geschehene und das Gesehene als unangemessen oder unmöglich empfunden wird. Demgegenüber scheint es aber in der Literatur durchaus so etwas wie ein Gefühl der Verpflichtung zur Zeugenschaft zu geben. Karl Kraus ist die literarische Verkörperung dieser Haltung und es ist nur konsequent, dass er in Otto Basils *PLAN*, der sich mehrfach programmatisch zur Verantwortung gegenüber der Vergangenheit bekannte, der am häufigsten genannte und zitierte Autor ist. Diesem Gefühl der Zeugenschaft, das ja auch Milo Dor nachdrücklich formuliert hat, verdanken sich die meisten der hier vorgestellten Werke – was gleichzeitig auch die Dominanz des Autobiographischen in diesen Texten erklärt. Erstaunlich ist jedoch, dass nach dem ersten Jahrgang der *Stimmen der Gegenwart*, der wie ein Dammbruch wirkt, die Zahl der Texte zum Krieg auffallend schnell zurückgeht und thematisch die Situation der Nachkriegszeit an Raum gewinnt. Eine mögliche Begründung dafür ist, dass der erste Band der *Stimmen der Gegenwart* zwar von Hans Weigel herausgegeben, jedoch von Milo Dor und seinem wohl engsten Freund Reinhard Federmann, den er vom *PLAN* her kannte, zusammengestellt und redigiert worden war.[73] Beide waren am Thema unmittelbar interessiert: Milo Dor schrieb zu dieser Zeit an *Tote auf Urlaub*; Federmann war 1942 als 19-Jähriger eingezogen worden, wurde 1944 verwundet und geriet in russische Gefangenschaft, aus der er 1945 als arbeitsunfähig entlassen wurde. Von ihm war 1950 der Roman *Chronik einer Nacht* in der *Arbeiter-Zeitung* in Fortsetzungen erschienen.

73 Vgl. Milo Dor: Ein Fremder in Wien und anderswo. [Über Paul Celan] In: Displaced (Anm. 40), S. 131–138, bes. S. 135. Dor und Federmann schienen nicht als Herausgeber auf, damit sie als Beiträger vertreten sein konnten. Vgl. Hans Weigel: Reinhard Federmann. In: H. W.: In memoriam (Anm. 63), S. 54–62, bes. S. 58.

Der Text schildert das Schicksal eines in das Wien der vier Besatzungsmächte zurückgekehrten Juden, der u.a. als Pilot der Royal Air Force Einsätze gegen seine frühere Heimat geflogen hatte, und dessen Begegnung mit seiner ehemaligen Geliebten, die die Nazizeit in Wien verbrachte. Der Roman fand, wohl auch aufgrund dieser Thematik, in den fünfziger Jahren keinen Verleger und wurde erst 1988 publiziert.[74]

Hans Weigel, der gemeinsam mit Friedrich Torberg zu den prominentesten und kämpferischsten Exponenten des ‚Kalten Krieges' im literarischen Bereich zählte,[75] setzte, vielleicht auch unter diesem politischen Vorzeichen, in den folgenden Jahrgängen der *Stimmen der Gegenwart* betont andere thematische Akzente als Dor und Federmann. Schon im Jahrgang 1952 sind nur noch drei, vier Texte in den *Stimmen der Gegenwart* vertreten, die unmittelbar auf den Krieg Bezug nehmen. So beginnt die Nachkriegszeit – die Rückverwandlung der Mordschauplätze in Kriegsschauplätze, wie es bei Ingeborg Bachmann heißt. „‚Nach dem Krieg' – dies ist die Zeitrechnung", heißt es in ihrer Erzählung *Unter Mördern und Irren* aus den späten fünfziger Jahren, in der es um genau diese Aufspaltung, das Leben in den „zwei Welten" geht: Die Welt „nach dem Krieg", in der man erfolgreich vergessen hat und in der man desto ungenierter die sentimentale Erinnerung an jene Welt des ‚Ich hatt' einen Kameraden' pflegen kann. Eines fernen Tages wird in dieser so geordneten Nachkriegswelt, in der die „getrennte[n] und nie vereinte[n] Ich"[76]

74 Vgl. Reinhard Federmann: Chronik einer Nacht. Roman. Mit einem Nachwort von Milo Dor. Wien: Picus 1988.

75 Vgl. z.B. Kurt Palm: Vom Boykott zur Anerkennung. Brecht und Österreich. Mit einem Vorwort von Werner Mittenzwei. 2. durchges. Aufl. Wien/München: Löcker 1983.

76 Ingeborg Bachmann: Unter Mördern und Irren. In: Bachmann, Werke (Anm. 32), Bd. 2, S. 159 und S. 171. („Alle operierten sie also in zwei Welten und waren verschieden in beiden Welten, getrennte und nie vereinte Ich, die sich nie begegnen durften.")

einander nie begegnen, ein österreichischer Verteidigungsminister einen dieser Verbrecher, SS-Sturmbannführer Walter Reder, der jahrzehntelang in seinem italienischen Gefängnis Hof gehalten hatte für Bürgermeister aus der Heimat, Kameraden und Komplizen, die sein ‚unverdientes Los' beklagten, mit Handschlag begrüßen und ein österreichischer Nachrichtenoffizier, der sich an nichts erinnern kann, wird mit der Parole, auf dem Balkan und sonst wo nur seine Pflicht getan zu haben, die Bundespräsidentenwahl gewinnen.

Michael Guttenbrunners Vers aus dem Gedicht *Die Bodenständlinge* von 1954: „Ich allein singe heute vom Krieg"[77] benennt pointiert diesen, Anfang der fünfziger Jahre feststellbaren Umschwung. Für das allmähliche Verstummen lassen sich wahrscheinlich plausible psychologische Erklärungen finden, etwa, dass mit dem zeitlichen Abstand von den Ereignissen und den Erlebnissen auch der Schreibimpuls schwächer wird. Genauso wichtig scheint mir allerdings das politische Klima und die öffentliche Akzeptanz des Themas zu sein. Wenn beispielsweise der Roman von Milo Dor, für den er in Wien zwei Jahre lang vergeblich einen Verlag gesucht hatte und der auch vom sozialdemokratischen Danubia-Verlag mit dem Argument abgelehnt worden war, seine Schilderungen seien „zu kraß",[78]

---

77 Guttenbrunner, Opferholz (Anm. 55), S. 61.

78 Vgl. Dor, Auf dem falschen Dampfer (Anm. 12), S. 121. Auch der Wiener Zsolnay-Verlag hatte den Roman abgelehnt. Anlässlich einer Lesung Dors bei der Gruppe 47 (Bad Dürkheim, 1951) kam ein Kontakt mit der Deutschen Verlagsanstalt (DVA) in Stuttgart zustande, die den Roman 1952 publizierte, übrigens im gleichen Jahr wie die erste Buchveröffentlichung Paul Celans (‚Mohn und Gedächtnis') in Deutschland – ebenfalls bei DVA. Auch Celans Verlagskontakt war bei einer Tagung der Gruppe 47 (Niendorf, 1952) hergestellt worden, zu der er auf Vorschlag von Ingeborg Bachmann und Milo Dor von Hans Werner Richter eingeladen worden war. Bei der Preisvergabe 1951 war Milo Dor in einer Stichwahl gegen Heinrich Böll mit einer Stimme unterlegen. Vgl. Richter, Mein Freund (Anm. 31), S. 70 und S. 73 sowie Dor, Auf dem falschen Dampfer (Anm. 12), S. 133ff.

bezeichnenderweise von Hans Weigel, auf eine „Abrechnung mit dem Kommunismus“[79] und auf die Beichte eines „reuigen Sünders“[80] reduziert wird, so ist klar, dass die Grundlinien der öffentlichen Geschichtsbetrachtung zu diesem Zeitpunkt fixiert und der Blick nicht nach hinten, sondern nach vorne zu richten war. Dies schloss mit ein, dass vom kaum beendeten Krieg nicht mehr zu reden war, wohl aber von der Notwendigkeit der Wiederaufrüstung. Davon handelt beispielsweise Ernst Jandls *Zehn-Jahre-Pamphlet*, erschienen in seinem ersten Gedichtband *Andere Augen* (1956).[81]

Für das unter politisch-pragmatischen Aspekten durchaus verständliche Bemühen der österreichischen Politik und der publizistischen Meinungsführer, den Nationalsozialismus als etwas dem ‚Österreichischen‘ Wesensfremdes darzustellen und das Dritte Reich und seinen Angriffskrieg als unösterreichisches Intermezzo, gleichsam als „Ereignis außerhalb der eigentlichen österreichischen Entwicklung“,[82] zu definieren, konnte die in den literarischen Texten bewahrte und aktualisierte Erinnerung an Krieg und Nationalsozialismus nur störend sein. Wir verfügen mittlerweile über genügend empirische Belege um sagen

---

79 Zit. nach Kruntorad (Anm. 30), S. 205.

80 Zit. nach Hell (Anm. 24), S. 5.

81 Ernst Jandl: Zehn-Jahre-Pamphlet. In: E. J.: Andere Augen. Gedichte. Wien: Bergland-Verlag 1956 (= Neue Dichtung aus Österreich, Bd. 21), S. 52–53. Ernst Jandl (1925–2000), war nach der Matura 1943 eingezogen worden und geriet 1945 in amerikanische Gefangenschaft. Rückkehr nach Österreich 1946.

82 Vgl. M. Rainer Lepsius: Das Erbe des Nationalsozialismus und die politische Kultur der Nachfolgestaaten des ‚Großdeutschen Reiches‘. In: Kultur und Gesellschaft. Verhandlungen des 24. Deutschen Soziologentages, des 11. Österreichischen Soziologentages und des 8. Kongresses der Schweizerischen Gesellschaft für Soziologie in Zürich 1988. Hrsg. von Max Haller, Hans-Joachim Hoffmann-Nowotny und Wolfgang Zapf. Frankfurt a.M./New York: Campus Verlag 1989, S. 247–264, bes. S. 250. Vgl. dazu auch Siegfried Mattl/Karl Stuhlpfarrer: Abwehr und Inszenierung im Labyrinth der Zweiten Republik. In: NS-Herrschaft in Österreich. Ein Handbuch. Hrsg. von Emmerich Talos, Ernst Hanisch, Wolfgang Neugebauer, Reinhard Sieder. Wien: öbv und hpt 2000, S. 902–934.

zu können: Wer sich in den fünfziger Jahren (und herauf bis zur Waldheim-Affaire) als Österreicher an die Zeit des Nationalsozialismus und des Krieges erinnerte, tat es in der Regel aus der Perspektive eines Opfers, denn Österreich war ja, so der öffentliche Konsens, von Nazideutschland annektiert und ausgelöscht worden. (Das schloss nicht aus, dass man für der Okkupationsmacht begeistert gedient und seine Pflicht treu erfüllt hatte.) Von Opfern war die Rede fast ausschließlich im Sinne von Opfern der ideologischen Täuschung, des Krieges und der Folgen des Krieges. Die Opfer im Sinne der von den Nazis, der Gestapo, der SS, der Wehrmacht verfolgten, gequälten und ermordeten Menschen waren so gut wie kein Thema der rückblickenden Erinnerung. Jahrzehntelang war die „Kultur der patriotischen Erinnerung" eine „Kultur des Vergessens".[83] Die Position Lernet-Holenias aus dem Jahre 1945, „einfach dort fortzusetzen, wo uns die Träume eines Irren unterbrochen haben ..."[84] war, wie auch immer Lernet-Holenia den Satz gemeint haben mag, in einem sehr direkten und pragmatischen Sinne für die Mehrzahl gewiss die angenehmere Option als die Texte von Ilse Aichinger, Milo Dor oder Michael Guttenbrunner zu lesen. Ob Mitgefühl mit den Opfern, ob ein Einschreiten gegen den nach wie vor virulenten Antisemitismus, ob die Anerkennung einer Mitschuld oder zumindest einer Mitverantwortung, ob die Weckung des Interesses dafür, was den anderen angetan wurde, den Staatsvertrag verhindert hätte, ist nicht zu beweisen und es sind sinnlose Fragen. Sind sie das wirklich? Solche und ähnliche Fragen sind die Basis für einige der wichtigsten Texte der österreichischen Nachkriegsliteratur.

83 Vgl. Meinrad Ziegler und Waltraud Kannonier-Finster unter Mitarbeit von Marlene Weitschan: Österreichisches Gedächtnis. Über Erinnern und Vergessen der NS-Vergangenheit. Mit einem Beitrag von Mario Erdheim. Wien/Köln/Weimar: Böhlau ²1997, S. 240.

84 Alexander Lernet-Holenia: Brief an den ‚Turm'. In: Der Turm 1(1945), H. 4/5, S. 109.

Die auch historisch bemerkenswerte Leistung des Romans *Tote auf Urlaub* von Milo Dor beruht ja gerade auch darin, dass er in dem Glaubenskrieg links gegen rechts und rechts gegen links, der in Österreich auch ein Krieg der Verdrängung und des parteiischen Schweigens war, nicht Partei ergriff und dass er unbeirrt aussprach, was viele nicht hören wollten. Autor und Roman waren weder für den landläufigen Antikommunismus, der sich mit Vorliebe der alten Nazis als Spezialisten in Fragen des Kampfes gegen den so genannten Bolschewismus bediente, noch auch für die vergangenheitsvergessene Wiederaufbau-Mentalität zu gebrauchen.[85] Indem der Roman zu den Wurzeln dieser historischen Situation zurückführt, gibt er auch Antworten auf die beschwiegene Vorgeschichte. Er zeigt die prinzipiell identischen Erscheinungsformen des linken und des rechten Terrors als Folge und als Konsequenz des nationalsozialistischen Angriffs- und Vernichtungskrieges. Es ist die nationalsozialistische Okkupation, das Verhalten der Deutschen und der Österreicher in den überfallenen und besetzten Ländern (und in der Heimat), das das große Morden ausgelöst hat. Ebenso bemerkenswert ist, dass Milo Dor mit seinem Roman eine Position formuliert, die so gar nicht ins kollektive Konzept der Opferrolle passt. Denn trotz großer Distanz gegenüber den Dogmatismen und Grausamkeiten des kommunistischen Widerstandes, die ihn fast das Leben gekostet hätten, sieht er den Widerstand gegen die Nationalsozialisten als die einzig sinnvolle und legitime Haltung an. Dass Mladen Raikow miterleben muss, wie ein Freund im Bombenhagel des Ostersonntags 1941 stirbt, wird für ihn zum Schlüsselerlebnis: „Kann man denn nichts dagegen tun? Muß man wirklich wie ein wehrloses

85 Vgl. Milo Dor: In was für einem Land leben wir? (1988). In: Dor, Schriftsteller und Potentaten (Anm. 6), S. 69–76.

Tier sterben, ohne Widerstand? – "[86] Seine Antwort darauf ist, nicht wie ein Tier sterben zu wollen und für diesen Kampf auch Folter und den möglichen Tod in Kauf zu nehmen. Das Buch endet mit der Gewissheit, trotz der erlittenen Folter und dem Verrat der Kameraden mit diesem Kampf gegen Hitler recht gehabt zu haben. Eine solche Antwort war nicht nur im Österreich der fünfziger Jahre eine Provokation – der dritte Teil der Raikow-Saga, *Die weiße Stadt*,[87] der über weite Strecken im Nachkriegsösterreich spielt, liefert dafür zahlreiche Belege – sie ist es für manche bis heute. Der Widerstand der Kärntner Slowenen wird nicht nur vom Kärntner Heimatdienst bis auf den heutigen Tag, 59 Jahre nach der ‚Befreiung', im Nazijargon herabgewürdigt, der amtierende Kärntner Landeshauptmann Jörg Haider weigert sich noch immer, den ehemaligen Partisanen, die vom Bundespräsidenten verliehenen Befreiungsmedaillen der Republik zu überreichen. Und bis heute konnte sich die Republik nicht entschließen, Österreicher, die aus der deutschen Wehrmacht desertierten, zu rehabilitieren. (Nachtrag: Dies geschah erst durch das ‚Aufhebungs- und Rehabilitationsgesetz' 2009/2016.)

Gegen die aus der politischen Pragmatik geborene Abwendung von der Vergangenheit, die ihren krönenden Abschluss in der Streichung der österreichischen „Mitverantwortungsklausel" für die Verbrechen der Nationalsozialisten aus dem Text des Staatsvertrages fand,[88] stehen einsam und vereinzelt vielleicht, aber aufrecht, die Versuche österreichischer Autorinnen und

86 Dor, Tote auf Urlaub (Anm. 18), S. 91.

87 Vgl. Milo Dor: Die weiße Stadt. Hamburg: Hoffmann und Campe 1969.

88 Vgl. Heidemarie Uhl: Das ‚erste Opfer'. Der österreichische Opfermythos und seine Transformation in der Zweiten Republik. In: Österreichische Zeitschrift für Politikwissenschaft 30 (2001), H. 1 (=Sonderheft Geschichts- und Vergangenheitspolitik in Österreich), S. 19–34, bes. S. 33.

Autoren, und stehen insbesondere auch Romane, Erzählungen und Essays von Milo Dor, die sich dieser Vergangenheit zuwenden und von genau dem reden, was man sehen konnte, wovon aber viele nichts hören wollten, weil es mit ziemlicher Sicherheit unter jene Mitverantwortungsklausel fiel.[89] So gibt es in der österreichischen Literatur auch auf die in Ernst Jandls Gedicht fehlende Frage ‚vater komm erzähl wast gsehn hast' eine ganze Reihe klarer Antworten. Eine besonders eindrucksvolle stammt wiederum von einem Freund Milo Dors, von Gerhard Fritsch und lautet *Wir sahen sie nicht an.*

> Wir gingen durch die Straßen, als die Tempel
> brannten und die Geschäfte geplündert wurden.
> Viel Angst war in den Gesichtern, in die sie mit
> Steinen warfen. Die Gesichter waren nahe, aber
> wir sahen sie nicht an,
> [...]
> Wir nahmen Quartier im Dorf Gorlewo und
> warfen in einer Stunde die Leute aus den
> Hütten. Wir rauchten Zigaretten und sahen sie
> nicht an.
> [...]

89 In keinem der erwähnten Texte wird bei der Schilderung von Verbrechen und Gräueltaten auch nur andeutungsweise ein Unterschied zwischen Deutschen und Österreichern gemacht. Der einzige mir bekannte Text, der mit den Stereotypen des Österreichischen und des Deutschen arbeitet, ist Alexander Lernet-Holenias Erzählung ‚Der 20. Juli' (Wien: Erasmus-Verlag 1947), die stellenweise die Gegnerschaft gegen das Hitler-Regime als Österreich-Bonus im Sinne eines antipreußischen Affekts darstellt. Die Jüdin Suzette flüchtet im Wien des Jahres 1944 vor der Gestapo und wird von ihrer nichtjüdischen Freundin Elisabeth versteckt. Als Suzette bei einem Schwangerschaftsabbruch stirbt, kommt Elisabeth aufgrund einer schicksalhaften Verkettung in die Lage, die Identität der toten Freundin annehmen und selber fliehen zu müssen. Dabei kommt sie in Kontakt mit der Widerstandsbewegung des 20. Juli, deren Scheitern in Wien dargestellt wird. Der Erzähler beurteilt die Erfolgsaussichten und die Sinnhaftigkeit der Revolte sehr skeptisch. (Vgl. S. 68–70) Die Erzählung Lernet-Holenias wurde 1948 unter dem Titel ‚Das andere Leben' in der Regie von Rudolf Steinboeck (mit Vilma Degischer und Aglaja Schmid) verfilmt.

Wir fuhren von Minsk auf Urlaub und kamen am KZ vorbei. Es war gerade ein neuer Transport gekommen, zumeist alte Leute. Wir lasen in der Zeitung und sahen sie nicht an.

[...]

Wir steckten bei Schwiebus ein Lagerhaus in Brand, auf einem Feld daneben begrub eine Frau ihr erfrorenes Kind. Wir machten uns davon und sahen sie nicht an.

[...]

Wir sahen sie nicht an – sahen wir sie wirklich nicht an? Sie standen doch überall an den Rändern unserer Straße aus der Jugend, sie standen, lagen, hockten, hingen, stanken und verwesten. Sie waren um uns, jeden Tag und jede Nacht und sie fragten uns. Wir gingen vorbei, jeden Tag und jede Nacht – [...] Sind wir wirklich eine Generation von Tauben und Blinden?

Wir gingen, fuhren und flogen über die Straßen Europas. Wir sahen und hörten. Wir waren nicht blind und nicht taub. [...] wir hörten mit unseren Ohren, auch noch im jahrelangen Lärm der Motoren, Explosionen und Einstürze. Wir sahen [...] wir hörten [...] aber wir antworteten ihnen nicht. Denn unsere Augen, die sie sahen, waren nichts anderes mehr als Linsen eines Photoapparates, in dem kein Filmstreifen ist. Wir sahen sie mit den Augen, aber sie fanden in uns kein Widerbild. Wir waren leere schwarze Schachteln, die ein irrer Photograph durch Europa trieb.

[...]

Wir sahen mit den Augen, aber die Herzen
waren blind. Also sahen wir die anderen nicht
an.[90]

Die Auflösung dieses Paradoxons des Gesehenen Nicht-Gesehenen ist der Text selber. Die Literatur. Indem sie das ‚Nichtgesehene' beschreibt, holt sie es als Verdrängtes, Verschwiegenes, Verleugnetes zurück und bewahrt es für die Erinnerung, also für die Zukunft. Sie *ist* das „Widerbild" und zwar im doppelten Sinne: als Text, der der „Vergeßlichkeit des Lebens" im Sinne Milo Dors trotzt und als Gegenrede gegen das öffentliche, taktische und pragmatische Gerede und Geschwätz. Das Haus der Erinnerung mag eine schwarze Schachtel sein – jene Räume, die der Literatur gehören, sind jedenfalls nicht leer.

90 Gerhard Fritsch: Wir sahen sie nicht an: In: G. F.: Zwischen Kirkenes und Bari. Wien: Jungbrunnen Verlag 1952 (= Junge österreichische Autoren, Bd. 7), S. 33–36. Der Band enthält ausschließlich Erzählungen und Gedichte, die im Sinne einer Selbstbefragung die Kriegserlebnisse und -erfahrungen des Autors reflektieren. Vgl. auch Gerhard Fritsch: Dieses Dunkel heißt Nacht. Ein Gedicht. Wien: Bergland-Verlag 1955 (= Neue Dichtung aus Österreich, Bd. 11). Dieses Langgedicht, ein rasanter lyrischer Monolog während einer nächtlichen Eisenbahnfahrt, verschränkt assoziativ die Erinnerung an den Krieg mit den Alltagserfahrungen zehn Jahre danach. „... niemals vergessen / sagten schlechte Plakate / nachher // Es wurde auch nicht vergessen / es wurde nur die Erinnerung / milder ..." (S. 10).

# „Ein Traum von Geschichte“ Zu Peter Handke und *Immer noch Sturm*[1]

Als Exposition für seine meisterliche Handke-Biographie wählte Hans Höller den Brief des 20-jährigen Grazer Jus-Studenten vom 13. Januar 1963 an seine Mutter.[2] Peter Handke erzählt darin, dass er in einem „sehr seltsamen Traum“ der vergangenen Nacht von Onkel Gregor geträumt habe, dem am 11.11.1943 als Dreißigjähriger auf der Krim gefallenen Bruder der Mutter.[3] Das Seltsame, er habe nicht nur von Gregor geträumt:

> ich war vielmehr Onkel Gregor, ich meine damit: alles, was ihm widerfuhr, das erlebte ich an mir; ganz unbeschreiblich war das. Ich träumte also, daß er im Freien schlief, es mußte Krieg sein. Ich sah zwar nichts davon, daß Krieg war, aber ich war ganz überzeugt davon. Er erwachte also in dem Feldlager und warf die Decke weg. [...] Während um ihn herum unsichtbar Soldaten saßen und über ihr Eßgeschirr gebeugt waren, war es weiter weg völlig ruhig; aber es war Krieg. Er stand nun auf und ging auf den Waldrand zu. Er wollte desertieren, das begriff ich, denn ich war an seiner Stelle, und es war kein Unterschied zwischen uns. [...] Als er dann mitten im Wald vorsichtig hinhuschte, fiel ihm ein, daß er auf

1 Vgl. Schriftenverzeichnis, Aufsätze Nr. 135.

2 Vgl. Hans Höller: Peter Handke. Reinbek b. Hamburg: Rowohlt 2007, S. 7–9. Der Brief wurde erstmals veröffentlicht in Adolf Haslinger: Peter Handke. Jugend eines Schriftstellers. Salzburg/Wien: Residenz, 1992, S. 69–71.

3 Vgl. Malte Herwig: Meister der Dämmerung. Peter Handke. Eine Biographie. München: Deutsche Verlagsanstalt 2011, S. 310f. (S. 23 gibt Herwig fälschlich den 2.11.1943 an).

> einer Lichtung, die sich gegen ein Feld eröffnete, auf jemanden warten müsse. Ganz sicher würde dort einer kommen zwischen den Farnen und hohen Stauden hervor und von weitem schon lachen im Herbeilaufen und mit ihm würde er über das weite Feld gehen, obwohl es verboten war. [...] Er kam nun in die Lichtung [...]; im gleichen Augenblick wußte er, daß es sein Bruder Hans war, der mit ihm gehen sollte. In dem fahlen Licht, welches von den Bäumen her kam, blieb alles wie es war. Niemand kam ihm entgegen. [...] Der Himmel aber war ganz blau, mit langen schneeweißen Wolken durchzogen, die waren wie Bomber. Da faßte ihn ein Jammer und schüttelte seinen ganzen Körper. Es war ja Krieg, dachte ich. Gleich als ich erwachte, fiel mir ein, das muß ich Dir in einem Brief heute schreiben. Ich überlegte alles noch einmal von Anfang bis Ende, um nichts zu vergessen, aber auch um nichts zu erfinden [...].

Den hier stark gekürzt wiedergegebenen Brief nennt Höller die „Traum-Schwelle" ins Werk. Sie markiert den für Peter Handkes Schreiben charakteristischen, fließenden Übergang zwischen Traum und Realität, Biographie und Dichtung; zwischen dem briefeschreibenden Studenten und dem Dichter. So skizziert der Brief auch Fundamente und Piloten der noch ungeschriebenen Werke. „Schreiben als Befreiung vom Kriegsgesetz?"[4] nennt Höller, in der Formulierung Ingeborg Bachmann mitdenkend, den in der Erfahrung des Krieges wurzelnden Antrieb der Schreibexistenz Peter Handkes. Auch seine mutmaßlich erste Kriegserinnerung ist in diesem Brief verborgen bzw. aufgehoben. Fast vierzig Jahre später wird er, nicht er als Gregor, sondern er als „ich" unter Anführungsstrichen, in

4 Höller (Anm. 2), S. 9.

seinen Aufzeichnungen aus dem Kriegsgebiet Jugoslawien, in *Unter Tränen fragend*, festhalten:

> [...] Sichwiederholen meiner ersten Kriegserinnerung, oder meiner ersten Erinnerung überhaupt?: „ich" als kaum 2½-Jähriger [...] im Hof vor dem Bauernhaus der Großeltern, damals, sagen wir, im April 1945, und dort in dem Hof allein, spielend, und unversehens ein Dröhnen in den Lüften, und ein Riesenschatten momentlang, und jemand, der aus dem Anwesen gerannt kommt und mit mir dorthin zurückrennt, und danach – wieder Stille und Sonne, besondere Stille und besondere Sonne – [...].[5]

Dort, im Brief an die Mutter, die „langen schneeweißen Wolken [...], die waren wie Bomber", hier, in den 40 Jahre später verfassten Aufzeichnungen, der „Riesenschatten", der ein Bomber war. Auch in seinem ersten Roman *Die Hornissen* (1966) dröhnen die Bomber als Hornissen und die Hornissen als Bomber durch den Text; und auch der Traum vom fahnenflüchtigen Gregor taucht verändert im „Tagtraum" des Protagonisten Gregor Benedikt wieder auf – die Traumschilderung des Jus-Studenten zitierend und die spätere Kindheitserinnerung des Dichters vorwegnehmend: „Die kleinen Wolken, die über den ganzen Himmel heranstürmen, sind Bomber", heißt es in *Die Hornissen.*[6] Der Brief des 20-Jährigen ist der Auftakt, der eine schier unübersehbare Fülle von Phrasierungen und inhaltlichen Weiterungen der biographischen Grundkonstellation nach sich ziehen wird. Seit annähernd einem halben

5 Peter Handke: Unter Tränen fragend. Nachträgliche Aufzeichnungen von zwei Jugoslawien-Durchquerungen im Krieg. März und April 1999. Frankfurt a.M.: Suhrkamp 2000, S. 64f.

6 Vgl. Peter Handke: Die Hornissen. Roman. Frankfurt a.M.: Suhrkamp 1966, S. 262–264, Zit. S. 264. Vgl. auch Höller (Anm. 2), S. 9.

Jahrhundert werden mit beinahe jedem neuen Werk die Dringlichkeit und der existenzielle Ernst der frühkindlichen Kriegserfahrung Peter Handkes deutlicher. Es ist die Erinnerung an das gleichsam eingebrannte „Entsetzen und Erschrecken" vor den amerikanischen Bombern, die auf der Flugroute von ihrer Basis in Oberitalien zu den Einsatzorten in der östlichen und nordöstlichen ‚Ostmark' auch Handkes Geburtsort Griffen bzw. Stara vas überflogen. „So weit ich mich zurückerinnern kann", heißt es in *Der kurze Brief zum langen Abschied* (1972), „bin ich wie geboren für Entsetzen und Erschrecken gewesen. Holzscheite lagen weit verstreut, still von der Sonne beschienen, draußen im Hof, nachdem ich vor den amerikanischen Bombern ins Haus getragen worden war".[7]

In diese früheste Erinnerung mischen sich bewusst und unbewusst Eindrücke aus dem verwüsteten Berlin, wo er mit der Mutter einige Monate während der starken Bombardements der Stadt 1944 und dann erneut nach dem Kriegsende bis Mitte 1948 lebte, und an die nicht ungefährliche Flucht aus der geteilten Stadt zurück nach Kärnten. Noch stärker als die eigenen Wahrnehmungen des Krieges prägten sich die Erzählungen ein, die das Chaos, die Angst, den Schrecken, das Unbegreifliche und Bedrohliche mit Namen verknüpften, mit den Namen der beiden Gefallenen aus der Familie der Mutter: Gregor und Hans. Mit ihnen greift der Krieg mitten hinein in die Familie, setzt sich fest, nistet sich ein in die Alltagsgespräche und die Erzählungen des Großvaters, den Handke ‚ote'[8] nannte, die umgangssprachliche slowenische Bezeichnung für ‚Vater', mit der der Enkel sich gleichsam an die Seite der beiden

7 Peter Handke: Der kurze Brief zum langen Abschied. Roman. Frankfurt a.M.: Suhrkamp 1972, S. 9.

8 Vgl. Haslinger (Anm. 2), S. 84.

Getöteten stellte – als Bruder. Vor allem aber ist der Krieg und sind die Toten präsent in den Erzählungen der Mutter. 2006, im Gespräch mit Peter Hamm erklärte er:

> Das mich Bestimmende sind die zwei Brüder meiner Mutter, die im Zweiten Weltkrieg gefallen sind. Aber nicht dadurch allein, daß sie im Zweiten Weltkrieg, wie man fast euphemistisch sagt, gefallen sind, als sei das nur ein Hinfallen, sondern durch die Erzählungen meiner Mutter, noch mehr durch die liebevolle Erzählung meiner Mutter von ihren zwei geliebten Brüdern – das war für mich der große Eindruck meiner Kindheit.[9]

Das Persönliche und das Politische verbinden sich in der Erinnerung – und im Traum. Was die Freundin des Schriftstellers in *Die Stunde der wahren Empfindung*, erschienen 1975, formuliert, kann auch als poetologische Konstante für Handkes Werk gelten: „Wenn ich mich erinnere, erscheinen mir die persönlichen Erlebnisse immer als die Folgen der gleichzeitigen politischen Ereignisse."[10]

*

Den offenkundigen und auch den versteckten Spuren, die Gregor samt seiner ganzen ‚Sippe'[11] in unterschiedlichen Zusammenhängen und Konstellationen und unter allerlei Pseudonymen in den Werken Handkes – darunter in einigen seiner

9 Peter Handke/Peter Hamm: Es leben die Illusionen. Gespräche in Chaville und anderswo. Göttingen: Wallstein 2006, S. 120.

10 Peter Handke: Die Stunde der wahren Empfindung. Frankfurt a.M.: Suhrkamp 1975, S. 95.

11 So die Formulierung Peter Handkes, der mit der offensiven, unironischen Verwendung des Begriffs (keineswegs nur in ‚Immer noch Sturm') das von den Nazis ‚verschandelte' und missbrauchte Wort wieder in sein altes Recht einsetzt.

bedeutendsten – hinterlassen hat, ist schon oft nachgegangen worden, am ausführlichsten und kombinationsfreudigsten von Fabjan Hafner in seiner Studie *Unterwegs ins Neunte Land*.[12] Ich möchte diesen Spuren nicht im Einzelnen folgen, sondern gleich einen Bogen schlagen zu der, wie ich finde, vielschichtigsten Ausformung der eingangs zitierten Urszene in Handkes vorerst letztem Stück, dem 2011 bei den Salzburger Festspielen uraufgeführten Familien- und Partisanendrama *Immer noch Sturm*. Wobei schon bei der Definition der Gattung die Probleme beginnen, denn ob der Text, der keine Gattungsbezeichnung trägt, ein ‚Stück' – und dann vielleicht ein episches Drama – oder die Erzählung eines imaginierten Stücks oder vielleicht gar ein Epos ist, das lässt nicht nur die Form des Textes unentschieden, sondern auch das „Ich" in Anführungsstrichen, das Erzähler, Familienmitglied, Nachfahr, ‚Klartext'-Sprecher, Reporter, Unglücksbote, Spielleiter, Choreograph und Mitspieler in einem ist und in jeder dieser Rollen zugleich innerhalb und außerhalb des von ihm erzählten und/oder imaginierten Geschehens steht. Im letzten Absatz lässt es überhaupt offen, ob seine Erzählungen „bloß gedacht oder laut geworden"[13] seien. Beate Heine, die Dramaturgin der Salzburger Uraufführung, hat die komplexen Spiegelungen und Verschachtelungen der Stückanlage anschaulich beschrieben:

> Angeregt durch nachgelassene Briefe, private Notate, mündliche Überlieferungen und eigene Erinnerungsbilder folgt er seiner Gedächtnisspur: „Nicht ich lasse euch nicht in Ruhe. Es lässt mich nicht in Ruhe, nicht ruhen. Ihr lasst mich nicht in Ruhe."

---

12 Vgl. Fabjan Hafner: Peter Handke. Unterwegs ins Neunte Land. Wien: Zsolnay 2008. Fabjan Hafner verdanke ich einige wertvolle Anregungen für meine Darstellung.

13 Peter Handke: Immer noch Sturm. Berlin: Suhrkamp 2010, S. 166. Weitere Nachweise mit Seitenangabe im Text.

In der Geschichte einer versprengten Familie spiegelt Handke die kollektive Historie eines zerrissenen Volkes wider. Es geht um eine slowenische Kleinhäuslerfamilie in Kärnten, die in der NS-Zeit, vom Sprachverbot und von der Aussiedlungspolitik bedroht, zum Widerstand findet und die nach Ende des Krieges, nach kurzen Wochen der erkämpften und erlebten Freiheit, sich wieder verdrängt und ausgeschlossen fühlt. Der Erzähler führt zurück in die Zeit des Zweiten Weltkrieges und des Partisanenkampfes [...]. Erinnernd ruft er seine Vorfahren herbei und beschreibt dieses Szenario wie ein altes Schwarzweißfoto, in das er sich selbst hineinretuschiert und das nach und nach zum Leben erwacht. Erlebtes, Erinnertes und Fiktives vermischen sich.
Dieses Familienepos [...] entzieht sich jeder Genrebezeichnung. So ist es Traumstück, ist es szenische Erzählung, ist es ein Kunstwerk, das Episches, Lyrisches und Dramatisches miteinander vereint. Das Ich, der Autor als alter Mann, die träumende und erzählende Hauptfigur, sieht sich als Kind heran wachsen. Er sieht sich im Wurzelnest eines Apfelbaumes schlafend und er sieht sich als jungen Mann hinter der Mutter hervortretend, der seinen eigenen Weg gehen will. Er begegnet seiner Mutter als junger Frau sowie später der Schwangeren, mit ihm als Ungeborenen im Bauch. „Schau, da in meinem Bauch: du!“, sagt sie. Er trifft auf [...] seine Großeltern, Tanten und Onkel, aus deren Erlebnissen sich die individuelle Familiengeschichte zusammensetzt, die aber eben auch für die kollektiven Erfahrungen, Werte, Mentalitäten und Vorurteile verschiedener Epochen stehen. Die Erinnerungen dieses erzählenden „Ich“ verwandeln sich in spielerisch-komödiantische Figuren, die miteinander streiten, sprechen, sich freuen oder trauern.

> Es fragt sich, was verbindet mich mit den anderen Menschen? Es setzt sich in Beziehung zu ihnen und die anderen zueinander, legt aber auch die Diskrepanz zwischen offizieller und privater Erinnerung bloß.
> [...] Der Erzähler wird Gast dieser erinnerten Gemeinschaft, die [...] ihn heimholt an den Ort seiner Kindheit. [...] Er erzählt, erinnert, erträumt die Geschichte eines Jahrhunderts der Kriege, des Widerstandes, der Modernisierung, der damit einhergehenden Verluste, aber auch der Hoffnungen auf eine neue Zukunft.[14]

Die Szenerie, die das „Ich" in den ersten Sätzen des Stücks erzählerisch aufbaut, ist topographisch so unbestimmt wie zeitlich vage: „Eine Heide, eine Steppe, eine Heidesteppe, oder wo. Jetzt, im Mittelalter, oder wann." (7) Das erinnert an Szenerien in *Macbeth* oder *King Lear*, woraus bekanntlich der Titel des Stücks, die deutsche Version der im 3. Akt des *King Lear* zweimal erscheinenden Regieanweisung „Storm still", stammt. Die nachgestellten Fragen (oder sind es Wahlmöglichkeiten?), die die jeweiligen Feststellungen (oder sind es nur vorläufige Orientierungshilfen?) aushebeln und spielerisch ins Unscharfe verwischen, sind ein Spezifikum des gesamten Textes. Sie sind wie Schutzzäune, aufgerichtet vom „Ich", dessen Anführungsstriche eine ähnliche Funktion haben: vorschnelle Schlüsse, Festlegungen, biographische Abkürzung oder Spekulationen zu erschweren. Anders gesagt: den Text offen zu halten und damit die Wirklichkeit, die er vorstellt, als etwas Gefundenes, Gedachtes und Gemachtes, als Möglichkeit und Artefakt

---

14 Beate Heine: [ohne Titel]. In: Programmfolder der Aufführung des Burgtheaters, Wien [ohne Paginierung]; Premiere am 3. Oktober 2011. Ebenfalls abgedruckt im Programmheft des Thalia Theaters, Hamburg; Premiere am 17. September 2011. Im Programmheft der Salzburger Festspiele (Uraufführung am 12. August 2011) ist der Beitrag nicht enthalten.

bewusst zu halten. So erscheinen bezeichnenderweise „[s]eine Vorfahren“, die sich dem unter dem Apfelbaum sitzenden „Ich“ nähern, sobald es die Augen öffnet, „in Schwarzweiß“; wie aus einem Film herausgetreten, könnte man schließen oder aus einem Traum? Oder ist es die Tönung der Erinnerung von Handkes „Ich“ an die beiden gefallenen Onkel, die es nur von Schwarzweißfotografien kennt? Und seltsam ist auch, „daß diese Gestalten da ganz und gar nicht den Vorfahren ähneln [...]. Sie sind es nicht, weder in Aussehen noch Haltung noch Mienen. Und zugleich sind sie es. Sie sind es!“ (8) Erst nach und nach gewinnen Schauplatz und Personal auf diese tastende und zögerliche Weise Kontur. Die episch universellen Möglichkeiten werden nach und nach erst auf Kärnten, auf das Jaunfeld und auf die Konstellation von Handkes Familie und ‚Sippe‘ bezogen. Eine Transformation, die für das „Ich“ als Spielmacher nur unter Einsatz sehr vieler ‚oder‘ und sehr vieler Fragezeichen zu bewältigen ist. Die Transformation des Biographischen in Literatur bleibt damit im Prinzip übertragbar und offen.

Es stimmt zwar, nie zuvor hat Peter Handke seine ‚Sippe‘ in einem Text so vollständig und vollzählig versammelt, so, „wie sie mir zu ihrer Zeit nie vor Augen gekommen ist“. (45) Das hat einige Kritiker vielleicht etwas vorschnell dazu bewogen, von *Immer noch Sturm* in eigenartig therapeutischer Anteilnahme und Wortwahl als ‚Familienaufstellung‘ oder ‚Wunschfamilie‘ zu sprechen. Doch das ist durch den Text nicht gedeckt. Seine Intention ist gerade nicht eine Rekonstruktion der Familie des Dichters – aus welchen Absichten, Gründen oder mitfühlend phantasierten Defiziten des Autors auch immer. Schon die ständig und bewusst erzeugten Unschärfen, Ambivalenzen und Relativierungen, etwa durch das stereotype ‚oder wie oder was‘ bzw. ‚oder wann oder wo‘, dementieren eine solche Absicht eindeutig.

In der Exposition, die die handelnden Personen in ihrem „glückliche[n] Jahr“ 1936 vorstellt und die den Blick auf den Schauplatz präzisiert, das Jaunfeld am Fuße der Svinjska planina im schönen, zweisprachigen Kärnten, lepa Koroška, wird zuallererst von der Familie der „ein- oder zehnstimmige(r)“ Vorwurf (bei insgesamt nur sechs das Stück bevölkernden Vorfahren!) gegen den Erzähler und Nachfahr erhoben, er sei

> [d]er einzige, der uns noch träumt. Ach, daß uns doch einmal jemand anderer träume! Jemand Sachgerechter. Einer, der uns denkt, und bedenkt – und nicht dein ewiges Gedenken, dein immerwährendes Heraufbeschwören. (9)

Im ‚Denken‘ und ‚Bedenken‘, das die Sippe einmahnt, verbirgt sich ein zentrales Element der Poetik Peter Handkes. In *Gestern unterwegs* hat er es folgendermaßen formuliert: „Das ‚Umdenken‘, das *Metanoein* des Johannes Baptist, ist auch das Prinzip der Dichtung, gegenüber den Tatsachen: diese *um*denken“.[15] Am Ende des ersten Aktes erteilt die Mutter dem Sohn und „Nachfahr“ – dem ersten in der Familie, der sich aus der Welt der Knechte, Keuschler und Habenichtse hinaus- und hinaufgearbeitet hat, und der nun zurückgekehrt ist, gleichsam um Nachschau zu halten, was mit dieser Familie als Stoff für ein Stück anzufangen sei – einen Auftrag, der das Träumen und Heraufbeschwören mit dem Bedenken und Umdenken verbindet – im Spiel und als Spiel. „Hast du denn nicht gemerkt“, fragt die Mutter am Schluss des ersten Akts,

> daß du gar nicht anders kannst, du Obstgartenflüchtling? Daß wir, ob du willst oder nicht, dich führen? Daß

15 Peter Handke: Gestern unterwegs. Aufzeichnungen November 1987–Juli 1990. Salzburg/Wien: Jung und Jung 2005, S. 530.

> wir dich bestimmen, und nicht nur, wie du zeitweise gemeint hast, zu deinem Unglück, du Piaukel? Bleib bei uns, denn so bist du gemacht, und demgemäß sind deine Früchte. Und so sei dein Spiel, so steht dir frei zu spielen. Du hast im übrigen keine Wahl, es ist dein einziges Spiel, seit jeher, dein einziger Bauplan. Bleib bei uns, Sohn. (43)

Dieser Bauplan lässt sich mehr oder minder deutlich an vielen der Werke Peter Handkes erkennen. Sie sind – ich wiederhole hier Geläufiges und oft Gesagtes –, so scharf sie im Detail gesehen und gezeichnet sind, keine realistischen Entwürfe, keine Abbildungen, Rekonstruktionen oder Rekapitulationen der Wirklichkeit, sondern Gegenwelten, geschöpft aus dem Ich mit und ohne Anführungszeichen; entstanden aus einer ästhetisch hochkomplexen Kombination, einem ‚Wiederholen', ‚Umdenken' und Verwandeln von Tatsachen, Erinnerungen, Eindrücken, Gefühlen, Erfindungen und, vor allem, von Träumen. „In meinen Büchern", so Handke 2006 in einem Interview mit der *ZEIT*, „kann man das vergehende und das sich entwerfende Leben ziemlich genau ahnen. Man kann sehen, was ein Schriftsteller ist, was Schreiben ist, was Leben im Schreiben ist".[16] In *Immer noch Sturm* entwirft Handke daher nicht das Bild (s)einer Wunschfamilie, sondern er zeigt, was unter den historischen Bedingungen des Krieges und der nationalsozialistischen Diktatur der Entschluss, sich für den bewaffneten Widerstand zu entscheiden, für eine kärntnerslowenische Familie bedeuten hätte können, bedeuten konnte und bedeutet hat. Als Austragungsort für dieses realistische Gedanken- und

16 Ich komme aus dem Traum. Ein ZEIT-Gespräch mit dem Schriftsteller Peter Handke über die Lust des Schreibens, den jugoslawischen Krieg und das Gehen in den Wäldern. In: DIE ZEIT vom 2.2.2006, S. 53f., Zit. S. 53.

Traumspiel hat Handke naheliegenderweise jene Familie genommen, die er am besten kennt – in ihren Fixierungen, Widersprüchen, Ängsten, Abgründen, Hoffnungen und Phantasien: seine eigene. Am Beginn des zweiten Akts, er spielt im Jahre 1942, geht das „Ich" deshalb, nachdem der Schauplatz und die Mitspieler feststehen, auf den Vorschlag der Mutter, das Spiel nach seinem üblichen Bauplan in Szene zu setzen, mit der Formulierung ein: „Mein Spiel, Mutter? Ohne euch kein Spiel." (46) Mit anderen Worten, es gibt kein „Spiel" und sei es auch ein Gedanken- oder Traumspiel, kein sich anders entwerfendes Leben ohne das vergehende oder vergangene mitzudenken, mehr noch: ohne von ihm auszugehen und von ihm bestimmt zu sein. Dann erst kann das Träumen, das *Be*denken, das *Um*denken und Um*formen* beginnen. Der Prozess des literarischen *Um*denkens und Um*schreibens* wird aus seiner realen Familie eine für das Geschehen und die historische Epoche paradigmatische Konstellation erschaffen. Sie wird *die* Familie, die vor die schicksalhafte Entscheidung gestellt ist, Widerstand gegen den Nationalsozialismus zu leisten oder der eigenen Vernichtung, der Auslöschung der eigenen Sprache und des eigenen Volkes tatenlos zuzusehen. Das Persönliche und das Paradigmatische, das Intime und das Universelle durchdringen sich am Ende gegenseitig. Das kann nur die Literatur. Das bringen in ihrer machtlosen Macht nur die Schriftstellerinnen und Schriftsteller zustande.

Wie in einem die Konstruktion des Stücks tragenden Bogen wird im letzten, im fünften Akt die Frage des ‚Spiels' noch einmal aufgenommen. Gregors zornig-verzweifeltes Zwiegespräch mit dem Neffen, Patenkind und „Nachfahr", in dem er schildert, wie die Slowenen um den Sieg, den sie miterkämpft hatten, betrogen wurden, wie der „warme, warme Frieden" in den „kalte[n], kalte[n] Krieg" (140) umschlug, dieser grandiose ‚Dialog' in Form von Friedens-, Glücks-, Wut- und Scheltreden Gregors, die sich an den Neffen richten, mündet im kaum verhüllten Vorwurf: „Was willst du von uns, Nachfahr? Warum wir? Wir haben doch verloren. Sind kein Thema. Und auch kein Stoff zum Träumen. Such dir einen anderen Stoff, einen aktuellen." (152) Das ist das Stichwort für das „Ich", seine Wahl zu begründen. Er nennt zwei Gründe: Seine Auffassung von der Darstellung der Geschichte als einer friedensstiftenden Form (vgl. 152f.) und die Zuneigung zu seinen Vorfahren, den friedliebenden und zugleich tapferen Kärntner Slowenen:

> Ich verehre euch. Warum? Weil ihr Hasenherzen wart, aber tapfere. Als gehörten Hasenherzen und Tapferkeit zusammen. Und nie auch wart ihr Angreifer. [ ...] So gedenke ich euer, und denke umgekehrt von euch mich gedacht. Eure Hände möchte ich nachzeichnen, eure Augen, eure Fußstellung. Eure Stimmen hören, mitten im Herzen, mitten im Traum und über den Traum hinaus. [...] Solche wie euch wird es nie wieder geben. [...] Mit euch komme ich zur Besinnung. (154)

In einem Akt der Verwandlung, der sich wörtlich der sprachlichen Formeln der katholischen Liturgie bedient (Hochgebet, Doxologie; vgl. 154f.), möchte er seine Vorfahren wiederererstehen lassen: „Auferstehen sollt ihr. Ich rufe euch aus den Gräbern zur Auferstehung." (155) Gregor fährt ihm darob scharf in die Parade: „... Einfaltspinselbilder. Zimmert aus seinem Daher- und Dahingeträumten Welteniäume. Träumt, und bestimmt, daß wir Toten nicht tot sind. Tot sind wir, Nachfahr, tot." (155) Was das „Ich" als Erzähler mit seinen wörtlichen Anspielungen auf christliche Totenerweckungs- und Dreifaltigkeitsvorstellungen impliziert, ist alles andere als Hybris oder

Blasphemie. Es ist die Behauptung und Selbstbehauptung der Literatur als wirklichkeitsschaffende Kraft. Als Gregor mit seinem letzten und massivsten Vorwurf: „Nein. So nicht. Du hast kein Recht zum Märchen. Und jetzt gibst Du auch noch den Spielleiter." (161) das „Ich" in seiner Rolle grundsätzlich in Frage stellt, antwortet dieses mit der Autorität und mit der Macht (‚oblast') dessen, der bestimmt: mit der Macht des ‚auctors', des Urhebers, des Autors, der ein anderer Schöpfer ist, einer, der nicht dem Lehm, sondern den Worten Leben einhaucht. Und es wäre nicht Handke, würde er diesen Anspruch auf die Macht und Autorität des Schriftstellers nicht in einem Nachsatz in unnachahmlicher Weise sogleich ironisch brechen – um ihn so auch zugleich poetisch zu bekräftigen:

> „Ja, ich bin der Spielleiter. Ich bin es, der euch das Recht in seine Hand nimmt, das Alte Recht. Schluß mit mir dem Träumer, derwelcher machtlos zuschaut, was und wie ihm träumt. Ich bin erwacht. Ich bin die Macht. Jaz sem oblast. Jaz sem autoriteta. Ich bins, der bestimmt ..." – Gregor: „Wem hauchst du so ein Leben ein? Einer Eintagsfliege!" – Ich: „Vielleicht. Ja, einer Eintagsfliege! Wie schön sie sind, die Eintagsfliegen, wie leicht, wie luftig." (162)

Gregor widerspricht nicht. Er stimmt stattdessen ein traurigschönes Lied an, in dem er das ganze Land, lepa Koroška, das schöne Kärnten, (stellvertretend?) als Grab für sich imaginiert. (vgl. 163) „Das Schöne sieht man so schlecht", heißt es schon in Handkes *Kindergeschichte* aus dem Jahr 1981 und der Satz wird wiederholt und bekräftigt in *Immer noch Sturm.* (136) Doch wenn man bereit und gewillt ist, das Schöne zu erfassen und zu erkennen – seien es Eintagsfliegen oder eine kärntnerslowenische Familie, zum Leben und zum Widerstand erweckt von Peter Handke – hat es die Kraft, Augen zu öffnen.

*

Der Nukleus für *Immer noch Sturm* ist der fast fünf Jahrzehnte alte Gregor-Traum des 20-jährigen Jus-Studenten in Graz. „Die Träume sind ja verschwunden aus der Literatur, dabei sind sie ihr Ursprung", sagte Handke im erwähnten *ZEIT*- Interview. „Bei den meisten Schriftstellern sehe ich keinen Traum mehr. Ich komme aus dem Traum." Ihn beschäftige seit je die „andere Geschichte", in der man nicht mehr „der Gefangene der Historie ist". Davon erzähle er. „Darauf geht alles hin, was ich schreibe. Es ist nicht nur Utopie, es ist auch real, das Realste überhaupt. Es ist ein Vorschlag, ein Traum von Geschichte." Im Falle von *Immer noch Sturm* spielt Handke jenen Traum von Geschichte durch, den er am 13. Januar 1963 gleich nach dem Aufwachen notiert hat: Die Mutterbrüder Gregor und Hans desertieren, sie sterben nicht im Krieg, sie kehren zurück, wie die Motti zu *Die Hornissen* (1966) und zu *Der Bildverlust* (2002) verheißen, indem sie einen zweideutigen antiken Orakelspruch positiv ausdeuten.[17] Ob die Brüder der Mutter – wie der Gregor des Stücks – nicht nur desertieren, sondern sich auch den Partisanen anschließen wollten, geht aus dem Traum, wie Handke ihn notiert hat, nicht eindeutig hervor. Es kann nicht ausgeschlossen werden, dass er diese Konsequenz, die den Angelpunkt des Stücks bildet, schon 1963 mitdachte, dass er den Traum jedoch, wie er im Brief an die Mutter ja betont, nicht interpretieren oder verfälschen wollte. Im Gespräch mit Peter Hamm charakterisierte er mehr als 40 Jahre später, und

17 Vgl. Handke, Hornissen (Anm. 6), S. [5]: „Du wirst gehen | zurückkehren nicht sterben im Krieg"/[IBIS REDIBIS NON MORIERIS IN BELLO]. Je nachdem, ob der Beistrich nach ‚zurückkehren' oder nach ‚nicht' gesetzt wird, ergibt sich ein völlig konträrer Sinn. Vgl. auch Peter Handke: Der Bildverlust oder Durch die Sierra de Gredos. Frankfurt a.M.: Suhrkamp 2002, S. [5]; dort mit anderem Zeilenfall und dem Zusatz „(Lateinisches Orakel)".

offenbar in Kenntnis von eindeutigen Dokumenten, die ihm vielleicht erst später bekannt geworden sind, die Haltung der beiden Mutterbrüder so: Sie hätten

> für Hitler ihr Leben gelassen [...], obwohl sie eigentlich Slawen waren, nicht eigentlich, obwohl sie Slawen waren, und obwohl alle beide eine Neigung hatten, zu den Partisanen zu gehen, wie sie es ganz klar, schriftlich sogar, hinterlassen haben. Daß zwei Slawen, die eigentlich für Jugoslawien hätten kämpfen wollen, oder zumindest gegen Deutschland, für das so genannte Großdeutsche Reich ihr Leben gelassen haben – das war eigentlich das Bestimmende. [...] Was dann [...] im Bewußtsein der Geschichte [...] hinzugekommen ist bei mir, das war die Wut; [...].[18]

Erstaunlicher vielleicht noch als die literarische Inkubationszeit des Stoffes von beinahe fünf Jahrzehnten sind die Empathie des zwanzigjährigen Peter Handke für die Schicksale seiner Onkel, die er ja nie kennengelernt hat, und seine Bereitschaft zur Identifikation mit Desertion und Widerstand. „[A]lles, was ihm [d.i. Gregor] widerfuhr“, heißt es im Traumnotat, „das erlebte ich an mir. [...] Er wollte desertieren, das begriff ich, denn ich war an seiner Stelle und es war kein Unterschied zwischen uns.“ Solch eine Haltung ist in Österreich, wo Deserteure von Kameradschaftsbünden, Heimatverbänden und rechten Parteien jahrzehntelang als Verräter und Eidbrüchige diffamiert wurden, wo Deserteure noch 2005 von einer BZÖ-Justizministerin und einem designierten Vorsitzenden des Bundesrates (beide aus Kärnten stammend) pauschal als

18 Handke/Hamm (Anm. 9), S. 120.

Feiglinge und Kameradenmörder verleumdet wurden, nicht selbstverständlich. Erst im November 2009, nahezu 65 Jahre nach Kriegsende, wurde vom Österreichischen Nationalrat (gegen die Stimmen von BZÖ und FPÖ) das ‚Aufhebungs- und Rehabilitationsgesetz' beschlossen, das die Ehre der österreichischen Wehrmachtsdeserteure wiederherstellt und die Desertion als Akt des Widerstands gegen das NS-Regime würdigt.[19] Anders auch als in der Bundesrepublik Deutschland, wo bedeutende Autoren, die selber Deserteure waren, wie Heinrich Böll mit *Der Zug war pünktlich* (1949), *Wo warst du, Adam* (1951), *Entfernung von der Truppe* (1964), vor allem aber Alfred Andersch mit *Kirschen der Freiheit* (1952) schon früh und mit großer öffentlicher Resonanz das Thema aufgegriffen haben, gab es in Österreich außer dem Roman *Fasching* von Gerhard Fritsch, der jedoch kaum je als Deserteur-Roman gelesen wurde, jahrzehntelang keinen literarisch ernstzunehmenden Beitrag zum Thema Desertion. An dem Roman, dessen Vorstufen die Arbeitstitel ‚Spießrutenlauf' und ‚Denkmal für einen Deserteur' trugen, hatte Fritsch, der als Achtzehnjähriger eingezogen worden war und der das Kriegsende an der Ostfront erlebte, jahrelang gearbeitet. Als *Fasching* 1967 bei Rowohlt erschien, wollten die Österreicher von dem Thema nichts wissen. Das Buch war ein Misserfolg. Fritsch, zutiefst enttäuscht, beging 1970 Selbstmord. Dafür, wie heikel das Thema in der österreichischen Öffentlichkeit war, gibt H.C. Artmann, der erst 1997, nach der Verleihung des Büchner-Preises – als 76-Jähriger – zum ersten Mal über seine Desertion gesprochen hat, ein bezeichnendes Beispiel. Auf die

19 Vgl. Hannes Metzler: Ehrlos für immer. Die Rehabilitierung der Wehrmachtsdeserteure in Deutschland und Österreich unter der Berücksichtigung von Luxemburg. Wien: Mandelbaum 2007, bes. S. 60ff., 118ff.; sowie: Bundesgesetzblatt. I, Nr. 110/2009, § 4.(1).

Frage, warum er so lange geschwiegen habe, antwortete er lapidar: „Sonst lesen mich die Nazis nimmer."[20]

Handkes Identifikation mit Desertion und Widerstand steht nicht nur im Widerspruch zur österreichischen Geschichtspolitik und zur rechtsnationalen Traditionspflege nach 1945, sondern auch im starken Kontrast zur extrem deutschnationalen Umgebung, in der er aufwuchs. Das nahegelegene Völkermarkt, die ‚Stadt der Volksabstimmung', so der Ehrentitel aus dem ‚Kärntner Abwehrkampf' (1919/1920), verstand sich als ‚kerndeutsches' Bollwerk gegen die Slawen, namentlich gegen die Slowenen in Kärnten, zu denen auch Handkes Großvater, seine Mutter und seine Onkel, die drei Brüder seiner Mutter, zählten. Als am 17. November 1946 auf dem Völkermarkter Friedhof St. Ruprecht im Rahmen einer großen Gedenkfeier der Befreiungsfront OF/Osvobodilna Fronta und im Beisein von Vertretern der alliierten Mächte die sterblichen Überreste von 83 Partisanen, die auf der Saualpe, der Svinjska planina, gefallen waren, in einem Massengrab bestattet wurden, empfand die ‚deutschgesinnte' Bevölkerung dies als Affront und als Provokation. Das im folgenden Jahr beim Ehrengrab enthüllte Denkmal, das eine Dreiergruppe von Partisanen im Angriff darstellt, wurde alsbald ein Ziel des weit verbreiteten Vandalismus gegen die sichtbaren Erinnerungszeichen des Widerstands gegen das NS-Regime. Am 10. September 1953 wurde das

20 Vgl. Klaus Amann: Flucht von den Fahnen. Wehrmacht, Krieg und Desertion in der österreichischen Literatur. In: „Da machen wir nicht mehr mit...". Österreichische Soldaten und Zivilisten vor Gerichten der Wehrmacht. Hrsg. von Thomas Geldmacher, Magnus Koch, Hannes Metzler, Peter Pirker, Lisa Rettl. Wien: Mandelbaum 2010, S. 63–75, Zit. S. 66. Grundlegend für das Thema (allerdings ohne österreichische Beispiele) ist nach wie vor: Norbert Mecklenburg: Hilfloser Antimilitarismus? Deserteure in der Literatur. In: Krieg und Literatur / War and Literature. 2 (1990) 3, S. 135–158.

Denkmal durch ein gewaltiges Sprengattentat zerstört.[21] Die Detonation war vermutlich auch in dem kaum zehn Kilometer weit entfernten Griffen zu hören. Der Anschlag, der großes Aufsehen erregte und in Kärnten verbreitet Zustimmung erntete, wird in den Familien Siutz und Handke und vielleicht auch in der Hauptschule, die der 11-Jährige besuchte, eingehend besprochen worden sein – vermutlich nicht immer im Sinne der Attentäter. Mit anderen Worten, Handke ist mit großer Wahrscheinlichkeit schon als Kind und Jugendlicher mit dem Partisanenwiderstand und mit den höchst aktiven Restbeständen des Nazismus in Kärnten konfrontiert worden. Dass er im *Versuch über die Jukebox* (1990) Völkermarkt via Durchfahrtsstraße auch ideologisch an die ‚Stadt der Volkserhebung', wie Graz zur Nazizeit offiziell und exklusiv sich nennen durfte, anschloss,[22] kommt mir wie eine späte Antwort auf die „Gewalttätige ‚Heimatliebe'"[23] der Völkermarkter Nazis und ihren mit Dynamit geladenen Hass auf die Partisanen vor.

21 Vgl. Lisa Rettl: PartisanInnendenkmäler. Antifaschistische Erinnerungskultur in Kärnten. Innsbruck, Wien, Bozen: Studienverlag: 2006, S. 89ff. und S. 152ff.

22 Peter Handke: Versuch über die Jukebox. Frankfurt a.M.: Suhrkamp 1990, S. 84: „In dem hallenden Stahlgitarren-Ritt von ‚Apache' wurde das miefkalte und verrülpste ‚Espresso-Stübchen' an der Durchfahrtsstraße von der ‚Stadt der Volksabstimmung von 1920' zur ‚Stadt der Volkserhebung von 1938' angeschlossen an eine ganz andere Elektrifizierung [...]."

23 So der Titel des Kapitels bei Rettl (Anm. 21), in dem der Sprenganschlag beschrieben wird. Dass mit dieser Sprengung das Kapitel jedoch noch lange nicht abgeschlossen war, zeigt der Bericht ‚Einschusslöcher im Gedenkstein. Unbekannte „besuchten" Ex-Partisanen-Bauernhof' in ‚Der Standard' vom 16.11.2011, S. 8: „Ganz in der Nähe des Asylheims [auf der Saualpe] befindet sich ein einsamer Bauernhof vulgo Kalut. Dort erinnert ein Partisanendenkmal an Nazigräuel 1944, denen die Bewohner, Martin Slemensek und dessen hochschwangere Freundin Margarete Mally, zum Opfer fielen. Sie wurden von der SS erschossen und verbrannt. Vor kurzem wurde dieses Denkmal geschändet. Anlässlich einer Kranzniederlegung entdeckte man zahlreiche Einschusslöcher im Gedenkstein. Der Verband der Kärntner Partisanen erstattete Anzeige bei der Staatsanwaltschaft. Schon mehrfach war es hier zu Schändungen dieses Denkmals gekommen, bestätigte Partisanenvertreter Danilo Prušnik. Ab 1944 war die Saualm ein schwer umkämpftes Rückzugsh gebiet für den Kärntner Widerstand gegen den Nationalsozialismus. Vor allem Partisanen versteckten sich in dem weitläufigen Gebiet. (stein [=Elisabeth Steiner])".

Wir können daher wohl auch davon ausgehen, dass der 21-jährige Jus-Student Peter Handke den vom 10. bis 19. Juni 1963 in Graz, der ehemaligen ‚Stadt der Volkserhebung', stattfindenden Prozess gegen Franz Murer verfolgt hat – zumal der Prozess täglich auf den Titelseiten der Grazer Zeitungen war und schließlich zu einem der größten Justizskandale der Zweiten Republik ausartete.[24] Franz Murer, Bauer bei Murau, Obmann der ÖVP und der Landwirtschaftskammer für den Bezirk Murau, hatte sich 1941 bis 1943 als stellvertretender Gebietskommissar von Wilna, wo er zuständig war für „jüdische Angelegenheiten", den Titel ‚Schlächter von Vilnius' erworben. Ihm wurden von Überlebenden nicht nur zahlreiche, eigenhändig begangene Morde, besondere Grausamkeit, Erpressung und Bereicherung zur Last gelegt. Er war in seiner Funktion auch direkt verantwortlich für den Massenmord an 60.000 litauischen Juden, die 1941 in Ponary (nahe Wilna) erschossen wurden.[25] Der Angeklagte wurde in dem Grazer Geschworenenprozess, bei dem laut Zeitungsberichten seine im Gerichtssaal anwesenden Söhne die aus Israel und den USA angereisten Zeugen verhöhnten und verspotteten, unter Beifall und Bravo-Rufen freigesprochen. Einige der Zeuginnen waren beim Anblick Murers weinend zusammengebrochen. „Murer verließ den Prozeß als Held: Im Triumphzug."[26] Schon vor Prozessbeginn hatten ÖVP-Politiker, darunter auch der spätere

24 Wie Handkes Briefe an seine Mutter belegen, hielt er sich zur Zeit des Prozesses in Graz auf. Vgl. Haslinger (Anm. 2), S. 56ff.

25 Vgl. Abraham Sutzkever: Wilner Getto 1941–1944. Aus dem Jiddischen übertragen von Hubert Witt. Zürich: Ammann 2009.

26 Doron Rabinovici: „Jidn, sogt, wer schtejt bajm tojer?". Der Fall Franz Murer – ein österreichischer Schauprozeß gegen die Opfer. In: Florian Freund, Franz Ruttner, Hans Safrian (Hrsg.): „Ess firt kejn weg zurik ...". Geschichte und Lieder des Ghettos von Wilna 1941–1943. Mit einem Vorwort von Simon Wiesenthal. Wien: Picus 1992, S. 97–122, Zit. S. 111. Die Identität F. Murers war 1947 von Simon Wiesenthal enthüllt worden. Vgl. Simon Wiesenthal: Doch die Mörder leben. München/Zürich: Droemer-Knaur 1967, S. 81ff.

Minister Theodor Piffl-Perčević bei Justizminister Christian Broda (SPÖ) interveniert, der zugesagt hatte, den Fall „möglichst rasch zu einer Erledigung zu bringen".[27] Zwar wurde nach einer Nichtigkeitsbeschwerde der Staatsanwaltschaft das Urteil 1964 durch den Obersten Gerichtshof aufgehoben, das Landesgericht Graz rollte den Fall jedoch nicht neu auf, sondern stellte 1974 das Verfahren endgültig ein. Der ‚Schlächter von Vilnius' genoss unbehelligt seinen Lebensabend und starb 1994 im Alter von 82 Jahren. Sein Sohn Gerulf, der landauf landab die Unschuld seines Vaters behauptete (war er womöglich einer der beiden Söhne, die im Gerichtssaal die jüdischen Zeugen verhöhnten?), war viele Jahre Nationalratsabgeordneter und hochrangiger Funktionär der FPÖ; 1983–1987 gehörte er in der SPÖ-FPÖ-Koalition als Staatssekretär im Landwirtschaftsministerium auch der Regierung an. In seinem Journal *Gestern unterwegs* wird Handke resümieren: „In Österreich erkenne ich einen Menschen, die Menschen, daran, daß (ob) die Judenvernichtung die entscheidende Geschichte oder ‚Nachricht' seines, ihres Lebens war; wenn nicht – ".[28]

*

Im Rückblick und aus der Perspektive von *Immer noch Sturm* betrachtet springt manches in Peter Handkes Werk neu ins Auge, anderes erweist sich unversehens als Wegmarke. Ein paar episodische Beobachtungen dazu. Etwa die Büchner-Preis-Rede Handkes von 1973, exakt zehn Jahre nach seinem Traum, in dem er mit und als Gregor desertierte. Handke hat seine Rede bekanntlich der nur wenige Tage zuvor durch

27 Zit. bei Rabinovici (Anm. 26), S. 106.

28 Handke, Gestern unterwegs (Anm. 15), S. 175. Vgl. auch S. 218: „Bedenk immer wieder, daß dein Geschichtserlebnis das des Völkermordes an den Juden ist […]".

einen Brandunfall zu Tode gekommenen Ingeborg Bachmann gewidmet. Vielleicht aus einem Gefühl der Pietät und der spontanen Anteilnahme an ihrem tragischen Ende, schließlich stammen beide aus Kärnten und beide waren gleichermaßen konsequent unterwegs ins Freie. Vielleicht aber auch deshalb, weil er der Dichterin Ehre erweisen wollte, die – wie auch er – von Anfang an gegen das Gesetz des Krieges geschrieben und den „armselige[n] Stern | der Hoffnung" als Auszeichnung verheißen hatte „für die Flucht von den Fahnen, | [...] | und die Nichtachtung | jeglichen Befehls". Es ist nicht anders vorstellbar: Handke muss durch ihr Gedicht ‚Alle Tage'[29] an seinen Gregor-Traum erinnert worden sein. An einer zentralen Stelle seiner Dankesrede heißt es: „Seit ich mich erinnern kann, ekle ich mich vor der Macht [...]". Hier darf man wohl auch an Krieg und Widerstand, zentrale Themen Ingeborg Bachmanns, denken, zumal in unmittelbarer Umgebung der Stelle auch von Opfern die Rede ist: „[V]on jeher fühlte ich mit den Opfern."[30] Ein Satz, der auch von ihr sein könnte. Beinahe 40 Jahre später bekennt das „Ich" in *Immer noch* Sturm: „Und immer noch halte ich mit den Verlierern." (49)

Der Blick für die Opfer, auch die Opfer des Widerstands, scheint sich bei Handke nach seiner Übersiedlung nach Paris (Ende 1973) intensiviert zu haben – gewiss auch begünstigt durch den Ort, an dem einem die oft blumengeschmückten Gedenktafeln für die hingerichteten und ermordeten Kämpfer und Kämpferinnen der Résistance beinahe auf Schritt und Tritt an den Hauswänden von Straßen und Plätzen der Stadt

29 Vgl. ‚Alle Tage' aus ‚Die gestundete Zeit' (1953). In: Ingeborg Bachmann: Werke. Hrsg. von Christine Koschel, Inge von Weidenbaum, Clemens Münster. 4 Bde., München: Piper [5]1993, Bd. 1, S. 46.

30 Peter Handke: Die Geborgenheit unter der Schädeldecke. In: P. H.: Als das Wünschen noch geholfen hat. Frankfurt a.M.: Suhrkamp 1974, S. 69–78, Zit. S. 72.

begegnen. Nicht von ungefähr springt Gregor Keuschnig, dem Protagonisten von *Die Stunde der wahren Empfindung* (1975), schon auf den ersten Seiten des Buches, in der Nähe der österreichischen Botschaft, „eine Gedenktafel für einen aus Österreich stammenden Partisanen" in die Augen, „der als Mitglied einer französischen Widerstandsgruppe gegen die Nationalsozialisten gekämpft hatte und vor dreißig Jahren an dieser Stelle von den Deutschen erschossen worden war."[31] Der spontane Unwille: „Dieses Arschloch, dachte Keuschnig", richtet sich jedoch nicht so sehr gegen den Kämpfer der Résistance als vielmehr gegen Keuschnigs eigene nationalsozialistische Vätergeneration. Seine Reaktion ist Ausdruck einer tiefen Verstörung, die sich erst gegen Ende des Buches zu lösen scheint, und dabei dürfte auch die Aneignung und Anerkennung des Widerstands von nicht unwesentlicher Bedeutung sein. Plötzlich ist es ihm vor einer der Gedenktafeln möglich, dem Kind zu erzählen, „was da vor dreißig Jahren geschehen war". Der Absatz schließt mit dem Resümee: „Keuschnig war zumute, als sei er ganz nahe daran, die Einzelheit zu entdecken, die auch alles übrige zusammenrücken ließe."[32]

Von hier führt die Spur zur autobiographisch beglaubigten *Kindergeschichte* (1981), wo der Erzähler am Ende des Buches gemeinsam mit seinem Kind Hakenkreuzschmierereien, „die übelstumme Kriegsmalerei", überstreicht.[33] In *Der Chinese des Schmerzes* (1983) findet der auf frischer Tat ertappte Hakenkreuzschmierer durch die Hand Andreas Losers seine Strafe: Er tötet ihn im Affekt, was durchaus als politischer Akt[34]

31 Handke, Stunde (Anm. 10), S. 16

32 Ebd. S. 140.

33 Peter Handke: Kindergeschichte. Frankfurt a.M.: Suhrkamp 1981, S. 107.

34 Vgl. Hafner (Anm. 12), S. 19.

interpretiert werden kann: „[D]as Hakenkreuz. Dieses Zeichen ist das Unbild der Ursache all meiner Schwermut – all der Schwermut und des Unmuts hierzuland", heißt es im Roman.[35] Das ‚Strafmaß', das der Autor dem Hakenkreuzschmierer zumisst, entspricht dem Umgang der österreichischen Justiz mit alten und neuen Nazis gewiss in keiner Weise – und ist gerade deshalb ein deutlicher Hinweis auf die Bagatellisierung des Nationalsozialismus in der österreichischen Nachkriegsgeschichte.

Der entscheidende Schritt, der auf *Immer noch Sturm* zuführte, dürfte jedoch die Entdeckung des Widerstands als kollektives Schicksal des slowenischen Volkes diesseits und jenseits der Karawanken gewesen sein. Im Nachhinein lesen sich die Hinweise in *Die Wiederholung* (1986) wie Richtungsschilder. So stößt der Erzähler Filip Kobal, der im Buch auf der Suche nach seinem verschollenen Bruder Gregor Slowenien durchquert, allenthalben auf die Erinnerungen an den Widerstand der einheimischen Bevölkerung gegen die Nationalsozialisten (und die italienischen Faschisten), der sich unmittelbar nach dem Überfall Hitlers auf Jugoslawien (6. April 1941) im Rahmen der Befreiungsfront OF/Osvobodilna Fronta organisiert hatte – die Ende 1942/Anfang 1943 auch in Kärnten Fuß fasste:

> An einem der Eingangshäuser des Dorfs war die Tafel angebracht, welche besagte, im Keller hier habe man sich an dem angegebenen Tag des Jahres 1941 erstmals zum Widerstand gegen den Faschismus versammelt. (In jedem slowenischen Ort, durch den ich noch kommen sollte, stieß ich dann auf ein Gebäude mit der entsprechenden Inschrift.)

35 Vgl. Peter Handke: Der Chinese des Schmerzes. Frankfurt a.M.: Suhrkamp 1983, S. 98.

Besondere Bedeutung gewinnt in diesem Zusammenhang die beiläufig erwähnte, dem Naziterror für einige Monate trotzende „Republik von Kobarid" im oberen Soča- bzw. Isonzotal – mutmaßlicher Herkunftsort der bäuerlichen Vorfahren des Erzählers Filip Kobal.[36]
Einer dieser Vorfahren, namensgleich mit dem verschollenen Gregor, soll der Anführer des großen Tolminer Bauernaufstandes von 1713 gewesen und dafür hingerichtet worden sein. Die kurzlebige Mini-„Republik Kobarid" war, ebenso wie die föderalistische Republik Jugoslawien, die Handke bewunderte und über ihren Zerfall hinaus hochhielt, aus dem bewaffneten Widerstand des Volkes entstanden – etwas, worum Handke, wie er 1991 schrieb, die südlichen Nachbarn stets beneidet hatte.[37]

Nach dem gescheiterten Aufstand von 1713 und der nachfolgenden Vertreibung aus dem Isonzotal habe es die Kobals, so erzählt es *Die Wiederholung*, über die Karawanken nach Kärnten verschlagen, wo sie herabsanken zu einer „Sippe von Knechten".[38] Als solche stellen sie sich in *Immer noch Sturm* gegen die Nationalsozialisten. Sie tun das, was nach

36 Vgl. Peter Handke: Die Wiederholung. Frankfurt a.M.: Suhrkamp 1986, S. 225f. und S. 74. Am 8. September 1988, während eines Aufenthalts in Kobarid, schrieb Peter Handke an seinen Verleger Siegfried Unseld: „… hier um diesen kleinen Ort existierte 1943 vom September bis November die ‚Republik Kobarid', ausgerufen von slowenischen und italienischen Partisanen, und hier kurvte auch der junge Mensch aus der ‚Wiederholung' auf der Erforschung seiner rebellischen Vorfahren." Peter Handke / Siegfried Unseld: Der Briefwechsel. Hrsg. von Raimund Fellinger und Katharina Pektor. Berlin: Suhrkamp 2012, S. 550.

37 Vgl. Peter Handke: Abschied des Träumers vom Neunten Land. Eine Wirklichkeit, die vergangen ist: Erinnerungen an Slowenien. Frankfurt a.M.: Suhrkamp 1991, S. 22: „(Immer wieder habe ich in den slowenischen Dörfern die kleinen Gruppen der alten Männer als Zeugen einer ganz anderen als unsrer, der deutschen und österreichischen Geschichte, eben der des großen widerständischen Jugoslawien gesehen und dieses, ich kann's nicht anders sagen, um seine Geschichte beneidet.)".

38 Vgl. Handke, Wiederholung (Anm. 36), S. 69f.

Filips Erzählung die Mutter für den verschollenen Gregor, ein „Sanftmütige[r]", der „es freilich nie zum Empörer gebracht" hat, immer gewollt und erträumt habe: dass er sich den Partisanen angeschlossen hätte „und zum Kämpfer geworden sei".[39] Und siehe da, in *Immer noch Sturm* ist der Wunsch der Mutter aus *Die Wiederholung* erfüllt, der Sohn Gregor wird zum Kämpfer und es gibt, fast wäre man versucht zu sagen, konsequenterweise, in *Immer noch Sturm* ebenfalls ein befreites Gebiet. „Wißt ihr übrigens", berichtet der Partisan Gregor–Jonatan seinen Eltern, „daß es da [in lepa Koroška] eine erste befreite Republik gibt? Die freie Republik von Zell Pfarre-Sele?" – Der Vater, und/oder die Mutter: „Zell Pfarre ist doch bloß ein Dorf." – Jonatan: „Aber ein großes Dorf, ein sehr großes. –". (126) Ein Traum von Geschichte, der eine reale Grundlage hat, gewinnt hier Kontur, denn aus der verhältnismäßig kleinen, slowenischsprachigen Kärntner Gemeinde Zell Pfarre/Sele schlossen sich während des Krieges mehr als 70 Burschen der Widerstandsbewegung an.[40] Was Handke seinerzeit über die in Arbeit befindliche Erzählung sagte: „Die Wiederholung: ein Hin und Her aus Gedächtnis, Wunsch (Sehnen) und Bitterkeit (= Epos)",[41] gilt das nicht auch für sein Stück *Immer noch Sturm* – Wort für Wort?

*

Anfang der 1980er-Jahre hat Peter Handke in Salzburg, wohin er 1979 übersiedelt war, „entschlossen die slowenische

39 Ebd. S. 181–183.

40 Vgl. Avguštin Malle: Erinnerung an Vertreibung und Widerstand. In: Die Vertreibung der Kärntner Slowenen/ Pregon Koroških Slovencev 1942/2002. Uredila / Hrsg. von Avguštin Malle. Klagenfurt/Celovec: Drava 2002, S. 213–247, bes. S. 231.

41 Peter Handke: Am Felsfenster morgens (und andere Ortszeiten). Salzburg-Wien: Residenz 1998, S. 115 (Eintrag vom 13. Oktober 1983).

Sprache neu zu lernen",[42] gemeinsam mit der Kärntner Slowenin Helga Mračnikar den Roman *Der Zögling Tjaž* des Kärntner Slowenen Florjan Lipuš übersetzt.[43] Dessen Mutter Maria war von Spitzeln, die sich als Partisanen ausgegeben hatten, so genannten ‚raztrganci' (Reißteufel), die auch in *Immer noch Sturm* ihr Unwesen treiben (118), verraten und ins KZ Ravensbrück verschleppt worden, wo sie 1945 in der Gaskammer zugrunde ging. In den slowenischen Sätzen des Romans *Der Zögling Tjaž*, so Handke 1984, „war ich [...] zuhause, so wie ich in der Literatur meines Heimatstaates noch keinmal zuhause gewesen war."[44] Und so übersetzte er folgerichtig auch die Gedichte des anderen der „zwei exemplarische[n] Schriftsteller"[45], die die slowenisch sprechende Minderheit in Kärnten nach 1945 hervorgebracht hatte: Gustav Januš. Handkes Vorwort zu der von ihm übersetzten Auswahl von Gedichten, die 1983 als Bibliothek-Suhrkamp-Band erschien, stellt Kärnten in emphatischer Rede als „Kernland des slowenischen (eines slawischen) Nationalbewußtseins und der slowenischen Kultur" vor. Explizit geht er auch auf die „nazistische(n) Despotie" ein, „wo zahlreiche Kärntner slowenische Familien ausgesiedelt oder in Konzentrationslager verschleppt wurden". Aus dieser Zeit seien praktisch keine literarischen Zeugnisse der Volksgruppe erhalten; „höchstens finden sich noch ein paar Verse einer Dörflerin am Vorabend

42 Peter Handke: Einwenden und Hochhalten. Rede auf Gustav Januš [1984]. In: P. H.: Langsam im Schatten. Gesammelte Verzettelungen 1992–1980. Frankfurt a.M.: Suhrkamp 1995 (= st 2475), S. 125–135, Zit. S. 131.

43 Vgl. Florjan Lipuš: Der Zögling Tjaž. Deutsch von Peter Handke zusammen mit Helga Mračnikar. Salzburg: Residenz 1981. Es war, nach Walker Percy, ‚Der Kinogeher' (1980), die zweite Übersetzung Peter Handkes, der seither mehr als dreißig literarische Werke aus dem Amerikanischen, Englischen, Französischen, Slowenischen und Altgriechischen übertragen hat.

44 Handke, Einwenden (Anm. 42), S. 132.

45 Peter Handke: Zu Gustav Januš, ‚Gedichte 1962–1983'. In: Handke, Langsam im Schatten (Anm. 42), S. 109–111, Zit. S. 110.

ihres Todes im KZ Ravensbrück: ‚Dort vor dem Haus – mein lieber Garten! /Doch hier, doch hier – nichts als der Tod‘ (Katarina Miklav)“.[46] Katarina Miklau, an die Peter Handke in seinem Vorwort erinnert, war 1983 unter den deutschsprechenden Kärntnern und Kärntnerinnen wohl so gut wie unbekannt – und ist es geblieben, bis sie uns drei Jahrzehnte später als Katrca, die dichtende Schwester des Großvaters in Maja Haderlaps Roman *Engel des Vergessens* wieder begegnete. Sie war verdächtigt worden, die Partisanen zu unterstützen, wurde verhaftet und deportiert und ist im KZ Ravensbrück umgekommen. Einige ihrer Gedichte sind von einer Mitgefangenen, die das KZ überlebte, der ebenfalls aus Eisenkappel/Železna kapla stammenden slowenischen Botanikerin Dr. Angela Piskernik, gerettet worden, indem sie sie auswendig gelernt und so der Nachwelt überliefert hat.[47]

Die biographischen Splitter zeigen, wie intensiv Peter Handke von den frühen 1980er Jahren an sich mit der Geschichte und dem Leidensweg der Kärntner Slowenen beschäftigt hat. Zwei Jahrzehnte später, wohl schon im Zusammenhang mit den Vorbereitungen für *Immer noch Sturm*, wird er den politischen und den familiären Hintergrund dieses Interesse in einer emphatischen Formulierung verklammern: „Die Slowenen (das Volk meiner Mutter) haben durch den Widerstand ihrer Minderheit gegen Hitler die Ehre Kärntens gerettet. Gegenwärtig vergißt man den Beitrag der Partisanen zur

46 Peter Handke: Vorbemerkung. In: Gustav Januš: Gedichte 1962–1983. Frankfurt a.M.: Suhrkamp 1983 (=BS 820), S. 7–9, Zit. S. 7f.

47 Vgl. Maja Haderlap: Engel des Vergessens. Göttingen: Wallstein 2011, S. 125–127 und S. 186. Auch der Neffe von Katarina Miklau, Anton Haderlap, hat in seinem Buch ‚Graparji. So haben wir gelebt. Erinnerungen eines Kärntner Slowenen an Frieden und Krieg‘ (Aus dem Slowenischen von Metka Wakounig und Klaus Amann. Klagenfurt / Celovec: Drava 2008 /slow. 2007), S. 14f., an ihr Schicksal erinnert.

Befreiung Kärntens im Jahr 1945. Damals war es das Ruhmesblatt Mitteleuropas."[48] Ihm war dieser Beitrag bemerkenswert früh bewusst. Schon 1980, gleich nach seiner Rückkehr nach Österreich hat Handke *Gemsen auf der Lawine* von Karel Prušnik-Gašper gelesen – eine 300 Seiten starke, auch übersetzungsbedingt stellenweise etwas spröde Darstellung des Kärntner Partisanenkampfs durch den Sekretär des Gebietsausschusses der Befreiungsfront OF/Osvobodilna Fronta für Kärnten, also den politischen Kommandanten des kärntnerslowenischen Widerstands. In *Immer noch Sturm* wird auf ihn als „Solosänger" (72) angespielt, denn im zivilen Leben vor dem Krieg war Prušnik-Gašper Bauer und Chorleiter in Eisenkappel/Železna kapla. Sein Buch, erst mehr als zwanzig Jahre nach der slowenischen Erstausgabe auf Deutsch erschienen, war 1980 das erste Buch über den Widerstand der Kärntner Slowenen in deutscher Sprache aus der Sicht eines Beteiligten und es ist bis heute die umfassendste Darstellung geblieben.[49]

48 Peter Handke: On m'a accusé d'être serbophile comme si j'étais nécrophile. In: Le Figaro littéraire, 15.4.2004, S. 8f., hier S. 9. Zit. nach Hafner (Anm. 12), S. 106.

49 Vgl. Karel Prušnik-Gašper: Gemsen auf der Lawine. Der Kärntner Partisanenkampf. Deutsch von Avguštin Malle, Florjan Lipuš, Gerri Musger. Klagenfurt-Ljubljana: Drava und Delavska enotnost 1980 (3. Aufl. 1984; slowenische Erstausgabe 1958). Der Hinweis auf Handkes erste Lektüre des Buchs findet sich in: Peter Handke: Wut und Geheimnis. In P. H. / Klaus Amann: Wut und Geheimnis. Peter Handkes Poetik der Begriffsstutzigkeit. Zwei Reden. Klagenfurt: Wieser 2002, S. 47–59, S. 49f.: „‚Gamsi na plazu/Gemsen auf der Lawine' von Karel Prušnik-Gašper [... habe ich] vor zwanzig Jahren gelesen, als ich Florjan Lipuš' ‚Der Zögling Tjaž' übersetzte, gemeinsam mit Helga Mračnikar."
Die bislang einzige größere historische Arbeit in deutscher Sprache über den Widerstand der Kärntner Slowenen stammt von Josef Rausch: Der Partisanenkampf in Kärnten im Zweiten Weltkrieg. Wien 1979 (=Militärhistorische Schriftenreihe. Hrsg. vom Heeresgeschichtlichen Museum, Heft 39/40). Die militärgeschichtlich orientierte Darstellung, die 1994 in dritter Auflage erschienen ist, stellt noch immer die verlässlichste historiographische Quelle dar.

Handkes Rückkehr 1979 nach Österreich war so auch buchstäblich eine Rückkehr zu einer anderen Geschichte und einer anderen Erinnerungstradition des Landes, wie ja auch *Die Wiederholung* nach der schönen und überzeugenden Deutung von Karl Wagner nicht nur das ‚Epos eines Heimatlosen' ist, sondern auch „eine der herausragenden Konstruktionen eines ‚anderen Österreich', eine ebenso filigrane wie dezidierte Alternative zur imperialen Vergangenheit und zum nationalsozialistischen Gewaltzusammenhang, in die dieser Staat im 20. Jahrhundert verstrickt war".[50] Dieses andere Österreich ist für Handke seit den 1980er-Jahren ganz dezidiert auch das Österreich des Widerstands gegen die Nationalsozialisten – und zunehmend nicht nur das des slowenischen Widerstands: „‚In der Obhut des Eisenbahners': ein paar ‚Obhuten' gibt es doch in der unwirtlichen Heimat – ich dachte an die hingerichteten Widerstandseisenbahner von St. Veit an der Glan, 1944 (19. April 1989, Villach, vorübergehend in Ö)", so lautet ein Notat in *Gestern unterwegs*.[51] Ist es heute schon nötig zu ergänzen, dass diese „unwirtliche Heimat" 1989 u.a. von Leuten wie Dr. Kurt Waldheim, den Murers und z.B. auch von

---

50 Vgl. Karl Wagner: Ins Leere gehen. Die Wiederholung: „Epos eines Heimatlosen". In: K. W.: Weiter im Blues. Studien und Texte zu Peter Handke. Bonn: Weidle 2010, S. 89–103, Zit. S. 91.

51 Handke, Gestern unterwegs (Anm. 15), S. 396. In Österreich sind mindestens 155 Eisenbahner wegen Widerstandes gegen das NS-Regime zum Tode verurteilt worden. Vgl. Österreichs Eisenbahner im Widerstand. Hrsg. von Friedrich Vogl. Wien: Verlag des Österreichischen Gewerkschaftsbundes 1968, S. 209–225. Handke nimmt in seinem Notat vermutlich Bezug auf die Gruppe von sieben sozialistischen bzw. kommunistischen Eisenbahnern aus St. Veit an der Glan, die vom Reichskriegsgericht in Klagenfurt am 25.4.1942 wegen Sabotage und Feindbegünstigung zum Tode verurteilt und am 30.6.1942 im Landesgericht Wien hingerichtet wurden. (Die Datierung „1944" bei Handke dürfte eine Verschreibung sein.) Vgl. Wilhelm Baum: Der Widerstand der kommunistischen und sozialistischen Eisenbahner in Kärnten gegen das NS-Regime (1941/42). In: http://www.erinnern.at/bundeslaender/kaernten/standorte-expertinnen/essay-von-wilhelm-baum-ueber-den-widerstand-der-eisenbahner-in-kaernten/view. (Eingesehen am 13.3.2013).

Dr. Friedhelm Frischenschlager repräsentiert wurde, der als Verteidigungsminister am 24. Januar 1985 auf dem Flughafen Graz-Thalerhof einen der größten deutschen Kriegsverbrecher in Italien, SS-Sturmbannführer Walter Reder, auf österreichischem Boden mit Handschlag begrüßt hatte? (Seinen Lebensabend hat Reder übrigens bei Freunden in Kärnten verbracht.) Knapp drei Wochen nach dem Kniefall des Ministers vor dem Massenmörder notierte Handke in *Am Felsfenster morgens*: „Was sollte einem Volk geschehen, wenn so etwas eintritt wie ein Staatsempfang eines Kriegsverbrechers durch einen Vertreter dieses Volks (Ö)? Es sollte, wie ein Mensch, zittern an allen Gliedern. Und solch ein Volk wünsche ich hier herbei".[52] Man wird nicht fehlgehen, wenn man das vorletzte Wort des Eintrags („hier") auf *Die Wiederholung* bezieht, an der er gerade schrieb.

Handkes Rückkehr nach Österreich bedeutete also zum einen die bewusste Hinwendung zum Slowenischen und damit zu seinen familiären Wurzeln. Dafür stehen der Entschluss, Slowenisch zu lernen, Florjan Lipuš und Gustav Januš zu übersetzen, sich mit dem Kriegsleid und dem Widerstand der Kärntner Slowenen zu beschäftigen (u.a. in der Lektüre von *Gemsen auf der Lawine*) und sich mit dem literarischen Vorhaben *Die Wiederholung* auf Ahnen- und Heimatsuche zu begeben. Die Rückkehr bedeutete andererseits jedoch auch eine massive Konfrontation mit den dunklen und abgründigsten Seiten Österreichs. Kurt Waldheim, den Handke an seinem „unsterblichen Spruch": „Die Unterstellung, ich sei Nationalsozialist *oder gar* Jude, muß ich mit aller Entschiedenheit zurückweisen!" schon in *Der kurze Brief zum langen Abschied* (1972)

52 Handke, Felsfenster (Anm. 41), S. 278.

als den erkannt hatte, der er war,[53] dieser Kurt Waldheim wurde im Zuge des Wahlkampfes um das Amt des österreichischen Bundespräsidenten (1985/86) für Handke zunehmend zum Repräsentanten der politischen und historischen Misere Österreichs; ein Symbol für Lüge und Verdrängung, Vertuschung und Verharmlosung der NS-Vergangenheit, für die Unfähigkeit, Unrecht anzuerkennen und mit den Opfern zu fühlen, so wie auch für die moralische Selbstentmündigung durch so genannte ‚Pflichterfüllung' – ein Argument, das in den öffentlichen Auseinandersetzungen um den Kandidaten eine große Rolle spielte. Er hatte sich nämlich gegen Angriffe stereotyp mit der Formel verteidigt, er habe nur seine Pflicht getan.

> Dieser gibt das Bild eines Mannes, der, damals wie jetzt, ein Stratege des Wegsehens und Weghörens ist. Prinzip: Ich kann meine Hände in Unschuld waschen; denn ich weiß zwar, daß Verbrechen geschehen, aber als ein Zeuge komme ich nicht in Frage, weil es keine Dienstvorschrift gibt, nach der es Pflicht ist, ein Gedächtnis zu haben. Und wer wegschaut und weghört, hat das Recht, sich auf Sinnestäuschung zu berufen: Was in Wahrheit ein Schmerzensschrei war, durfte vom Weghörer mit einem Knacken im Aktenschrank verwechselt werden; was ein in den Transportwaggon getretener Jude ist, kann aus den Augenwinkeln ein Sack mit dem Mehlnachschub für die kämpfende Truppe sein.[54]

53 Vgl. Handke, Der kurze Brief (Anm. 7), S. 170 (ohne Namensnennung) und Handke: Gegenstimme. In: Handke, Langsam im Schatten (Anm. 42), S. 74–85, Zit. S. 79f. Getätigt hatte Waldheim den ‚Spruch' während seiner ersten, gescheiterten Kandidatur für das Präsidentenamt (1971). In ‚Gegenstimme' kommentiert Handke den Wahlkampf und die Wahl (vom 8.6.1986) K. Waldheims zum österreichischen Bundespräsidenten.

54 Handke, Gegenstimme (Anm. 53), S. 78; die folgenden Nachweise im Text.

Waldheim ist für Handke die Verkörperung dessen, woran er in und an Österreich litt; „ein Sprachunfähiger, welcher das amtliche Sagen hat, ein Gedächtnisloser [...], verantwortlich für so viele „W." unten auf menschenfeindlichen Dokumenten, [...] ein Blickloser, [...] ein Gehörloser" (76). Er habe „wohl nur weggeschaut", als 1943 „die griechischen Juden auf eigene Kosten! – mit ‚Kinder- und Gruppenermäßigung' durch ganz Europa in den Vernichtungsurlaub geschickt wurden" (insgesamt 43.850 Mitglieder der jüdischen Gemeinde von Saloniki, von denen kaum 2000 überlebten; K. A.), er habe „sicherlich weggehört", als er

> im selben Jahr des Unheils den Funkspruch mit den dicht auf dicht folgenden Ausdrücken ‚Banden', ‚Bandenzusammenziehungen', ‚Bandentätigkeit', ‚Bandenunterstützung', ‚jüdisches Komitee als vorbereitendes Zentrum', ‚Säuberungsunternehmen' aufnahm und ‚für die Richtigkeit der Abschrift' zeichnete mit seinem Namen ‚Waldheim, Oberleutnant'; der, mehr als 25 Jahre später, [als Außenminister Österreichs,] in einem anderen Land, 1968 in Prag, die Anweisung unterschrieb, die Zufluchtsuchenden abzuweisen –. (80)

Dieser strebe nun an, der „Kanzleivorstand im Büro für Geistesverhütung, Ausredenarchivierung, Vergangenheitsablaß" zu werden, die „Paradefigur der Gewissensarmut". (83) Handkes Reaktion ist keineswegs bloß Ausdruck des Unmuts über das skandalöse Verhalten Waldheims, seiner Wahlhelfer und Parteigängerinnen. Was da, symbolisiert in der Person dieses Kandidaten, im Wahlkampf an die Oberfläche kam, war für Handke der Bodensatz des Landes, der es ihm von jeher entfremdet hatte. Mit den Worten Gregor Keuschnigs aus dem Opus magnum, der *Niemandsbucht* (1994):

> Ich habe als Junger unter Österreich gelitten – dieses Wort setze ich mit Bedacht –, glaubte mich damit allein und erfuhr erst später: Viele haben gelitten. Ja, wir haben unter Österreich gelitten, und so anders, als ich mir das Leiden eines Deutschen an seinem Deutschland vorstelle. Daß dann ein Mensch dort Staatsoberhaupt wurde, der, ins Schwarze getroffen, den Umriß unseres vielleicht schon halbvergessenen Jugendleidens darstellte, rief dieses zurück und machte zugleich klar, es war ein hoffnungsloses, und ein lebenslängliches.[55]

Im November 1986, ein knappes halbes Jahr nach Kurt Waldheims Wahl zum Präsidenten, teilte Handke seinem Verleger Siegfried Unseld in einem Brief mit, er habe aus einem „Gefühl von historischer Unwirklichkeit" den Entschluss gefasst, *Nachmittag eines Schriftstellers* im Residenz-Verlag „herauszubringen". Die Entscheidung, die Unseld missfiel und ihn „bedrückte", begründete Handke in existenziell derart eindringlicher Weise, dass der Verleger in der Folge kampflos einlenkte und sich nicht gegen das (erneute) ‚Fremdgehen' seines Autors mit dem Residenz-Verlag wehrte. Das zentrale Argument Handkes war:

> Es wird sicher objektiv nichts besser werden, wenn ein P. H. in einem österreichischen Verlag erscheint, [...] aber für mich selber ist es geradezu notwendig, daß das geschieht in *meinem* Land, wo ein Waldheim als Präsidentenschemen und ein Jörg Haider als Stumpfkopfparteivorsitzender das Bild bestimmen und verzerren. Ein

55 Peter Handke: Mein Jahr in der Niemandsbucht. Ein Märchen aus den neuen Zeiten. Frankfurt a.M.: Suhrkamp 1994, S. 665.

> paar Leuten wenigstens, das glaube ich zu wissen, wird es guttun und es wird ihnen weiterhelfen [...]. Ja, ich will mir selber so eine Art Wohnstatt hier zu verschaffen suchen; ich brauche das; denn ich komme mir, gerade in meiner so genannten Heimat, oft, bei all dem Geschrei und den bloßen *Meinungen*, auch in den Büchern (s. Th. Bernhard), statt Darstellungen und Überlieferungen, als gar nicht *vorhanden* vor.[56]

Die dezidierte Absicht, sich in seinem Land, in seiner „so genannten Heimat", die er als unwirklich und fremd erfuhr, zu behaupten und Zeichen zu setzen, die ihm das Gefühl vermittelten, überhaupt vorhanden zu sein – diese Absicht beschränkte sich nicht auf verlagsstrategische Überlegungen und Entscheidungen. Beinahe zeitgleich (wir sind im ersten Jahr der Präsidentschaft Waldheims) benennt Peter Handke, im Gespräch mit Herbert Gamper, die politischen und historischen Ereignisse, die ihn in seinem Leben am stärksten „bestimmt" hätten und über die zu schreiben es ihn dränge. Es ist gewiss kein Zufall, dass er in diesem Zusammenhang denselben Begriff verwendet, mit dem er auch die Bedeutung der eigenen Familiengeschichte (namentlich die mütterlichen Erzählungen

56 Handke/Unseld, Briefwechsel (Anm. 36), S. 524–526; Brief Handkes vom 4.11.1986 und Brief Unselds vom 30.12.1986. Zitate S. 525f. (Hervorhebungen im Original.) Vgl. dazu Peter Handke: Nachmittag eines Schriftstellers. Erzählung. Salzburg: Residenz 1987; die folgenden Zitate nach: Dass.: Frankfurt a.M.: Suhrkamp 1989 (= st 1668). Wenn der „Schriftsteller" in dieser Erzählung sich auf seinem Gang durch die Stadt Salzburg, „dieser europäischen Allerweltsstadt" (18), vor den teils feindseligen, teils zudringlichen Passanten vorkommt wie die „Verkörperung dessen, was sie haßten, der Tagträume, der Handschrift, der Gegenstimme, ja, der Kunst" und er sie als „wirklich ansprungbereit" empfindet, „begierig", über ihn „herzufallen" (44), dann wird auch etwas von der Militanz und der Geistfeindlichkeit der Waldheim-Jahre deutlich. Wie subtil Handke arbeitet, zeigt sich darin, dass er auf jede direkte politische Anspielung verzichtet, dass Waldheim, bzw. Handke als Waldheim-Gegner, aber im Begriff der ‚Gegenstimme' anwesend ist. Vgl. Anm. 53.

über die gefallenen Brüder als das „mich Bestimmende") umschrieben hat:

> Ich wüte und bin zornig über die Nachwehen des Dritten Reiches, die vor allem in Österreich noch fast ungehemmt weitergehen; [...] Ich hab in meinem Leben außer dem, was ich über den Nationalsozialismus gelauscht, gesehen und gelesen habe, im Grund kein historisches, mich bestimmendes Ereignis gehabt – es sei denn [...] die Zweisprachigkeit in dem Süd-Kärnten, wo ich aufgewachsen bin, wo ich gemerkt hab, daß da die Gruppe, die die eine Sprache spricht, also das Deutsche, die Gruppe, welche eine andere Sprache, das Slowenische, spricht, unterdrückt und als weniger hochwertig ansieht. Das ist schon ein bestimmendes Erleben, das mich aber nicht verkleinert, in dem Fall. Das ist mir höchstens ein Beweggrund auch, mich auf den Weg zu machen mit dem Schreiben. Das verstärkt sozusagen das Pathos – oder das *be*stärkt das Pathos und gibt dem auch seine sachliche Nahrung. [57]

Der Nationalsozialismus und das Schicksal der slowenischen Minderheit in Kärnten, das sind die beiden ‚bestimmenden Ereignisse', die ihn auf den Weg bringen könnten mit dem Schreiben, sagt Handke hier 1987. Der geschichtsmächtige, der tragische Schnittpunkt dieser beiden, ihn bestimmenden ‚Ereignisse', der sich literarisch auch als utopischer Moment träumen lässt, ist aber der Widerstand der Kärntner Slowenen gegen das NS-Regime. Es war also wohl nur eine Frage der Zeit, bis Handke sein ‚Vorhandensein' als Schreibender mit

57 Peter Handke: Aber ich lebe nur von den Zwischenräumen. Ein Gespräch, geführt von Herbert Gamper. Zürich: Ammann 1987, S. 116f.

einem Werk über diesen Widerstand unter Beweis stellen würde. Dass er als Form für die ‚Darstellung und Überlieferung' der historischen Ereignisse und der träumerischen Utopie des Partisanenkampfs in *Immer noch Sturm* nur seine ‚Sippe' als Austragungsort und den Rahmen eines Familiendramas wählen konnte, fügt sich logisch in diesen Zusammenhang von Vorbestimmtsein und Bestimmung ein.

*

Während der Zeit des Reifens und des Austragens dieses Schreibvorhabens war Handkes wichtigste, öffentlich sichtbare Manifestation seines Eintretens für die Wahrnehmung und Würdigung des Widerstands der Kärntner Slowenen seine improvisierte Dankesrede anlässlich seiner Ehrenpromotion am 8. November 2002 an der Universität Klagenfurt. Niemand konnte damals ahnen, geschweige denn wissen, dass er offenbar schon länger an ein Stück über den Widerstand der Kärntner Slowenen dachte.[58] Ein Eintrag in seinem Exemplar von Karel Prušnik-Gašpers *Gemsen auf der Lawine* zeigt, dass er die zweite Lektüre des Buches genau zwei Tage vor seiner Reise nach Klagenfurt, am 6. November 2002, abgeschlossen hatte – mit einem dichten Netz von Anmerkungen, Anstreichungen und Verweisen im Buch, die deutlich machen: da wurde nicht nur wiedergelesen, sondern kommentiert, verschiedenfärbig markiert, notiert und vorgearbeitet. Unter anderem trug Handke Daten der Familienbiographie in sein

58 ‚Handke plant Theaterstück über Kärntner Partisanen' titelte die ‚Kleine Zeitung', sich auf ein Interview Handkes mit der Zeitschrift *News* berufend, am 21.11.2007: „‚Ich grüble seit Jahren darüber'". [...] Darauf gestoßen sei er über den Tod der beiden Brüder seiner Mutter im Zweiten Weltkrieg." Dies dürfte die erste öffentliche Äußerung Handkes zum 2010 fertiggestellten Stück ‚Immer noch Sturm' gewesen sein. http://www.kleinezeitung.at/nachrichten/kultur/640349/index.do. (Eingesehen am 18.3.2013).

Handexemplar ein und synchronisierte damit die historischen Abläufe mit der Geschichte seiner ‚Sippe'.[59]

Neben seinen literarischen Verdiensten galt die Ehrung in Klagenfurt vor allem seinem Eintreten für die slowenische Sprache und Literatur und für die Rechte der Kärnter Slowenen und Sloweninnen. In diesem Zusammenhang kam u.a. auch das Faktum zur Sprache, dass „die slowenischen Partisanen [in Kärnten], deren Familien deportiert, deren Frauen und Töchter in Ravensbrück oder in Lublin umgebracht wurden, bis heute als Banditen beschimpft werden" und dass der „Kärntner Landeshauptmann [Jörg Haider] sich weigert, den ehemaligen slowenischen Partisanen die vom Bundespräsidenten verliehenen Befreiungsmedaillen der Republik zu überreichen".[60] Auf die Schilderung, „was die Partisanen für Kärnten bedeutet haben oder nicht bedeutet haben; eher schmerzlich nicht bedeutet haben"[61] reagierte Handke spontan, indem er drei einschlägige Bücher von kärntnerslowenischen Autoren zur Lektüre empfahl, die vom Widerstand und von der Verfolgung der Slowenen in Kärnten erzählen. „Zufällig, nicht, weil ich diese Würde hier bekommen sollte, kamen mir in den letzten Monaten drei Bücher von Kärntner Slowenen in die Hände und in die Seele." (49) Die Bücher, die er (vielleicht doch nicht ganz zufällig) nannte, waren *Gemsen auf der Lawine* von Karel

59 Handkes Handexemplar ist mittlerweile Teil der privaten Handke-Sammlung von Herrn Dr. Hans Widrich, Salzburg, dem ich für die Möglichkeit der Einsicht danke. Am Ende des Buches (S. 295), wo Handke den Abschluss der zweiten Lektüre vermerkt, findet sich auch der Hinweis: „3. Mal zuende gelesen am 21. Juni 2008 in Chaville" – vermutlich kurz vor dem Beginn der Niederschrift der ersten Fassung von ‚Immer noch Sturm'. Vgl. auch die Seite ‚Handke online' der Österreichischen Nationalbibliothek, Wien: http://handkeonline.onb.ac.at/taxonomy/term/70. (Eingesehen am 12.3.2013).

60 Klaus Amann: Peter Handkes Poetik der Begriffsstutzigkeit. In: Handke/Amann, Wut und Geheimnis (Anm. 49), S. 7–37, Zit. S. 26.

61 Handke, Wut und Geheimnis (Anm. 49), S. 49 (weitere Nachweise im Text).

Prušnik-Gašper, dessen zweite Lektüre er gerade beendet hatte; *Für das Leben, gegen den Tod* von Lipej Kolenik, der 1944 als Deserteur aus der Wehrmacht zu den Partisanen gestoßen war. Er war im Frühjahr 1945 schwer verwundet worden und hatte, versteckt in einem Bunker, versorgt und betreut von slowenischen Bauern, dort die Befreiung erlebt. Kolenik schildert, im Unterschied zu Prušnik-Gašper, der aus seiner Position als politischer und strategischer Kopf der kärntnerslowenischen Partisanen schrieb, den Widerstandskampf aus der Sicht des einfachen Kämpfers;[62] – und als dritte Empfehlung: *Das Kind, das ich war* von Andrej Kokot, der im April 1942 als Sechsjähriger die Deportation seiner Familie miterlebte und drei Jahre in deutschen Lagern interniert war.[63]

Handkes Bericht über die Lektüre dieser Bücher benennt, im Nachhinein betrachtet, bereits die thematischen Zusammenhänge und Schwerpunkte von *Immer noch Sturm*. So könne man bei Prušnik-Gašper erfahren, „was durch drei Jahre Hitler-Besatzung in Kärnten passiert ist: Wie die Partisanen – Abkömmlinge von Holzfällern, Kleinbauern und Pächtern [...] – nicht sofort und nicht mit einer Gewalt-Idee in die Wälder und in die Berge gingen, wie langsam. Was für ein schwieriger Prozess es war, überhaupt zu verschwinden, von den Eltern wegzugehen, die Kinder allein zu lassen. [...] Und ganz genau: Wie Tag für Tag und Nacht für Nacht, Jahreszeit für Jahreszeit die Geschichten in den Wäldern verlaufen sind.“ (50f.); und bei Lipej Kolenik: „Das ist noch interessanter: Wie der kleine Abkömmling eines Bauernhofs [...] als Soldat in Montecassino kämpfend, nach einem Heimaturlaub nicht mehr zu der

62 Lipej Kolenik: Für das Leben, gegen den Tod. Mein Weg in den Widerstand. Klagenfurt: Drava 2001 (slow. 1997).

63 Vgl. Andrej Kokot: Das Kind, das ich war. Erinnerungen an die Vertreibung der Slowenen aus Kärnten. Klagenfurt: Drava 1999 (slow. 1996).

deutschen Zwangsarmee zurückkehrte, sondern zu den Partisanen verschwand. […] Ich würde Ihnen ungeheuer empfehlen, die Entbehrungen Tag für Tag, die große Heimatliebe der Slowenen zu jedem Dorf, zu jedem Fluss, zu jedem Licht, zu der Saualpe, zu der Koralpe, zu Kärnten, zum Maria Saaler Geläute einmal nachzulesen." (51f.); Andrej Kokot, schließlich, beschreibe aus der Sicht des Kindes, wie er „im April 1942 unvermutet aus seinem Dorf […] mit seinen Eltern und Geschwistern nach Deutschland in drei verschiedene Aussiedlungslager verbracht wurde! Den ganzen Krieg hat er dort, in der fürchterlichsten Umgebung, verbringen müssen, als Kind. Es hat nur die Vernichtung der KZs gefehlt. Und wie viel genauer und viel tiefer und viel unschuldiger er das schildert als der italienische Film *La vita è bella*." (52f.)

Handke mied in seiner extemporierten Rede alles Martialische, Heldenhafte oder Heroische. Er versuchte, für die verzweifelte Situation der Kärntner Slowenen und für ihren Entschluss, Widerstand zu leisten, Verständnis zu wecken, indem er auf die in den Büchern dokumentierten Erlebnisse und Erfahrungen einging. Mit großer Einfühlung und persönlicher Beteiligung erzählte er von den Schwierigkeiten des Lebens und Überlebens im Krieg und unter dem Terror der Nationalsozialisten, erzählte er von Gewalt und Bedrohung, von Angst, Zweifel, Entbehrung, Ungewissheit und Hoffnung, von Abschieden, Rückkehr und Heimatliebe. Schließlich, und da sprach er ohne etwas preiszugeben bereits über sich selbst und seine eigenen Pläne, dachte er laut über die formalen Probleme der Darstellung nach: Er habe bei der ersten Lektüre das Buch von Prušnik-Gašper nur „auf den Inhalt hin gelesen" und sei „als ästhetischer Mensch, der ich damals noch mehr war als heute", hin und wieder abgestoßen gewesen von „der Sprache, von der Einstellung". Beim zweiten Mal jedoch habe er das Buch als „Zeugnis des Widerstands [...]: eines kämpferischen Widerstands, eines tragischen Widerstands [gelesen]. Ich war die ganze Zeit erschüttert als ich es wieder gelesen habe." (50) Das zielt bereits auf das eigene Schreibprojekt, auf *Immer noch Sturm:* Wie geht die Vermittlung der Geschichte, der historischen Fakten zusammen mit dem Literarischen, mit dem Sichtbarmachen des einzelnen Schicksals? Dabei dient ihm *Zorn und Geheimnis,* das Buch von René Char, dem Dichter und Partisan, über den Widerstand der Franzosen gegen die Deutschen als Denk- und Fragehilfe:[64]

> Zum ersten Mal habe ich beim Lesen von Prušnik-Gašper und Lipej Kolenik anders als ästhetisch gedacht. Zum ersten Mal war ich in Versuchung zu denken: Eigentlich sind die Dichter nicht zuständig. Man darf nicht, so wie René Char, dichterisch schreiben und immer mit Dichtung, mit Poesie kommen! Dieser krude, grausame, genaue [...] ‚Sekundenstil', den Kolenik verwendet, ist fast entsprechender, als den Widerstand zu poetisieren.
> [...]
> Zuerst, als du jung warst, hast du die Poesie den Tatsachenberichten, der kruden Historie vorgezogen. Und jetzt, als älterer Mensch, bist du versucht, wieder die kruden Tatsachengeschichten, wie die der Kärntner Partisanen, auszuspielen gegen das dichterische Sich-Ausdrücken. Das ist genauso falsch. Beides gehört zusammen. Beides sollte und muss zusammen gelesen werden. (54f.)

64 Vgl. René Char: Zorn und Geheimnis [Fureur et mystère]. Gedichte. Aus dem Französischen von Johannes Hübner. Mit einem Nachwort von Horst Wernicke. Frankfurt a.M.: Fischer-Taschenbuch-Verlag 1991.

In diesen Überlegungen verbirgt sich bereits der poetologische Unterbau von *Immer noch Sturm.* Das Stück strebt so etwas wie die Quadratur des Kreises an. Intendiert wird historische Genauigkeit und Überprüfbarkeit – „dargestellt" und „überliefert"[65] in einem Stück epischer Dichtung (die die Vorlage für ein ‚Spiel' auf der Bühne bildet). Im „Klartext" werden die das Geschehen bestimmenden politischen, historischen und geographischen, kurz, die ‚faktischen' Voraussetzungen und Umstände formuliert, die „kruden Tatsachengeschichten" eben.[66] Dazu gehören teilweise auch die durch Zeitzeugen (und durch ihre in Buchform publizierten Erinnerungen) verbürgten Fakten des Partisanenlebens und -sterbens; eben jenes: „Wie Tag für Tag und Nacht für Nacht, Jahreszeit für Jahreszeit die Geschichten in den Wäldern verlaufen sind."

65 Vgl. dazu Handke, Nachmittag (Anm. 56): S. 90: „Im Zeichen der Erzählung habe ich angefangen! Weitertun. Sein lassen. Gelten lassen. Darstellen. Überliefern." S. 71f.: „Was war seine, des Schriftstellers Sache? Gab es in seinem Jahrhundert überhaupt noch solch eine Sache? Was für ein Mann ließ sich zum Beispiel benennen, dessen Taten oder Leiden danach schrien, nicht bloß berichtet, archiviert oder Stoff der Geschichtsbücher, sondern darüber hinaus überliefert zu werden in der Form eines Epos oder auch nur eines kleinen Lieds?"
Schließlich waren es nicht die Taten und Leiden *eines* Mannes, sondern die einer slowenischen Familie und des slowenischen Volkes in Kärnten. Und selbst das kleine Lied durfte nicht fehlen. Vgl. Handke, Immer noch Sturm (Anm. 13), S. 163. Für das kleine Lied, das Gregor dort singt, ließ Handke sich von einem Gedicht mit dem Titel ‚Na severni meji' [An der Nordgrenze], verfasst vom kärntnerslowenischen Autor Anton Haderlap inspirieren. Vgl. Anton Haderlap: Pesmi. Klagenfurt/Celovec: Klub Prijateljev Lova, 1982, S. 93f. Peter Handke verwendete für ‚Immer noch Sturm' die fünfte und sechste Strophe des 7-strophigen Gedichts. Die beiden Strophen, die ihm als Vorlage dienten, lauten in der Rohübersetzung von Maja Haderlap: „Sie hoben mir eine Grube aus, | ein tiefes, breites Grab, | doch es gibt keine Totengräber, | die mich begraben könnten; | ich bin zu groß, | die Grube ist zu klein. | | Sie werden unser ganzes Land | aufgraben müssen, um ein Grube auszuheben, | in die ich mich hineinlegen und einschlafen könnte."

66 Soweit ich sehe ist dem „Ich" des Stücks beim ‚Klartext'-Sprechen nur ein kleines Versehen unterlaufen: Die ‚Moskauer Deklaration' stammt nicht vom „zwanzigsten August 1943" (100), sondern vom 30. Oktober 1943 (veröffentlicht am 1.11.1943). In seinem Handexemplar von Prušnik-Gašper notierte Handke neben diesem Datum, das im Vorwort (S. 5) erwähnt wird: „Tod Gregors, im Oktober auf d. Krim" (recte: 11.11.1943).

Überlagert, durchdrungen und geordnet wird das Faktische durch die formale und die ästhetische Dimension des Stücks: in der Formung und Anreicherung durch Erinnerung, Traum, Imagination. Die Spiegelungen und Brechungen alles dessen in der Anlage, in den Figuren und in den Erzählungen, Erfindungen, ständigen Fragen und Dementi des „Ich". In diesem irritierend komplexen Zusammenspiel von Wirklichkeit, Traum und Erfindung entsteht, was die Wahrheit und die Poesie von *Immer noch Sturm* ausmacht und was vielleicht am prägnantesten in der Formulierung Handkes umschrieben ist: „Ich erzähle von einem Leben, das über mich hinausgeht."[67]

Das Unerhörte an Handkes Klagenfurter Auftritt anlässlich der Verleihung des Ehrendoktorats war, dass wahrscheinlich nie zuvor jemand von vergleichbarem Rang in Kärnten, vermutlich in ganz Österreich nicht, öffentlich derart entschieden für die Anerkennung und Würdigung des Widerstands (und nicht nur jenes der Kärntner Slowenen) eingetreten war: Noch dazu mit einer Begründung, wie er sie gab: „Denn sie [die Partisanen und die Kämpfer der Résistance] waren es eigentlich, die dazu beigetragen haben, die Welt von diesem grausigen Hitlertum zu erlösen". (54) Das war in Kärnten, wo die Partisanen immer als Verräter und „Feind[e] dieses Landes"[68] diffamiert worden waren, ein Tabubruch. Wenige Minuten nach dem Ende des Festakts, noch vor der Eröffnung des Buffets, waren die politischen Repräsentanten, die der akademischen Feier beigewohnt hatten, so gut wie vollzählig verschwunden.

67 So im Interview mit Thomas Steinfeld. In: Süddeutsche Zeitung vom 30.1.2002.

68 So Landeshauptmann Haider. Vgl. Jörg Haider: Respekt, Anerkennung und auch Ansporn. Festrede zur ‚Friedensfeier', Ulrichsberg, am 7. Oktober 1990; ungekürzte Tonbandmitschrift. In: FORVM 38 (1991), Heft 445–447 (März), S. 21–24, Zit. S. 24. Vgl. dazu Klaus Amann: Entsorgung der Geschichte. Jörg Haider als Festredner. In Ebd., S. 20–21.

Für den folgenden Tag, den 9. November 2002, äußerte Handke drei Wünsche: Er wollte Lipej Kolenik, den greisen Deserteur und Partisanen, mit dem er befreundet war, sehen; er wollte die Gräber seiner Verwandten auf dem Friedhof von Stift Griffen besuchen und er wollte zur Gedenkstätte beim Peršman-Hof bei Eisenkappel/Železna kapla. Dort war wenige Tage vor Kriegsende eine slowenische Bauernfamilie, die die Partisanen unterstützt hatte, von Angehörigen des SS-Polizei-Regiments 13 auf bestialische Weise ermordet worden. Elf Menschen, darunter sieben Kinder, starben, nur zwei überlebten schwer verwundet das Massaker. Vor dem kleinen, vom Verband der Kärntner Partisanen betreuten Museum, dem einzigen, das dem Widerstand in Kärnten gewidmet ist, steht seit 1983 das restaurierte, d. h. wieder zusammengeschweißte Denkmal für die 83 gefallenen Partisanen von der Svinjska planina, das auf dem Völkermarkter Friedhof St. Ruprecht 1953 gesprengt worden war. Im Nachhinein sieht es so aus, als ob an jenem Tag ein Kreis sich geschlossen hätte. Die drei Ziele, die Peter Handke an jenem Tag ansteuerte, sind in ihrem Zusammenhang und Wechselspiel konstitutiv für *Immer noch Sturm*: die Gräber der Familie, darunter die von Hans und Gregor, die mit Hitlers Wehrmacht irgendwo im europäischen Osten verloren gegangen sind, die Historie (der ‚Klartext') in Gestalt des Museums über den Widerstand der Kärntner Slowenen und drittens: die lebendige Erinnerung an den Widerstand in Gestalt des Zeugen Lipej Kolenik.

Ihm sollten sich im Laufe der Arbeit an dem Stück noch weitere Gewährsleute zugesellen, deren autobiographische Erinnerungen in dieser oder jener Form in *Immer noch Sturm* eingeflossen sind – Gregor ruft sie in seinem traurigen Abgesang im 5. Akt als Zeugen für das Geschehen auf: „„Ach, all die Geschichten zu unserem Lebens- und Überlebenskampf, von unserem Sprachkampf, um unsere Slovenščina, um die Worte unserer Sprache, za besede našega jezika, um die Worte unserer Seele, za besede naše duše, all die Geschichten, die jeden angehen – von wem gelesen? [...] Ach, Karel Prušnik, ach, Lipej Kolenik, ach, Tone Jelen, ach, Anton Haderlap, ach, Helena Kuchar-Jelka...'".[69] (156) Diese drei: die Familie (und durch sie die lebendige Erinnerung des „Ich"), die Geschichte, und, drittens, die Augen-, Ohren-, Herzens- und Gewissenszeugen des Widerstands sind die Pfeiler, auf denen *Immer noch Sturm* ruht. Für die Fertigstellung des Baus fehlte nur noch ein „Traum von Geschichte" und der begleitete Peter Handke seit dem 13. Januar 1963 und dem Traum-Brief an die Mutter. Ein Splitter dieses Traums findet sich seit jenem 9. November 2002 auch im Besucherbuch der Gedenkstätte für den opferreichen Widerstand der Kärntner Slowenen in Podpeca am Fuße der Topica.

> „Vor den slowenischen Freiheitshelden,
> deren Opfer uns Nachkommen Energie für einen
> besseren Planeten Erde gibt – .
> Peter Handke, Peršmanhof, 9. November 2002."

69 Zu Karel Prušnik-Gašper vgl. Anm. 49; zu Lipej Kolenik Anm. 62 und Lipej Kolenik: Von Neuem. Die Kärntner Slowenen unter der britischen Besatzungsmacht nach dem Jahr 1945. Zeitzeugen, Beiträge und Berichte. Klagenfurt: Drava 2008; zu Tone Jelen: Auf den Spuren der Hoffnung. Odyssee eines Kärntner Slowenen 1938–1945. Klagenfurt/Celovec: Drava 2007 (slow. 2002); zu Anton Haderlap Anm. 47; zu Helena Kuchar-Jelka: Aus dem Leben einer Partisanin. Verfasst von Thomas Busch und Brigitte Windhab nach Tonbandaufzeichnungen von Helene Kuchar. Neue Ausgabe. Klagenfurt / Celovec: Drava 2009 (zuerst: Basel: A. P. I. 1984). Mit Ausnahme von Tone Jelen, der den Krieg als politischer Gefangener in mehreren Konzentrationslagern überlebte, waren alle Genannten als Partisanen im Widerstand. Mit der Nennung ihrer Namen im Stück stattet Peter Handke ihnen nicht nur seinen Dank für all ihre Geschichten ab, von denen und durch die ‚Immer noch Sturm' (auch) lebt, er ruft sie auch auf als Zeugen für die Verlässlichkeit und Wahrheit des Dargestellten – und, er fordert auf, ihre Bücher zu lesen. Das ist seine Verneigung vor den in ihrer Heimat lange Zeit geschmähten und herabgewürdigten Frauen und Männern des Widerstandes.

# Reden

# Schreibarbeiten

## *Rede zur Verleihung des Österreichischen Würdigungspreises für Literatur an Josef Winkler (1992)*[1]

Mitte der 1970er Jahre war Josef Winkler als ‚Schreibkraft' in der Verwaltung der Universität Klagenfurt beschäftigt. Dort bin ich ihm zuerst begegnet. Ich erinnere mich an einen etwas scheuen, sehr jugendlichen Menschen, leicht gebeugt, schon damals, mit manchmal entschlossen-abrupten Bewegungen vor allem im Weggehen, im Abwenden, wenn er das Gefühl hatte, das Gespräch sei erschöpft, es münde in Gerede. Da konnte er sich mitten im Satz umdrehen, mit einer Entschlossenheit, die signalisierte: Es gibt Wichtigeres. Das Wichtigere war, was in einem für Josef Winkler zentralen Text, im Tagebuch Franz Kafkas, das „Lebendigwerden" genannt wird:

> Endlich sage ich es, behalte aber den großen Schrecken, daß zu einer dichterischen Arbeit alles in mir bereit ist und eine solche Arbeit eine himmlische Auflösung und ein wirkliches Lebendigwerden für mich wäre, während ich hier im Bureau um eines so elenden Aktenstückes willen einen solchen Glückes fähigen Körper um ein Stück seines Fleisches berauben muß.[2]

---

1 Schriftenverzeichnis, Aufsätze Nr. 41.

2 Franz Kafka: Tagebücher 1910–1923. Hrsg. von Max Brod. Frankfurt a.M.: Suhrkamp 1974, S. 51.

Gleich zu Beginn seiner Tätigkeit an der Universität, die er, enttäuscht von der hohlen Betriebsamkeit und der eitlen Selbstbezogenheit mancher ihrer Mitglieder bald nur noch das ‚Bildungszuchthaus' nannte, hat Josef Winkler sich der wohlwollenden Allianz Alois Brandstetters versichert, der mit Briefkopf und Stempel des Instituts für Germanistik hin und wieder dem etwas Nachdruck verleihen konnte, was Winkler als das Wichtigere ansah. Als ich Josef Winkler 1977 kennenlernte, betrieb er bereits, mehr oder minder auf sich gestellt, ein erstaunlich weitverzweigtes literarisches Einmannunternehmen. Er organisierte mit überraschendem Geschick Gelder, immer wieder vom Unterrichtsministerium, aber auch von Stadt und Land, was in den 1970er Jahren schwerer war als heute, er knüpfte Kontakte, korrespondierte, war beharrlich, war lästig – und er erreichte, was keiner vor ihm in Kärnten erreicht oder zu erreichen versucht hatte: Er brachte in ein Land, dem Ingeborg Bachmann, Peter Handke, Gert Jonke, Peter Turrini und Werner Kofler – so wie andere auch – mit gutem Grund den Rücken gekehrt hatten, er brachte in ein Land, das noch in den 1970er Jahren Josef Friedrich Perkonig für seinen größten Dichter hielt, er brachte in dieses Land die Gegenwartsliteratur zurück.

Josef Winkler hat, als knapp Zwanzigjähriger, einzig seinen literarischen Interessen und Absichten folgend, Autoren wie Wolfgang Hildesheimer, Franz Innerhofer, Wolfgang Bauer, Erich Fried, Paul Nizon, Erica Pedretti oder Hubert Fichte zu Lesungen nach Klagenfurt eingeladen, und er hat damit, noch bevor er selber eine Zeile publiziert hat, öffentlich bekundet, dass der Kompromiss keine literarische Kategorie ist. (Die Reihe der Autorenlesungen des ‚Literarischen Arbeitskreises', die er damals begründete, existiert, nebenbei gesagt, unter anderer Leitung noch heute. Sie nähert sich der 150.

Veranstaltung.) Etwa zur selben Zeit, zwischen 1975 und 1979, hat er, als Kopf einer lose verbundenen Gruppe, die sich ‚Literarischer Arbeitskreis' nannte, gemeinsam mit Alois Brandstetter, eine Zeitschrift herausgegeben mit dem ebenso lakonischen wie programmatischen Titel ‚Schreibarbeiten'. ‚Schreibarbeiten' war der Name für ein Unternehmen, das kurz gesagt darin bestand, dass Winkler sämtliche Texte für die einzelnen Hefte seiner Zeitschrift, vom ersten bis zum letzten Buchstaben, auf seiner Kugelkopfschreibmaschine abschrieb und einrichtete. Die ‚Schreibarbeiten' brachten Texte von damals noch weitgehend unbekannten Autoren wie Engelbert Obernosterer, Walter Pilar oder Robert Schindel, aber auch von Alois Brandstetter, Gert Jonke und Josef Winkler selbst. Sie brachten Texte der Freunde aus jenem ‚Literarischen Arbeitskreis' und sie brachten Texte, die erst durch Winklers eigenes Schreiben Jahre später ihren Charakter als literarische Ikonen preisgaben: Texte von Ingeborg Bachmann, von Jean Genet oder Briefe seines Bruders Stefan.

Je mehr ich im Laufe der Jahre von Josef Winkler gelesen habe, desto häufiger ist mir der Titel jener Zeitschrift auch als Programm für sein eigenes Schreiben erschienen. Es gibt überdies einen bezeichnenden Hinweis. Im achten Heft finden sich zwei Zitate als Motto, die das Kompositum ‚Schreibarbeit' in verblüffender Weise zerlegen und kommentieren: Durch einen eher beiläufigen Satz von Goethe über das Schreiben und, entscheidender: völlig unerwartet und auf den ersten Blick völlig deplaziert, durch die berühmte Definition der menschlichen Arbeit bei Marx, wonach Arbeit jener Prozess „zwischen Mensch und Natur" sei,

> worin der Mensch seinen Stoffwechsel mit der Natur durch seine eigene Tat vermittelt, regelt und kontrolliert.

> […] Die seiner Leiblichkeit angehörigen Naturkräfte, Arme und Beine, Kopf und Hand, setzt er in Bewegung, um sich den Naturstoff in einer für sein eigenes Leben brauchbaren Form anzueignen.[3]

Noch war keines der Bücher Josef Winklers erschienen, noch war er gezwungen, sich den Naturstoff in einer für sein eigenes Leben völlig unbrauchbaren Form in den Kellerräumen jenes ‚Bildungszuchthauses' anzueignen, noch hielt der Universitätsdirektor seine ‚Schreibarbeiten' für tolerierbar nur unter der Bedingung, dass sie seine eigentliche Schreibarbeit nicht beeinträchtigten – da erklärte er ganz beiläufig, mit einem Zitat, das Unerhörte, aber für ihn Selbstverständliche: dass er für das scheinbar Überflüssige, für das scheinbar Wertlose, für das Minoritäre und Marginale, dass er für seine ‚Spinnereien', für die in der Freizeit hergestellten ‚Schreibarbeiten', für die *Literatur* also den Status von *Arbeit* beanspruche. Und er beanspruchte diesen Status für die Literatur in einem absolut emphatischen Sinne, im Sinne von Marx, der Arbeit, umfassender als jeder andere, als schiere Existenzbedingung, als zum Wesen des Menschen gehörig definiert hat.

Der biographische Kontext dieser emphatischen Behauptung der Schreibarbeit als Arbeit ist die radikale Opposition Winklers gegen die in jeder Richtung zerstörerische bäuerlichkatholische Arbeitsbesessenheit seiner Herkunftswelt; es ist die Verweigerung gegenüber der Welt des Vaters, gegenüber Selbstausbeutung, Unterdrückung, Gefühlskälte und Sprachlosigkeit im Namen körperlicher Arbeit. Der Ich-Erzähler in Winklers Büchern, der vom Vater Ackermann den Beinamen „Der Arbeitsscheue" erhalten hat, der in dessen Augen für den

3 Karl Marx: Das Kapital. Bd. 1. Frankfurt a.M. 1968, S. 192f.

„Kampf mit der Erde“[4] untauglich, der nichts als ein blutarmer, „nutzloser Fresser“[5], ein „dürrer Krüppel“[6] – mit einem Wort, ein „*Nichtsnutz*“[7] ist, dieser Ich-Erzähler begreift den Kampf mit dem Vater zuallererst als Verweigerung gegenüber dem väterlichen System von Arbeit, das auf den Grundpfeilern von Besitz und Gewalt ruht, die eine Gewalt über Leben und Tod, eine Gewalt über Reden und Schweigen ist. Im *Ackermann aus Kärnten* beschreibt der Vater selbst die Kampfeslinien:

> Du hast zeitweise deine Brüder verachtet, weil sie meine Eigenschaften angenommen haben, sie waren fleißig und arbeitsam. Nicht umsonst hast du den Beinamen *Der Arbeitsscheue* erhalten. Gut, ich habe oft zu dir gesagt, *Halts Maul, red, wenn du gefragt wirst, red oder scheiß Buchstaben,* ich habe dir also die Sprache weggenommen, [...] aber du hast Bücher gelesen, während deiner Mutter und mir, deinen Brüdern wie deiner Schwester bei der Arbeit der Schweiß von der Stirn rann.[8]

Die Gegenwehr, die Selbstbehauptung, ja die Rettung geschieht in der Rückeroberung der Sprache. Der Verzicht auf die Sprache, der Verzicht auf das Lesen und, später, der Verzicht auf das Schreiben, das Verharren in der Stummheit würde die Anerkennung der Vaterautorität[9] bedeuten. Der

---

4 Josef Winkler: Muttersprache. Frankfurt a.M.: Suhrkamp 1982, S. 101.

5 Josef Winkler: Der Ackermann aus Kärnten. Frankfurt a.M.: Suhrkamp 1980, S. 87 und S. 117.

6 Ebd. S. 203.

7 Ebd. S. 92.

8 Ebd. S. 200 (Hervorhebungen im Original).

9 Vgl. Johann Strutz: Josef Winkler. In: Kritisches Lexikon zur deutschsprachigen Gegenwartsliteratur. Hrsg. von Heinz Ludwig Arnold. München: edition text + Kritik 1978ff.

Ich-Erzähler setzt die Autorität der Sprache, seiner Sprache, setzt die Autorität der Literatur an die Stelle der väterlichen Autorität. Er hält das Maul nicht mehr, redet und schreibt, ohne gefragt zu sein, über Gott und Welt, über Leben und Tod, spricht, wie es in ‚Muttersprache‘ heißt, „über Dinge, über die man nicht spricht“[10] und gibt wie zum Hohn das Ganze als ‚Arbeit‘ aus: spricht von seiner ‚Spracharbeit‘, von seiner ‚Romanarbeit‘, von seiner ‚Formulierungsarbeit‘, von seiner ‚Schreibarbeit‘ (die, wie sich jeder überzeugen kann, einen Umfang hat, der den Verfasser selbst in den Augen des Ackermanns als fleißig und arbeitsam ausweisen müsste). Die Berichte über seine Befreiung aus der Welt des arbeitsamen bäuerlich-katholischen Patriarchats sind bis in die Metaphorik hinein immer auch Arbeitsberichte:

> Er [der Vater] wußte nicht, daß diese mechanische Schreibmaschine mein erstes Werkzeug sein sollte, das mir half, wie ein Mineur einen Stollen zu erarbeiten, einen Berg zu durchbrechen, um an der anderen Seite ein neues Licht zu erblicken, [...], die Schreibmaschine wies den Weg in die Freiheit, sie konstruierte den Abschied von den Eltern, Anschlag für Anschlag, Zeile für Zeile, Seite für Seite, Buch für Buch.[11]

Die Befreiung aus der Welt des Vaters, aus der Welt des Patriarchats, die stellvertretend für die Verkehrtheiten und Versteinerungen der religiösen, der sexuellen und der sozialen Haltungen im Ganzen steht, diese Befreiung wird ermöglicht durch den Entwurf einer Biographie als Lesender und Schreibender. Der Abschied von den Eltern ist nicht nur ein Akt

10 Winkler, Muttersprache (Anm. 4), S. 260.

11 Ebd. S. 97.

der Notwehr, es ist auch, im gleichnamigen Buch von Peter Weiss, ein literarisches Modell, das für Josef Winkler zu einem Initiationserlebnis wurde, das ihn bestimmte beim Entwurf einer Biographie, die Maß nimmt an den schriftlich verbürgten Befreiungsakten der literarischen Moderne, die aber auch Kraft schöpft aus biographisch und literarisch eingelösten Beispielen gesellschaftlicher Opposition. Jean Genet, Hans Henny Jahnn, Oscar Wilde, Hubert Fichte, Franz Kafka, Albert Camus, Friedrich Hebbel und ein paar andere von ähnlichem Format fungieren in diesem Neuentwurf einer Biographie als literarische Wahlväter oder Wahlverwandte.

Fragwürdig ist deshalb die Festlegung Josef Winklers auf jene Tradition der so genannten Anti-Heimat-Literatur, die in ihrer realistischen Darstellung der Deformationen des bäuerlich-kleinbürgerlichen Lebens in Österreich häufig als eine Art alpenländischer Exotismus wahrgenommen wurde, der dem westdeutschen Feuilleton allemal das Adjektiv „authentisch" entlockte.[12] Als literarischer Qualitätsmaßstab galt den Authentizitätsexperten, ob und wie exakt die Realität mit der Literatur zu verrechnen ist. Die Vielschichtigkeit und die Raffinesse der Winklerschen Erzählarrangements machen von vornherein klar, dass er diese Erwartungen nicht zu bedienen gedenkt.

Josef Winkler überschreitet die Grenzen des Genres bewusst, indem er es als „kritisches Erfassungs*schema*" für die ganze Lebenswirklichkeit verwendet.[13] Gleichgültig, ob es sich um Kamering, Klagenfurt, Rom oder Paris handelt, die Empirie, die

12 Z.B.: Ulrich Greiner: Sprachgewordene Not. In: DIE ZEIT vom 5.12.1980.

13 Vgl. Friedbert Aspetsberger: Subversion und „Archäologie der Bedeutungen". Zu Josef Winklers Versuch, der „Heimat" zu entgehen und in Sodom den Menschen zu schaffen. In: Wespennest 93 (1993), S. 40–54, Zit. S. 40.

in Winklers Texten erscheint, hat zuerst eine metaphorische Realität und sie befindet sich damit von vornherein in Fundamentalopposition zu allen festgelegten Realitäten in Kamering, Rom oder sonstwo in der Welt. Sein Schreiben zielt nicht auf Sozialkritik, auf „Reparatur",[14] es bewegt sich nicht innerhalb eines sozialen Systems, um es zu kritisieren, sondern es hebt mithilfe der Sprache dieses System selbst aus den Angeln.

„Alles, was ich beschreibe, wird neu", heißt es im *Ackermann*.[15] Winklers Bücher sind, bei allem Unauflösbaren, das sie enthalten, bei allem Abstoßenden und Bedrohlichen, das er als Mineur in den verschütteten Gängen unseres kollektiven Unterbewussten freilegt, Winklers Bücher sind immer auch Rettungsgeschichten, frohe Botschaften über das Vermögen und die lebensverändernde Kraft der Literatur: „... die Literatur hat mir bis heute das Leben gerettet", heißt es in *Friedhof der bitteren Orangen*, „damals als Lesendem, heute als Schreibendem und Lesendem".[16] Winklers Bücher sind schriftgewordene Belege dafür, welch vorzügliches Instrument die Literatur sein kann, sich den Naturstoff in einer für das eigene Leben brauchbaren Form anzueignen – sei es als Schreibender, oder sei es als Lesender. Josef Winkler ist gut dran, er beherrscht beides.

So sitzt er da, noch keine 40 Jahre alt, noch immer unverschämt jugendlich, eine Schreibkraft sondergleichen; sieben Bücher hat er geschrieben und darunter ist mehr als eines von der Art wie Kafka sie forderte: Es sind Bücher, „die einen

14 Vgl. Friedbert Aspetsberger: Einführung zur Lesung Josef Winklers in Rom. In: Fidibus, H. 4/ 1984, S. 1–9, bes. S. 4.

15 Winkler, Ackermann (Anm. 5), S. 101.

16 Josef Winkler: Friedhof der bitteren Orangen. Frankfurt a.M.: Suhrkamp 1990, S. 204.

beißen und stechen“, sie sind wie die „Axt [...] für das gefrorene Meer in uns“.[17] Sie künden, so viel vom Tod die Rede sein mag, vom Lebendigwerden, durchaus im Sinne Kafkas, aber auch im Sinne jenes Satzes aus dem *Ackermann*, der über Josef Winklers gesamter Schreibarbeit stehen könnte: „Die Lebenden sollen endlich von den Toten auferstehen.“[18]

17 Franz Kafka: Briefe 1902–1924. Frankfurt a.M.: S. Fischer Verlag 1958, S. 27f. (= Gesammelte Werke. Hrsg. von Max Brod, Bd. 9, Brief vom 27.1.1904 an Oskar Pollak).

18 Winkler, Ackermann (Anm. 5), S. 38.

# Zehn Jahre Musil-Institut im Musil-Haus (2007) Nebst einigen Anmerkungen zur Kulturpolitik in Kärnten[1]

Was sagt man zum zehnjährigen Jubiläum einer Institution? Dass sie das, was sie ist, durch die Arbeit derer ist, die in ihr tätig sind und durch die Zustimmung und die Kritik derer, die an dieser Arbeit Anteil nehmen? Soll ich also über uns reden, die wir diese Arbeit machen und über Sie, die Sie uns mit dieser Arbeit nicht ganz allein lassen, sondern, so wie auch heute, immer wieder einmal vorbeischauen, um zu sehen, was wir so treiben? Das wäre naheliegend und vielleicht erwarten Sie das auch. Es könnte unter Umständen ja ganz nett werden, wenn ich es nicht allzu plump anlegte, Sie behutsam an die schönsten Momente erinnerte, über die wir möglicherweise auch uneins wären, Sie nicht gleich damit überfiele, wie viele Autorinnen und Autoren in diesen vergangenen zehn Jahren im Literaturhaus zu Gast waren, wie viele Besucherinnen wir hatten (die waren nämlich eindeutig in der Überzahl), wie viele Symposien wir veranstaltet haben, welche Nachlässe wir für das Archiv gerettet, erworben oder geschenkt bekommen haben, wie viele Projekte wir durchgeführt, wie viele Aufsätze und Bücher wir veröffentlicht haben. Jetzt fehlten nur noch die entsprechenden Zahlen und ich wäre schon am Ende meiner Rede.

1 Schriftenverzeichnis, Aufsätze Nr. 110.

So geht es also nicht. Denn erstens heißt es im 72. Kapitel des *Mann ohne Eigenschaften*: „Auf die Darstellung einer Tätigkeit im Bewußtsein derer, die sie ausüben, ist […] nicht allzuviel zu geben"[2] und zweitens beginnt einer der Aphorismen Musils mit der Warnung: „*Viel von sich selbst zu reden* gilt als dumm." Wer aber möchte schon gerne als dumm gelten? Zumal unter dem Dach einer Institution, die den Namen eines Mannes trägt, der seinen größten öffentlichen Triumph mit einer Rede *Über die Dummheit* gefeiert hat. Da ist man doch lieber ein Mitstreiter in der Sache als das Exempel für seine Warnung. Musil zeigt allerdings auch einen Ausweg aus dem Dilemma, denn der zitierte Aphorismus endet mit der Beobachtung: Das Verbot, viel von sich selbst zu reden, werde „von der Menschheit auf eigentümliche Weise umgangen: durch den Dichter!"[3]

Ziehen wir also den Dichter zu Rate. In einem nachgelassenen Prosafragment liest man zum Beispiel, und es klingt, als habe Musil die Stelle exklusiv für uns formuliert: Wenn man unter den herrschenden Verhältnissen glücklich sein wolle, dürfe man nicht zu viel Phantasie haben.[4] Was uns betrifft, so sind wir zwar glücklich – wie auch nicht an einem solchen Tag und mit einer derartigen Bilanz, über die ich, wie gesagt, noch gar nicht geredet habe – doch unser Unglück ist, dass wir noch immer Phantasie und Vorstellungskraft haben. Wir haben zum Beispiel die Phantasie, dass auch im Bundesland Kärnten endlich wahr werde, was Musil 1919, gewissermaßen an der Wiege des demokratischen Österreich, formuliert hat: „Die Kultur eines Staates […] besteht nicht in der Produktion

2 MoE, GW 1, S. 301 (Zitiert wird nach der Ausgabe: Robert Musil: Gesammelte Werke [GW] in neun Bänden. Hrsg. von Adolf Frisé. 2. verb. Aufl. Reinbek bei Hamburg: Rowohlt 1981).

3 GW 7, S. 813 (Hervorhebung im Original).

4 Vgl. ‚Schattenspiel in der Kleinstadt'. GW 7, S. 777.

geistiger Werte von Staats wegen, sondern in der Schaffung von Einrichtungen, welche ihre Produktion durch den Einzelmenschen erleichtern und neuen geistigen Werten die Wirkungsmöglichkeit sichern."[5]

Wie aber sieht es hierzulande mit der Kultur aus: landauf, landab produziert der freihändig agierende Kulturreferent Jörg Haider – am liebsten im Verein mit großen Medien und deren sangesfreudigen Redakteuren – etwas, das mit historisch und emotional hoch besetzten Begriffen wie Heimat, Tradition und Kultur operiert, von dem man jedoch mit ziemlicher Sicherheit sagen kann, dass es dem, was Musil die ‚neuen geistigen Werte' genannt hat, nur wenig an Wirkungsmöglichkeiten sichert. Es ist vielmehr die Produktion von Folklore, Ablenkung und Volksbelustigung von Amts wegen. Wenn man die Sache auf den Punkt bringen wollte, könnte man auch von Politmarketing unter dem Deckmantel der Kulturförderung reden. Nach glaubwürdigen Berechnungen sind die Aufwendungen für das, was in Kärnten unter dem politischen Sammel- und Kampfbegriff ‚Volkskultur' firmiert, unter dem derzeitigen Kulturreferenten, der praktischerweise auch gleich Landeshauptmann und Finanzreferent ist, und der um fast jeden Preis wiedergewählt werden will, um unglaubliche 1300 Prozent gestiegen.[6] Die Geldvernichtung rund um die Millionengräber Seebühne und den künstlich am Leben erhaltenen Kärntner Fußball zählt übrigens auch zu dieser Art von Volkskultur. Es würde mich nicht wundern, wenn die Zuwendungen des Landes an die Kärntner Fußballakademie – auch so etwas gibt es, und ihr ‚Präsident' ist, Sie haben es erraten, der Kulturreferent des

5 GW 8, S. 1042.

6 Nachsatz 2008: Darin sind die in der Presse genannten 2,5 Mill. Euro für die Adaptierung eines ‚Hauses der Volkskultur', das in unmittelbarer Nachbarschaft des Musil-Hauses entsteht, noch nicht enthalten.

Landes – in Hinkunft die Forschungsförderung des Landes für die Universität Klagenfurt übersteigen werden; was allerdings keiner allzu großen Anstrengung bedürfte, denn die Projektgelder, die das Land für die größte Forschungs- und Bildungseinrichtung des Landes jährlich erübrigt, machen bemerkenswerte 60.000 Euro aus. Dafür würden, so vermute ich, die Kärntner Fußballakademiker nicht einmal ihre berüchtigte Achillesferse heben.

Es ist wahrscheinlich keine große Überraschung für Sie, wenn ich der Vollständigkeit halber hinzufüge, dass die Aufwendungen des Landes für die Literatur, die in Kärnten immer schon das Schlusslicht bei den Förderungen bildete, im selben Zeitraum spürbar zurückgegangen sind. Und das in einem Land, das in den letzten fünf, sechs Jahrzehnten mehr an unverwechselbaren und auch international erfolgreichen Autorinnen und Autoren hervorgebracht hat als jedes andere österreichische Bundesland – Wien vielleicht ausgenommen. Jedem halbwegs Interessierten fallen auf Anhieb zwei Dutzend Namen ein: von Ingeborg Bachmann über Lilian Faschinger, Antonio Fian, Humbert Fink, Helga Glantschnig, Michael Guttenbrunner, Peter Handke, Ingram Hartinger, Alois Hotschnig, Gert Jonke, Werner Kofler, Christine Lavant, Lydia Mischkulnig, Engelbert Obernosterer, Thomas Pluch, Andreas Staudinger, Peter Truschner, Peter Turrini, Alexander Widner bis zu Josef Winkler und den slowenisch schreibenden Gustav Januš, Florjan Lipuš und Maja Haderlap. Was ist der Grund dafür, dass die Kulturpolitiker des Landes die künstlerischen Leistungen der Dichter und Schriftsteller aus Kärntner so beharrlich ignorieren und geringschätzen? Der einzige, dessen Werk hierzulande jahrzehntelang gefördert und propagiert wurde, ist der Abwehrkämpfer und ehemalige stellvertretende Leiter der Reichsschrifttumskammer im Gau Kärnten Josef Friedrich Perkonig. So viel zur

Tradition und Treffsicherheit der Kärntner Literaturpolitik – gleich welcher ideologischen Färbung.

Das Musil-Institut erhält vom Land Kärnten, das neben der Universität und der Stadt Klagenfurt einer der drei Träger dieser Einrichtung ist, eine vertraglich fixierte, keineswegs üppige Jahressubvention für den laufenden Betrieb. Trotz unserer vertraglich festgelegten Funktion als Kärntner Literaturarchiv beteiligt sich das Land, im Unterschied zu vergleichbaren Regelungen in anderen Bundesländern, nicht an den Personalkosten, und trotz jahrelanger Urgenzen verfügen wir noch immer über kein Budget für den Ankauf und die Bearbeitung von Nachlässen und Sammlungen zur Kärntner Literaturgeschichte. Für Ankäufe sind in den vergangenen zehn Jahren vom Land Kärnten nur ein einziges Mal Mittel bewilligt worden – in der Höhe von zweimal 8.500 Euro. Im selben Zeitraum sind Nachlässe und literarische Einzelbestände von so bedeutenden Kärntner Dichterinnen und Dichtern wie Johannes Lindner, Christine Lavant, Gert Jonke, Peter Turrini, Peter Handke und von dem kulturhistorisch bedeutsamen Mittler und Vermittler Emil Lorenz an Archive und private Sammlungen außerhalb Kärntens gegangen. Unsere Kulturpolitiker und die politischen Entscheidungsträger aller Couleurs haben offenkundig noch nicht begriffen, was dem Land damit nicht nur an kulturellem und symbolischem Kapital verloren geht, sondern auch an materiellen Werten. Oder wissen sie es und schauen zu? Wenn ja, warum?

Um den Ankauf der Manuskripte und Korrespondenzen von Josef Winkler, der international einer der angesehensten Schriftsteller Österreichs ist und der als einziger unter den bekannteren Kärntner Autoren noch im Land lebt, bemühe ich mich seit bald einem Jahrzehnt bei Stadt und Land ohne jeden

Erfolg.[7] Peter Handke, um ein zweites Beispiel zu nennen, wäre bereit gewesen, sein gesamtes literarisches Archiv dem Kärntner Literaturarchiv zu übergeben. Mir ist nicht bekannt, dass der amtierende Kulturreferent, den ich mehrfach um Unterstützung gebeten habe, nach Mitteln und Möglichkeiten gesucht hätte, diesen unschätzbaren Bestand für das Land zu sichern. Meine Briefe wurden nicht beantwortet, Gesprächsersuchen von meiner Seite wurden ignoriert. Ich bin überzeugt davon, dass jedes andere österreichische Bundesland, das ein Literaturarchiv besitzt, das Äußerste unternommen hätte, um den Erwerb dieser Materialien zu ermöglichen.[8]

Dass es uns unter solchen Bedingungen überhaupt gelungen ist, das Kärntner Literaturarchiv mit etwa zwanzig größeren und ebenso vielen kleineren Beständen aufzubauen, darunter Materialien von Ingeborg Bachmann, Werner Berg, Thomas Bernhard, Jan Christ, Antonio Fian, Anton Fuchs, Michael Guttenbrunner, Maja Haderlap, Peter Handke, Gustav Januš,

---

7 Nachsatz 2008: Inzwischen hat Josef Winkler zu seinen zahlreichen Auszeichnungen auch noch den renommiertesten deutschsprachigen Literaturpreis, den Büchner-Preis der Deutschen Akademie für Sprache und Dichtung in Darmstadt und den Großen Österreichischen Staatspreis erhalten. Noch ist Josef Winkler, um dessen ‚Vorlass' sich seit Längerem große in- und ausländische Archive bemühen, bereit, seine Materialien dem Kärntner Literaturarchiv zu überlassen. Wie lange noch?

8 Nachsatz 2008: Mittlerweile ist der Bestand an das ‚Österreichische Literaturarchiv' der Nationalbibliothek in Wien gegangen. Nach Zeitungsberichten hat die Österreichische Nationalbibliothek 135.000 Euro dafür bezahlt. Der Rest auf den Gesamtpreis von 500.000 Euro wurde aus Bundesmitteln bestritten. Ich warte noch immer darauf, dass jemand mir erklärt, weshalb das Land Kärnten, das sich in so vielen Bereichen als überraschend großzügig erweist, nicht imstande sein sollte, für die Manuskripte, Korrespondenzen und Materialien eines der bedeutendsten deutschsprachigen Dichter des 20. Jahrhunderts, dessen Name und dessen Werk untrennbar mit dem Land Kärnten verknüpft sind, 135.000 Euro aufzubringen. Es sind dies, daran sei auch aus hygienischen Gründen erinnert, nur etwa zwei Prozent jener Summe, die das Land einem Kärntner Wirtschaftsprüfer (und Steuerberater eines prominenten Kärntner Parteiobmanns) für die mündliche Beratung anlässlich des Verkaufs der Landesbank als Honorar bezahlt hat – nachdem der ursprünglich vereinbarte Betrag von 12 Mill. Euro auf öffentlichen Druck hin halbiert worden war.

Gert Jonke, Werner Kofler, Gerhard Lampersberg, Christine Lavant, Florjan Lipuš, Engelbert Obernosterer, Nora Purtscher-Wydenbruck, Georg Timber-Trattnig, Adolf von Tschabuschnigg, Alexander Widner und anderen, schaut vielleicht aus wie ein Wunder, verdankt sich aber in erster Linie dem Umstand, dass viele uns ihre Materialien geschenkt oder für symbolische Beträge überlassen haben, weil sie das Institut und seine Arbeit schätzen. Ich werde nie den Tag vergessen, als ganz unvermittelt eine achtzigjährige Dame in meinem Büro stand und einen vierseitigen, handgeschriebenen Brief Paul Celans aus ihrer Handtasche zog. Als Stipendiatin der französischen Besatzungsmacht hatte sie den Dichter Ende der vierziger Jahre in der Mensa der Pariser Sorbonne kennengelernt. Der Brief, den er ihr nach ihrer Rückkehr nach Kärnten schrieb und in dem er sie u.a. bat, ihm bei der Suche nach einem deutschsprachigen Verlag behilflich zu sein, sei, so ihre entwaffnende Begründung, im Musil-Institut am besten aufgehoben.[9]

Was den zweiten großen Arbeitsbereich des Musil-Instituts betrifft, nämlich das, was wir der Öffentlichkeit unter dem Titel Literaturhaus anbieten, und das waren in den vergangenen zehn Jahren mehr als 500 literarische Veranstaltungen mit 35.000 Besucherinnen und Besuchern, wird fast zur Gänze aus Subventionsmitteln des Bundes finanziert. Ohne diese Förderung des Bundes gäbe es in Kärnten keine einzige literarische Institution mit einem Ganzjahresprogramm. Die Situation der Literaturförderung in Kärnten zusammenfassend könnte man, einen Satz des General Stumm von Bordwehr aus dem *Mann ohne Eigenschaften* variierend, sagen, die politisch Verantwortlichen in diesem Land achten streng darauf, dass die Mittel

9 Vgl. Klaus Amann: Ein unbekannter Brief Paul Celans aus dem Jahr 1949. In: Sichtungen 4/5 (2001/2002), S. 102–128.

für die Literatur „in einem angemessenen Kleinheitsverhältnis zu den Beträgen stehn",[10] die sie für so genannte Events, für Volkskultur, Volksbelustigung und Wählerpflege ausgegeben.

Das Skandalon ist nicht die Tatsache der Förderung von Volkstum und so genannter Volkskultur, das Skandalon ist die absolute Disproportion und die Unverhältnismäßigkeit der aufgewendeten Mittel. Ich verhehle aber nicht, dass es auch Leute gibt, die da anderer Meinung sind, wie zum Beispiel unser Gewährsmann für alle Lebenslagen, in denen man dumm aussieht, der gebürtige Klagenfurter Robert Musil: „Aber zuvor müßte ich sagen", schrieb er 1936 in einem Brief, „was ich über den Sinn des Volkstums denke: Bloß, daß er ein Unsinn ist! Wohl ist dieses [das Volkstum] als die natürlichste und nächste menschliche Leistungsgemeinschaft dargeboten, aber wie wenig leistet es wirklich im Verhältnis zu dem, was es schuldig bleibt, und wie entwickelt sich alles, was vorwärts führt, über Volk und Nation [hin]weg!"[11] In dem schon erwähnten Vortrag *Über die Dummheit* hat Musil, wie ich meine unwiderlegbar, begründet, dass kollektive Wir-Gefühle nach dem Muster ‚Wir Kärntner', ‚Wir Deutsche' oder ‚Wir Serben', die die Grundlage jeder nationalen Volkstums- und Heimatideologie bilden, letztlich nur ein schamloses „Überhebungsbedürfnis" offenbaren; ein „Überhebungsbedürfnis" nämlich, das „im Schutz der Partei, Nation, Sekte oder Kunstrichtung auftritt und Wir statt Ich sagen darf."[12] Mehr noch, dieses ‚Wir' ist auch der Ausdruck eines fundamentalen Selbstbetrugs: Musil 1921: „Das wahre Wir ist: Wir sind einander nichts. Wir sind

10 MoE, GW 2, S. 521.

11 Brief an Toni Cassirer, 12.4.1936. Robert Musil: Briefe. Hrsg. von Adolf Frisé. Unter Mithilfe von Murray G. Hall. Reinbek bei Hamburg: Rowohlt 1981, S. 717.

12 Über die Dummheit, GW 8, S. 1275.

Kapitalisten, Proletarier, Geistige, Katholiken … und in Wahrheit viel mehr in unsere Sonderinteressen und über alle Grenzen weg verflochten als untereinander."[13]

Was Musil über die ‚Heimatkunst' gesagt hat, wage ich in einem Land, in dem es von Heimatschützern, Heimatbünden, Heimatdiensten, Heimatbüchern, Heimatliedern, Heimatwerken, Heimatdichtern, Heimatgefühlen, Heimatpflege und anderen hehren Heimatkomposita nur so wimmelt, kaum zu zitieren. 1921 schrieb er: „Heimatkunst: das ist das Vereinsbanner der Leute, die das Wimmerl im eignen Gesicht erhabener dünkt als der Monte Rosa auf Schweizer Gebiet. Es gibt sie bei allen Nationen; ich fühle nicht mit ihnen, was sie aber nicht gehindert hat, sich wie ein Ausschlag in sämtlichen Landesfarben zu verbreiten."[14] Da konnte Musil noch nicht ahnen, dass in Kärnten neuerdings sogar etwas so Unverdächtiges wie eine Jahreszeit in Form des Kärntner ‚Heimatherbstes' in den Dienst der Heimat genommen wird und zu flächendeckender volkskultureller und heimatkünstlerischer Erhebung herhalten muss. Der ‚Heimatherbst', von dem man auch nicht so genau weiß, welchen „neuen geistigen Werten", um mit Musil zu reden, er Wirkungsmöglichkeit sichert, ist mittlerweile einer der größten Posten des frei verfügbaren Kulturbudgets. Dass neben dem ‚Heimatherbst' noch drei Jahreszeiten übrig sind, denen die Kärntner Landesfarben aufgemalt werden können, eröffnet ja einiges an Perspektiven für die künftige Kulturpolitik.

Volkstums- und Heimatideologie, Landesgeschichte und Sprachenpolitik sind in Kärnten die bevorzugten Betätigungsfelder des großen ‚Wir'. Die Volkskultur, genauer gesagt politisch

13 Die Nation als Ideal und als Wirklichkeit, GW 8, S. 1070.

14 Johann Strauß als Riese, GW 7, S. 663.

geförderte Folklore, Volkstumsarbeit und Geschichtspolitik im Zeichen von Ulrichsberg und 10. Oktober (apropos ‚Heimatherbst') sind dafür das Dekorum und gleichzeitig der politische und soziale Kitt. Deshalb wird das Füllhorn der Fördergelder so großzügig über ihr ausgeschüttet. Was aber, frage ich – und ich erinnere daran, dass wir über den Zusammenhang zwischen politischen ‚Wir'-Gefühlen und Kultur reden – was ist die Ortstafelpolitik in diesem Land oder was ist die Aussage des Landeshauptmanns und Kulturreferenten: „Kärnten ist einsprachig" – was ist das anderes als ein provokantes „Überhebungsbedürfnis" im Schutze eines nebulosen ‚Wir', das sich so gern auf Kultur und Tradition beruft? Der Satz „Kärnten ist einsprachig" hat bekanntlich einen etwa 65-jährigen Vorgänger, den zumindest jene kennen sollten, die so gern Kärntner Tradition und Kärntner Geschichte im Munde führen.

Dies ist der Punkt, um etwas grundsätzlicher und nicht nur in Begriffen der Statistik von unserer Arbeit zu reden und von Ihnen, die Sie uns durch Ihr Interesse in der spezifischen Richtung dieser Arbeit immer wieder bestärken und ermutigen. Es bedurfte eines längeren Anlaufs, um diese unsere Arbeit und auch Sie als unser Publikum in ein Verhältnis zu dem zu setzen, was der Fall ist. Denn dem großen ‚Wir', das nicht nur in Kärnten von allen Plakatwänden grinst und das in vielerlei Gestalten und mit vielen Gesichtern auftritt, halten wir ganz bewusst die *Literatur* entgegen. Die Literatur, das ist, mit anderen Worten, die schwache Stimme der Schreibenden, die „ich" sagen und nicht „wir". Schriftstellerinnen und Schriftsteller betrachten und bedenken die gelebten und die ungelebten Möglichkeiten mit eignen Augen und mit ihrem Kopf, mit der eigenen Erfahrung also und beschreiben sie mit eigenen, unverbrauchten Sätzen. Sie sprechen von jeher von dem, was ist und von dem, was sein könnte. Wenn wir Schriftsteller als Menschen sehen, die über die im *Mann ohne Eigenschaften* beschriebene Fähigkeit verfügen, „das, was ist, nicht wichtiger zu nehmen als das, was nicht ist“, werden die Produkte dieser Fähigkeit, wie es dort weiter heißt, „nicht selten das, was die Menschen bewundern, falsch erscheinen [lassen] und das, was sie verbieten, als erlaubt oder wohl auch beides als gleichgültig“.[15]

In einer solchen Perspektive, erscheint dann plötzlich nicht nur als möglich, sondern als selbstverständlich, was die selbsternannten Hüter der Tradition bis dahin für ausgeschlossen hielten: zum Beispiel, dass bei der offiziellen Eröffnung dieses Hauses vor zehn Jahren und neun Tagen an dieser Stelle der slowenische Autor Florjan Lipuš seine – im Übrigen auf Deutsch gehaltene – Festrede mit fünf Sätzen auf Slowenisch eingeleitet hat. Was damals von einigen Lokalpolitikern zum Skandal gemacht wurde, über den sogar die Zeitungen im fernen Wien berichteten, ist heute eine Anekdote und ich denke, wir haben mit unserer Arbeit und Sie haben mit Ihren Reaktionen und mit Ihrer Beständigkeit dazu beigetragen, dass es so ist. Gemeinsam mit dem Stadttheater unter Dietmar Pflegerl, dem UNIKUM und einigen anderen haben wir vielleicht nach und nach doch bewirkt, dass sich in einigen Köpfen etwas verändert hat; dass manches von dem, was hierzulande unbefragt propagiert und bewundert wurde, fragwürdig geworden ist oder anderes, das übersehen oder geringgeschätzt wurde, ins Blickfeld rückte. Vieles von dem, was für verboten oder undenkbar gehalten wurde, ist mittlerweile entweder erlaubt oder gleichgültig. Musil wird am Ende auch in Kärnten recht behalten. Das wird uns trösten.

15 MoE, GW 1, S. 16.

In unserem Jahrbuch *literatur/a 2007* finden Sie auch eine Liste der Autorinnen und Autoren, die hier zu Gast waren, es sind mehr als dreihundert, manche, die wir in unseren Zusammenhängen für besonders wichtig halten, waren auch mehrfach da, so Josef Winkler oder Reto Hänny, die heute aus ihren Werken lesen oder Franz Schuh und Sigrid Löffler, die morgen hier über die Bedeutung von Literaturhäusern und Literaturarchiven diskutieren werden. Sie finden im Jahrbuch auch ein halbwegs vollständiges Verzeichnis der Symposien und Ausstellungen – es waren etwa zwei Dutzend – und ein Verzeichnis der Buchveröffentlichungen der Mitarbeiter und Mitarbeiterinnen des Instituts: Es sind, die Zahl hat uns schließlich selber überrascht, mehr als fünfzig Bücher – bei nur vier fixen wissenschaftlichen Mitarbeitern, die aber offensichtlich fix auch in einem anderen Sinne sind – eine ganz anständige kleine Bibliothek, finde ich. Eine Bibliothek allerdings, die, wie auch die Liste der Veranstaltungen und der Symposien, zeigt, was wir für wichtig halten und woran uns liegt: Wir wollten in der Nähe genau hinschauen, das heißt naturgemäß auf die Literaturen der Region, insbesondere auch auf die slowenische. Da und dort wollten wir auch Vergessenes und Übersehenes entdecken und neu werten. Wir wollten aber auch das Anerkannte würdigen. Daraus sind unsere Symposien und Buchpublikationen zu Robert Musil, Christine Lavant, Ingeborg Bachmann, Michael Guttenbrunner, Florjan Lipuš, Gustav Januš, zum Tonhof in Maria Saal mit Gerhard Lampersberg und Thomas Bernhard, zu Werner Kofler, Gert Jonke, Peter Handke, Engelbert Obernosterer, Peter Turrini und anderen entstanden. Wir holten uns aber auch, was in einem Land, das oft den Eindruck vermittelt, es fürchte sich vor dem Fremden, ganz bewusst und absichtsvoll die Nachbarn, aus Ungarn beispielsweise, aus Kroatien, Slowenien, Italien, der Schweiz und Deutschland ins Haus und wir wollten auch ein bisschen Teil haben am internationalen literarischen Leben unserer Zeit: Vielleicht waren Sie ja auch dabei als unter vielen anderen Imre Kertész, Les Murray, Jorge Semprún, Lily Brett, Péter Esterházy, György Dalos, Gitta Sereny, Oskar Pastior, Thomas Kling, Erica Pedretti, Fulvio Tomizza, Dubravka Ugrešić, Dane Zajc, Lojze Kovačič, Ruth Klüger, Boris Pahor oder Claudio Magris hier gelesen, diskutiert und erzählt haben.

Und zum Schluss noch ein Satz zur größten, umfangreichsten und zugleich am wenigsten sichtbaren Tätigkeit: Beinahe zehn Jahre lang wurden am Institut zwei, u.a. vom Österreichischen Forschungsfond (FWF) finanzierte Projekte durchgeführt, die, ich scheue mich nicht, es auszusprechen, auf modellhafte Weise das Gesamtwerk eines Autors, alle seine Manuskripte, Entwürfe und Notizen aus dem Nachlass, aber auch alle seine veröffentlichten Werke in digitaler Form präsentieren. Es sind dies die beiden kommentierten Gesamtausgaben der Werke von Robert Musil und Christine Lavant. Die Lavant-Ausgabe, die das bekannte Werk der Dichterin mehr als verdoppeln wird, ist abgeschlossen und harrt ihrer Veröffentlichung. Die Gesamtausgabe Musils wird Anfang 2009 erscheinen.

Hinter all dem, wovon ich hier berichtet habe, stehen Menschen, denen ich für ihr Engagement und ihren Enthusiasmus, der keine 40-Stunden Woche kennt, zu danken habe: Den Mitarbeiterinnen und Mitarbeitern des Musil-Instituts, eingeschlossen die vielen temporären Projektmitarbeiterinnen, Praktikantinnen und ehrenamtliche Helferinnen. Und ich danke Ihnen allen, die Sie so neugierig, freundlich und unvoreingenommen sind. Wir freuen uns jedes Mal, wenn Sie bei uns vorbeischauen um zu sehen, was wir so treiben.

„Politik packt die Affekte. Kunst erzieht sie“[16], heißt es in einem Aphorismus Robert Musils. Im politischen Milieu des Landes Kärnten, auf das der erste Teil von Musils Diktum in einer ganz spezifischen und manchmal erschreckenden Weise zutrifft, würde ich dem Musil-Institut ganz gerne den zweiten Teil des Aphorismus zuschreiben. Wir sehen uns selber durchaus in einer erklärenden und interpretierenden, bestenfalls sogar in einer aufklärenden Rolle und wir halten uns dabei an den Satz von Peter Handke, den wir zum Motto unseres seit 2006 erscheinenden Jahrbuchs *literatur/a* erkoren haben. Er lautet: „Es ist die Literatur, die das Bild eines Landes bestimmt, gerade indem sie allen fertigen Bildern mit Hartnäckigkeit und sanfter Gewalt widerspricht.“

16 Aphorismen, GW 7, S. 851.

# In memoriam Gert Jonke 1946–2009[1]

Mir ist Gert Jonke immer wie ein aus dem Nest gefallener Vogel vorgekommen: zart und zerbrechlich, nicht ganz von dieser Welt, aber mit dem Zeug zum Fliegen: ein Geschöpf, das sich von der Erdenschwere befreien kann. Mit seinem Schreiben ist ihm das gelungen. Das wird bleiben und, wenn man das Glück hatte, ihn persönlich zu kennen, die Erinnerung an einen außergewöhnlichen Menschen. Eine Begegnung mit ihm, und sei es ein zufälliges Aufeinandertreffen am Klagenfurter Bahnhof oder auf der Mariahilferstraße in Wien, wo er gleich ums Eck wohnte, war immer etwas Besonderes, etwas, das einen herausgehoben hat aus dem Gewöhnlichen. Gert Jonke war wissbegierig, mitfühlend, ohne Berechnung, aufrichtig und treu. Er hatte die Gabe, sich mit anderen zu freuen. Nie habe ich ihn ein unfreundliches, abschätziges oder ein missgünstiges Wort über jemanden sagen gehört. Er war ein Mensch ohne Argwohn, ein Mensch ohne Feinde, ohne Neider, ohne Konkurrenten, weil er in seiner Liebenswürdigkeit, in seinem den Menschen Zugetansein konkurrenzlos war und weil das poetische Universum, das er schuf, ohne Vergleich ist. Es mag andere Seiten an ihm gegeben haben, so wie an jedem von uns, doch so wie ich ihn kannte, war er in dem, was er war und in dem, was er geschaffen hat, ein Grund zur Freude. Es ist schön, mit ihm zugleich dagewesen zu sein. Es war nur zu kurz. So wie das Schöne immer zu kurz ist.

1 Schriftenverzeichnis, Aufsätze Nr. 116.

Was uns bleibt, ist sein vielgestaltiges, einzigartiges Werk. Gert Jonkes Literatur löst unsere vertraute Welt in bisher ungesehene Bilder, in bisher nicht gedachte Gedanken, in bisher ungehörte Sätze und Sprachmelodien auf. Er war ein Sprach- und Welterfinder, ein Wort- und Wirklichkeitsverzauberungskünstler. Seine Texte sind Ohren-, Augen- und Kopf-Abenteuer, gerichtet gegen die Zumutungen der so genannten Realität. Seine Literatur ist wie ein neues Sinnesorgan, das die Natur- und Menschenwelt in ihren Verrücktheiten und Beschädigungen, aber auch in ihren ungeahnten und noch unentdeckten Möglichkeiten, Schönheiten und Glücksmomenten wahrnimmt.

Metaphorisch gesprochen ist Jonke mit seiner Sprache das gelungen, was die Seiltänzerin in seinem Roman *DER FERNE KLANG* vorführt. Sie spannt sich allein mithilfe ihrer Konzentration und Vorstellungskraft ein Seil unter ihren Füßen und spaziert darauf zwischen Himmel und Erde. Jonkes Schreiben ist der Versuch, die Schwerkraft aufzuheben. Vielleicht auch deshalb hat er die Vögel geliebt, seine Brüder, die in seiner Bearbeitung des gleichnamigen Stücks von Aristophanes alle so singen und sprechen wie er schreibt. Dafür haben sie ihm vielleicht auch das Fliegen beigebracht, das er beherrschte wie keiner unter den Schreibenden.

Nun, da sein Mund verstummt ist, da er aufgehört hat, seine nie zuvor gehörten Worte und Sätze zwischen Irdischem und Himmlischem zu spannen, sie flirren, flimmern und fliegen zu lassen, da er aufgehört hat, unsere Vorstellungskraft mit seinen poetischen Glücksempfindungsblitzen zu reizen und zu befeuern, können wir, wenn wir ihm begegnen wollen, uns nur noch an seine Bücher und an seine Theaterstücke halten. Bei seinem letzten öffentlichen Auftritt, am 4. Dezember 2008 im Kunstverein für Kärnten, hat Gert Jonke, wie er es gern bei seinen

Lesungen getan hat, zum Abschluss einen seiner Texte auswendig vorgetragen. Es war, auf den Tag genau einen Monat vor seinem Tod, nicht, wie so oft, sein wunderbares Gedicht über die vielfachen Spiegelungen des Grases der Böschung auf den von einem vorübergleitenden Boot auf dem Wasser des Lendkanals in Klagenfurt erzeugten Wellen – diesmal war es der letzte Text aus seinem letzten Buch *Die versunkene Kathedrale und anderes* aus dem Jahr 2006. Der Text trägt den Titel *Zum Abschied* und er handelt, bis zu seinem allerletzten Satz – und es war dies auch der letzte Satz, den Gert Jonke öffentlich gesprochen hat – vom Wiedersehen. Er lautet: „Einmal da und einmal dort, einmal hier bei Ihnen allen zusammen und einmal auf der Terrasse bei mir am Penthaus oben, und wir freuen uns schon sehr darauf."

# Ein Päckchen aus Radebeul[1]

In dem Arbeiterhaushalt, in dem ich mit meinen drei Geschwistern aufgewachsen bin, zwei weitere sind früh gestorben, gab es außer der Heiligen Schrift, dem Leben Jesu, ein paar alten Kalendern und einigen trivialen Romanen aus der Zwischenkriegszeit keine Bücher.

Unsere Eltern waren mit dem Überleben beschäftigt und mit der Baustelle, die unser kleines Haus fast zwei Jahrzehnte lang war. Die Notzeiten nach dem Ersten Weltkrieg hatten beide in Dienstboten- und Taglöhner-Verhältnisse gezwungen, die mit dem Begriff Ausbeutung am genauesten beschrieben sind. Beide waren durch Unfälle körperlich erheblich beeinträchtigt. Meinem Vater hat mit 32 Jahren beim Holzschlägern ein Baum das rechte Bein bis hinauf zur Hüfte zertrümmert. Er konnte jedoch keinerlei Ansprüche auf Invalidität geltend machen, da der Waldbesitzer ihn nicht versichert hatte. So hat er sich mit seiner Stützprothese bis zum 65. Lebensjahr als Straßenarbeiter geschunden. Immer galt es, den körperlichen Makel vor den Gesunden und Unversehrten durch doppelten Einsatz wett zu machen. Der Stolz des Vaters war, in der Arbeit keinen einzigen Tag krank gewesen zu sein. Für die Leute im Dorf war er der ‚krumme Karl'. Er trug den Beinamen wie einen Ehrentitel. Mein krummes Bein, sagte er, hat mich davor bewahrt, für Hitler in den Krieg gehen zu müssen.

Das Leben meiner Eltern ist mir schon als Kind wie ein verzweifelter, nicht enden wollender Kampf um einen kleinen

1 Schriftenverzeichnis, Aufsätze Nr. 118. Rede anlässlich der Verleihung des Österreichischen Staatspreises für Literaturkritik; Wien, 17.5.2010, Palais Pallavicini.

Winkel in einer Welt erschienen, in der alles schon verteilt und mit Besitzvermerken versehen war. Noch nach fünfzig Jahren waren sie für die Einheimischen die ‚Dahergelaufenen'. Was ihnen in diesem Kampf um ihren Winkel zur Verfügung stand, waren nichts als ein versehrter, müder Körper, Pflichtgefühl, Selbstverleugnung und ein nie ausgesprochener Wunsch nach Anerkennung und Ebenbürtigkeit; für meine Mutter auch die Religion.

Für die Bücher, fürs Lesen blieben in diesem täglich neuen Kampf kein Raum, keine Zeit, keine Geduld und kein Geld. Auch wir Kinder waren in diesen Kampf eingebunden. Während des Schuljahres zuhause, in den Ferien als Hirten auf den Alpen, die Schwestern als Kinder- und Stubenmädchen bei Geschäftsleuten und Vermietern. Zeit, die nicht für die Arbeit genutzt wurde, galt als verloren und vertan. Deshalb zählten die Bücher zu den feindlichen Kräften. Sie mussten abgewehrt und gemieden werden. Lesen vernichtet Zeit, die bei der Arbeit fehlt. Ich nehme ein Buch zur Hand und kann die Stimme meiner Mutter hören: Hesch nüüd Gschiidrs zum tua – Hast du nichts Gescheiteres zu tun. Lesen war bestenfalls nach getaner Arbeit möglich. Doch die Arbeit hörte nie auf. Meine Mutter war, ihrer Sehbehinderung zum Trotz, eine Meisterin im Entdecken von Arbeit. Da sie den ganzen Tag und auch die halbe Nacht auf denn Beinen war, wurde sie nervös, wenn eines der Kinder saß und las und somit untätig war.

Doch der Einfall der feindlichen Truppen war auf Dauer nicht zu verhindern. Eines Tages brachte mein Bruder einige „Karlmaybücher" ins Haus. Zuerst geliehene Bände, dann begann er seine im Sommer sauer verdienten Groschen rücksichtslos zu plündern. Er hatte Feuer gefangen. Ein gutes Dutzend der olivgrün gebundenen Bände mit dem goldunterlegten Rückenschildchen und den kolorierten Zeichnungen auf dem vorderen Deckel kam mit der Zeit zusammen. Naturgemäß gab es lautstarke Auseinandersetzungen mit den Eltern: dass es schade sei um die Zeit und dass das ständige Lesen die Augen verderbe, das war die große und verständliche Sorge meiner Mutter, die durch ein Missgeschick ein Auge verloren und auf dem anderen nur ein Viertel Sehkraft hatte.

Im Dorf wurde damals schon länger kolportiert, dass der Gemeindearzt ein begeisterter Karl May Leser sei, er besitze eine vollständige Sammlung mit mehr als sechzig Bänden hieß es, und er habe alle gelesen. Das war Schützenhilfe von unerwarteter Seite. „Dann frag' doch den Doktor", schlug mein in die Enge getriebener Bruder immer wieder vor. Und meine Mutter ging tatsächlich und fragte den Dr. Vogel, der bei ihr einen großen Stein im Brett hatte, nicht nur weil sie ihn als Arzt schätzte, sondern mehr vielleicht noch, weil er an Sonntagen regelmäßig seine Frau in die Frühmesse begleitete. Und unsere Mutter kam aus der Sprechstunde zurück mit dem Bescheid: für die Augen unbedenklich, wenn auf gutes Licht geachtet wird, vom Inhalt her empfehlenswert, weil die Kinder etwas über ferne Länder und Menschen erfahren und zum Schluss immer die Guten siegen.

In die Bresche, die Dr. Vogel und mein Bruder geschlagen haben, drang ich nach und ich habe sie durch Bravsein, durch Gegengeschäfte in Form von freiwilliger Arbeit, aber auch durch geschickte Verlängerung von Krankheiten verbreitert. Kranksein war überhaupt das Beste. Da konnte man lesen, so lange man wollte. Einmal lag ich vierzehn Tage mit einer Infektion am Bein, die ich mir bei der Arbeit auf der Alpe zugezogen hatte. Es war ein Fest. Das erste Mal in meinem Leben ein Gefühl von Ferien. ‚In den Schluchten des Balkan', Band vier der Gesammelten Werke, an die 500 Seiten stark, las ich an einem Tag. Es war Suchtverhalten. Es war aber auch Flucht, wie jedes Lesen Flucht ist und der Hoffnung folgt, dass sich etwas Anderes, Neues, Unbekanntes, Unerhörtes auftue und dass man von dem Gelesenen berührt werde. Winnetou, ich weiß es, als ob es gestern gewesen wäre, starb an einem Samstagnachmittag. Ich saß auf dem abgewetzten Kanapee in der Küche und weinte. Vielleicht der erste, über dessen Tod ich geweint habe. Die Feierabendglocken läuteten beim offenen Fenster herein. Das Problem war nur, der Karl May Vorrat schrumpfte rasch und die Entlehn- und Tauschmöglichkeiten im Dorf waren beschränkt. Den gestrengen Dr. Vogel wagte ich nicht zu fragen. So setzte ich mich eines Tages, ich war neun oder zehn, an den Küchentisch und schrieb einen Brief an den Sehr geehrten Herrn Karl May in Radebeul bei Dresden. Straße wusste ich keine, aber ich dachte, den kennt dort jeder. Ich klagte ihm mein Leid und bat ihn, da er doch gewiss einen großen Vorrat an Karl-May-Büchern habe, mir doch bitte ein oder zwei davon zu schicken. Ich hörte lange nichts von ihm. Dann, nach drei Monaten vielleicht, kam ein kleines Päckchen, adressiert an mich. Ich weiß nicht ob ich davor je Post bekommen hatte. Ich öffnete es und war wie vom Donner gerührt. Der erste Satz des Begleitbriefs lautete: Karl May ist leider schon 1912 verstorben. Nicht ein einziges Mal war mir in den Sinn gekommen, dass er tot, dass er seinem Blutsbruder Winnetou schon nachgefolgt sein könnte. Aber auch große Freude gab es: In dem Päckchen fanden sich eine illustrierte Broschüre über sein Leben, Porträt- und Ansichtskarten aus dem Karl-May-Museum in Radebeul mit Silberbüchse, Bärentöter, Henrystutzen und Karl May in Old-Shatterhand-Verkleidung, dazu Prospekte der Karl-May-Festspiele in Bad Segeberg. Jahrelang habe ich diese erste, an mich persönlich gerichtete Sendung aus dem Reich der Literatur bewundert und gehütet wie einen Schatz. Heute weiß ich: Dieses Päckchen ist, gerade weil es das ersehnte Buch nicht enthielt, das Schlüsselerlebnis in meiner Biographie als Leser und damit auch als Literaturwissenschaftler und als Kritiker. Es hat mir die Augen geöffnet in mehrfacher

Hinsicht. Erstens dafür, dass Autoren sterben können und ihre Bücher weiterleben. Zweitens, dass Autoren ein Leben haben, das irgendwie mit ihren Büchern zusammenhängt: siehe Karl May in Old-Shatterhand-Montur, und drittens, dass es irgendwo Leute geben muss, die sich um Autoren, um Bücher und um Leser kümmern. Sonst hätte ich ja kein Päckchen bekommen.

Wenn ich zurückblicke, so sind es letztlich genau diese Zusammenhänge, die mich zunehmend an der Literatur fasziniert haben: die historischen, die biographischen und die politisch-institutionellen Kontexte, mit anderen Worten, das literarische Leben. Dazugekommen ist nach und nach die Intention, dem zu öffentlicher Wirkung zu verhelfen, was man selber für gut, für wichtig und für richtig hält. Durch Schreiben, durch lehren, und durch öffentliches Reden, aber eben auch durch die Gründung des Musil-Instituts, das als Literaturhaus, Literaturarchiv und Forschungsinstitut – meinem Selbstverständnis nach – die Literaturkritik praktisch, man könnte auch sagen, gesellschaftlich und politisch wirksam werden lässt. Denn in einem Land, in dem der eine Landeshauptmann sich damit brüstet, ein „hochgradiger Hitlerjunge" gewesen zu sein; der nächste nicht nur Treue und Tapferkeit der SS, sondern auch die Beschäftigungspolitik der Nazis preist und der dritte schließlich Korruption als ganz „normales Sponsoring" verkauft, gibt es auch für Literaturwissenschaftler ein lohnendes Betätigungsfeld, denn bekanntlich ist es, nach dem schönen Satz von Peter Handke ja „die Literatur, die das Bild eines Landes bestimmt, gerade indem sie allen fertigen Bildern mit Hartnäckigkeit und sanfter Gewalt widerspricht".

Im Übrigen hat meine Mutter, nachdem unser Vater früh gestorben war und wir Kinder das Haus verlassen hatten, zwanzig Jahre ihres Lebensabends vorwiegend mit Lesen zugebracht. Mithilfe einer beleuchteten Lupe. Wenn ich sie zuweilen scherzhaft fragte: Hesch nüüd Gschiidrs zum tua – Hast Du nichts Gescheiteres zu tun, gab sie zur Antwort: Warum denn, d'Arbat louft mr nüd drfu, die Arbeit läuft mir schon nicht davon.

Ich danke meinem Laudator Franz Schuh, der mich gewissermaßen durch die Pallavicini-Rinne auf den Großglockner der Literaturkritik hinaufgelobt hat. Ich danke allen, die es mir ermöglicht haben für die Literatur und auch, was Kärnten betrifft, ein wenig auch für ein anderes Bild des Landes zu wirken. In diesen Dank schließe ich Hertha Firnberg und Bruno Kreisky mit ein, die mit ihrer Politik der Chancengleichheit auch den ‚Dahergelaufenen' den Weg in die Schulen und Universitäten geebnet haben.

# „Es wurde Herbst und die Kräfte verließen mich“

## Werner Kofler 1947–2011[1]

Am 4. Dezember 2008 hatten Werner Kofler und Gert Jonke eine gemeinsame Lesung im Kunstverein für Kärnten. Für Gert Jonke war es sein letzter öffentlicher Auftritt, auf den Tag genau einen Monat später starb er. Gert Jonke hat an jenem Abend, wie er es gerne tat bei seinen Lesungen, zum Abschluss einen seiner Texte auswendig vorgetragen. Es war aber nicht, wie so oft, sein Gedicht über den *Lendkanal* in Klagenfurt, diesmal war es ein kurzer Abschnitt aus seinem letzten Buch *Die versunkene Kathedrale und anderes* aus dem Jahr 2006. Der Text trägt den Titel *Zum Abschied* und er handelt, bis zu seinem allerletzten Satz – vom Wiedersehen. „Wir müssen uns also unbedingt bald wieder treffen“, lautet die zentrale Stelle. Nach der Lesung saßen die beiden noch kurz im Foyer des Künstlerhauses beieinander und sprachen über ihre Krankheit, den Krebs; Jonke verschlossen und gleichmütig über seinen, der ihn weder richtig Stehen noch Sitzen ließ, Kofler, ein Experte auch und gerade für Krankheiten, verdeckte die Angst vor seinem, von dem er hoffte, ihn los geworden zu sein, hinter fachkundigen Fragen und medizinischen Termini.

Kaum zehn Minuten währte der stockende Dialog zwischen den beiden Freunden, dann musste Gert Jonke sich ins Hotel bringen lassen, weil die Schmerzen ihn buchstäblich krümmten. Werner Kofler versank für den Rest des Abends immer

1 Schriftenverzeichnis, Aufsätze Nr. 126.

wieder in düsterem Schweigen. Er wollte ja, wie wir aus *Kalte Herberge* (2004) wissen, dem Buch, das er nach seiner ersten schweren Lungenerkrankung veröffentlichte, das Jahr 2028 erleben und, wie er schrieb, versuchen, die „Strecke“ dorthin „selbst auszusuchen, möglichst so, dass sie Krankenhäusern großräumig ausweicht“. An jenem Dezemberabend 2008 haben die beiden ‚ungleichen Brüder‘ (die Bezeichnung stammt von Werner Kofler), die 1964 von Kärnten aufbrachen, um mit der Literatur ihr Glück zu versuchen, einander zum letzten Mal gesehen. Fast auf den Tag drei Jahre später ist Werner Kofler, dem nur ein Jahr mehr an Lebenszeit gegönnt war als seinem Schreibbruder Gert Jonke, gestorben. Zwei verlorene Kärntner im Ehrengrab ihres freigewählten Wiener Exils. Bereit für ein Wiedersehen.

> Kärnten ist, [schrieb Gert Jonke 1995] wo Werner Kofler und ich mitten in zwei einander alpenländisch tölplerisch mit Witzen rufschädigenden Städte etwa zur gleichen Zeit, nämlich zu Beginn der Nachkriegszeit, in diese Welt hereingeworfen worden sind, ohne zu wissen auf was hinauf, und was das eigentlich alles zu sollen hätte, und das auch noch in einer Gesellschaft von Menschen, die meist, und zwar seit der frühesten Kindheit, auf die jeweils widerlichst mögliche Weise nicht nur uns, sondern auch einander gegenseitig bekämpften aufgrund ihrer ihnen – vermute ich – gar nicht anders möglichen, nicht nur lustfeindlichen, sondern auch kunstfeindlichen, phantasiefeindlichen Nachkriegsmoral, die alles Schöpferische mit verbittertem Abscheu, und zwar das auch noch mit kriegsartigen Gewaltgedichten aufs widerlichste zu überschütten pflegte (ich erinnere mich an die Klagenfurter Bahnhofsfresken von Giselbert Hoke und deren Enthüllung).

> In dieser Atmosphäre aufgewachsen, sowohl Werner Kofler als auch ich, haben wir vermutlich gerade deswegen auf verschiedene Weise mit der intensivsten möglichen Beschäftigung mit künstlerischen Dingen begonnen …

Diese intensivste mögliche Beschäftigung mit künstlerischen Dingen war die Voraussetzung dafür, dass beide zu dem werden konnten, was sie als Personen und was ihre dichterischen Werke schließlich darstellten: Das denkbar stärkste Gegenbild zu jenem Nachkriegs-Kärnten, das Jonke beschreibt, und auch zu jenem aus den letzten Jahrzehnten traurig vertrauten, das die Bühne abgibt für eine Meute rechtsnationaler Populisten, die mit den üblichen Schmarotzern, Defraudanten und Korruptionisten im Gefolge, das Land und auch die Geschichte des Landes als ihr Eigentum betrachten.

Die ‚Strecke', die Werner Kofler als Schriftsteller abgeschritten hat, nimmt thematisch in Kärnten ihren Ausgang, und sie endet dort. Sie beginnt 1975 mit dem grandiosen *Guggile*, seiner literarischen ‚Materialsammlung aus der Provinz', wie das Buch im Untertitel heißt, das seine Villacher Kindheits- und Jugendjahre beschreibt, das aber zugleich ein beispielhafter, sprachlich und formal beispielloser Text über das Aufwachsen und Erzogenwerden in der noch immer vom Nazigeist verseuchten österreichischen katholischen Provinz der fünfziger Jahre ist. Dieses ‚Buch vom Bravsein und vom Schweinigeln', wie der zweite Untertitel lautet, hat Werner Kofler mit einem Schlag berühmt gemacht und es hat auch nach bald vierzig Jahren nichts von seinem Witz und seiner tiefen Wahrheit verloren. Und die ‚Strecke' endete, nach zwanzig Büchern – eines virtuoser als das andere „[d]urch die Hochebene der Sprache" führend – 2010 mit seinem letzten, schmalen Prosaband.

*Zu spät* hat der hintersinnige Kofler, der seine Grundstimmung einmal als „[h]eitere Verzweiflung" umschrieb, dieses letzte Buch ahnungsvoll betitelt. Es ist ein durch den Verkauf des Landskroner Hauses heraufbeschworener, elegischer Abgesang auf die Villacher Kindheit. „Wohin dann mit dem Kindheitsinventar. Wohin aber dann, wohin denn ich, wohin mit dem Schaukelpferd …" heißt es da. Nicht genug damit: Als das erzählende Ich in sein „Kindheitsgelände" zurückkehrt, findet es den Garten der Kindheit verwüstet, den „Kindheitskirschbaum" gefällt und die Sicht auf das Haus, in dem einst der Vater sein Kaufmannsgeschäft betrieb, von Bauzäunen verstellt; das Haus selber wird von genau jenem Kärntner Bauspekulanten bewohnt, der Schuld ist an der Verwüstung der Kindheitsorte. Hier beginnt sich der Text in einen jener literarischen ‚Racheakte' zu verwandeln, wie nur Werner Kofler sie zu inszenieren verstand. Im zweiten Teil des Buchs geht es, und es ist wie ein Vermächtnis, um das andere große Thema Werner Koflers, um die Verbrechen der Nazis und ihre willfährigen Helfer; konkret um den Film *Tiefland*, bei dem 1940/41 Roma als Komparsen eingesetzt waren, die später in Auschwitz ermordet wurden. Die kollaborierenden Künstler: Leni Riefenstahl: Regie, Bernhard Minetti: Schauspiel, Jean Cocteau: Nachkriegspropagandist des Films.

Nicht nur für Anfang und Ende von Koflers Schreiben, auch für das meiste, was dazwischen lag, lieferten die Kärntner Verhältnisse Material, Anlass oder Anstoß. Im Zerrspiegel sieht man die Details schärfer. Wenn man die allgegenwärtige, alles überwölbende Thematisierung des eigenen Schreibens und der eigenen, stets prekären Existenz als Schriftsteller beiseitelässt, sind es drei Bereiche, die leitmotivisch nahezu sein gesamtes Werk bestimmen: Die Kritik an der Zerstörung der Natur und der städtischen Umwelt durch Geldgier und

Unverstand. Politik erscheint in solchen Zusammenhängen als personifizierte Schamlosigkeit, oft auch als eine Form des organisierten Verbrechens. Zweitens die Kritik an den Medien, namentlich an der Boulevardpresse und an ihrer Propagierung des ‚öffentlichen Privatlebens' und der ‚globalen Intimsphäre', so Koflers Formulierungen; damit zusammenhängend: die Kritik am Starkult und am verbreiteten Bedürfnis nach Führern und „Erlösern", die Kofler vornehmlich auch im Literatur- und Kulturbetrieb aufstießen. Auch Werner Kofler scheint von jener „unerträglichen Qual" angetrieben gewesen zu sein, von der Karl Kraus, einer seiner großen Geistesverwandten, gesprochen hat – der Qual, die darin besteht, „Leute bei lebendigem Leib herumlaufen zu sehen, die von rechtswegen in mein Manuskript gehören". Kofler hat, das mag ihm in seinen Ohnmachtsgefühlen, was die Wirkung von Literatur anlangt, zuweilen ein kleiner Trost gewesen sein, diejenigen, die „von rechtswegen" hineingehören, großenteils wohl auch hineingebracht. Die Liste ihrer Namen erreicht zwar das Namenregister der *Fackel* an Quantität nicht annähernd, wohl aber an Repräsentativität. Die ergiebigsten Protagonisten des geistigen und politischen Geschäftslebens unserer Zeit sind in Werner Koflers Werk für die Nachwelt verlässlich festgehalten. Und als dritter großer Bereich schließlich der Umgang mit der Nazizeit und dem fortlebenden Nazigeist. Dabei geht es um eine doppelte Verlogenheit: um Vertuschung und Verharmlosung einerseits (besonders in ihrer verschärften, der Kärntner Variante) und andererseits um die politisch instrumentalisierten öffentlichen Inszenierungen der so genannten Gedenkkultur.

„Ich reiste in die deutsche Geschichte um etwas zu erleben ..." Mit diesem Satz beginnt die Erzählung (aus *Am Schreibtisch* [1988]), die die Grundlage für seinen einzigen, den erstaunlichen Film *Im Museum* (1993) lieferte, bei dem er selber auch Regie führte. Was Kofler von seinen Recherchereisen in die deutsche und die österreichische Geschichte mitbrachte, gehört literarisch zum Besten, zum Feinsten, hätte er selber gesagt, was über das Thema geschrieben wurde. Ich denke an Texte wie *Mutmaßungen über die Königin der Nacht* (aus *Hotel Mordschein* [1989]) oder an sein ‚Sprechstück mit Musik' *Tanzcafé Treblinka,* uraufgeführt 2001 im Studio des Klagenfurter Stadttheaters. Einen für den österreichischen Anteil am Massenmord an den Juden genaueren, verlässlicheren und künstlerisch radikaleren Text kenne ich nicht. Weshalb das Stück noch nie auf einer der großen Bühnen Österreichs gezeigt wurde, ist mir unbegreiflich. Am Aufwand kann es nicht liegen. Die Besetzung ist kleiner als bei *Warten auf Godot.* Ist der Text, sind generell die Texte Werner Koflers den Schnelllesern und Nichtlesern zu schwierig, zu komplex, zu anspielungsreich? Ein riskantes Argument, denn für die Schnellleser und Nichtleser hat er nicht geschrieben: „– Spuren hinterlassen, Hinweise, Fingerzeige, für die wenigen, die noch lesen können, und solange sie es noch können" – das wollte er.

Werner Kofler war in allem, was er sich vornahm, ein außergewöhnlich genauer und gewissenhafter Arbeiter. Er hat recherchiert und archiviert wie ein Historiker, er hat an seinen Sätzen gearbeitet wie ein Goldschmied an seinem Geschmeide und wie ein Komponist an seinen Partituren. Er stellte Ansprüche nicht nur an sich, er stellt sie auch an seine Leser. Ich empfinde es nicht als Anmaßung, wenn er in seinem Arbeitsjournal, genannt ‚Notizblock', feststellte: „Kleist, Kraus, Beckett, Bernhard – das kann nur ich"; es zeugt allerdings auch von der Unnachgiebigkeit, mit der er sich selber beurteilte, wenn er Jahre später, wiederum im ‚Notizblock', die Korrektur anbrachte: „‚Kleist, Kraus, Becket, Bernhard – das kann nur ich'; wie kann man nur so vorlaut sein?". Franz Haas, der einzige unter den einstmals zahlreichen Kritikern, der ihm die Treue hielt und Buch für Buch in der *Neuen Zürcher Zeitung* vorgestellt und gerühmt hat, sprach von Werner Koflers „stupende[r] stilistischen Trittfestigkeit, auf dem schneidigen Grat zwischen Hochmut und Selbstironie“. Das Resultat dieser Mischung kann sich sehen lassen, noch lange, wie ich meine – und hoffe. Gert Jonke hat Kofler attestiert, dass „selbst seine bösartigste Kritik noch großartige Poesie ist…“. Ausnehmen möchte ich da nur die beiden kleineren Arbeiten, die gegen Luigi Reitani und Robert Schneider gerichtet waren, wo Kofler, womöglich aus einer persönlichen Betroffenheit, mit seiner Kritik wohl über das Ziel hinaus schoss.

Werner Kofler war ein wacher Geist, ein wählerischer und genauer Leser, und er hatte nicht nur ein hervorragendes, er hatte ein geradezu beängstigendes Gedächtnis. Es war die Grundlage seiner Literatur als einer „hohen Kunst der Anspielung“. Er merkte sich Sätze, Zeilen, Verse, Gedichte, Daten, Fakten, Ereignisse, nicht jahre- sondern jahrzehntelang. Darin war er beinahe zum Fürchten. Seine intellektuelle Präsenz, seine Schärfe, seine Angriffslust, seine Freude an der Provokation, am Tabubruch und am politisch Unkorrekten waren die Voraussetzung seiner „Literatur als Verbrechensbekämpfung“, wie er sein Handwerk definierte. Kofler produzierte Realität als Fiktion und Fiktion als Realität mit denselben Formulierungen. „Zeichen und Bedeutung“ lautet seine Formel dafür. In dem ‚Dazwischen‘ liegt die ‚Wahrheit‘ seiner Kunst, die verstören will. Nicht immer war zu entscheiden, was Zeichen, was Bedeutung ist, weder in der Literatur noch im Leben. Deshalb habe ich mich immer auch ein bisschen vor ihm gefürchtet.

Er war ein zorniger Autor und mit gutem Recht – sein wichtigster und produktivster Schreibantrieb war die Entrüstung darüber, dass so vieles ist wie es ist – doch im persönlichen Umgang war er ein ziemlich gelassener Mensch; gelegentlich wohl auch ein schwieriger, was immer das heißen mag, andere werden das stärker und konkreter erfahren haben als ich. Aber was wissen wir schon, wie es in einem anderen aussieht. Gewiss ist aber auch, dass man Texte wie *Mutmaßungen über die Königin der Nacht* oder *Tanzcafé Treblinka* ohne innere Beteiligung, ohne Mitgefühl, Anteilnahme und Mitleidensfähigkeit nicht schreiben kann und dass das Sich-Einlassen auf manche Themen ihn sehr angegriffen hat. Eine Arbeitsnotiz aus dem ‚Notizblock' führt das vor Augen:

> „TANZCAFÉ TREBLINKA
> Auftragsarbeit, Sprechstück: – Eine sehr UNGESUNDE Arbeit (noch dazu im Wien im August) – nachts, bis zum frühen Morgen, das INNE-WERDEN verschiedener EINZELHEITEN, die VORSTELLUNG des UNVORSTELLBAREN, samt der banalen Betriebs- und Nebengeräusche, etwa eines – angeblich weithin hörbaren – 250 PS-DIESELMOTORS für die Gaskammer; und nach dem Einschlafen, in den Vormittagsschlaf hinein, die BAHNGERÄUSCHE von unten, der Lärm von Schnellbahn und GÜTERZÜGEN; schlimmer aber: die Verlegung von Rohren für eine Fernwärme-, also Erdgasleitung – ja, WIENGAS, WIENER WOHNEN, alles prima – in der Unteren Viaduktgasse, zwischen der Bahntrasse und, wenngleich drei Stockwerke höher, meinem Arbeits- und Schlafzimmer – die Motoren, die die Preßluftbohrer betreiben, diese selbst, die Bagger und Raupenfahrzeuge, deren aller ohnehin schwer erträglicher Lärm erhält plötzlich eine weitere Bedeutung; und wenn die Arbeiter sich unten in einer mir fremden Sprache so laut, wie es der Lärm erfordert, also sehr laut

durch Zurufe verständigen, höre ich im Halbschlaf die TRAWNIKI-Männer mit, die „fremdvölkischen“ SS-Wachmannschaften, wie sie an einem heißen Sommertag den Vormittagsbetrieb in Treblinka aufrechterhalten haben mögen ...“

Verunsichert hat Werner Kofler mich oft mit seinem abgründigen Schweigen, von dem man sich mit jedem Satz, den man äußerte, auf die Probe gestellt fühlte. Auch Antonio Fian, der ihm sehr nahe stand, hat in seinem kongenialen Porträt *Lehrer Kofler* davon ein Lied gesungen. Er berichtet aber auch, dass der Gang durch's Gebirg', vorzugsweise in der Schobergruppe, im Grenzgebiet zwischen Kärnten und Osttirol, den schweigenden Kofler in einen „weit, wie sonst nur in seiner Literatur aussschreitenden, heiteren, gesprächigen“ Menschen verwandelt habe, den „Urgesteinskofler, wie ich ihn nenne, nicht zu vergleichen mit dem schweigenden, seine Wohnung selten, fast nur um Tischtennis zu spielen verlassenden Hetzgassenkofler...“. Genau so habe auch ich ihn erlebt, auf einer gemeinsamen Wanderung in den Eichholzgraben, Schauplatz seiner gleichnamigen, grandiosen Erzählung.

Nach seiner ersten schweren Erkrankung 2001/2002 wurde nach und nach die Erfahrung des ‚zu spät‘, sein bestimmendes Lebensgefühl. Der oftmals wiederholte Satz in *Kalte Herberge:* „*Dann wurde es Herbst und die Kräfte verließen mich*“ mündet in das Resümee: „zu spät für alles, *zu spät* und *nichts mehr los*, nichts mehr los mit ihm“. Dieses ‚zu spät‘ schloss die Auflösung des Villacher „Kindheitsinventars“ ebenso mit ein wie den Tod Gert Jonkes, der für Werner Kofler eine der schmerzlichsten Erfahrungen dafür war, dass die Verankerungen in *der* Welt, die er als seine betrachtete, sich allmählich zu lockern begannen. In *Zu spät*, seinem letzten veröffentlichten Text, heißt es:

„der Jonke *nicht mehr da*!, nicht mehr da der Jonke, wie das?!, Ach, daß endlich der Zusammenhang von RED BULL und Krebs untersucht und belegt würde [...]. Aber was hülfe es? Zu spät. Und doch: fort, fort, fort! Der Jonke nicht mehr da."

Die Enge in der Brust verengte auch den Radius des Lebens: „EINATMEN, LUFT ANHALTEN, AUSATMEN. Es hätte noch einmal gut gehen können, aber da – *es hätte noch einmal gutgehen könnten, aber* – ist das noch auszuhalten?" Er hält es aus und schreibt wie es auszuhalten und gleichzeitig nicht auszuhalten ist. *Auf der Strecke* (2002) heißt der bedrückende Text, ein Hörspiel, erschienen, wie vieles andere von ihm, in *Kolik*, der Zeitschrift des Freundes Gustav Ernst. Es ist die nämliche ‚Strecke', die ins Jahr 2028 hätte führen sollen. Doch der Blick geht nicht mehr in die Zukunft, er wendet sich zurück, in die Urgesteinsgegend:

> Es hätte zwar
> alles noch
> EINATMEN – LUFT ANHALTEN – AUSATMEN
> aber, wenn nicht –
> nicht mehr –
> ... nicht mehr dort gewesen, im Grünen, an den schönen Stellen ... vor den Gasthäusern ZUR SCHÖNEN AUSSICHT, und höher noch, viel höher;
> ... einfach nicht mehr dort gewesen, keine schönen Aussichten mehr.
> – Keine Aufstiege mehr, kein Sonnblick, welcher auch immer, kein früher Vormittag, nicht mehr oben gewesen.
> *abgestiegen*, herabgestiegen ich, abgestiegen vom hohen Roß ...

> – Nicht mehr dort gewesen, abhanden gekommen
> die schönen Stellen, den Weg nicht mehr
> gefunden, gesucht – gesucht freilich auch nicht,
> nicht mehr, kein früher Vormittag mehr, kein
> Vormittagslicht.

Und zwei Seiten später:

> Kein Weg zurück,
> kein Weg zurück zu meiner Mühle, an meinen
> Weiher, in meinen Weiler; kein Abendlicht,
> kein Heimweg, kein bläulicher Dunst, dem
> Genügsamen raucht kein Herd, kein Weg
> zurück, nur unsichtbare Schatten,
> Schatten über allem, ja.

Versteckt im Text ist ein Zitat aus Hölderlins Gedicht *Abendphantasie.* Die Stelle bei Hölderlin lautet: „dem Genügsamen raucht sein Herd“. Das so endgültige und lebensvernichtende, sechsmal wiederholte Wörtchen ‚kein‘ in Koflers Text, das gleichsam den Weg (die Lebensstrecke) abschneidet, affiziert zuletzt auch Hölderlins Verszeile, raubt ihr die Zuversicht und den Trost, legt einen Schatten auch über sie: „dem Genügsamen raucht kein Herd“.

# Stadt Land Berg

## Rede auf Bodo Hell[1]

Gesetzt den Fall, es gäbe jemanden hier im Saal, der Bodo Hell nicht kennte, nicht wüsste, wer er ist, was er so treibt und was ihn so treibt, dann wäre wohl Friederike Mayröcker die Richtige, um mit ein paar Sätzen weiterzuhelfen. Sie kennt ihn seit mehr als 40 Jahren. Ich zitiere aus einem Text, den sie ihm gewidmet hat:

> Er ist ein Dichter, Ornithologe, Enzyklopädist, Alpinist, Menschenfreund [...] er schreibt mir Ansichtskarten von den Gebirgen und [bringt] selbst fabrizierten Käse, er hält sich an die Rezepte der Hildegard von Bingen und empfiehlt mir Hausmittel, er war der 1. Rucksackträger von Wien, ich glaube, vor 30 Jahren, seitdem tragen sogar die bejahrtesten Leutchen ihre Einkäufe auf dem Rücken .. er schenkt mir Bücher von Engeln und Heiligen, eigene Manuskripte, aus welchen ich sogleich exzerpiere, und Latschen vom Berg, ich schenke ihm den Kalender für das jeweils kommende Jahr, usw., er sagt: ich trage meine Mutter huckepack auf den Berg, schnallt sich den Sessel, auf dem sie sitzt, wie 1 Rucksack um und zieht los, während ihr schaukelnder grauer Haarschopf.

1 Schriftenverzeichnis, Aufsätze Nr. 149. Rede anlässlich der Verleihung des Christine-Lavant-Preises an Bodo Hell, 12.11.2017 im Radiokulturhaus in Wien.

Für Nicht-Alpinisten: ‚Latschen' sind keine ausgelatschten Schuhe, sondern Legföhren oder Krüppelkiefer. Und Bodo Hell ergänzt spontan: Pinus mugo.

Leider darf ich mir und Ihnen nicht mehr aus Friederike Mayröckers kleinem Porträt gestatten, das genauso schön weitergeht wie das Zitat aufhört. Bezeichnend sind unter anderem ihre topographischen Hinweise: Wien und das Gebirge – Berge kommen in dem kurzen Stück ja gleich dreimal vor. Daran dürfen wir uns halten. Anders als einige seiner Wiener Kolleginnen und Kollegen, die auf den Waschzetteln ihrer Bücher kundtun: „lebt in Wien, London und New York", also gleichsam in einem permanenten Zustand urbaner Selbstüberbietung, schreibt Bodo Hell seit eh und je „lebt in Wien und am Dachstein". Also in der Stadt und im Hochgebirge. Offenbar ist er dort aber nicht auf Schreiburlaub oder zur Sommerfrische, denn den Ziegenkäse, den er mitbringt, fabriziert er ja selber. Die mit den Begriffen Wien und Dachstein angedeuteten Antipoden seines Lebenskreises sind ein Hinweis auf die komplexe Gegensätzlichkeit seiner Lebensräume. Das ist nicht nur eine Besonderheit seiner Biographie, sondern auch das bestimmende Merkmal und eine außerordentliche Qualität seines literarischen Werks. Es öffnet sich geographischen, kulturellen und historischen Kontexten, die vielen gegenwärtig Schreibenden vollkommen fremd sind und für immer verschlossen bleiben. Ich denke, auch die Sätze von Friederike Mayröcker deuten das an.

Bodo Hell lebt und arbeitet Dreiviertel des Jahres in der Großstadt; als Dichter und als Initiator und Akteur ungezählter Projekte und Kooperationen zwischen Literatur, Musik, Theater, Film, Fotografie und Bildender Kunst. Und er ist ein gesuchter Vortragender und Performer. Er war vermutlich nicht nur der erste Rucksackträger in der Stadt, sondern auch der erste Rapper. Im Sommer jedoch lebt und arbeitet er als Hirte und Senner mit 120 Rindern und einem Dutzend Ziegen auf einer Hochalm am Dachsteinplateau. Wie er das schafft, seit bald 40 Jahren, auf fast 2000 Metern, allein, auf sich gestellt, auch bei Regen, Nebel und Schnee seine Tiere zu versorgen und zu behüten, das übersteigt vermutlich die Vorstellungskraft der meisten. Beiläufig berichtet er, dass er täglich um vier Uhr früh auf den Beinen ist, und, wenn es Nacht wird, der Tag wieder einmal zu kurz gewesen sei. An Schreiben ist da nicht zu denken. Wenn es hoch kommt im Stehen und zum Verschnaufen ein paar Notizen oder Skizzen in einem der stets griffbereiten kleinen schwarzen Büchlein.

Die Antwort auf die Frage, wie dieses auch körperlich ungewöhnlich harte Leben, wie dieser Gegenentwurf zu seinem urbanen Dasein als Künstler zu verstehen und zu interpretieren wäre, ist seine Literatur. Das Leben auf der Alpe und in den Alpen ist körperlich und geistig eine Form der Existenz und ein Raum für Wahrnehmungen und Erfahrungen, die konstitutiv sind für sein Schreiben, auch für sein Schreiben über die Stadt. Der Text, mit dem er 2006 beim Bachmannpreis erfolgreich war, hatte den programmatischen Titel ‚Stadt Land Berg'. Die Begriffe Stadt, Land, Berg sind bei ihm nicht durch Beistriche getrennt. Was verbindet sie? Die Frage führt ins Zentrum seiner Poetik und seiner dichterischen Praxis. Und das ist ein weites Feld. Er hat mehr als zwei Dutzend Bücher veröffentlicht, dazu Hörspiele, Theaterstücke, Libretti, hat Filme gedreht, Ausstellungen kuratiert und an die Hundert Beiträge zur Bildenden Kunst verfasst; sie sind versammelt in einem fünfhundert Seiten starken Band mit dem doppeldeutig schillernden Titel ‚Kunstschrift'. Sicherheitshalber halte ich mich in meiner Antwort auf die Frage, wie das alles zusammengeht, deshalb an Bodo Hells Einleitungssatz zu seinem Text für den Bachmannpreis: „durchs Dickicht der Verweise nur eine kleine Schneise".

Sein erstes Buch aus dem Jahr 1977, *Dom Mischabel Hochjoch,* ist ein Buch über Berge, das Bergsteigen, das Leben, die Anstrengungen und Gefahren in den Bergen und über hundert andere Themen aus den Alpen – und es hat mit herkömmlicher Bergliteratur nichts zu tun. Die Natur und das Gebirge sind bei Hell nicht mehr die Spiel- und Projektionsräume für das mehr oder minder heldenhafte, meist männliche Ich, das sich in ihnen bewegt und beweist, kämpft, leidet, siegt oder untergeht. Hell entwickelt stattdessen drei unterschiedliche literarische Modelle, die das traditionelle Erzählen – mit fiktionalem Personal, Sukzession, Kausalität, äußerer Handlung und zugehöriger emotionaler Ausstattung der Figuren – aus den Angeln heben. Eines dieser Verfahren besteht z.B. in einer mehr als zwanzig Seiten langen Auflistung von Fragesätzen, die, und das wird schnell klar, nur jemandem einfallen können, der sich in den Bergen und in allem, was auch nur im Entferntesten dazugehört, verdammt gut auskennt. Die Leserin und der Leser erfährt aus den Fragen vor allem, was sie alles nicht wissen, was sie nie bedacht haben und worauf sie nie gekommen wären. Das ist nicht nichts. Gemeinsam ist den drei Modellen, dass sie auch syntaktisch das herkömmliche Erzählen hinter sich lassen. Es gibt keine Satzgrenzen mehr, demzufolge auch keine schließenden Punkte. Die Sätze verbinden sich gleichsam nahtlos zu einem Pfad durch eine äußerst reich gegliederte, unzählige Ansichten und Aussichten, Perspektiven und Panoramen bietende Sprachlandschaft.

Die einzigen Gliederungszeichen sind, sparsam gesetzt, Beistriche. Das ergibt einen Bilder-, Gedanken- und Assoziationsstrom, der den Rhythmus der körperlichen Bewegung, des Gehens in der Landschaft, aufnimmt und transformiert als Atem- und Sprachrhythmus des Textes. Dies ist ein wesentliches, alle seine Texte auszeichnendes Merkmal seines Schreibens. Bodo Hells Prosa lebt aus ihrer Musikalität, aus dem Rhythmus des Atmens und Sprechens, der Polyphonie der Stimmen, den Sprachmelodien, den Rhythmuswechseln, den Wortspielen, die ja immer auch Lautspiele sind. Man muss ihn lesen hören. Für ihn sind seine Texte immer auch Partituren. Es ist kein Zufall, dass er am Mozarteum, Salzburg, Orgel studiert hat. Er beherrscht die Register da und dort.

Bodo Hell steht mit seinem Schreiben in einer Tradition der Moderne, die mit der russischen Avantgarde der 1920er Jahre, insbesondere mit Viktor Šklovskij, mit der Bewegung des Nouveau Roman im Frankreich der 1950er und 1960er Jahre, mit Namen wie Claude Simon und Natalie Sarraute, aber auch mit Virginia Woolf, Samuel Beckett und Friederike Mayröcker verknüpft ist. 1986 hat Bodo Hell im Rahmen der von Josef Haslinger ins Leben gerufenen und von der ‚Alten Schmiede' bis heute hoch gehaltenen ‚Wiener Vorlesungen zur Literatur' diese Traditionen fundiert und luzide analysiert und ihre aufschließende, produktive Kraft beschrieben. Der zentrale Punkt liegt dabei in der zunehmenden Zerstreutheit, Oberflächlichkeit, Abstumpfung und Automatisierung unserer alltäglichen Wahrnehmung, was eine Form von Welt- und Wirklichkeitsverlust bedeutet. So glauben die einen, Genesis sei eine Rockband, die anderen ein Mountainbike. Die Literatur kann dazu beitragen, die Automatismen aufzubrechen. Das gelingt auf der sprachlichen Ebene vornehmlich durch Methoden der Verfremdung. In Bodo Hells Texten sind dies Wortspiele, Zitate, Collagen, Montagen, Listen, Litaneien, Register, Wörterverzeichnisse, Fragenkataloge, historische, lexikalische und etymologische Abschweifungen, Anspielungen, Erläuterungen, assoziative Verknüpfungen, das Wörtlichnehmen von Redewendungen und Begriffen, Zurufe und Anreden an die Leserin und so fort – mit anderen Worten das Zusammenstellen, Arrangieren, Konfrontieren, Ausstellen, Kommentieren und Sprechendmachen von Sprachmaterialien unterschiedlichster Herkunft. In seiner Dankesrede zum Erich Fried-Preis 1991 erklärte Bodo Hell programmatisch:

> die poetische Rede als eine Form von Erkenntnis greift [...] zusätzlich zum gewöhnlichen und entlegenen auch das aktuelle und aktuellste Sprachmaterial und Zeichenvokabular auf, hinkt diesem notgedrungen wohl in vielem hinterher, horcht aber auf alles Vorhandene etwa so, wie es John Cage für tägliche Töne und Geräusche vorschlägt, scheut sich auch nicht vor den Eingebungen aus überbewußten und minderbewußten Zuständen von Versprechern, Verlesungen, Traumverbalismen und halluzinierten Wörtern, wie uns das Friederike Mayröcker in ihrer Spracharbeit vorführt ...

Das Material der Literatur, wie Bodo Hell sie versteht, ist die gegenständliche Welt in ihrer sprachlichen Verfasstheit und Repräsentation. Die kürzeste und präziseste Definition seiner literarischen Arbeit stammt von ihm selber: „Prosa (intertextuell und der Faktizität verpflichtet)“. So steht es in seinen Kurzbiographien. Bodo Hell sieht, erfährt, erforscht und liest die Welt – und berichtet darüber als Dichter. Er bringt in seinen Texten via Sprache die entlegensten, die denk- und merkwürdigsten Dinge zueinander, um so scheinbar Vertrautes zu irritieren, neue Sichtweisen und Bedeutungen zu eröffnen. Seine Techniken der Montage erzeugen Irritationen, Überraschungen, ungeahnte, oft auch unbewusste und unterbewusste Verbindungen, neue Assoziationsräume, intertextuelle Reminiszenzen, Kollisionen, Doppelbödigkeiten, Humor und Witz, Belehrung und Erbauung. Im besten Falle kommen Leserinnen und Leser, die bereit sind, sich auf seine zweifellos auch fordernden Texte einzulassen, zu Einsichten und Erkenntnissen, die auf andere Weise nicht zu gewinnen sind. Die Dichterinnen und Dichter sind für Bodo Hell die „Kollektivgaranten sprachlicher Freiräume“ und sie zeigen auch auf, welche Räume der Sprache wie und von wem besetzt sind. Die poetische Rede, sagt er, ist „keine Machtrede“, sie ist die „kleine Autorenrede“, die sich gegen die „Vergewaltigung der Sprache“ zur Wehr setzt. Die poetische Rede ist per se eine „Gegenrede“, sie widerspricht dem allgegenwärtigen Geschwätz.

Und wie, fragen Sie mit Recht, hängen Stadt Land Berg, also die Lebensräume des Ländlichen und des Städtischen nun zusammen. Sie kommen zusammen, weil und indem Bodo Hell sich diese Räume durch Jahrzehnte hindurch geistig und körperlich aufs Intensivste angeeignet hat und mit seinen literarischen Verfahren imstande, ist die Besonderheiten und die Differenz der beiden Lebenswelten zu ‚lesen‘ und in seinen Texten sichtbar zu machen. Bodo Hell macht, wie kein anderer, die Vielstimmigkeit und Vielgestaltigkeit von Stadt, Land, Berg und ihrer Bewohner sichtbar, hörbar, lesbar. In geradezu spektakulärer Form ist ihm das Lesen des ländlichen Raums (und keineswegs nur des österreichischen) mit dem Erzählband *666* (1987) gelungen. So wie dort wurde Landschaft samt den Spuren ihrer Bewohner noch nie gesehen und beschrieben. Dem steht als städtisches Pendant sein, wie Ernst Jandl urteilte „mitreißende[r] Text“ *Linie 13A* aus dem Buch *Stadtschrift* (1983) gegenüber. In diesem Buch wird die sprachliche Strukturierung der Stadt, also Wiens, ihr vielfältiges optisches

Erscheinungsbild, als Schrift in jeder denkbaren Form – von Straßennamen und Hinweisschildern über Firmenlogos bis zur allgegenwärtigen Reklame etc. etc. – entlang der Strecke der Bus-Linie 13A als Text und in zahlreichen korrespondierenden Fotos dokumentiert. Mittlerweile liest sich das kürzlich neu aufgelegte Buch auch wie eine archäologische Expedition in die Stadtgeschichte Wiens.

Bodo Hells Aufschreibung der Welt, der urbanen und der ländlichen, der Kultur und Natur, ist Welterkundung und Weltvermessung mithilfe des Sensoriums eines Poeta doctus. Das sagt sich leicht, doch Hells literarischer Globus ist die Frucht einer immensen sprachlichen und schriftstellerischen Begabung, eines hohen künstlerischen Anspruchs, lebenslanger intensivster Arbeit und beständigen Studiums. Seine Texte sind in ihrem Formenreichtum, ihrer sprachlichen Präzision, ihrer geistigen Beweglichkeit, ihrer Eleganz und Musikalität, und insbesondere in ihrem inhaltlichen Beziehungsreichtum ohne Beispiel. Kein Geringerer als Ernst Jandl bescheinigte ihm, er arbeite „an einem neuen Entwurf von Literatur". Was immer Bodo Hell angeht, er geht den Dingen auf den Grund und folgt ihnen bis in die feinsten Verästelungen. Er ist grenzenlos wissbegierig, ja wissenssüchtig. Und er weiß tatsächlich fast alles. Ja, er ist ein moderner Enzyklopädist. Er will alles wissen, auch und vor allem, das Geheime, Verborgene, Vergessene, Verquere, Merkwürdige, Abseitige, Übersehene, das nur mündlich Tradierte, das Wissen der Bauern, der Handwerker, der Kräuterfrauen und Heilerinnen.

Aus dieser Begabung und Leidenschaft sind – oft in Zusammenarbeit mit bildenden Künstlerinnen und Künstlern – einige seiner schönsten und eindrucksvollsten Arbeiten entstanden. So mit Hil de Gard der Erzählband *mittendrin* (1994), mit

Norbert Trummer *Admont Abscondita* (2007) mit dreißig einzigartigen Buchporträts aus der Stiftsbibliothek des Klosters Admont oder mit Linda Wolfsgruber das unerschöpfliche und unübertreffliche Jahreszeiten-Kalendarium *immergrün* (2011). Wer wissen möchte, wie man heute noch historisch verlässlich, aber auch originell und witzig schreiben kann über Volkskultur, Volksgläubigkeit und Namenspatrone, über die Vierzehn Nothelfer, die Hl. Kümmernis, über Gottes Großmutter, die Heilige Anna, die übrigens von drei verschiedenen Männern je eine Tochter namens Maria hatte, über christliche und profane Ikonographie oder über das naturgemäß aufregende Leben der Märtyrer – und wer neben dem Interesse an solchen Stoffen auch noch Sinn für das Groteske und Absurde, ja für das Abstruse hat, der nehme Bodo Hells Essaybände *Nothelfer* (2008) oder *Ritus und Rita* (2017) zur Hand. Sie und er werden reich beschenkt sein, denn Bodo Hell erkennt jeden Heiligen und auch die Scheinheiligen schon von Weitem. Sein scharfer Blick für das Heilige und das Profane wie auch das Interesse am Leben und an der Arbeit der einfachen Menschen verbinden ihn übrigens mit Christine Lavant.

Ich schließe dort, wo ich mit Friederike Mayröcker begonnen habe: mit einer kleinen Geschichte vom Berg: In diesem Sommer hat Bodo Hell ein Kalb, das in eine Doline gestürzt war und sich nicht mehr befreien konnte, nach einer dreitägigen Suche auf dem wahrlich labyrinthischen Areal des Dachsteinplateaus gefunden und hat ihm das Leben gerettet.

Auch so kommen bei ihm Stadt Land Berg zusammen.

# Literatur

Bodo Hell: [Wiener Vorlesungen zur Literatur. Über Claude Simon, Samuel Beckett, Virginia Woolf, Friederike Mayröcker]. In: Wespennest 63 (1986), S. 31–53.

Bodo Hell / Ernst Jandl: die wirklichen Möglichkeiten. Zwei Reden zum Erich-Fried-Preis 1991. Graz/Wien: Droschl 1992.

Bodo Hell: Eine kleine Autorenrede. In: Provinz sozusagen. Österreichische Literaturgeschichten. Hrsg. von Ernst Grohotolsky. Graz/Wien: Droschl 1995, S. 119–129.

Friederike Mayröcker: Für Bodo Hell. In: SALZ 112 (2003), S. 7–8.

# Fragmentarischer Rückblick auf eine Gründerzeit der österreichischen Germanistik[1]

Konstanze Fliedl hat mir für den heutigen, geschichtsträchtigen Anlass, das Thema ‚Literatur und Politik' vorgeschlagen und es wird Sie nicht überraschen, dass ich mich sträubte. Nachdem alles politisch ist, selbst das Unpolitische, wüsste ich nicht wo anfangen und wo aufhören. Doch sie fand, ich könne ja über meine eigenen Erfahrungen berichten. Das macht es nicht wirklich einfacher, sieht aber wie ein Kompromiss aus. Allerdings bringt er mich in die nicht sehr vorteilhafte Lage hie und da ‚ich' sagen zu müssen, was in diesem Fall vielleicht zweckmäßig ist, doch das Zweckmäßige ist nicht immer auch angenehm.

Mein Interesse am Thema entstand aus einem Mangel. Ich begann mein Studium am Wiener Germanistischen Institut im Wintersemester 1970. Also gut vier Jahre nachdem auf dem Münchener Germanistentag von 1966 zum ersten Mal auf breiterer Basis die Verstrickung des Faches in den Nationalsozialismus öffentlich und unter Nennung von Namen, darunter ziemlich prominente, diskutiert worden war. Ein Sammelband mit Vorträgen der Münchener Tagung war unter dem Titel ‚Germanistik – eine deutsche Wissenschaft' 1967 in der edition suhrkamp erschienen und in nur vier Jahren 35.000-mal verkauft worden. Die Frage der politischen Vergangenheit des Faches und einiger seiner damaligen Repräsentanten dürfte

1 Anlässlich der Tagung: ‚165 Jahre Institut für Germanistik an der Universität Wien'. 3. Juni 2015; bisher unveröffentlicht.

demnach nicht nur eine Handvoll Wissenschaftshistoriker interessiert haben. Auch mein Freund Karl Wagner und ich haben den schmalen Band verschlungen wie einen Krimi, der er ja auch war, wenngleich etwas genreunüblich mit einem ganzen Kollektiv an Tätern. Natürlich hätten wir auch gern gewusst, wie das mit der ‚deutschen Wissenschaft' in Österreich und speziell in Wien gewesen ist. Aber da war, wie damals üblich, nichts – außer Schweigen. Zwar wurden hinter vorgehaltener Hand ein paar Namen genannt: Josef Nadler und Heinz Kindermann, Otto Höfler und Herbert Seidler, doch Genaueres wusste niemand, wollte offenbar auch niemand wissen. Auch nicht, wer die Ausgestoßenen, Vertriebenen und Verfolgten waren.

Dabei gab es durchaus einen Punkt, an dem das Schweigen über die Vergangenheit des Faches, die Vergangenheit der Autorinnen und Autoren und die Vergangenheit der Vortragenden dröhnend wurde: Dort nämlich, wo es um die Frage der ‚österreichischen' Literatur ging. Jener Abriss einer Geschichte der österreichischen Literatur, den man als Studierender an der Wiener Universität Anfang der 1970er Jahre präsentiert bekam, war, das ist meine bestimmende Erinnerung, von Geschichte seltsam unberührt. Es waren vorzugsweise Geschichten, die jene Essenz des ‚Österreichischen', die sie zu erläutern trachteten, immer schon als gegeben voraussetzten. Dass auch die österreichische Germanistik eine ‚deutsche Wissenschaft' gewesen sein könnte, dass die Autorinnen und Autoren, die uns beispielsweise in der Vorlesung über den Roman des 20. Jahrhunderts von Herbert Seidler als ‚österreichische' vorgestellt wurden, nämlich, beachten Sie die aparte Auswahl: Hermann Broch, Heimito von Doderer, Gertrud Fussenegger, Paula Grogger, Hugo von Hofmannsthal, Robert Musil, Franz Tumler, Karl Heinrich Waggerl und Josef Wenter – dass diese nicht nur literarisch, sondern auch in ihren jeweiligen österreichischen, (groß-)deutschen, nationalsozialistischen oder Exil-Schicksalen höchst unterschiedlichen Schriftsteller mit der Nachbarschaft, in die sie da gestellt wurden, aber vermutlich auch mit dem Begriff einer ‚österreichischen' Literatur, Probleme gehabt haben könnten, und zwar völlig unterschiedliche, kam naturgemäß nicht zur Sprache. Stattdessen wurden allerlei Wesenheiten aufgeboten, um die unliebsame Vergangenheit zu bannen. An erster Stelle das ‚Wesen der Dichtung', das sich in werkimmanenten Zirkelschlüssen enthüllen ließ, dicht gefolgt vom Wesen des Österreichischen. Dieses Wesen des Österreichischen, hatte – in der seit dem 18. Jahrhundert verfestigten, jeweils zeitgemäß variierten Mischung aus Minderwertigkeitskomplex und Größenwahn einerseits, Verschmelzungs- und Distanzierungswünschen gegenüber dem Deutschen andererseits – besonders nach dem Zweiten Weltkrieg identitätsstiftende, ja staatstragende Funktion. Mit der Streichung der so genannten ‚Mitverantwortungsklausel' Österreichs für die Verbrechen der Nationalsozialisten aus dem Staatsvertragstext 1955 war dieses österreichische Wesen in seinem durch die Zeitläufte unerschütterbaren Kern ja gerade wieder einmal bestätigt worden. Die von den alliierten Siegermächten sanktionierte zeitgemäße Kürzestdefinition lautete: Wir sind selbst Opfer. Wir haben uns nichts vorzuwerfen. Und im Übrigen: ‚Glücklich ist wer vergisst …'. Deshalb konnte man, nach dem bekannten Wort von Alexander Lernet-Holenia, „in der Tat […] dort fortsetzen, wo uns die Träume eines Irren unterbrochen hatten". So blieb uns bei der Hauptvorlesung im Auditorium maximum selbstverständlich auch verborgen, was eine Frau Fussenegger oder die Herren Wenter und Waggerl an der Seite Brochs und Musils zu suchen hatten. Es war, später haben wir es begriffen, wohl ausschließlich die nachwirkende Nähe früherer Verhältnisse auf Seiten des Vortragenden.

Um es auf den Punkt zu bringen. Mir ist in meinem Wiener Germanistik-Studium, genauer gesagt, bei dem Ausschnitt, den ich – bedingt durch das damalige ‚Seminaraufnahmeprüfungs'-System und damit die Zuteilung zu einer bestimmten ‚Lehrkanzel' – schwerpunktmäßig mitbekam, zumeist das Historische abgegangen. Ich hätte gerne mehr erfahren über die Arbeitsumstände der Autorinnen und Autoren, die Voraussetzungen und Entstehung ihrer Texte, über ihre Verankerung im literarischen Leben und in den sozialen und politischen Verhältnissen der Zeit. So richtig bewusst geworden ist mir dies erst, nachdem ich 1976 eine Assistentenstelle am Germanistischen Institut der damals noch sehr jungen Universität Klagenfurt antrat – vier Jahre nach dem so genannten ‚Kärntner Ortstafelsturm' von 1972, bei dem die nachgewachsenen militanten Deutschnationalen und die nicht minder rabiaten Altnazis den österreichischen Rechtsstaat in die Knie gezwungen hatten – ungestraft. Alle Anzeigen gegen die Gewalttäter wurden letztlich zurückgelegt, die zweisprachigen Ortstafeln auf Jahrzehnte verräumt. Es war die Zeit, als der Sozialdemokrat Leopold Wagner sich als Landeshauptmann öffentlich brüstete, ein „hochgradiger Hitlerjunge" gewesen zu sein und als nicht nur bei den jährlichen Ulrichsbergfeiern am 10. Oktober der Nazigeist aus den Knopflöchern der braunen Kärntneranzüge und aus den Dirndl-Falten in die Jahre gekommener BDM-Maiden und Goldhaubenfrauen waberte. Mehr als es das Studium vermochte, ist mir durch den politischen Alltag in Kärnten bewusst geworden, dass man Gegenwärtiges nicht verstehen kann, ohne sich mit dem Vergangenen, und mehr noch, mit dem Nicht-Vergangenen, zu beschäftigen. Und die Erfahrungen, die einen politisch aufwecken, gibt man nicht an der Portierloge der Universität ab. Das sind Plattitüden, ich weiß. Doch lehrreich und wirksam werden sie, wenn man sie am eigenen Leib erfährt.

Nach dem Tod des 1974 verstorbenen Schriftstellers Franz Nabl boten dessen Erben an, der Grazer Universität Wohnhaus und Bibliothek des Autors zu vermachen, wenn ein universitäres Literatur-Forschungsinstitut gegründet würde, das seinen Namen trägt. In diesem Zusammenhang organisierte das Grazer Germanistische Institut 1978 ein großes Symposium zu Ehren Franz Nabls, zu dem auch ich eingeladen wurde. Da ich mich in meiner Dissertation mit strukturellen und erzähltheoretischen Fragen beschäftigt hatte, schien es mir auch aufgrund der Kärntner Erfahrungen verlockend, stärker historisch zu arbeiten und ich schlug vor, die Werkrezeption und die öffentliche Rolle Nabls, der in vier politischen Systemen gelebt hatte, zu untersuchen. Nabl, geboren 1883, hatte seinen größten Erfolg mit dem schon vor dem Ersten Weltkrieg erschienenen Roman *Ödhof*. Danach geriet er trotz einer stattlichen Zahl von Publikationen nahezu in Vergessenheit, bis er in den dreißiger Jahren von den Nationalsozialisten wiederentdeckt, gefördert und mehrfach ausgezeichnet wurde (unter anderem mit dem Mozartpreis 1938 und dem Ehrendoktorat der Universität Graz 1943, samt Glückwunschtelegramm von Propagandaminister Joseph Goebbels). Dies, obgleich Nabl in der NS-Zeit vorwiegend landschaftsbezogene Texte wie die *Steirische Lebenswanderung* geschrieben hatte und sich nur wenige politisch aktuelle Bezüge in seinem erzählerischen Werk finden. Nach 1945 wurde es wieder still um ihn, bis kurz vor seinem Tod Gerhard Roth, Wolfgang Bauer, Peter Handke und Alfred Kolleritsch die Nähe des alten Herrn suchten und freundschaftlichen Umgang mit ihm pflegten. – Von all dem wusste ich zu Beginn meiner Arbeit fast nichts – außer, dass Peter Handke einen Essay mit dem zwiespältigen Titel *Franz Nabls Größe und Kleinlichkeit* über ihn geschrieben hatte, was mich neugierig machte.

Das Ergebnis meiner Materialschlacht in mehreren Archiven war eine Fallstudie zur Rolle des unter Anführungszeichen unpolitischen Schriftstellers und seiner Brauchbarkeit für das NS-Regime. Dazu reichte im vorliegenden Fall ein gewalttätiger, von Nietzsche inspirierter Übermensch als Protagonist des Romans *Ödhof* von 1911, eine auffallende erzählerische Sorglosigkeit, die Figuren- und Erzählerperspektive mischt und damit den Autor als Sympathisanten des Herrenmenschentums erscheinen lässt, einige abfällige Bemerkungen über die Wiener ‚Literatenszene' u.a. über Arthur Schnitzler, die man als antisemitisch deuten konnte, einige fragwürdige Solidarisierungen im Literaturbetrieb, etwa mit dem Protestaustritt der österreichischen Nazi-Autoren aus dem Wiener Penclub 1933, Freundschaften mit regimenahen Literaturkritikern, die Bereitschaft, sich vom Propagandaministerium für dies und das einspannen zu lassen, die Produktion von zeitentrückter Heimatliteratur, die Ablenkung und Trost bot in der Wirrnis des Krieges, ein Aufruf in der *Grazer Tagespost*, wegen der feindlichen Fliegerangriffe doch die Verdunkelungsvorschriften zu befolgen und schließlich die Geneigtheit, sich von den Parteibonzen hofieren und dekorieren zu lassen. Mein Referat schloss mit den Sätzen: „Franz Nabl hat sich nach eigenem Zeugnis ‚immer von aller Politik ferngehalten' – die (Literatur-)Politiker […] haben sich von ihm nicht ferngehalten. Im Hinblick auf die politisch motivierten Ehrungen, die ihm zuteilwurden, und […] auf die Repräsentationsaufgaben, mit denen auch Nabl als ‚apolitischer' Schriftsteller betraut wurde, gewinnt ein Wort von Max Frisch aus dem Jahre 1948 Kontur: ‚Es gibt leider kein menschliches Wesen, das nur Kunst macht – […] Wer sich nicht mit Politik befaßt, hat die politische Parteinahme, die er sich sparen möchte, bereits vollzogen: er dient der herrschenden Partei.'"

Zwar hatte Wendelin Schmidt-Dengler schon im Eröffnungsvortrag zum Symposium von Nabls „in ästhetischer wie ideologischer Hinsicht so zwiespältigen Werk“ gesprochen, ein Wort übrigens, das auch in Handkes Essay über Franz Nabl vorkommt, doch mein Beitrag war offenbar das Bisschen zu viel, vor allem an politischen Fakten. Der Unmut der Veranstalter war mit Händen zu greifen. Für den Rest des Symposiums schnitten sie mich demonstrativ. Bei der großen Schlussdiskussion äußerte Alfred Kolleritsch als Moderator sein Unbehagen über zwei der Vorträge und empfahl den jungen Kollegen dringend, die Werke der Dichter zu lesen und nicht in ihren Biographien herumzustierln. Mitgemeint war mein Klagenfurter Kollege Bernhard Doppler, der sich kritisch mit Nabls Heimatbegriff auseinandergesetzt hatte.

Dass es nicht um methodologische Fragen ging, sondern um etwas ganz anderes, wurde uns erst nach und nach klar. Das Symposium war gedacht als Akt der literarischen Nobilitierung für den Namensgeber des künftigen Literatur-Forschungsinstituts und als Dank für die Schenkung von Haus und Bibliothek. Da waren wir germanistischen Frischlinge und – etwas feinfühliger – auch Wendelin Schmidt-Dengler dazwischengeraten. Dazu kam, dass bereits 1975, ein Jahr nach Franz Nabls Tod, der höchstdotierte Literaturpreis der Steiermark nach dem Autor benannt worden war. Erster Träger des Franz Nabl-Preises war Elias Canetti, 1938 jüdischer Emigrant aus Wien, ihm folgte 1977 Manes Sperber, ebenfalls österreichischer Jude und zeitweise im kommunistischen Widerstand gegen die Nationalsozialisten. Und nun kratzten zwei Frischlinge öffentlich am Nimbus des Namensgebers für Preis und Institut. Alfred Kolleritsch, der an den Preisvergaben beteiligt war, hatte – wie auch die anderen Beteiligten – offenbar keine Ahnung von Nabls antisemitischen Äußerungen und seiner beachtlichen Mitläufer-Karriere im Dritten Reich. Der Doyen der Grazer Literaturszene, wie Nabl genannt wurde, hatte, wie die meisten seiner Kolleginnen und Kollegen aus jener ‚unseligen' Zeit, nach 1945 darüber kein Wort verloren und die Grazer Nachkriegsgermanisten interessierten sich dafür so wenig wie ihre Wiener oder Innsbrucker Kollegen für Josef Wenter oder Gertrud Fussenegger.

So sehr mich die öffentliche Abkanzelung durch Alfred Kolleritsch traf, den ich als Autor und als Herausgeber der *manuskripte* nicht nur schätzte, sondern fast schon verehrte – solch einen Deutsch- und Philosophielehrer hätte ich mir gewünscht – die Grazer Erfahrung war lehrreich in zwei Richtungen. Erstens, dass es sich empfiehlt, über die historische und politische Dimension seiner Forschungsgegenstände und Methoden nachzudenken und zweitens, dass es kein Nachteil ist, seine eigene Rolle als Literaturwissenschaftler auch in den politischen Zusammenhängen des literarischen Lebens zu reflektieren. Was den ersten Punkt betrifft: Dass ich mit meiner materialmäßig gut abgesicherten Darstellung offenbar mehrere neuralgische Punkte gleichzeitig getroffen hatte, literarische ebenso wie politische, historische und methodologische, war unübersehbar. Man wollte jedoch darüber nicht diskutieren, nicht zuletzt, weil die Quellen, die ich ausgebreitet hatte, schwer zu widerlegen waren. Das Gleiche galt für Bernhard Doppler. Deshalb die pauschale Abwehr. Das hat mich letztlich in meiner Sache bestärkt. In den auf den Grazer Eklat folgenden Wochen und Monaten fasste ich den Entschluss, meine Habilitationsschrift dem so genannten ‚Anschluß' der österreichischen Schriftsteller an das Dritte Reich zu widmen. Die Probebohrung war ja schon ziemlich aufschlussreich gewesen. Das Thema war weitgehend unbearbeitet, inhaltlich und politisch brisant und es berührte so ziemlich alle Aspekte des Literarischen Lebens, die mich interessierten. Ebenso wichtig für meinen Entschluss war jedoch, dass ab Ende der 1970er Jahre die Arbeiten zunahmen, die so etwas wie einen ‚historic turn' in der österreichischen Germanistik markierten. Zum ersten Mal nach 1945 gingen Germanistinnen und Germanisten wieder in Archive, erschlossen historische Quellen und interessierten sich auch für sozialgeschichtliche, politische, ökonomische, institutionelle, sozialpsychologische und wirkungsgeschichtliche Aspekte der Literatur. Dass viele dieser Arbeiten den bis dahin an den österreichischen Universitäten verdrängten und beschwiegenen Bezirken der Literatur und der Fachgeschichte galten, machte die Sache umso attraktiver.

Man tut bei Aufzählungen stets den Nichtgenannten unrecht, doch ich kann nicht anders, wenn ich den als historic turn bezeichneten Paradigmenwechsel zumindest mit der Nennung einiger Titel beispielhaft andeuten möchte. Es ist im Rückblick schier unglaublich, was damals innerhalb nur eines Jahrzehnts, in dem kleinen Österreich an grundlegenden Arbeiten erschienen ist: da waren Ende der 1970er Jahre die ersten, bahnbrechenden Aufsätze von Wendelin Schmidt-Dengler zur Literatur der Ersten Republik, Alfred Pfosers *Literatur und Austromarxismus* (1980), Friedbert Aspetsbergers *Literarisches Leben im Austrofaschismus* (1980) und Ernst Fischers Untersuchung über den *Schutzverband Deutscher Schriftsteller* (1980); da war der von Franz Kadrnoska herausgegebene große Sammelband zur Ersten Republik, *Aufbruch und Untergang* (1981), mein eigenes Buch zur Geschichte des österreichischen PEN-Clubs (1984), das von Friedbert Aspetsberger herausgegebene zweibändige Sammelwerk *Die Literatur der Nachkriegszeit und der fünfziger Jahre in Österreich* (1984), Murray G. Halls zweibändige Österreichische *Verlagsgeschichte 1918–1938* (1985), der von Albert Berger und mir edierte Sammelband *Österreichische*

*Literatur der dreißiger Jahre* (1985), Roland Innerhofers Monographie zur *Grazer Autorenversammlung* (1985), Gerhard Renners: *Der Bund der Deutschen Schriftsteller Österreichs und der Aufbau der Reichsschrifttumskammer in Österreich* (1986) und da waren auch die vielen von Wendelin Schmidt-Dengler angeregten und betreuten Dissertationen zu Autoren der ersten Jahrhunderthälfte. Ich erwähne nur Ulrich Weinzierl über Alfred Polgar, Johannes Sachslehner über Mirko Jelusich, Johann Sonnleitner über Robert Hohlbaum und Ferdinand Schmatz über Karl Hans Strobl.

Was wie ein Dammbruch anmutet, war die Folge eines Generationen- und eines Methodenwechsels in der österreichischen Germanistik. Paradigmatisch dafür ist nicht zuletzt das 1974 gegründete Institut für Germanistik an der Universität Klagenfurt. Und damit gibt es einen direkten Bezug zur aktuellen Tagung, denn das Klagenfurter Institut war, was die Studienwege und Berufskarrieren der Akteure betraf, zu nahezu hundert Prozent eine Filiation des Wiener Germanistischen Instituts. Fast alle hatten wir in Wien studiert und am Wiener Institut gearbeitet. Die Besonderheit des Klagenfurter Instituts war, dass es keinerlei Altlasten gab, dafür aber den Elan des Neubeginns und über mehr als zwei Jahrzehnte einen Institutskonsens, schwerpunktmäßig die vernachlässigten und unterbelichteten Perioden der österreichischen Literatur seit 1848 in den Blick zu nehmen – im Rahmen von Symposien und Projekten des schnell wachsenden Instituts, aber auch bei den von Friedbert Aspetsberger über drei Jahrzehnte in St. Pölten veranstalteten jährlichen Lehrerfortbildungstagen, die regelmäßig in Tagungsbänden dokumentiert worden sind. Die in Summe wohl mehr als ein halbes Hundert zählenden, inhaltlich systematisch geplanten Bände, die die Ergebnisse dieser vielfältigen Aktivitäten dokumentieren, ergeben eine ansehnliche Basisbibliothek zur österreichischen Literatur seit der bürgerlichen Revolution. In alle diese Aktivitäten waren Kolleginnen und Kollegen von auswärts eingebunden, und umgekehrt waren auch die Klagenfurter an ähnlichen Projekten in Innsbruck, Salzburg, Graz und Wien beteiligt. Die beiden literaturhistorischen Reihen, die am Klagenfurter Institut initiiert wurden: *Literatur in der Geschichte – Geschichte in der Literatur* und *Literaturgeschichte in Studien und Quellen*, brachten es auf mehr als 70 Bände – der Großteil davon zu österreichischen Themen, der Großteil von österreichischen Kolleginnen und Kollegen verfasst. Viele der Titel sind längst Standardwerke, wie etwa die Arnolt Bronnen-Biographie von Friedbert Aspetsberger, das Schnitzler-Buch von Konstanze Fliedl, Daniela Strigls Buch über Theodor Kramer oder die Musil-Monographie von Norbert Christian Wolf.

So ist, und ich denke meine Erinnerung trügt mich nicht, in den 1980er und 1990er Jahren bei der Mehrzahl der österreichischen Germanistinnen und Germanisten, neben allen anderen Verpflichtungen und Neigungen, ein ausgeprägtes Bewusstsein dafür vorhanden gewesen, tendenziell immer auch an dem kollektiven Vorhaben der historischen Erforschung und Profilierung der österreichischen Literatur beteiligt zu sein. Hier in Wien wurde neben vielem anderen, an einem Schwerpunkt zum 19. Jahrhundert gearbeitet, mit Monographien und Editionen zu Grillparzer, Stifter, Rosegger, Anzengruber und Saar. Beteiligt waren u.a. Arno Dusini, Konstanze Fliedl, Hubert Lengauer, Werner Michler, Johann Sonnleitner und Karl Wagner. Längere Zeit wurde auch ein Projekt verfolgt, das dieses flottierende Kollektiv für eine Gesamtdarstellung einer österreichischen Literaturgeschichte nutzbar machen wollte. Einige schöne Bände mit Prolegomena und Fallstudien zeugen davon.

Ich habe diese Jahrzehnte, auch mit Blick auf die hier noch nicht erwähnten Unternehmungen an den anderen Instituten (etwa die Arbeiten zum weiblichen Schreiben und zum Exil in Salzburg und Innsbruck, zur Moderne und zum Nationalsozialismus in Graz) als eine Gründerzeit der österreichischen Germanistik empfunden, in der zum ersten Mal auf breiter Basis Ernst gemacht wurde mit der Erforschung der Zusammenhänge und Wechselwirkungen von Literatur, Geschichte und Politik in diesem Land. Wobei es nie darum gegangen ist, ein spezifisch ‚Österreichisches' zu suchen oder gar eine österreichische Nationalliteratur zu proklamieren. Es ging, ganz im Gegenteil, darum, inhaltliche und formale Besonderheiten von literarischen Texten, die in historisch unterschiedlichen Zusammenhängen als ‚österreichische' bezeichnet wurden, vor dem Hintergrund der politisch und kulturell unterschiedlichen Milieus und Traditionen zu verstehen und zu deuten, in denen sie entstanden sind.

Diese bemerkenswerte Situation war das Ergebnis mehrerer glücklicher, mehr oder minder zufälliger personeller Konstellationen. Andererseits war bei vielen Akteurinnen und Akteuren die Bereitschaft, sich auf die weißen Flecken der österreichischen Literaturlandschaft einzulassen, außerordentlich groß. Vermutlich auch deshalb, weil die Arbeit daran das eigene Selbstverständnis – gerade auch im Verhältnis zur Vorgängergeneration – berührte; zugleich war sie Ausdruck und Ausweis eines, wie ich finde, genuinen Interesses am politischen und kulturellen Milieu, in dem man lebte und arbeitete und – wenn ich an die Waldheim- und Haider-Jahre denke – auch litt. Es scheint jedenfalls in den Kulturwissenschaften durchaus kein Nachteil zu sein, zu wissen, zu spüren und ein Sensorium dafür zu entwickeln, an welchem Ort man sich befindet und in welchem historischen, kulturellen und politischen Umfeld man arbeitet und sich bewegt.

Dies bestätigen gerade auch die gegenteiligen Erfahrungen. Für eine Chemikerin, einen Atomphysiker oder einen Drohnenforscher mag sich das naturgemäß anders darstellen.

Von einer Gründerzeit ist auch noch in einer anderen Hinsicht zu sprechen. Sie betrifft die zweite Lehre durch den Grazer Eklat. Nämlich die Frage nach der eigenen Rolle in den Zusammenhängen des literarischen Lebens. Dies geht nicht, ohne Wendelin Schmidt-Denglers zu gedenken, der – nicht nur – bei dieser Jubiläumsveranstaltung schmerzlich fehlt. Er hat, neben allen anderen Verdiensten, nicht zuletzt um das Wiener Institut, das Rollenverständnis und das Bild der Germanistik in der österreichischen Öffentlichkeit stärker geprägt und verändert als jede und jeder andere.

In Kapitel sieben des *Mann ohne Eigenschaften* heißt es:

> Es ist ein Grundzug der Kultur, daß der Mensch dem außerhalb seines eigenen Kreises lebenden Menschen aufs tiefste mißtraut, also daß nicht nur ein Germane einen Juden, sondern auch ein Fußballspieler einen Klavierspieler für ein unbegreifliches und minderwertiges Wesen hält. Schließlich besteht ja das Ding nur durch seine Grenzen und damit durch einen gewissermaßen feindseligen Akt gegen seine Umgebung; ohne den Papst hätte es keinen Luther gegeben und ohne die Heiden keinen Papst, darum ist es nicht von der Hand zu weisen, daß die tiefste Anlehnung des Menschen an seinen Mitmenschen in dessen Ablehnung besteht.

Das lässt sich vermutlich ohne große Abstriche auch auf das literarische Feld übertragen, wie es sich zu Beginn meines Studiums in Wien und wohl in ganz Österreich dargeboten hat.

Man musste damals den Eindruck gewinnen, dass die Akteure dieses Feldes einander, insbesondere aber die Universitätsgermanisten allen anderen, ja selbst den Studierenden und den Deutschlehrerinnen und -lehrern ziemlich reserviert, oft auch verständnislos, wenn nicht gar arrogant oder feindselig gegenübertraten. Die Schriftsteller hielten die Germanisten in der Regel, und womöglich nicht ganz unbegründet, für blasiert und überheblich, die Germanisten wiederum die Literaturkritiker für gescheiterte Existenzen und so weiter. Von wenigen Ausnahmen abgesehen, die sich am ehesten wohl in Salzburg fanden, mied die österreichische Germanistik jener Jahre, jedenfalls auf der Ebene der Ordinarien, den Kontakt mit der Gegenwartsliteratur, ja mit der literarischen Öffentlichkeit insgesamt. Die Germanistik war, nach den politisch missglückten Avancen, die sie unter den Auspizien Tausendjähriger Bedeutsamkeit in einem Überschuss an Zeitgenossenschaft Kolbenheyer, Weinheber, Fussenegger, Waggerl u.a. gemacht hatte, wieder das geworden, was Musil eine „Belohnungsanstalt für Tote" genannt hat. Ich erinnere mich, dass Mitte der 1970er Jahre in einem Seminar die Frage, ob es möglich sei, über einen lebenden Autor eine Dissertation zu schreiben, mit einem dezidierten „Nein" beantwortet wurde. Und ich erinnere mich nicht, damals bei den Lesungen in der Österreichischen Gesellschaft für Literatur außer Wendelin Schmidt-Dengler je einen anderen meiner akademischen Lehrer im Publikum gesehen zu haben. Wenn ich das literarische Leben jener Jahre als Haus imaginiere, so bewohnten die Germanisten darin eine Garçonnière mit separatem Eingang und Fenstern zum Innenhof, sie hatten die Eingangstüre mehrfach gesichert, die Jalousien die meiste Zeit geschlossen und mieden den Kontakt mit den anderen Parteien.

Mit Wendelin Schmidt-Dengler ist neues Leben in dieses Haus eingezogen. Ich weiß, dass nicht er allein es war, der die Fenster aufgestoßen und frische Luft hereingelassen hat, doch ich behaupte, er war einer der ersten, und er hat es mit größerer Konsequenz und größerem Geschick, mit mehr Nachdruck und Ausdauer getan als andere. Er hat maßgeblich dazu beigetragen, die Berührungsängste zwischen der Germanistik und der Öffentlichkeit, der literarischen und der medialen, abzubauen – auch als Akteur des Literaturbetriebs in den vielfältigsten Formen und in oft unerwarteten Zusammenhängen. Bezeichnenderweise hat er als erster hauptberuflich tätiger Universitätsgermanist den Österreichischen Staatspreis für Literaturkritik erhalten. Und, er war ein rastloser und unbeirrbarer Anwalt und Förderer der österreichischen Autorinnen und Autoren – im Literarischen wie im Sozialen.

Er hat dreißig Jahre lang vorgeführt, dass es für Germanistinnen und Germanisten nützliche und wichtige Arbeit auch außerhalb der Hörsäle, Bibliotheken, Institute und Akademien gibt, die man wahrnehmen kann, ohne die herkömmlichen Aufgaben zu vernachlässigen. Durch die Anerkennung, die er auch in außeruniversitären Kreisen erfuhr, hat er vielen Mut gemacht, selber aktiv zu werden. So sind wohl in keinem anderen Land so viele Gründungen von Literaturhäusern und Literaturarchiven von Universitätsgermanisten initiiert und realisiert worden wie in Österreich. Hier hat sich in erstaunlichem Umfang der historic turn auch in der Gründung von literarischen Institutionen materialisiert. In Innsbruck, Graz, Klagenfurt und Salzburg wurden die Literaturarchive nicht nur von Germanisten gegründet, sondern sind auch organisatorisch mit dem jeweiligen germanistischen Institut verbunden. Die Literaturhäuser in Innsbruck, Klagenfurt, Graz und Salzburg wurden ebenfalls von Universitätsgermanisten und Universitätsgermanistinnen gegründet oder mitbegründet und geleitet. Die Errichtung des ‚Österreichischen Literaturarchivs‘

an der Nationalbibliothek hat eine 100-jährige Vorgeschichte, gegründet und aufgebaut wurde es schließlich von Wendelin Schmidt-Dengler. Er hatte, bei allem was er anging, einen entscheidenden Vorteil, was ihm den Verkehr mit den Menschen außerhalb der universitären Kreise erleichterte: Er hielt bekanntlich nicht einmal Fußballspieler für unbegreifliche Wesen und verfolgte ihr Tun und Treiben auch an Ort und Stelle. (War das womöglich der Grund, weshalb ihm die Aufnahme in die Österreichische Akademie der Wissenschaften versagt blieb?)

Dass eines seiner letzten und größten Projekte, ein ‚Österreichisches Literaturmuseum', nun, in diesem mehrfachen Jubiläumsjahr, von seinem Nachfolger Bernhard Fetz vollendet wurde, ist ein Glücksfall und hat Symbolcharakter. Ob es den Höhepunkt einer Entwicklung oder deren Ende markiert, ist die Frage – ich traue mir nicht zu, sie zu beantworten. Die Stadtzeitung *Falter* beklagte anlässlich der Eröffnung des Museums etwas kryptisch, dass sich die „Wiener Germanistik" für die österreichische Literatur „immer weniger zuständig fühlt". Das mögen Berufenere – und Berufene kommentieren.

Befragt nach meinen eigenen Erfahrungen und Einschätzungen könnte ich vielleicht mit folgender Beobachtung dienen: In der Ausschreibung eines für 2016 geplanten Symposiums zur Gegenwartsliteratur, das vom Klagenfurter Institut für Germanistik und vom Robert-Musil-Institut der Universität gemeinsam veranstaltet wird, war zu lesen: „Das Paradigma einer österreichischen Literatur, wie es in den 1970er Jahren ausformuliert wurde, hat seine Geltung verloren." Darüber wäre eventuell zu diskutieren, die Entschiedenheit der Formulierung deutet jedoch eher darauf hin, dass da die Särge zugenagelt werden, noch ehe die Verblichenen erkaltet sind.

# Anhang

# Schriftenverzeichnis

## Bücher

### Monographien und Sammelbände

1 Klaus Amann: Adalbert Stifters ‚Nachsommer'. Studie zur didaktischen Struktur des Romans. Wien: Braumüller 1978. (= Wiener Arbeiten zur deutschen Literatur, Bd. 8). (152 S.) [ISBN 3-7003-0168-5]

2 Klaus Amann: Literaturunterricht oder Soll man Schüler eigentlich ernst nehmen? Klagenfurt: Carinthia Verlag 1980. (= Klagenfurter Universitätsreden, Heft 13) (36 S.) [ISBN 3-85378-171-3] Gekürzter Nachdruck in: Wespennest 40/1980. (= Sonderheft ‚Über Literatur'. Hrsg. von Franz Schuh), S. 64–74.

3 Klaus Amann: P.E.N. Politik, Emigration, Nationalsozialismus. Ein österreichischer Schriftstellerclub. Wien/Köln/Graz: Böhlau Verlag 1984. (174 S.) [ISBN 3-205-07226-X]

4 Österreichische Literatur der dreißiger Jahre. Ideologische Verhältnisse – Institutionelle Voraussetzungen – Fallstudien. Hrsg. von Klaus Amann und Albert Berger. Wien/Köln/Graz: Böhlau Verlag 1985. (372 S.) [ISBN 3-205-07252-9]

5 Dasselbe; 2. Aufl. 1990 in der Reihe ‚Böhlau Studienbücher'. (372 S.) [ISBN 3-205-05322-2]

6 Klaus Amann: Der ‚Anschluß' österreichischer Schriftsteller an das Dritte Reich. Institutionelle und bewußtseinsgeschichtliche Aspekte. Frankfurt a.M.: Athenäum Verlag 1988. (254 S.) [ISBN 3-610-08936-9]

7 Österreich und der große Krieg 1914–1918. Die andere Seite der Geschichte. Hrsg. von Klaus Amann und Hubert Lengauer. Wien: Brandstätter Verlag 1989. (272 S.) [ISBN 385447-296-X]

8 Klaus Amann und Helmut Grote: Die ‚Wiener Bibliothek' Hermann Brochs. Kommentiertes Verzeichnis des rekonstruierten Bestandes. Wien: Böhlau Verlag 1990. (= Literatur in der Geschichte – Geschichte in der Literatur Bd. 19). (292 S.) [ISBN 3-205-05321-4]

9 Klaus Amann: Die Dichter und die Politik. Essays zur österreichischen Literatur nach 1918. Wien: Edition Falter/Deuticke Verlag 1992. (320 S.) [ISBN 3-85463-119-7]

10 Tonhof. Österreichs literarische Avantgarde der 50er Jahre zu Gast in Kärnten. Eine Dokumentation mit unveröffentlichten Briefen von H.C. Artmann, Konrad Bayer und Christine Lavant. Hrsg. von Klaus Amann, Friedbert Aspetsberger und Reinhard Kacianka. Klagenfurt 1992. (= Sonderheft der Zeitschrift FIDIBUS 20/1992, H. 1). (124 S.)

11 Christine Lavant. Eine Hommage. Mit bisher unveröffentlichten Übersetzungen ins Englische, Italienische und Slowenische. Hrsg. von Klaus Amann, Reinhard Kacianka und Johann Strutz. Klagenfurt 1992. (= Sonderheft der Zeitschrift FIDIBUS 20/1992, H. 4). (90 S.)

12 Turrini-Jonke-Winkler. In der Provinz beginnt's. Hrsg. von Klaus Amann, Friedbert Aspetsberger und Reinhard Kacianka. Klagenfurt 1994. (= Sonderheft der Zeitschrift FIDIBUS 22/1994, H. 1). (80 S.)

13 Expressionismus in Österreich. Die Literatur und die Künste. Hrsg. von Klaus Amann und Armin A. Wallas. Wien/Köln/Weimar: Böhlau Verlag 1994. (= Literatur in der Geschichte – Geschichte in der Literatur Bd. 30). (628 S.) [ISBN 3-205-98196-0]

14 Deutschunterricht. Erfahrungen, Modelle, Theorien. Hrsg. von Klaus Amann, Gabriele Fenkart, Marlies Krainz-Dürr, Dietmar Larcher, Werner Wintersteiner. Innsbruck/Wien: StudienVerlag 1994. (256 S.) [ISBN 3-7065-1102-9]

15 Michael Guttenbrunner. Hrsg. von Klaus Amann und Eckart Früh. Klagenfurt/Wien: Ritter Verlag 1995. (304 S.) [ISBN 3-85415-171-3]

16 Literatur und Nation. Die Gründung des Deutschen Reiches 1871 in der deutschsprachigen Literatur. Mit einer Auswahlbibliographie. Hrsg. von Klaus Amann und Karl Wagner. Wien/Köln/Weimar: Böhlau Verlag 1996. (= Literatur in der Geschichte – Geschichte in der Literatur Bd. 36). (512 S.) [ISBN 3-205-98434-X]

17 Klaus Amann: Zahltag. Der Anschluß österreichischer Schriftsteller an das Dritte Reich. 2. erweiterte Aufl., [vgl. Nr. 6] Bodenheim: Philo Verlag 1996. (340 S.) [ISBN 3-8257-0024-0]

18 Klaus Amann: „Denn ich habe zu schreiben. Und über den Rest hat man zu schweigen." Ingeborg Bachmann und die literarische Öffentlichkeit. Klagenfurt/Celovec: Drava Verlag 1997. (= edition TRI). (80 S.) [ISBN 3-85435-281-6]

19 Autobiographien in der österreichischen Literatur. Von Franz Grillparzer bis Thomas Bernhard. Hrsg. von Klaus Amann und Karl Wagner. Innsbruck/Wien: StudienVerlag 1998. (= Schriftenreihe des Instituts für Österreichkunde, Bd. 3). (272 S.) [ISBN 3-7065-1229-7]

20 Die Aufhebung der Schwerkraft. Zu Gert Jonkes Poesie. Hrsg. von Klaus Amann. Wien: Sonderzahl Verlag 1998. (208 S.) [ISBN 3-85449-129-8]

21 Literarisches Leben in Österreich 1848–1890. Hrsg. von Klaus Amann, Hubert Lengauer und Karl Wagner. Wien/Köln/Weimar: Böhlau 2000. (= Literaturgeschichte in Studien und Quellen Bd.1). (920 S.) [ISBN 3-205-99028-5]

22 Werner Kofler. Texte und Materialien. Hrsg. von Klaus Amann. Wien: Sonderzahl Verlag 2000. (232 S.) [ISBN 3-85449-167-0]

23 Lipuš lesen. Texte und Materialien zu Florjan Lipuš. Hrsg. von Klaus Amann und Johann Strutz. Klagenfurt/Celovec: Wieser Verlag 2000. (384 S.) [ISBN 3-85129-330-4]

24 Josef Guttenbrunner. Humanist und Freund der Kärntner Slowenen / Humanist in prijatelj koroških Slovencev. Hrsg. vom Robert-Musil-Institut der Universität Klagenfurt u.a. Redaktion: Klaus Amann und Anton Schlapper. Klagenfurt/Celovec: Drava Verlag 2001. (48 S.) [ISBN 3-85435-382-0]

25 Worte. Ränder. Übergänge. Zu Gustav Januš. Hrsg. von Klaus Amann und Fabjan Hafner. Klagenfurt/Wien: Ritter Verlag 2002. (272 S.) [ISBN 3-85415-315-5]

26 Wendelin Schmidt-Dengler: Ohne Nostalgie. Zur österreichischen Literatur der Zwischenkriegszeit. Hrsg. von Klaus Amann, Hubert Lengauer und Karl Wagner. Wien/Köln/Weimar: Böhlau Verlag 2002. (= Literaturgeschichte in Studien und Quellen Bd. 7). (204 S.) [ISBN 3-205-77016-1]

27 Peter Handke und Klaus Amann: Wut und Geheimnis / Peter Handkes Poetik der Begriffsstutzigkeit. Zwei Reden zur Verleihung des Ehrendoktorates der Universität Klagenfurt am 8. November 2002 an Peter Handke. Klagenfurt/Celovec: Wieser Verlag 2002. (62 S.) [ISBN 3-85129-402-5]

28 Judentum und Antisemitismus. Studien zur Literatur und Germanistik in Österreich. Hrsg. von Anne Betten und Konstanze Fliedl in Zusammenarbeit mit Klaus Amann und Volker Kaukoreit. Berlin: Erich Schmidt Verlag 2003. (= Philologische Studien und Quellen, Heft 176). (254 S.) [ISBN 3-503-06151-7]

29 Mein Paradies und andere Orte der Begegnung. Mit Beiträgen von Michael Köhlmeier, Konrad Paul Liessmann, Marlene Streeruwitz, Thomas Kling, Maja Haderlap, Ilma Rakusa, Iso Camartin, Franz Schuh, Drago Jančar, György Dalos, Adolf Holl und Peter Strasser. Hrsg. von Klaus Amann und Fabjan Hafner. Graz: Styria Verlag 2003. (= Bibliothek der Unruhe und des Bewahrens Bd. 5). (236 S.) [ISBN 3-222-13112-0]

30 Ungefragt. Über Literatur und Politik. Im Auftrag der Internationalen Erich Fried Gesellschaft für Literatur und Sprache hrsg. von Klaus Amann, Heinz Lunzer, Ursula Seeber. Wien: Czernin Verlag 2005. (224 S.) [ISBN 3-7076-0079-3]

31 Freund und Feind. Alois Brandstetter, Lucas Cepek, Franz Josef Czernin, Leopold Federmair, Helga Glantschnig, Kurt Neumann, Elisabeth Reichart, Evelyn Schlag, Ferdinand Schmatz, Franz Schuh, Marlene Streeruwitz über ihre literarischen Vorbilder, Widersacher und Nebenbuhler. Hrsg. von Klaus Amann und Fabjan Hafner. Wien: Sonderzahl Verlag 2006. (218 S.) [ISBN 3-85449-215-4]

32 Peter Handke. Poesie der Ränder. Mit einer Rede Peter Handkes. Hrsg. von Klaus Amann, Fabjan Hafner und Karl Wagner. Wien/Köln/Weimar: Böhlau Verlag 2006. (= Literaturgeschichte in Studien und Quellen Bd. 11). (264 S.) [ISBN 3-205-77379-9]

33 Klaus Amann: Robert Musil – Literatur und Politik. Mit einer Neuedition ausgewählter politischer Schriften aus dem Nachlass. Reinbek b. Hamburg: Rowohlt Verlag 2007. (= rowohlts enzyklopädie 55685). (318 S.) [ISBN 978-3-499-55685-2]

34 Peter Turrini. Schriftsteller, Kämpfer, Künstler, Narr und Bürger. Mit einer Rede Peter Turrinis. Hrsg. von Klaus Amann. St. Pölten/Salzburg: Residenz Verlag 2007. (230 S.) [ISBN 978-3-7017-3058-2]

35 Walter Fanta, Klaus Amann und Karl Corino: Beiheft. Robert Musil: Klagenfurter Ausgabe. Kommentierte digitale Edition sämtlicher Werke, Briefe und nachgelassener Schriften. Mit Transkriptionen und Faksimiles aller Handschriften. Hrsg. von Walter Fanta, Klaus Amann und Karl Corino. Klagenfurt: Robert-Musil-Institut der Universität Klagenfurt. Klagenfurt/Celovec: Drava Verlag 2009. (46 S.) [ISBN 978-3-85435-599-1]

36 Robert Musil with Klaus Amann: Literature and Politics. Selected Writings. Translated by Genese Grill. Edited & with an Appendix by Philip Payne. New York/London/Melbourne: Contra Mundum Press 2023. [Übersetzung von Nr. 33 ins Englische, mit Einführungen von Genese Grill und Philip Payne]. (514 S.) [ISBN 978-1-940625-54-6]

## Herausgegebene Werke und Editionen

37 Karl Tschuppik. Von Franz Joseph zu Adolf Hitler. Polemiken, Essays und Feuilletons. Hrsg. und eingeleitet von Klaus Amann. Wien/Köln/Graz: Böhlau Verlag 1982. (= Österreich-Bibliothek Bd. 1). (288 S.) [ISBN 3-205-07189-1]

38 Werner Kofler: Wie ich Roberto Cazzola in Triest plötzlich und grundlos drei Ohrfeigen versetzte. Versprengte Texte. Hrsg. und mit einem Nachwort von Klaus Amann. Wien: Wespennest Verlag 1994. (160 S.) [ISBN 3-85458-504-7]

39 Anton Fuchs: Nächtliche Begegnungen. Erzählungen. Mit einem Nachwort von Klaus Amann. Weitra: Bibliothek der Provinz 1999. (174 S.) [ISBN 3-85252-301-X]

40 Werner Kofler. Mutmaßungen über die Königin der Nacht / Congetture sulla Regina della notte / Ugibanje o Kraljici noči. Übers. ins Slowenische von Fabjan Hafner und Zdenka Hafner-Čelan. Übers. ins Italienische von Anna Santini. Hrsg. und mit einem Nachwort versehen von Klaus Amann. Klagenfurt/Celovec: Drava Verlag 2000. (120 S.) [ISBN 3-85435-342-1]

41 Werner Kofler. In meinem Gefängnis bin ich selbst der Direktor. Lesebuch. Hrsg. und mit einem Nachwort versehen von Klaus Amann. Klagenfurt/Celovec: Drava Verlag 2007. (Samt CD mit einer Live-Lesung von Werner Kofler am 20.5.2005 in Villach). (334 S.) [ISBN 978-3-85435-505-2]

42 Dasselbe; broschiert; ohne CD. Klagenfurt/Celovec: Drava Verlag 2009. (334 S.) [ISBN 978-3-85435-584-7]

43 Robert Musil. Klagenfurter Ausgabe (KA). Kommentierte digitale Edition sämtlicher Werke, Briefe und nachgelassener Schriften. Mit Transkriptionen und Faksimiles aller Handschriften. Hrsg. von Walter Fanta, Klaus Amann und Karl Corino. Klagenfurt: Robert-Musil-Institut der Alpen-Adria Universität Klagenfurt. DVD-Prototyp-Version 2009.

44 Gert Jonke. Alle Gedichte. Hrsg. und mit einem Nachwort von Klaus Amann. Salzburg/Wien: Jung und Jung 2010. (158 S.) [ISBN 978-3-902497-65-9]

45 Christine Lavant. Das Wechselbälgchen. Neu hrsg. und mit einem Nachwort versehen von Klaus Amann. Göttingen: Wallstein 2012. [9. Aufl. 2022]. (102 S.) [ISBN 978-3-8353-1147-3]

46 Christine Lavant. Zu Lebzeiten veröffentlichte Gedichte. Hrsg. und mit Nachworten versehen von Doris Moser und Fabjan Hafner unter Mitarbeit von Brigitte Strasser. Göttingen: Wallstein 2014. (= Christine Lavant: Werke in vier Bänden. Im Auftrag des Robert-Musil-Instituts der Universität Klagenfurt und der Hans Schmid Privatstiftung, Wien, hrsg. von Klaus Amann und Doris Moser, Bd. 1), [4. Aufl. 2020]. (720 S.) [IBSN 978-3-8353-1391-0]

47 Christine Lavant. Das Kind. Neu hrsg. und mit einem Nachwort versehen von Klaus Amann. Göttingen: Wallstein 2015. [4. Aufl. 2023]. (96 S.) [ISBN 978-3-8353-1672-0]

48 Christine Lavant. Zu Lebzeiten veröffentlichte Erzählungen. Hrsg. von Klaus Amann und Brigitte Strasser. Mit einem Nachwort von Klaus Amann. Göttingen: Wallstein 2015. (= Christine Lavant: Werke in vier Bänden. Im Auftrag des Robert-Musil-Instituts der Universität Klagenfurt und der Hans Schmid Privatstiftung, Wien, hrsg. von Klaus Amann und Doris Moser, Bd. 2). (800 S.) [ISBN 978-3-8353-1392-7)

49 Christine Lavant: Aufzeichnungen aus dem Irrenhaus. Neu hrsg. und mit einem Nachwort versehen von Klaus Amann. Göttingen: Wallstein 2016. [4. Aufl. 2023]. (140 S.) [ISBN 978-3-8353-1967-7]

50 Christine Lavant. Gedichte aus dem Nachlass. Hrsg. von Doris Moser und Fabjan Hafner unter Mitarbeit von Brigitte Strasser. Göttingen: Wallstein 2017. (= Christine Lavant: Werke in vier Bänden. Im Auftrag des Robert-Musil-Instituts der Universität Klagenfurt und der Hans Schmid Privatstiftung, Wien, hrsg. von Klaus Amann und Doris Moser, Bd. 3). (650 S.) [ISBN 978-3-8353-1393-4]

51 Christine Lavant: Erzählungen aus dem Nachlass. Mit ausgewählten autobiografischen Dokumenten. Hrsg. von Klaus Amann und Brigitte Strasser. Mit einem Nachwort von Klaus Amann. Göttingen: Wallstein 2018. (= Christine Lavant: Werke in vier Bänden. Im Auftrag des Robert-Musil-Instituts der Universität Klagenfurt und der Hans Schmid Privatstiftung, Wien, hrsg. von Klaus Amann und Doris Moser, Bd. 4). [2. Aufl. 2018]. (828 S.) [ISBN 978-3-83531-394-1]

52 Christine Lavant: Aufzeichnungen aus dem Irrenhaus / Das Kind / Das Wechselbälgchen. [Herausgegeben, kommentiert und mit Nachworten versehen von Klaus Amann] Salzburg: Weltbild Verlag 2019. (Nachdruck von Nr. 45, 47, 49 in einem Band). (337 S.) [ISBN 978-3-90315-963-1]

53 Robert Musil. Über die Dummheit – mit einem Nachwort von Klaus Amann. Salzburg/Wien: Jung und Jung 2022. [3. Aufl. 2024]. (80 S.) [IBSN 978-3-99027-254-1]

54 Christine Lavant: Das Kind – Das Wechselbälgchen – Aufzeichnungen aus dem Irrenhaus. Drei Erzählungen in einem Band. Neu hrsg. und mit Nachworten versehen von Klaus Amann. München: btb Verlag in der Penguin Random House Verlagsgruppe 2023. [Nachdruck von Nr. 45, 47, 49 in einem Band]. (334 S.) [ISBN 978-3-44277-294-0]

55 Christine Lavant. „Ich bin maßlos in allem“. Biographisches. Ausgewählt und kommentiert von Klaus Amann. Unter Mitarbeit von Brigitte Strasser. Göttingen: Wallstein 2023. (455 S.) [ISBN 978-3-8353-5532-3]

56 Dasselbe; 2., verbesserte Aufl., Göttingen: Wallstein 2024. (455 S.) [ISBN 978-3-83535-532-3]

## Anthologien, Jahrbücher, Textsammlungen

57 Kärnten. Literarisch. Liebeserklärungen · Kopfnüsse · Denkzettel. Hrsg. von Klaus Amann. In Zusammenarbeit mit Fabjan Hafner, Hubert Lengauer und Michaela Monschein. Klagenfurt/Celovec: Drava Verlag 2002. (432 S.) [ISBN 3-85435-386-3]

58 *literatur/a.* Jahrbuch 2006. Hrsg. von Klaus Amann und Doris Moser. Redaktion Fabjan Hafner und Katharina Herzmansky. Klagenfurt: Ritter Verlag 2006. (152 S.) [ISBN 978-3-85415-401-3][1]

59 *literatur/a.* Jahrbuch 2007. Hrsg. von Klaus Amann und Doris Moser. Redaktion Fabjan Hafner. Klagenfurt: Ritter Verlag 2007. (136 S.) [ISBN 978-3-85415-418-1]

60 *literatur/a.* Jahrbuch 2008. Hrsg. von Klaus Amann und Doris Moser. Redaktion Fabjan Hafner. Klagenfurt: Ritter Verlag 2008. (152 S.) [ISBN 978-3-85415-436-5]

61 *literatur/a.* Jahrbuch 2009/2010. Hrsg. von Klaus Amann und Doris Moser. Redaktion Fabjan Hafner. Klagenfurt: Ritter Verlag 2010. (160 S.) [ISBN 978-3-85415-452-5]

62 *literatur/a.* Jahrbuch 2010/2011. Hrsg. von Klaus Amann, Fabjan Hafner und Doris Moser. Klagenfurt: Ritter Verlag 2011. (152 S.) [ISBN 978-3-85415-466-2]

63 *literatur/a.* Jahrbuch 2011/2012 [Schwerpunkt Peter Handke]. Hrsg. von Klaus Amann, Fabjan Hafner und Doris Moser. Klagenfurt: Ritter Verlag 2013. (224 S.) [ISBN 978-3-85415-479-2]

64 Anton Haderlap / Tone Jelen / Lipej Kolenik / Helena Kucher-Jelka / Karel Prušnik-Gasper: Erinnerungen an Verfolgung und Widerstand in Kärnten. Kontexte zu Peter Handkes ‚Immer noch Sturm‘. Ausgewählt von Klaus Amann. Klagenfurt/Celovec: Drava Verlag 2012. (140 S.) (=Begleitbuch zu Erweiterung der Peter-Handke-Ausstellung in Stift Griffen

65 *literatur/a.* Jahrbuch 2012/2013. [Schwerpunkt Josef Winkler]. Hrsg. von Klaus Amann, Fabjan Hafner und Doris Moser. Klagenfurt: Ritter Verlag 2013. (200 S.) [ISBN 978-3-85415-492-1]

1 Jahrbuch des Robert-Musil-Instituts für Literaturforschung der Universität Klagenfurt/Kärntner Literaturarchiv (8 Bde. 2006–2014 und Sonderband 2015).

66 *literatur/a*. Jahrbuch 2013/2014. [Schwerpunkt Gustav Januš]. Hrsg. von Klaus Amann, Fabjan Hafner und Doris Moser. Klagenfurt: Ritter Verlag 2014. (168 S.) [ISBN 978-3-85415-507-2]

67 Drehe die Herzspindel weiter für mich. Christine Lavant zum 100. Hrsg. von Klaus Amann, Fabjan Hafner und Doris Moser. Göttingen: Wallstein 2015. (= Sonderband literatur/a. Mit diesem Band wurde das Jahrbuch eingestellt). (184 S.) [ISBN 978-3-8353-1652-2]

68 Kanaren im Nebel. Europäische Ansichten aus Kärnten/Koroška. Ein Text- und Bildband. [Mit Beiträgen von Antonio Fian, Elena Messner, Elke Laznia, Maja Haderlap, Anna Baar, Daniel Wisser, Alois Hotschnig und Fotos von Verena Gotthardt]. Herausgeber / Izdajatelj: Universitätskulturzentrum UNIKUM Kulturni center univerze. Klagenfurt/Celovec: Drava Verlag 2022. [Auswahl der Autorinnen und Autoren, Koordination, Lektorat, Vorwort von Klaus Amann]. (128 S.) [ISBN 988-3-99138-004-7]

69 Landschaft lesen. Eine Wiese in Lepena / Brati pokrajino. Travnik v Lepeni. Hrsg. von / izdajatelji von Klaus Amann, Zdravko Haderlap und Herwig Turk. Klagenfurt: Mohorjeva Hermagoras 2024. (144 S.) [ISBN 978-37086-1345-1]

# Aufsätze und kleinere Arbeiten

## 1976–1990

1 Stifter és Heckenast. In: HELIKON. Világirodalmi Figyelö XXII (1976), Heft 2/3, S. 231–238 [in ungarischer Sprache].

2 Stifter und Heckenast. Literarische Produktion zwischen Ästhetik und Ökonomie. In: Vierteljahrsschrift des Adalbert-Stifter-Instituts 27 (1978), S. 47–58. [Erweiterte Fassung von Nr. 1; Nachdruck in: Literatur und Literaturgeschichte in Österreich. Hrsg. von Ilona T. Erdély. Wien: Verlag der Österreichischen Akademie der Wissenschaften 1979, S. 127–141].

3 Verklärte Erklärer. Zu einigen literarischen Beispielen historischer Mythenbildung. In: ZEITGESCHICHTE 6 (1979), S. 275–293.

4 Dasselbe; erweiterte Fassung. In: Friedbert Aspetsberger (Hrsg.): Österreichische Literatur seit den zwanziger Jahren. Beiträge zu ihrer historisch-politischen Lokalisierung. Wien: Österreichischer Bundesverlag 1979, S. 140–153.

5 Commentatori transfigurati. (Alcuni esempi letterari di formazione di miti storici). In: Giuseppe Petronio/Ulrich Schulz-Buschhaus (Hrsg.): ‚Trivialliteratur?' Letterature di massa e di consumo. Trieste: Edizioni Lint 1979, S. 383–401 [in italienischer Sprache].

6 Franz Nabl – Politischer Dichter wider Willen? Ein Kapitel Rezeptions- und Wirkungsgeschichte. In: Kurt Bartsch et al. (Hrsg.): Über Franz Nabl. Aufsätze, Essays, Reden. Graz: Styria Verlag 1980, S. 115–142.

7 „Gott straft die Mißachtung der Intelligenz?" Hinweis auf einen zu Unrecht vergessenen österreichischen Schriftsteller. [Karl Tschuppik] In: Zehn Jahre Universität Klagenfurt. Forschungsperspektiven '80. Herausgegeben durch die Forschungskommission. Klagenfurt: Universität für Bildungswissenschaften 1980, S. 288–297.

8 Adalbert Stifters ‚Nachsommer'. In: Jahrbuch für Internationale Germanistik. Reihe B, Bd. 5. Bern: Peter Lang 1980, S. 231–238.

9 Über einen denkwürdigen Versuch, künstlerische Prominenz zu definieren. In: Literatur & Erfahrung 7 (1981), S. 82–85.

10 Die literaturpolitischen Voraussetzungen und Hintergründe für den ‚Anschluß' der österreichischen Literatur im Jahre 1938. In: Zeitschrift für deutsche Philologie 101 (1982), S. 216–244.

11 Zwei Thesen zu Stifters ‚Nachsommer'. In: Vierteljahrsschrift des Adalbert-Stifter-Instituts 31 (1982), S. 169–184.

12 Karl Tschuppik – Der streitbare Bohemien. In: Karl Tschuppik: Von Franz Joseph zu Adolf Hitler. Polemiken, Essays und Feuilletons. Hrsg. und eingeleitet von Klaus Amann. Wien/Köln/Graz: Böhlau Verlag 1982, S. 9–30.

13 Im Schatten der Bücherverbrennung. Österreichische Literatur und Nationalsozialismus. In: Wespennest 52/1983 (= Sonderheft ‚Literatur und Macht'. Hrsg. von Josef Haslinger), S. 16–25.

14 (Gemeinsam mit Hubert Lengauer:) Unvorgreifliche Gedanken betreffend die Ausübung und Verbesserung der Literaturdidaktik. Zugleich notwendiger Appendix zu den allgemeinen Äußerungen über Didaktik auf der Didaktikertagung. In: Herbert Altrichter et al. (Hrsg.): Fachdidaktik in der Lehrerbildung. Wien/Köln/Graz: Böhlau Verlag 1983, S. 41–46.

15 Vorgeschichten. Kontinuitäten in der österreichischen Literatur von den 30er Jahren zu den 50er Jahren. In: Friedbert Aspetsberger, Norbert Frei und Hubert Lengauer (Hrsg.): Die österreichische Literatur der Nachkriegszeit und der fünfziger Jahre in Österreich. Wien: Österreichischer Bundesverlag 1984, S. 46–58. [Vorabdruck in: hannibalium. Hannibal's Lesebuch. Hrsg. von Franz Schuh. Wien: Hannibal Verlag 1983, S. 133–148].

16 Wiederaufbau. Der österreichische PEN 1945–1955. In: Friedbert Aspetsberger, Norbert Frei und Hubert Lengauer (Hrsg.): Die österreichische Literatur der Nachkriegszeit und der fünfziger Jahre in Österreich. Wien: Österreichischer Bundesverlag 1984, S. 112–127.

17 Die Brückenbauer. Zur ‚Österreich'-Ideologie der völkisch-nationalen Autoren in den dreißiger Jahren. In: Klaus Amann und Albert Berger (Hrsg.): Österreichische Literatur der dreißiger Jahre. Ideologische Verhältnisse – Institutionelle Voraussetzungen – Fallstudien. Wien/Köln/Graz: Böhlau Verlag 1985, S. 60–78. [Nachdruck in: Traditionen und Traditionssuche des deutschen Faschismus. 2. Protokollband. Hrsg. von Hubert Orłowski und Günter Hartung. Poznań: Universitätsverlag 1988, S. 69–88].

18 Aspekte einer Darstellung der österreichischen Literatur der dreißiger Jahre. In: Literatur und Sprache im Österreich der Zwischenkriegszeit. Polnisch-österreichisches Germanisten-Symposium 1983 in Salzburg. Hrsg. von Walter Weiss und Eduard Beutner. Stuttgart: H. D. Heinz. Akademischer Verlag 1985, S. 13–24.

19 Gibt es eine österreichische Literatur der Zwischenkriegszeit? In: Jörg Thunecke (Hrsg.): Leid der Worte. Panorama des literarischen Nationalsozialismus. Bonn: Bouvier Verlag 1987, S. 348–367.

20 Organisationsbestrebungen der nationalsozialistischen Schriftsteller Österreichs zwischen 1933 und 1938. In: Traditionen und Traditionssuche des deutschen Faschismus. Hrsg. von Günter Hartung und Hubert Orłowski. Halle (Saale): Martin-Luther-Universität 1987, S. 207–224.

21 Hermann Brochs Auseinandersetzung mit dem Faschismus. In: Hermann Broch. Das dichterische Werk. Hrsg. von Michael Kessler und Paul Michael Lützeler. Tübingen: Stauffenberg Verlag 1987, S. 159–172.

22 Franz Tumlers schriftstellerische Anfänge. In: Franz Tumler. Beiträge zum 75. Geburtstag. Wien: Literaturhaus 1987 (= Zirkular, Sondernummer 14), S. 9–29.

23 Markt und Gesinnung. Über einige Besonderheiten der österreichischen Literaturentwicklung zwischen 1933 und 1938. In: Deutsche Vierteljahresschrift für Literaturwissenschaft und Geistesgeschichte 62 (1988), S. 342–362.

24 Literaturbetrieb 1938–1945. Vermessungen eines unerforschten Gebietes. In: NS-Herrschaft in Österreich. 1938–1945. Hrsg. von Emmerich Tálos, Ernst Hanisch, Wolfgang Neugebauer. Wien: Verlag für Gesellschaftskritik 1988, S. 283–299. [Gekürzter Nachdruck in: Bildung – Erziehung – Schule. Damals – Heute. Denkjahr '38/'88. Hrsg. vom Bundesministerium für Unterricht, Kunst und Sport und dem Österreichischen Kulturservice. Wien 1988, S. 27–37].

25 Der Wort-Führer Kärntens. Josef Friedrich Perkonig und der ‚Anschluß'. In: März 1938 in Kärnten. Fallstudien und Dokumente zum Weg in den ‚Anschluß'. Hrsg. von Helmut Rumpler und Ulfried Burz. Klagenfurt: Kärntner Druck- und Verlagsgesellschaft 1989, S. 32–55. [Gekürzter Vorabdruck in: KLADIVO. Dvojezični koroški mesečnik (Klagenfurt) 19 (1988), Nr. 9–12, S. 66–70].

26 (Gem. mit Gerhard Botz, Wolfgang Dressler, Anton Pelinka u.a.:) Struktur, Sprache und Ideologie im ‚Kärntner Grenzlandjahrbuch 1989'. In: FORVM 428/429 (August/September 1989), S. 30–37.

27 Dasselbe; erweiterte Fassung. In: Gero Fischer, Peter Gstettner (Hrsg.): ‚Am Kärntner Wesen könnte diese Republik genesen'. Am rechten Rand Europas: Jörg Haiders ‚Erneuerungspolitik'. Klagenfurt/Celovec: Drava Verlag 1990, S. 108–127.

28 ‚Die Verlorene Generation' in Joseph Roths frühen Romanen. In: Literatur und Kritik. H. 247/248 (1990), S. 325–334.

29 Staatsfiktionen. Bilder eines künftigen Österreich in der Wiener Wochenschrift ‚Der Friede' (1918–1919). In: Annali. Studi Tedeschi XXXIII (1990), H. 1/2, S. 53–77. [Gekürzte Fassung in: Akten des III. Izmirer Kolloquiums ‚Österreichische Literatur'. Izmir 1990 (= Ege Bati Dilleri ve Edebiyati Dergisi. Sondernummer ‚Österreichische Literatur' 7/90), S. 107–120].

## 1991–2000

30 Political Attitudes and the Book Market: Special Features of the Austrian Literary Scene between 1933 and 1938. In: Austria in the Thirties: Culture and Politics. Ed. by Kenneth Segar and John Warren. Riverside/California: Ariadne Press 1991, S. 178–203 [in englischer Sprache].

31 Die ‚American Guild for German Cultural Freedom' und die ‚Deutsche Akademie' im Exil (1935–1940). In: Eine schwierige Heimkehr. Österreichische Literatur im Exil 1938–1945. Hrsg. von Johann Holzner, Sigurd Paul Scheichl und Wolfgang Wiesmüller. Innsbruck: Leopold-Franzens-Universität 1991 (= Innsbrucker Beiträge zur Kulturwissenschaft. Germanistische Reihe Bd. 40), S. 181–204.

32 ich ich sein. wer sein? Zum Begriff ‚Österreichische Literatur'. In: Akten des VIII. Internationalen Germanisten-Kongresses Tokyo 1990. Bd. 9 (Erfahrene und imaginierte Fremde). Hrsg. von Yoshinori Shichiji. München: Iudicium Verlag 1991, S. 138–146.

33 Vorwort. In: Die slowenische Literatur in Kärnten. Ein Lexikon. Mit Beiträgen von Matjaž Kmecl, Franz Zadravec, Boris Paternu, France Bernik. Klagenfurt/Celovec: Drava Verlag 1991, S. 8–9.

34 ‚MONUMENTA GERMANIAE HISTORICA'. Über Heimrad Bäckers ‚nachschrift'. In: protokolle 1992, H. 2, S. 25–36. [Nachdruck in: Wissenschaftliche Zeitschrift der Martin-Luther-Universität, Halle-Wittenberg. Geisteswissenschaftliche Reihe XXXXI/1992, H. 6, S. 59–67].

35 Der Wirklichkeitsparodist aus der Realitätsferne. Über Werner Kofler. In: Wespennest 86/1992, S. 12–15. [Nachdruck in: Literaturlandschaft Österreich. Wie sie einander sehen, wie die Kritik sie sieht: 39 prominente Autoren. Hrsg. von Michael Cerha. Wien: Verlag Christian Brandstätter 1995, S. 115–118].

36 Die Umgebung des Tonhofs. Über das literarische Leben Kärntens in den fünfziger Jahren. In: FIDIBUS 20 (1992), H. 1, S. 11–19.

37 Von der Dauer des Exils. In: Zirkular 16 (1992), S. 5–11. [Nachdruck in: Illustrierte Neue Welt (Wien), Nr. 6/7, Juni/Juli 1992, S. 12–13].

38 Der neueste Literaturskandal in Kärnten. Eine Inszenierung. [Urs Allemanns Lesung aus ‚Babyficker' beim Ingeborg-Bachmann-Wettbewerb 1991 in Klagenfurt]. In: Ein Preis und seine Folgen. Wien: Literaturhaus 1992 (= Doku-DOSSIER 4/1992), S. 15–20.

39 Opfer und Schurken. Notizen zum Bachmann-Preis. In: Wespennest 93 (1993), S. 72–77.

40 (Gemeinsam mit Armin A. Wallas:) Einleitung. In: Expressionismus in Österreich. Die Literatur und die Künste. Hrsg. von Klaus Amann und Armin A. Wallas. Wien/Köln/Weimar: Böhlau 1994, S. 9–15.

41 Schreibarbeiten. [Über Josef Winkler]. In: protokolle 1994, H. 2, S. 117–121. https://www.mediathek.at/atom/01743BEA-03D-02CE9-00000DBC-01733A62.

42 Von den Freuden des Diesseits. Vermischtes zum Literaturunterricht. In: Deutschunterricht. Erfahrungen, Modelle, Theorien. Hrsg. von Klaus Amann, Gabriele Fenkart, Marlies Krainz-Dürr, Dietmar Larcher, Werner Wintersteiner. Innsbruck/Wien: StudienVerlag 1994, S. 39–48.

43 Pandaemonium Austriacum. [Über Werner Kofler]. In: Werner Kofler: Wie ich Roberto Cazzola in Triest plötzlich und grundlos drei Ohrfeigen versetzte. Versprengte Texte. Wien: Wespennest Verlag 1994, S. 149–155.

44 Adalbert Stifter: ‚Die Sonnenfinsterniß am 8. July 1842'. In: ide. Informationen zur Deutschdidaktik 19 (1995), H. 2, S. 72–79. [Nachdruck in: Wespennest 104 (1996), S. 62–66].

45 Michael Guttenbrunner, Dr. h.c. In: Michael Guttenbrunner. Hrsg. von Klaus Amann und Eckart Früh. Klagenfurt: Ritter Verlag 1995, S. 223–232. [Gekürzter Nachdruck in: Die Brücke 48 (Mai 2005), S. 24–25].

46 Die gespaltene Erinnerung. In: Die Brücke 21 (1995), H. 3, S. 11–14.

47 „Monumenta Germaniae Historica". ‚Nachschrift' di Heimrad Bäcker. In: Luigi Reitani (Hrsg.): Geometrie del dissenso. Tendenze della letteratura austriaca contemporanea. Pasian di Proto (UD): Campanotto Editore 1995, S. 95–105 [in italienischer Sprache].

48 Die Aufhebung der Schwerkraft. Zu Gert Jonkes Poesie. In: manuskripte 131 (1996), S. 5–7.

49 Heimatkunde. In: Franz Kain: Der Weg zum Ödensee. Erzählungen. Weitra: Bibliothek der Provinz 1996, S. 9–17.

50 (Gemeinsam mit Karl Wagner): Vorwort. In: Literatur und Nation. Die Gründung des Deutschen Reiches 1871 in der deutschsprachigen Literatur. Mit einer Auswahlbibliographie. Hrsg. von Klaus Amann und Karl Wagner. Wien/Köln/Weimar: Böhlau Verlag 1996, S. 7–10.

51 Option oder Über das Verschwinden und langsame Wiederauftauchen der Gegenwartsliteratur in Südtirol nach 1945. In: Literatur in Südtirol. Hrsg. von Johann Holzner. Innsbruck/Wien: StudienVerlag 1997, S. 23–46.

52 Der ‚Machtwechsel' in der österreichischen Literatur der dreißiger Jahre. In: Neohelicon XXIV (1997), H. 1, S. 209–230.

53 (Gemeinsam mit Karl Wagner): Vorwort. In: Autobiographien in der österreichischen Literatur. Von Franz Grillparzer bis Thomas Bernhard. Hrsg. von Klaus Amann und Karl Wagner. Innsbruck/Wien: StudienVerlag 1998 (= Schriftenreihe des Instituts für Österreichkunde, Bd. 3), S. 7–10.

54 Zur Poesie Gert Jonkes. In: Die Aufhebung der Schwerkraft. Zu Gert Jonkes Poesie. Hrsg. von Klaus Amann. Wien: Sonderzahl Verlag 1998, S. 7–16. [Nachdruck in: Gert Jonke: Es singen die Steine. Ein Stück Naturtheater. Programmheft der Uraufführung. Stadttheater Klagenfurt. September 1998, S. 53–60].

55 (Gemeinsam mit Johann Strutz): Das literarische Leben. In: Kärnten. Von der deutschen Grenzmark zum österreichischen Bundesland. Hrsg. von Helmut Rumpler und Ulfried Burz. Wien/Köln/Weimar: Böhlau Verlag 1998 (= Geschichte der österreichischen Bundesländer seit 1945, Bd. 6,2), S. 547–605.

56 Josef Winkler. „Allerheiligenhistoriker, Karfreitagspsychologe, Christihimmelfahrtsphilosoph, Mariaempfängnisneurotiker". Eine biographisch-dokumentarische Skizze. In: Josef Winkler. Hrsg. von Gunther A. Höfler und Gerhard Melzer. Graz: Droschl Verlag 1999 (= Dossier, Bd. 13), S. 185–213. [Gekürzter Nachdruck unter dem Titel ‚Schreibarbeiten' in: steirisc[:her:]bst. 4.10. – 4.11.2001. (Programmbuch). Graz 2001, S. 93–103].

57 Der Ingeborg-Bachmann-Preis. Notizen eines Jurors. In: Literaturkritik. Theorie und Praxis. Hrsg. von Wendelin Schmidt-Dengler und Nicole Katja Streitler. Innsbruck/Wien: StudienVerlag 1999, S. 151–172.

58 Der österreichische P.E.N.-Club. Ende und Wiedergeburt. In: Kunst & Kultur in Österreich: Das 20. Jahrhundert. Hrsg. von Barbara Denscher. Wien/München: Verlag Christian Brandstätter 1999, S. 86–87.

59 Der literarische ‚Anschluß'. Der Bund der deutschen Schriftsteller. In: Kunst & Kultur in Österreich: Das 20. Jahrhundert. Hrsg. von Barbara Denscher. Wien/München: Verlag Christian Brandstätter 1999, S. 123–124.

60 Nachwort. In: Anton Fuchs: Nächtliche Begegnungen. Erzählungen. Weitra: Bibliothek der Provinz 1999, S. 167–173.

61 Der Historiker als Geschichtenerzähler. In: Zeitgeschichte.at / 4. österreichischer Zeitgeschichtetag '99. Hrsg. von Manfred Lechner und Dietmar Seiler. [CD-Edition] Innsbruck/Wien 1999 [S. 1–8].

62 ‚I have become too abstract'. On the diaries of Robert Musil. In: Fiction (New York) 16 (1999), Nr. 1, S. 108–115 [in englischer Sprache].

63 (Gemeinsam mit Hubert Lengauer und Karl Wagner): Vorwort. In: Literarisches Leben in Österreich 1848–1890. Hrsg. von Klaus Amann, Hubert Lengauer, Karl Wagner. Wien/Köln/Weimar: Böhlau Verlag 2000, S. 11–15.

64 Zeichen und Bedeutung. Betriebsbesichtigung bei Werner Kofler. In: Werner Kofler. Texte und Materialien. Hrsg. von Klaus Amann. Wien: Sonderzahl Verlag 2000, S. 7–21. [Nachdruck in: Die Lebenden und die Toten. Beiträge zur österreichischen Gegenwartsliteratur. Hrsg. von Markus Knöfler, Peter Plener und Péter Zalán. Budapest 2000 (= Budapester Beiträge zur Germanistik Bd. 35), S. 121–134].

65 Literaturlandschaft Kärnten. In: Die österreichische Literatur seit 1945. Eine Annäherung in Bildern. Hrsg. von Volker Kaukoreit und Kristina Pfoser. Stuttgart: Reclam 2000, S. 205–208.

66 Der österreichische NS-Parnaß. Literaturbetrieb in der ‚Ostmark' (1938–1945). In: Emmerich Tálos, Ernst Hanisch, Wolfgang Neugebauer, Reinhard Sieder (Hrsg.): NS-Herrschaft in Österreich. Ein Handbuch. Wien: öbv und hpt 2000, S. 570–596.

67 Der postpurgatorische Optimist. Manès Sperbers Friedenspreis-Rede. In: Ein treuer Ketzer. Manès Sperber – der Schriftsteller als Ideologe. Hrsg. von Wilhelm Hemecker und Mirjana Stancic. Wien 2000 (= Profile. Magazin des Österreichischen Literaturarchivs, Bd. 6), S. 88–103.

68 Nachwort / Postfazione / Spremna beseda. In: Werner Kofler. Mutmaßungen über die Königin der Nacht / Congetture sulla Regina della notte / Ugibanje o Kraljici noči. Übers. ins Slowenische von Fabjan Hafner und Zdenka Hafner-Čelan. Übers. ins Italienische von Anna Santini. Hrsg. und mit einem Nachwort versehen von Klaus Amann. Klagenfurt/Celovec: Drava Verlag 2000. S. 57–98 (dreisprachig: italienisch, slowenisch, deutsch).

69 Il tradimento degli intellettuali: il caso austriaco. [Über das Verhalten österreichischer Intellektueller und Schriftsteller im Ersten Weltkrieg]. In: Gli intellettuali e la Grande guerra. Hrsg. von Vincenzo Cali, Gustavo Corni und Giuseppe Ferrandi. Bologna: Società editrice il Mulino 2000 (= Annali dell'Istituto storico italo-germanico in Trento, Quaderni 54), S. 351–371 [in italienischer Sprache].

70 (Gemeinsam mit Johann Strutz): Florjan Lipuš. Kleines Porträt mit Hintergrund. In: Lipuš lesen. Texte und Materialien zu Florjan Lipuš. Hrsg. von Klaus Amann und Johann Strutz. Klagenfurt/Celovec: Wieser Verlag 2000, S. 9–28.

## 2001–2010

71 Heimrad Bäcker. Nach Mauthausen. In: Heimrad Bäcker. Porträt. Linz 2001 (= Sonderheft ‚Die Rampe'), S. 11–26.

72 „Mauthausen ist eine schöne Gegend." Die Last des Verschwiegenen. In: Literatura AUSTRIACA actual. Entre la estética y la política. Oviedo 2001 (= ES · ZETT. Monographías № 2), S. 9–30.

73 Dasselbe; erweiterte Fassung. In: Österreich-Konzeptionen und jüdisches Selbstverständnis. Identitäts-Transfigurationen im 19. und 20. Jahrhundert. Hrsg. von Hanni Mittelmann und Armin A. Wallas. Tübingen: Niemeyer, 2001 (= Conditio Judaica 35), S. 209–228.

74 Vivant sequentes oder Wie man es schafft, sein eigener Nachfolger zu werden. In: ‚All right, what's left'. Historische und aktuelle kritische Positionen im Andenken an Erich Fried. Texte zum Erich Fried Symposium 2001. Hrsg. von Ursula Seeber, Heinz Lunzer, Walter Hinderer. Wien: Literaturhaus 2001 (= Zirkular Sondernummer 58), S. 18–22.

75 Januš doppelt. In: Worte. Ränder. Übergänge. Zu Gustav Januš. Hrsg. von Klaus Amann und Fabjan Hafner. Klagenfurt/Wien: Ritter Verlag 2002, S. 9–13.

76 Gustav Januš. Fragen und Antworten. In: Worte. Ränder. Übergänge. Zu Gustav Januš. Hrsg. von Klaus Amann und Fabjan Hafner. Klagenfurt/Wien: Ritter Verlag 2002, S. 237–257.

77 Werner Kofler. Schreiben als anarchistischer Akt. In: Österreich (1945–2000). Das Land der Satire. Hrsg. von Jeanne Benay und Gerald Stieg. Bern u.a.: Peter Lang 2002, S. 207–221.

78 Der Tod der Poetessa – Ingeborg Bachmann. In: ‚Erst wenn einer tot ist, ist er gut'. Künstlerreliquien und Devotionalien. Hrsg. von Ilja Dürhammer und Pia Janke. Wien 2002 (= Katalog der Ausstellung im Österreichischen Theatermuseum, Wien, 26.10.2002 – 6.1.2003), S. 108–113.

79 (Gemeinsam mit Hubert Lengauer und Karl Wagner:) Vorwort. In: Wendelin Schmidt-Dengler. Ohne Nostalgie. Zur österreichischen Literatur der Zwischenkriegszeit. Hrsg. von Klaus Amann, Hubert Lengauer, Karl Wagner. Wien/Köln/Graz: Böhlau Verlag 2002, S. 5–8.

80 Peter Handkes Poetik der Begriffsstutzigkeit. Rede zur Verleihung des Ehrendoktorats an Peter Handke durch die Universität Klagenfurt am 8. November 2002. In: manuskripte 158 (2002) (= Sonderheft zum 60. Geburtstag von Peter Handke), S. 8–14.

81 Vorwort. In: Kärnten. Literarisch. Liebeserklärungen · Kopfnüsse · Denkzettel. Hrsg. von Klaus Amann. In Zusammenarbeit mit Fabjan Hafner, Hubert Lengauer und Michaela Monschein. Klagenfurt/Celovec: Drava Verlag 2002, S. 9–13.

82 (Gemeinsam mit Fabjan Hafner): Vorwort und Anmerkungen. In: Mein Paradies und andere Orte der Begegnung. Mit Beiträgen von Michael Köhlmeier, Konrad Paul Liessmann, Marlene Streeruwitz, Thomas Kling, Maja Haderlap, Ilma Rakusa, Iso Camartin, Franz Schuh, Drago Jančar, György Dalos, Adolf Holl und Peter Strasser. Hrsg. von Klaus Amann und Fabjan Hafner. Graz: Styria Verlag 2003, S. 7–8, 226–235.

83 Hunderte von Leben. [Über Karl Corino: Robert Musil. Eine Biographie. Reinbek 2003] In: Die Presse (Wien) 20.9.2003, Spectrum S. V–VI.

84 ‚Aengste'. [Über ein unveröffentlichtes Jugendgedicht von Ingeborg Bachmann]. In: Volltext. Zeitschrift für Literatur Nr. 3/2003, S. 3.

85 Robert Musils Tagebücher. In: Musil-Forum 23/24 (1997/1998 [erschienen 2003]), S. 73–83.

86 Adalbert Stifter (1805–1868). In: Franz Werfel-Jahrbuch. Internationale Zeitschrift für Germanistik (Nishnij Novgorod) 1 (2003), S. 7–27.

87 Archive der Erinnerung. Zehn Jahre Österreichische Exilbibliothek im Literaturhaus Wien. In: http://www.literaturhaus.at./lh/exil. [Gekürzte Fassung in: Die Furche (Wien), Nr. 46, 13.11.2003, S. 13].

88 Écrire une histoire littéraire régionale: L'exemple de la Carinthie. In : Aux frontières : la Carinthie. Une littérature en Autriche des années 1960 à nos jours. Textes réunis par Bernard Banoun. Paris: Université de Paris – Sorbonne (Paris IV) 2004 (= Cultures d'Europe centrale. Hors série № 2–2003), S. 55–67 [in französischer Sprache].

89 La lenteur de la compréhension. La poétique de Peter Handke. In : Aux frontières : la Carinthie. Une littérature en Autriche des années 1960 à nos jours. Textes réunis par Bernard Banoun. Paris: Université de Paris – Sorbonne (Paris IV) 2004 (= Cultures d'Europe centrale. Hors série № 2–2003), S. 175–178 [in französischer Sprache].

90 Zur sozialen Lage der Schriftsteller im 19. Jahrhundert. In: Kreativität und Gesellschaft. Die materielle und soziale Situation des Künstlers. Hrsg. von Theophil Antonicek, Andrea Harrandt, Erich Wolfgang Partsch für das Anton-Bruckner-Institut Linz. Wien: Musikwissenschaftlicher Verlag 2004 (=Bruckner Symposion 2000), S. 97–106.

91 Ein unbekannter Brief Paul Celans aus dem Jahr 1949. In: Sichtungen 4/5 (2001/2002): Archiv – Bibliothek – Literaturwissenschaft. Thema: Paul Celan. Hrsg. von Andreas Brandtner, Max Kaiser und Volker Kaukoreit. Wien: Turia und Kant, S. 102–128. [Erschienen 2004].

92 Milo Dors Roman ‚Tote auf Urlaub' und die österreichische Literatur über den Zweiten Weltkrieg. In: Jaques Lajarrige (Hrsg.): Milo Dor. Budapest – Belgrad – Wien. Wege eines österreichischen Schriftstellers. Salzburg–Wien: Otto Müller 2004, S. 25–54.

93 (Gemeinsam mit Helmut Grote): Die Broch-Bibliothek an der Universität Klagenfurt. In: Österreichische Liga für Menschenrechte (Hrsg.): Hermann Broch – ein Engagierter zwischen Literatur und Politik. Innsbruck-Wien-Bozen: StudienVerlag 2004, S. 105–119.

94 Der Zweite Weltkrieg in der Literatur. Österreichische Beispiele. In: Zeitgeschichte 31(2004), H. 3, S. 156–178.

95 Adalbert Stifter (1805–1868). In: Die Rampe 02/2005, S. 9–24.

96 „... des heimatlichen Speckes Sänger ...". Literaturmythen in Kärnten. In: „Heiß umfehdet, wild umstritten...". Geschichtsmythen in Rot-Weiß-Rot. Hrsg. von Werner Koroschitz und Lisa Rettl. Klagenfurt/Celovec: Drava Verlag 2005, S. 141–154.

97 ‚Morallaboratorium' Literatur. Anmerkungen zu Michael Guttenbrunner. In: Michael Guttenbrunner. Texte und Materialien. Hrsg. von Manfred Müller und Helmut A. Niederle. Wien: Löcker Verlag 2005, S. 11–29.

98 Robert Musil und der ‚Internationale Schriftstellerkongreß zur Verteidigung der Kultur' 1935 in Paris. In: Ungefragt. Über Literatur und Politik. Hrsg. von Klaus Amann, Heinz Lunzer, Ursula Seeber. Wien: Czernin Verlag 2005, S. 32–47.

99 Peter Turrinis ‚Bei Einbruch der Dunkelheit'. In Peter Turrini: Bei Einbruch der Dunkelheit. Klagenfurt: Stadttheater 2006. [Programmheft der Uraufführung], S. 70–77.

100 „Nieder mit dem Kulturoptimismus". Robert Musil und der ‚Kongreß zur Verteidigung der Kultur' (1935) in Paris. In: Studi germanici XLIII (2004 [erschienen 2006]), S. 495–522.

101 Das Wie des Was. In: Freund und Feind. Alois Brandstetter, Lucas Cejpek, Franz Josef Czernin, Leopold Federmair, Helga Glantschnig, Kurt Neumann, Elisabeth Reichart, Evelyn Schlag, Ferdinand Schmatz, Franz Schuh, Marlene Streeruwitz über ihre literarischen Vorbilder, Widersacher und Nebenbuhler. Hrsg. von Klaus Amann und Fabjan Hafner. Wien: Sonderzahl Verlag 2006, S. 7–14.

102 Beobachtungen zum ‚Gedankenjahr' 2005. Mit einer Laudatio auf Bettina Balaka und Franz Schuh. In: Wespennest 142 (2006), S. 87–93.

103 Krieg als Thema der österreichischen Literatur nach 1945. In: Heide Kunzelmann, Martin Liebscher, Thomas Eicher (Hrsg.): Kontinuitäten und Brüche. Österreichs literarischer Wiederaufbau nach 1945. Oberhausen: Athena-Verlag 2006, S. 39–62.

104 Rede über Gert Jonke. In: *literatur/a*. Jahrbuch 2006, S. 89–93.

105 Nachwort. In: Werner Kofler: In meinem Gefängnis bin ich selbst der Direktor. Lesebuch. Hrsg. und mit einem Nachwort versehen von Klaus Amann. Klagenfurt/Celovec: Drava Verlag 2007. S. 311–331.

106 Regionale Literaturgeschichtsschreibung am Beispiel Kärnten. In: Zur regionalen Literaturgeschichtsschreibung. Fallstudien / Entwürfe / Projekte. Hrsg. von Andreas Brandtner und Werner Michler. Linz: Adalbert-Stifter-Institut 2007, S. 46–63.

107 Peter Turrinis ‚Bei Einbruch der Dunkelheit'. Ein Stück über den Tonhof? Mit einem Seitenblick auf Thomas Bernhards ‚Holzfällen. Eine Erregung'. In: Peter Turrini, Schriftsteller. Kämpfer, Künstler, Narr und Bürger. Mit einer Rede Peter Turrinis. Hrsg. von Klaus Amann. St. Pölten/Salzburg: Residenz Verlag 2007, S. 155–178, 226–230.

108 Robert Musil: Literature and Politics. In: A Companion to the Works of Robert Musil. Edited by Philip Payne, Graham Bartram, and Galin Tihanov. Rochester/New York: Camden House 2007, S. 53–86 [in englischer Sprache].

109 Bedenken eines Langsamen – Robert Musil und das Jahr 1933. In: Annette Daigger und Peter Henninger (Hrsg.): Robert Musils Drang nach Berlin. Internationales Kolloquium zum 125. Geburtstag des Schriftstellers. Bern: Peter Lang 2008 (=Musiliana Bd. 14), S. 339–359.

110 Zehn Jahre Musil-Institut. Nebst einigen Anmerkungen zur Kulturpolitik in Kärnten. In: *literatur/a*. Jahrbuch 2008. Hrsg. von Klaus Amann und Doris Moser. Redaktion Fabjan Hafner. Klagenfurt: Ritter Verlag 2008, S. 132–141.

111 Franz Kain und Adalbert Stifter. In: Jahrbuch des Adalbert Stifter-Instituts des Landes Oberösterreich 15 (2008), S. 61–75.

112 Aus besseren Tagen. Eine Rede auf Wendelin Schmidt-Dengler, als er noch lebte. In: manuskripte 182 (2008), S. 124–127.

113 Post von Abteilungsleiter Metzner oder Wie ein Serienbrief der Reichsschrifttumskammer an die beitrittswilligen Österreicher gelesen werden kann. In: Sichtungen 10/11 (2007/2008). Thema: akten-kundig? Literatur, Zeitgeschichte und Archiv. Hrsg. von Marcel Atze, Thomas Degener, Michael Hansel und Volker Kaukoreit. Wien: Praesens Verlag S. 42–56.

114 Schönheit und Schrecken. Zu Michael Guttenbrunner. In: *literatur/a* Jahrbuch 2009/2010. Hrsg. von Klaus Amann und Doris Moser. Redaktion Fabjan Hafner. Klagenfurt: Ritter Verlag 2010, S. 105–110.

115 Laudatio auf Josef Winkler. In: *literatur/a* Jahrbuch 2009/2010. Hrsg. von Klaus Amann und Doris Moser. Redaktion Fabjan Hafner. Klagenfurt: Ritter Verlag 2010, S. 130–140.

116 In memoriam Gert Jonke (1946–2009). In: *literatur/a* Jahrbuch 2009/2010. Hrsg. von Klaus Amann und Doris Moser. Redaktion Fabjan Hafner. Klagenfurt: Ritter Verlag 2010, S. 142–143.

117 Flucht vor den Fahnen. Wehrmacht, Krieg und Desertion in der österreichischen Literatur. In: Thomas Geldmacher, Magnus Koch, Hannes Metzler, Peter Pirker, Lisa Rettl (Hrsg.): „Da machen wir nicht mehr mit ...". Österreichische Soldaten und Zivilisten vor Gerichten der Wehrmacht. Wien: Mandelbaum 2010, S. 63–75. [Überarbeitete und erweiterte Fassung von Nr. 103]

118 Ein Päckchen aus Radebeul. [Dankesrede zur Verleihung des Österreichischen Staatspreises für Literaturkritik 2009]. In: Die Presse (Wien), 28.5.2010 (Spectrum).

119 Nachwort. In: Gert Jonke. Alle Gedichte. Hrsg. und mit einem Nachwort von Klaus Amann. Salzburg/Wien: Jung und Jung 2010, S. 140–154.

## 2011–2024

120 Zum Prosawerk von Ingram Hartinger. In: *literatur/a*. Jahrbuch 2010/2011. Hrsg. von Klaus Amann, Fabjan Hafner und Doris Moser. Klagenfurt: Ritter Verlag 2011, S. 90–95.

121 Kärnten frei und ungeteilt – seit wann? In: *literatur/a*. Jahrbuch 2010/2011. Hrsg. von Klaus Amann, Fabjan Hafner und Doris Moser. Klagenfurt: Ritter Verlag 2011, S. 98–106.

122 Robert Musil und das ‚Theorem der menschlichen Gestaltlosigkeit'. In: Ulrich Johannes Beil, Michael Gamper, Karl Wagner (Hrsg.): Medien, Technik, Wissenschaft. Wissensübertragung bei Robert Musil und in seiner Zeit. Zürich: Chronos-Verlag 2011, S. 237–254.

123 Der Partisanenkampf in Kärnten. Skizze zum historischen Hintergrund von Peter Handkes *Immer noch Sturm.* In: Peter Handke. *Immer noch Sturm.* [Programmbuch der Uraufführung]. Salzburg: Salzburger Festspiele 2011, S. 65–70.

124 Desertion, Widerstand und Krieg in der österreichischen Literatur nach 1945. Ein Überblick. In: Karl Müller, Werner Wintersteiner (Hrsg.): ‚Die Erde will keinen Rauchpilz tragen'. Krieg und Frieden in der Literatur. Innsbruck/Wien/Bozen: StudienVerlag 2011, S. 88–108. [Überarbeitete und erweiterte Version von Nr. 117].

125 Dieses rätselhafte Ich. [Zu Arno Geigers *Der alte König in seinem Exil*]. In: Jahrbuch Franz-Michael-Felder-Archiv der Vorarlberger Landesregierung 12 (2011), S. 73–76.

126 Es wurde Herbst und die Kräfte verließen mich. Werner Kofler (1947–2011). In: *literatur/a.* Jahrbuch 2011/2012. [Schwerpunkt Peter Handke] Hrsg. von Klaus Amann, Fabjan Hafner und Doris Moser. Klagenfurt: Ritter Verlag 2012, S. 170–177. [Wiederabgedruckt in: kolik 55 (März 2012), S. 4–12].

127 Über kleine Formen. In: kolik 56 (Juni 2012), S. 27–34.

128 Nachwort. In: Christine Lavant. Das Wechselbälgchen. Neu hrsg. und mit einem Nachwort versehen von Klaus Amann. Göttingen: Wallstein 2012, S. 71–102. [Gekürzter Nachdruck unter dem Titel: Von keinem Vorwand maskiertes Erbarmen. In: Christine Lavant. Das Wechselbälgchen (Klangbuch) Stimme: Sophie Rois; Musik: Franz Hautzinger, Matthias Loibner, Peter Rosmanith. Wien: Mandelbaum Verlag 2015, S. 2–13].

129 Franz Kain. In: Stichwörter zur OÖ. Literaturgeschichte. Eine Auswahl. Heft 1– 3. Hrsg. von Petra-Maria Dallinger et. al. Linz: StifterHaus 2012, Heft 2, S. 42–47.

130 Mauthausen. In: Stichwörter zur OÖ. Literaturgeschichte. Eine Auswahl. Heft 1–3. Hrsg. von Petra-Maria Dallinger et. al. Linz: StifterHaus 2012, Heft 3, S. 7–16.

131 Josef Winklers Reden und Litaneien über Kärntner Zustände. In: *literatur/a.* Jahrbuch 2011/2012. [Schwerpunkt Josef Winkler]. Hrsg. von Klaus Amann, Fabjan Hafner und Doris Moser. Klagenfurt: Ritter Verlag 2013, S. 72–76.

132 Siegreiche Verlierer. Der bewaffnete Widerstand der Kärntner Slowenen gegen das nationalsozialistische Regime. In: Fabjan Hafner, Johann Strutz (Hrsg.): Krieg, Widerstand, Befreiung. Ihr Nachhall in den Kulturen und Literaturen des Alpen-Adria-Raums. Klagenfurt/Celovec: Drava Verlag 2013, S. 9–30.

133 Kampfplatz Erinnerung: Der Widerstand der Kärntner Slowenen im Zweiten Weltkrieg als politischer und literarischer Topos. In: Thomas Eder (Hrsg.): Erfundene Erinnerung. Literatur als Gedächtnisbildung und Gedächtnisreflexion. Linz: StifterHaus 2013, S. 81–107. [Überarbeitete und erweiterte Fassung von Nr. 132]

134 Attacke und Rettung. Zu einem Grundmuster bei Josef Winkler. In: Alexandra Millner und Christine Ivanovic (Hrsg.): Die Entsetzungen des Josef Winkler. Mit frühen Gedichten des Autors sowie einer Bibliographie zu Josef Winkler 1998–2013. Wien: Sonderzahl Verlag 2014, S. 26–45.

135 ‚Ein Traum von Geschichte'. Zu einigen Voraussetzungen von Peter Handkes *Immer noch Sturm.* In: Schreiben als Weltentdeckung. Neue Perspektiven der Handke-Forschung. Hrsg. von Anna Estermann und Hans Höller. Wien: Passagen Verlag 2014, S. 17–46.

136 Der österreichische PEN-Club in den Jahren 1923–1955. In: Handbuch PEN. Geschichte und Gegenwart der deutschsprachigen Zentren. Hrsg. von Dorothée Bores und Sven Hanuschek. Berlin-Boston: de Gruyter 2014, S. 481–532.

137 Nachwort. In: Christine Lavant. Das Kind. Neu hrsg. und mit einem Nachwort versehen von Klaus Amann. Göttingen: Wallstein 2015, S. 51–86.

138 Autor selbdritt. Zu den beiden Familienromanen von Peter Henisch. In: Spurensuche im Möglichkeitsraum. Die Erzählwelten des Peter Henisch. Hrsg. von Martin Kubaczek und Daniel Terkl. Wien: Sonderzahl Verlag 2015, S. 90–102.

139 Nachwort. In: Christine Lavant. Zu Lebzeiten veröffentlichte Erzählungen. Hrsg. von Klaus Amann und Brigitte Strasser. Mit einem Nachwort von Klaus Amann. Wallstein: Göttingen 2015 (= Christine Lavant: Werke in vier Bänden. Im Auftrag des Robert-Musil-Instituts der Universität Klagenfurt und der Hans Schmid Privatstiftung, Wien, hrsg. von Klaus Amann und Doris Moser, Bd. 2), S. 788–799.

140 Nachwort. In: Christine Lavant: Aufzeichnungen aus dem Irrenhaus. Neu hrsg. und mit einem Nachwort versehen von Klaus Amann. Göttingen: Wallstein 2016, S. 97–140. [Gekürzter Nachdruck in: Volltext 2/2016, S. 68–77 und unter dem Titel: Über die Aufzeichnungen aus dem Irrenhaus. In: Christine Lavant: Aufzeichnungen aus dem Irrenhaus (Klangbuch). Stimme: Gerti Drassl; Musik: Brot & Sterne: Franz Hautzinger, Matthias Loibner, Peter Rosmanith. Wien: Mandelbaum Verlag 2019, S. 4–26].

141 Reden. In: Robert-Musil-Handbuch. Hrsg. von Birgit Nübel und Norbert Christian Wolf. Berlin-Boston: de Gruyter 2016, S. 382–395.

142 Aphorismen. In: Robert-Musil-Handbuch. Hrsg. von Birgit Nübel und Norbert Christian Wolf. Berlin-Boston: de Gruyter 2016, S. 460–469.

143 Politik und Ideologie. In: Robert-Musil-Handbuch. Hrsg. von Birgit Nübel und Norbert Christian Wolf. Berlin-Boston: de Gruyter 2016, S. 606–611.

144 Zur Verleihung des Ehrendoktorats der Alpen-Adria-Universität Klagenfurt an Karl Corino (5. Dezember 2014). In: Musil-Forum 34 (2015/2016), S. 249–253.

145 Von der Dauer des Exils. Eröffnungsrede zur Ausstellung ‚Die Zeit gibt die Bilder' im Literaturhaus Wien, am 19. Mai 1992. [Nachdruck von Nr. 37]. In: Die Österreichische Exilbibliothek 1993–2016. Aus den Anfängen einer Institution. Hrsg. von Veronika Zwerger für die Österreichische Exilbibliothek im Literaturhaus Wien. Wien: new academic press 2017, S. 51–57.

146 Ursula Seeber. Leiterin der Österreichischen Exilbibliothek im Literaturhaus Wien 1993 bis 2016. Eine Würdigung. In: Die Österreichische Exilbibliothek 1993–2016. Aus den Anfängen einer Institution. Hrsg. von Veronika Zwerger für die Österreichische Exilbibliothek im Literaturhaus Wien. Wien: new academic press 2017, S. 9–19.

147 Hermann Broch. Die Wiener Bibliothek / The Vienna Library. In: Kostbarkeiten aus der Bibliothek. Ausstellungen 1 bis 10 der Reihe ‚Kostbarkeiten aus der Bibliothek' 2014–2017. Hrsg. von der Alpen-Adria-Universität Klagenfurt. Redaktion Christa Herzog und Barbara Maier. Klagenfurt: Alpen-Adria-Universität 2017, S. 62–73.

148 „Ich bin im Krieg geboren. Andererseits bin ich im Haus meiner Mutter geboren. Krieg, Widerstand und Frieden. In: Peter Handke. Dauerausstellung Stift Griffen. Begleitbuch. Salzburg: Jung und Jung 2017, S. 278–279.

149 Stadt Land Berg. Rede auf Bodo Hell. In: kolik 75 (2018), S. 111–116.

150 Nachwort. In: Christine Lavant: Erzählungen aus dem Nachlass. Mit ausgewählten autobiografischen Dokumenten. Hrsg. von Klaus Amann und Brigitte Strasser. Mit einem Nachwort von Klaus Amann. Göttingen: Wallstein 2018 (= Christine Lavant: Werke in vier Bänden. Im Auftrag des Robert-Musil-Instituts der Universität Klagenfurt und der Hans Schmid Privatstiftung, Wien hrsg. von Klaus Amann und Doris Moser, Bd. 4), S. 799–827.

151 Vom Vor- und Nachteil kein Missionar zu sein. Rede auf Josef Haslinger. In: Wespennest 174 (2018), S. 87–89.

152 Gert Jonke oder Über die Aufhebung der Schwerkraft. In: Drei Wege zum See oder Eine andere Stadt. Hrsg. von Karsten Krampitz. Klagenfurt/Celovec: Drava Verlag 2018, S. 139–146. [Leicht veränderter Nachdruck von Nr. 104]

153 Robert Schindel – „dem Führer im judenlosen Linz gleichsam unterschoben. In: Die Rampe 18 (2018), H. 3 (=Porträt Robert Schindel. Hrsg. von Bernhard Judex), S. 90–96.

154 Elisabeth Reichart: Februarschatten (1984). In: Grundbücher der österreichischen Literatur seit 1945. Dritte Lieferung. Hrsg. von Klaus Kastberger und Kurt Neumann unter Mitarbeit von Stefan Maurer und David Wimmer. Wien: Zsolnay Verlag 2019 (= Profile Bd. 26), S. 44–57.

155 Gerhard Fritsch: Fasching (1967). In: Grundbücher der österreichischen Literatur seit 1945. Dritte Lieferung. Hrsg. von Klaus Kastberger und Kurt Neumann unter Mitarbeit von Stefan Maurer und David Wimmer. Wien: Zsolnay Verlag 2019 (= Profile Bd. 26), S. 154–168.

156 Peter Henisch: Die kleine Figur meines Vaters (1975). In: Grundbücher der österreichischen Literatur seit 1945. Dritte Lieferung. Hrsg. von Klaus Kastberger und Kurt Neumann unter Mitarbeit von Stefan Maurer und David Wimmer. Wien: Zsolnay Verlag 2019 (= Profile Bd. 26), S. 269–281.

157 Thomas Bernhard et le ‚Tonhof' en Carinthie. In: Thomas Bernhard. Hrsg. von Dieter Hornig und Ute Weinmann: Paris: Éditions de L'Herne 2021 (=L'Herne Bernhard), S. 47–52 [in französischer Sprache].

158 Nachwort. In: Robert Musil. Projekte 1900–1942. Salzburg/Wien: Jung und Jung 2021 (=Robert Musil: Gesamtausgabe. Hrsg. von Walter Fanta, Bd. 12), S. 569–582.

159 Nachwort. In: Robert Musil. Über die Dummheit – mit einem Nachwort von Klaus Amann. Salzburg/Wien: Jung und Jung 2022, S. 65–78. [Leicht veränderter Auszug aus: „Reden". In: Robert-Musil-Handbuch. Hrsg. von Birgit Nübel und Norbert Christian Wolf. Berlin-Boston: de Gruyter 2016, S. 382–395. Vgl. Nr. 141].

160 Statt eines Vorworts. Laudatio zur Verleihung des Ehrendoktorats der Universität Klagenfurt an Karl Corino am 5. Dezember 2014. In: Karl Corino: „Von der Seele träumen dürfen". Nachträge zur Biographie und zum Werk Robert Musils. Würzburg: Königshausen & Neumann 2022, S. 9–14. [Nachdruck von Nr. 144].

161 Invectives et litanies sur la situation ẹn Carinthie. In: europe. Revue littéraire mensuelle. [Paris], Nr. 1117 (Mai 2022). [Schwerpunkt Josef Winkler] S. 271–275 [in französischer Sprache].

162 Die Gegend um den Pečnik-Hof in der Literatur. In: Landschaft lesen. Eine Wiese in Lepena / Brati pokrajino. Travnik v Lepeni. Hrsg. von / izdajatelij Klaus Amann, Zdravko Haderlap und / in Herwig Turk. Klagenfurt/Celovec: Hermagoras 2024, S. 76–87.

# Kritik und Feuilleton

## 1976–2020

Ca. 120 Beiträge in:
Aschkenas. Zeitschrift für Geschichte und Kultur der Juden (Berlin); Bertelsmann Literaturlexikon (Gütersloh); Der Standard (Wien); Die Brücke (Klagenfurt); Die Presse (Wien); Die Rampe (Linz); DIE ZEIT (Hamburg); Die Zukunft (Wien); FORVM (Wien); Gaismair-Kalender (Innsbruck); Germanistik. Internationales Referateorgan (Tübingen); Informationen zur Deutschdidaktik (Klagenfurt); Kleine Zeitung (Graz und Klagenfurt); kolik (Wien); Lesezirkel. Literaturbeilage der ‚Wiener Zeitung' (Wien); Literatur und Kritik (Salzburg); literatur/a (Klagenfurt); Literaturen (Berlin); manuskripte (Graz); Montfort. Vierteljahrsschrift für Geschichte und Gegenwart Vorarlbergs (Bregenz); ORF Kulturmagazin (Wien); ORF ex libris (Wien); ORF Wortklauber (Klagenfurt); Profil (Wien); Schulheft (Wien); Sprachkunst (Wien); unisono (Klagenfurt); Vierteljahrsschrift des Adalbert Stifter Instituts (Linz); Weltliteratur im 20. Jahrhundert (Reinbek b. Hamburg); Wespennest (Wien); Zarez (Zagreb).

## 1976–1980

Gunter Grimm (Hrsg.): Literatur und Leser. Theorien und Modelle zur Rezeption literarischer Werke. Stuttgart 1975. In: Sprachkunst 7 (1976), S. 135–141.

Edigna Schrembs et al. (Hrsg.): Buch und Leser. Hannover 1976. In: Informationen zur Deutschdidaktik 1977, H. 3, S. 59.

Peter Nusser (Hrsg.): Didaktik der Trivialliteratur. Stuttgart 1977. In: Informationen zur Deutschdidaktik 1977, H. 3, S. 56.

Horst Joachim Frank: Dichtung, Sprache, Menschenbildung. Geschichte des Deutschunterrichts von den Anfängen bis 1945. 2 Bde. München 1976. In: Informationen zur Deutschdidaktik 1977, H. 4, S. 31–32.

Sepp Domandl: Adalbert Stifters Lesebuch und die geistigen Strömungen zur Jahrhundertmitte. Linz 1976. In: Germanistik 1978, H. 1, S. 171.

Heinz Ludwig Arnold (Hrsg.): Deutsche Bestseller – Deutsche Ideologie. Ansätze zu einer Verbraucherpoetik. Stuttgart 1975. In: Informationen zur Deutschdidaktik 1978, H. 5, S. 23–24.

Albert Klein und Heinz Hecker: Trivialliteratur. Opladen 1977. In: Informationen zur Deutschdidaktik 1978, H. 6, S. 41–42.

Hermann Broch: Massenwahntheorie. Beiträge zu einer Psychologie der Politik. Frankfurt a.M. 1979 (= Kommentierte Werkausgabe, Bd. 12). In: Literatur und Kritik 1978, H. 138, S. 500–501.

Adalbert Stifter: Werke. Hrsg. von Uwe Japp und Hans Joachim Piechotta. 4 Bde., Frankfurt a.M. 1978. In: Germanistik 1979, H. 4, S. 853.

Wendell W. Frye: Tradition in Stifters Romanen. Bern/Frankfurt a.M./Las Vegas 1977. In: Germanistik 1979, H. 4, S. 854–856.

Thorsten Juergens: Gesellschaftskritische Aspekte in Joseph Roths Romanen. Leiden 1977. In: Literatur und Kritik 1980, H. 144, S. 252.

Martin Tielke: Sanftes Gesetz und historische Notwendigkeit. Adalbert Stifter zwischen Restauration und Revolution. Frankfurt a.M. 1979. In: Vierteljahrsschrift des Adalbert-Stifter-Instituts 29 (1980), S. 99–100.

Adalbert Stifter: Werke und Briefe. Historisch-kritische Gesamtausgabe. Hrsg. von Alfred Doppler und Wolfgang Frühwald. (Bd. I,1 und I,2) In: Die Presse (Wien), 12.3.1980, S. V.

Dasselbe; Bd. I,3. In: Die Presse (Wien), 13./14.12.1980, S. VI.

Meinrad Inglin: Begräbnis eines Schirmflickers und andere Erzählungen. Zürich/Frankfurt a.M. 1980. In: Die Presse (Wien), 10./11.1.1981, S. VII.

## 1981–1990

(Artikel über) B. Brehm, E. Canetti, J. Lind, F. Nabl, G. Rühm, F. Tumler, R. Billinger, R. Brunngraber. In: Weltliteratur im 20. Jahrhundert. Hrsg. von Manfred Brauneck. 5 Bde., Reinbek b. Hamburg 1981.

Siegfried Jäkel: Identität und Sprache. Eine Untersuchung zu den Dichtern des österreichischen Kulturkreises im 20. Jahrhundert. Helsinki 1979. In: Germanistik 1981, H. 3/4, S. 803.

Heidrun Ehrke: Die Funktion der Farben in Adalbert Stifters ‚Studien'. Frankfurt a.M./Bern/ Las Vegas 1979. In: Germanistik 1981, H. 3/4, S. 796–797.

Ursula Naumann: Adalbert Stifter. Stuttgart 1979. In: Germanistik 1981, H. 3/4, S. 797–798.

Peter Märki: Adalbert Stifter: Narrheit und Erzählstruktur. Bern/Frankfurt a.M./Las Vegas 1979. In: Germanistik 1982, H. 4, S. 849.

Urs Bugmann: Bewältigungsversuch: Thomas Bernhards autobiographische Schriften. Bern/ Frankfurt a.M./Las Vegas 1981. In: Germanistik 1982, H. 4, S. 871.

Bernhard Zeller: Autor, Nachlaß, Erben. Probleme der Überlieferung von Literatur. Mainz 1981. In: Informationen zur Deutschdidaktik 1982, H. 4, S. 118–119.

Friedrich Torberg: In diesem Sinne ... Briefe an Freunde und Zeitgenossen. Wien/ München 1981. In: Germanistik 1983, H. 2, S. 481–482.

Expressionismus – Aktivismus – Exotismus. Studien zum literarischen Werk Robert Müllers (1887–1924). Hrsg. von Helmut Kreuzer und Günter Helmes. Göttingen 1981. In: Germanistik 1983, H. 3/4, S. 881.

Berthold Viertel: Daß ich in dieser Sprache schreibe. Gesammelte Gedichte. Hrsg. von Günther Fetzer. München/Wien 1981. In: Germanistik 1983, H. 3/4, S. 904.

Von der traurigen Arbeit des Erinnerns. Eine Ausstellung und ein Buch zur Geschichte der Vorarlberger Arbeiterbewegung. In: Montfort. Vierteljahresschrift für Geschichte und Gegenwart Vorarlbergs 36 (1984), S. 365–368.

Friedrich Torberg: Apropos. Nachgelassenes – Kritisches – Bleibendes. München/Wien 1981. In: Germanistik 1984, H. 1, S. 252–253.

Men for all Seasons. Österreichische Literaturpreisträger der fünfziger Jahre. In: Lesezirkel – Literaturmagazin (= Literaturbeilage der ‚Wiener Zeitung') Nr. 7 (Oktober 1984), S. 22.

Friedrich Torberg: Kaffeehaus war überall. Briefwechsel mit Käuzen und Originalen. Wien 1982. In: Germanistik 1984, H. 4, S. 956.

Die Freitagszeitung. In: Heinz Felsbach/Humbert Fink (Hrsg.): Internationaler Publizistik-Preis Klagenfurt 1985. Texte, Thesen, Reaktionen. München 1986, S. 104–108.

Johann Holzner: Franz Kranewitter (1860–1938). Provinzliteratur zwischen Kulturkampf und Nationalsozialismus. Innsbruck 1985. In: Germanistik 1987, H. 4, S. 943.

Karl Markus Gauß: Wann endet die Nacht. Über Albert Ehrenstein. Ein Essay. Zürich 1986. In: Germanistik 1988, H. 1, S. 212.

3000 ‚Schreibwillige'. Der Kulturkampf gegen das ‚Artfremde' begann schon lange vor 1938. In: 1938 – woher, wohin? (= Sonderbeilage der ‚Wiener Zeitung' vom 8.3.1988, S. 27–28).

Uwe Laugwitz: Albert Ehrenstein: Studien zu Leben, Werk und Wirkung eines deutsch-jüdischen Schriftstellers. Frankfurt a.M./Bern/New York 1987. In: Germanistik 1988, H. 1, S. 212–213.

Der Anschluß der österreichischen Schriftsteller an das Dritte Reich. In: Schulheft 49 (1988), (=Erinnerungsarbeit 1938/88), S. 20–23.

Friedrich Torberg: Liebste Freundin und Alma. Briefwechsel mit Alma Mahler-Werfel. Nebst einigen Briefen an Franz Werfel, ergänzt durch zwei Aufsätze Friedrich Torbergs im Anhang und ein Vorwort von David Axmann. München/Wien 1981. In: Germanistik 1988, H. 4, S. 1018.

Franz-Heinrich Hackel: Zur Sprachkunst Friedrich Torbergs. Parodie – Witz – Anekdote. Mit einem Anhang unbekannter Arbeiten aus der Frühzeit Torbergs. Frankfurt a.M./Bern/New York 1984. In: Germanistik 1988, H. 4, S. 1018–1019.

Preis der Arbeit. Kleine Rede zu einem großen Thema. [Anlässlich der Verleihung der Literaturpreise der Kärntner Arbeiterkammer]. In: Die Brücke 2 (1989), S. 18–20.

Den Beherzten zur Entspannung. [Das Kärntner Grenzland-Jahrbuch]. In: Profil Nr. 25 (19.6.1989), S. 34–35.

Michael Köhlmeier. Die Musterschüler. München 1989. In: ORF-Bücherkiste. Dez. 1989.

Friedrich Torberg: Eine tolle, tolle Zeit. Briefe und Dokumente aus den Jahren der Flucht 1938–1941. Zürich. Frankreich. Portugal. Hrsg. von David Axmann und Marietta Torberg. München 1989. In: Germanistik 1989, H. 4, S. 1102–1103.

Engelbert Obernosterer. In: Bertelsmann Literaturlexikon. Hrsg. von Walther Killy. (15 Bde), Bd. 8, Gütersloh/München 1990, S. 483–484.

Das Kärntner Grenzland-Jahrbuch. In: Gaismair-Kalender 1990, S. 42–45.

Josef Friedrich Perkonig. Eine kritische Nachbetrachtung zu den Hundertjahrfeiern. In: Die Brücke 16 (1990), H. 3, S. 23–24.

Warum wir auf den 10. Oktober nicht verzichten können. In: ‚Das gemeinsame Leben'. 70 Jahre nach der Volksabstimmung in Kärnten. Hrsg. von Reinhard Eberhard. Klagenfurt 1990, S. 5–6.

Wolfgang Quatember: Erzählprosa im Umfeld der österreichischen Arbeiterbewegung. Von der Arbeiterlebenserinnerung zum tendenziösen Unterhaltungsroman (1867–1914). Wien/Zürich 1988. In: Germanistik 1990, H. 4, S. 957–958.

## 1991–2000

Gerald Stieg: Frucht des Feuers. Canetti, Doderer, Kraus und der Justizpalastbrand. Wien 1990. In: ide. Informationen zur Deutschdidaktik. Sondernummer: Interkulturelle Germanistik – Österreichische Landes- und Kulturkunde. Eine kommentierte Studienbibliographie. Hrsg. von P. H. Kucher. Klagenfurt 1991, S. 67–69.

Entsorgung der Geschichte. Jörg Haider als Festredner. In: FORVM 445/447 (März 1991), S. 20–21.

Alfred Pfabigan: Geistesgegenwart. Essays zu Joseph Roth, Karl Kraus, Adolf Loos, Jura Soyfer. Wien 1991. In: Wespennest 84 (1991), S. 72.

Stefan Braun: ‚Lebenswelt' bei Adalbert Stifter. Frankfurt a.M. 1990. In: Germanistik 1991, H. 3/4, S. 890–891.

Herbert Genzmer: Das Amulett. Frankfurt a.M. 1993. In: ORF, Kulturmagazin 22.5.1993.

Ulrich Holbein: Die vollbesetzte Bildungslücke. Düsseldorf 1993. In: ORF, Kulturmagazin, 10.7.1993.

Helmut Schödel/Joseph Gallus Rittenberg: „Meine Wut seid ihr!" Unter Dichtern, Huren und im Wald. München 1993. In: ORF, Kulturmagazin 17.7.1993.

Ingeborg Bachmann: Von den Linien der Wirklichkeit. Radioessays München/Zürich 1993. ORF, Kulturmagazin, 11.9.1993.

Leon Botstein: Judentum und Modernität. Essays zur Rolle der Juden in der deutschen und österreichischen Kultur 1848–1938. Wien/Köln 1991. In: Aschkenas. Zeitschrift für Geschichte und Kultur der Juden. 3 (1993), S. 408–409.

Ludwig Fels: Bleeding Heart. München/Zürich 1993. In: ORF, Kulturmagazin, 9.10.1993.

Thomas Pluch/Erika Molny: Lese aus ihrer Arbeit. Hrsg. und kommentiert von Werner Schneyder. Wien o. J. [1993]. In: ORF, Kulturmagazin, 5.2.1994.

Landesfeiertag oder Warum wir auf den 10. Oktober nicht verzichten können. In: UNKE 16 (1994), S. 81–83.

Zoran Filipovic: Ein Jahr in der Hölle. Sarajevo Anno Domini 1993. Aus dem Kroatischen von Nenad Popovic und Vesna Ivancevic. Wien: Deuticke Verlag 1994. In: ORF, Kulturmagazin, 3.9.1994.

Tilman Spengler (Hrsg.): Lenins letzte Tage. Eine Rekonstruktion von Alexej Chanutin und Boris Rawdin. Berlin: Rowohlt 1994. In: Die Zukunft (Wien), Jg. 1994, H. 12, S. 28–30.

Reto Hänny: HELLDUNKEL. Ein Bilderbuch. Frankfurt a.M. 1994. In: ORF, Kulturmagazin, 17.12.1994.

Isabella Bossi-Fedrigotti: Liebling, erschieß Garibaldi. Roman. München/Zürich 1995. In: ORF, Kulturmagazin, 22.4.1995.

Tür zu. Literaturbetrieb 1945 und danach. In: Lesezirkel. April 1995 (= Beilage der ‚Wiener Zeitung'), S. 25.

Franz Josef Czernin: Marcel Reich-Ranicki. Eine Kritik. Göttingen: Steidl 1995. In: Kleine Zeitung (Graz und Klagenfurt), 6.5.1995 (Literaturbeilage).

Raoul Schrott: Finis terrae. Ein Nachlaß. Innsbruck: Haymon 1995. In: ORF, Kulturmagazin, 28.10.1995.

Edward Timms: Karl Kraus. Satiriker der Apokalypse. Wien: Deuticke Verlag 1995. In: ORF, ex libris, 28.1.1996.

Robert Kelly: Schlaflose Schönheit. Stories. Hrsg. und übersetzt von Schuldt. Salzburg/Wien: Residenz Verlag 1996. In: ORF, ex libris, 26.5.1996.

O. P. Zier: Schonzeit. Roman. Salzburg: Otto Müller 1996. In: ORF, Wortklauber, 17.6.1996.

Adolf Opel: Ingeborg Bachmann in Ägypten. „Landschaft, für die Augen gemacht sind." Fotografiert von Kurt Michael Westermann. Wien: Deuticke Verlag 1996. In: ORF, Wortklauber, 9.7.1996.

Alexander Widner: Stark wie ein Nagel. Das Buch vom stille stehenden Leben. Wien: Deuticke Verlag 1996. In: Die Presse (Wien), 5./6.10.1996.

Des Unsagbaren Nachtgesang. Gert Jonkes ‚Stoffgewitter'. Salzburg: Residenz Verlag 1996. In: DIE ZEIT (Hamburg) Nr. 48, 22.11.1996, S. 52.

Peter Handke: In einer dunklen Nacht ging ich aus meinem stillen Haus. Roman. Frankfurt a.M.: Suhrkamp 1997. In: ORF, ex libris, 27.4.1997.

Walter Pilar: Lebenssee – Eine skurreale Entwicklungsromanesque. Klagenfurt: Ritter Verlag 1996. In: ORF, Wortklauber, 22.9.1997.

Julian Schutting: Der Tod meiner Mutter. Salzburg/Wien: Residenz Verlag 1997. In: ORF, ex libris, 2.11.1997.

Ludwig Fels: Mister Joe. Roman. München: Luchterhand 1997. In: Wespennest 110 (1998), S. 108.

Peter Handke: Am Felsfenster morgens (und andere Ortszeiten 1982–1987). Salzburg/Wien: Residenz Verlag 1998. In: ORF, ex libris, 1.3.1998.

Ingeborg Bachmann: Römische Reportagen. Eine Wiederentdeckung. Hrsg. von Jörg-Dieter Kogel. München: Piper 1998. In: Die Presse (Wien), 16.5.1998, S. VI (Spectrum). [Nachdruck in: Österreichische Literatur 1998. Ein Pressespiegel. Zusammengestellt von Astrid Wallner. Wien 1999, S. 11].

Richard Obermayr: Der gefälschte Himmel. Salzburg/Wien: Residenz Verlag 1998. In: ORF, ex libris, 13.9.1998.

Josef Winkler: Wenn es soweit ist. Erzählung. Frankfurt a.M.: Suhrkamp 1998. In: Kleine Zeitung (Graz und Klagenfurt), 27.3.1999, S. 8–9 (Literaturbeilage).

Magdalena Sadlon: Die wunderbaren Wege. Roman. Wien: Zsolnay 1999. In: kolik 7 (1999), S. 168–170.

Andrej Kokot: Das Kind, das ich war. Erinnerungen an die Vertreibung der Slowenen aus Kärnten. Klagenfurt/Celovec: Drava Verlag 1999. In: ORF, ex libris, 5.9.1999.

Gert Jonke: Himmelstraße – Erdbrustgasse oder Das System von Wien. Salzburg/Wien: Residenz Verlag 1999. In: Kleine Zeitung (Graz und Klagenfurt), 9.10.1999, S. 16–17 (Literaturbeilage).

Lilian Faschinger: Wiener Passion. Roman. Kiepenheuer & Witsch: Köln 1999. In: kolik 9 (1999), S. 128–130.

## 2001–2010

Postoji li austrijska književnost? [Gibt es eine österreichische Literatur?] In: Zarez (Zagreb), 24.5.2001, S. 34–35.

Der Tod der Poetessa. [Über Ingeborg Bachmann]. In: Der Standard (Wien), 23.6.2001, Album S. 7.

Peter Truschner: Schlangenkind. Roman. Wien: Zsolnay 2001. In: Der Standard (Wien), 18.8.2001, S. 6 (Album).

‚Bildverlust' von Peter Handke [Frankfurt a.M.: Suhrkamp 2002]. Eine weitere Lektion aus seiner Schule des Sehens. In: Kleine Zeitung (Graz und Klagenfurt), 26.1.2002, S. 61.

Peter Handke: Der Bildverlust oder Durch die Sierra de Gredos. Roman. Frankfurt a.M.: Suhrkamp 2002. In: kolik 18 (2002), S. 161–164. [Nachdruck in: Österreichische Literatur 2002. Ein Pressespiegel. Zusammengestellt von Astrid Wallner und Ulrike Diethardt. Wien 2003, S. 43–44].

Nachruf auf Fred Dickermann In: unisono Nr. 59/2 (Juni 2003), S. 41.

Tapferkeit vor Freund und Feind. [Zum 85. Geburtstag von Michael Guttenbrunner]. In: Die Brücke Nr. 48 (Mai 2004), S. 22–23.

Zum Tode von Michael Guttenbrunner (1919–2004). In: unisono Nr. 63/2 (Juni 2004), S. 8–9.

Ingeborg Bachmann: Kritische Schriften. Hrsg. von Monika Albrecht und Dirk Göttsche. München/Zürich: Piper 2005. In: ORF, ex libris, 11.4.2005.

Peter Handke: Gestern unterwegs. Aufzeichnungen November 1987 bis Juli 1990. Salzburg/Wien: Jung und Jung 2005. In: ORF, ex libris, 31.7.2005.

Elisabeth Reichart: Das Haus der sterbenden Männer. Roman. Salzburg/Wien: Otto Müller 2005. In: ORF, ex libris, 11.9.2005. [Nachgedruckt in: Die Rampe 13 (2013), H. 3 (=Porträt Elisabeth Reichart. Hrsg. von Christa Gürtler), S. 98–99.

Quellenkundliches. In: Werner Hofmeister: Quellen Mischung. Klagenfurt 2005, S. 5–8. [Nachdruck in: museum für quellenkultur. Sammlung für Quellensucher. Werner Hofmeister. Mit Beiträgen von Klaus Amann u.a. Klagenfurt 2006, S. 72–73].

Adalbert Stifter-Stipendien: Leopold Federmair und Anna Mitgutsch. In: Die Rampe 01/06, S. 44–45.

Heimrad Bäcker – ‚nachschrift'. In: http://leptak.tekh.cc/refugius/symposien/amann2007.html.

(Gemeinsam mit Erich Hackl) Gespräch über Franz Kain: Der Weg zum Ödensee. In: Grundbücher der österreichischen Literatur seit 1945. Erste Lieferung. Hrsg. von Klaus Kastberger und Kurt Neumann unter Mitarbeit von Michael Hansel. Wien: Zsolnay 2007, S. 217–221.

Kevin Vennemann: Mara Kogoj. Roman. Frankfurt a.M.: Suhrkamp 2007. In: ORF, ex libris, 25.2.2007.

Kärnten is lei aans. [Zu Kevin Vennemann: Mara Kogoj. Frankfurt a.M.: Suhrkamp 2007]. In: Literaturen [Berlin] 05/07 (Mai 2007), S. 56–59.

„Nicht nach linkslinks schielen". [Über Gertrud Fussenegger: So gut ich es konnte. Erinnerungen 1912–1948. München: Langen-Müller 2007]. In: Die Presse (Wien), 15.6.2007, Spectrum S. VII. [Nachdruck in: Österreichische Literatur 2007. Ein Pressespiegel. Zusammengestellt von Sabine Schuster und Astrid Wallner. Wien 2008, S. 20–21].

Werner Kofler. Eine Würdigung zum 60. Geburtstag. In: *literatur/a*. Jahrbuch 2007, S. 58–60. [Auch in: ORF, ex libris, 22.7.2007. In: http://oe1.orf.at/higlights/106108.html.]

Erich Hackl: Als ob ein Engel. Erzählung nach dem Leben. Zürich: Diogenes Verlag 2007. In: ORF ex libris, 29.9.2007.

Anton Haderlap: Graparji. So haben wir gelebt. Erinnerungen eines Kärntner Slowenen an Frieden und Krieg. Klagenfurt/Celovec: Drava Verlag 2007. Rede zur Präsentation des Buches im Palais Epstein in Wien am 28.1.2008. In: http://www.kaernoel.at/cgi-bin/kaernoel/comax.pl.

Der Esel verstand lange nicht, was geschah. [Zu Christian Zehnder: Gustavs Traum. Zürich: Ammann 2008]. In: Literaturen [Berlin] 11/08 (November 2008), S. 65–67.

Gert Jonke oder Über die Aufhebung der Schwerkraft. In: manuskripte 183 (2009), S. 22–25.

Das Geschenk des zweiten Lebens. Zu Robert Schindel. In: Die Rampe. Hefte für Literatur. 01/10 (2010), S. 20–21. [Auch in: Beispiele 2009. Kulturpreise des Landes Oberösterreich. Hrsg. vom Amt der OÖ Landesregierung. Linz 2009, S. 38].

Das Robert-Musil-Institut für Literaturforschung / Kärntner Literaturarchiv. In: 40 Jahre Universität Klagenfurt. Ein Album. Hrsg. von der Alpen-Adria-Universität Klagenfurt. Klagenfurt: 2010, S. 93–95.

Über das Pilareske. [Zu Walter Pilar]. In: Die Rampe 3/2010. [Porträt Walter Pilar. Hrsg. von Wolfgang Hackl und Wolfgang Wiesmüller], S. 53–54.

Fünfzig Jahre *manuskripte*. Den stets verlorenen Posten besetzt halten. In: manuskripte 189/190 (2010), S. 9–10.

Kärnten frei und ungeteilt: 90 oder 65? In: Kleine Zeitung [Klagenfurt] vom 8.5.2010.

## 2011–2020

Kleine Menschenkunde des Alltäglichen. [Zu Engelbert Obernosterer: Das grüne Brett vor meinem Kopf. Klagenfurt: Kitab 2011]. In: Kleine Zeitung [Klagenfurt], 11.6.2011, S. 63.

Werner Hofmeisters BildSchrift. In: Zeilen. Hofmeister 2010–2011. Hrsg. vom Museum für Quellenkultur. Klein St. Paul 2011, S. 83–86.

Na oknu. In: Miniaturen. Werner Wintersteiner zum 60. Geburtstag. Hrsg. vom Zentrum für Friedensforschung und Friedenspädagogik und vom Österreichischen Kompetenzzentrum für Fachdidaktik der Alpen-Adria-Universität Klagenfurt. Klagenfurt/Celovec: Drava Verlag 2011, S. 15–17.

Norbert Christian Wolf: Kakanien als Gesellschaftskonstruktion. Robert Musils Sozioanalyse des 20. Jahrhunderts. Wien: Böhlau Verlag 2011 (=Literaturgeschichte in Studien und Quellen, Bd. 20). In: Sprachkunst XLII (2011), S.171–179.

Zu Elisabeth Reicharts Roman ‚Das Haus der sterbenden Männer'. In: Die Rampe 13 (2013), H. 3 (=Porträt Elisabeth Reichart. Hrsg. von Christa Gürtler), S. 98–99.

Gustav Januš: „In 25 Jahren bin ich 100". In: literatur/a. Jahrbuch 2013/2014. [Schwerpunkt Gustav Januš]. Hrsg. von Klaus Amann, Fabjan Hafner und Doris Moser. Klagenfurt: Ritter Verlag 2014, S. 12–15 [dt. und slow.].

„Es ist noch ein Wort frei in der Schöpfung". Die Poetik des Dichters und Malers Gustav Januš in Zitaten. Eine Verführung. literatur/a. Jahrbuch 2013/2014 [Schwerpunkt Gustav Januš]. Hrsg. von Klaus Amann, Fabjan Hafner und Doris Moser. Klagenfurt: Ritter Verlag 2014, S. 16–23 [dt. und slow.].

Zur Literaturförderung in Kärnten. In: Kulturbericht des Landes Kärnten. Hrsg. vom Amt der Kärntner Landesregierung, Abteilung 6. Klagenfurt 2014, S. 6–7.

Sprachkunst. Werner Kofler: Kommentierte Werkausgabe in drei Bänden. Hrsg. von Claudia Dürr, Johann Sonnleitner und Wolfgang Straub. Wien: Sonderzahl Verlag 2018. In: Die Brücke Nr. 11 (Februar/März 2019), S. 29.

Eine Autobiographie in Fragmenten. Zum 100. Geburtstag von Michael Guttenbrunner (1919–2004). In: Die Brücke Nr. 14 (Oktober/November 2019), S. 48.

Gesang der Vögel. [Zu Ingram Hartinger: Storch und Amsel. Mit Originalzeichnungen von Josef Enz. Klagenfurt/Celovec: Wieser Verlag 2019] In: Die Brücke. Nr. 16, Februar/März 2020, S. 43.

Michael Guttenbrunner. [Zur Werkausgabe im Löcker-Verlag 2017/2020]. In: Die Brücke Nr. 18, Juni/Juli 2020, S. 51.

# Buchreihen

## Literatur in der Geschichte – Geschichte in der Literatur (Bände 17–47)

Herausgegeben von Klaus Amann, Friedbert Aspetsberger und Claudio Magris. Böhlau Verlag, Wien/Köln/Graz 1989ff.

Hubert Lengauer: Ästhetik und liberale Opposition. Zur Rollenproblematik des Schriftstellers in der österreichischen Literatur um 1848. (1989)

Johann Sonnleitner: Die Geschäfte des Herrn Robert Hohlbaum. Die Schriftstellerkarriere eines Österreichers in der Zwischenkriegszeit und im Dritten Reich. (1989)

Klaus Amann / Helmut Grote: Die Wiener Bibliothek Hermann Brochs. Kommentiertes Verzeichnis des rekonstruierten Bestandes. (1990)

Roland Innerhofer: Kulturgeschichte zwischen den Weltkriegen – Egon Friedell. (1990)

Stephanie Heckner: Die Tropen als Tropus. Zur Dichtungstheorie Robert Müllers. (1991)

Ernst Gombrich: Gastspiele. Aufsätze eines Kunsthistorikers zur deutschen Sprache und Germanistik. (1992)

Murray G. Hall / Gerhard Renner: Handbuch der Nachlässe und Sammlungen österreichischer Autoren. (1992; 2. neu bearbeitete und erweiterte Aufl. 1995)

Judith Klein: Literatur und Genozid. Darstellungen der nationalsozialistischen Massenvernichtung in der französischen Literatur. (1992)

Daniela Strigl: „Wo niemand zuhaus ist, dort bin ich zuhaus". Theodor Kramer. Heimatdichter und Sozialdemokrat zwischen den Fronten. (1993)

Viktor Žmegač: Tradition und Innovation. Studien zur deutschsprachigen Literatur seit der Jahrhundertwende. (1993)

Helga Strallhofer-Mitterbauer: NS-Literaturpreise für österreichische Autoren. Eine Dokumentation. (1994)

Charles Sealsfield – Karl Post: Austria as it is: or Sketches of continental courts, by an eyewitness. London 1828 / Österreich, wie es ist oder Skizzen von Fürstenhöfen des Kontinents. Wien 1919. Eine kommentierte Textedition, hrsg. und mit einem Nachwort versehen von Primus Heinz Kucher. (1994)

Kai Kauffmann: „Es ist nur ein Wien!" Stadtbeschreibungen von Wien 1700 bis 1873. Geschichte eines literarischen Genres der Wiener Publizistik. (1994)

Klaus Amann / Armin A. Wallas (Hrsg.): Expressionismus in Österreich. Die Literatur und die Künste. (1994)

Leopold R. G. Decloedt: Imago Imperatoris. Franz Joseph I. in der österreichischen Belletristik der Zwischenkriegszeit. (1995)

Andrea Capovilla: Der lebendige Schatten. Film in der Literatur bis 1938. (1994)

Konstanze Fliedl / Karl Wagner: Peter Rosegger – Ludwig Anzengruber. Briefwechsel 1871–1889. Unter Mitarbeit von Werner Michler und Catrin Seefranz. (1995)

Friedbert Aspetsberger: ›arnolt bronnen‹. Biographie. (1995)

Kurt Krottendorfer: Versuchsanordnungen. Das experimentelle Verhältnis von Literatur und Realität in Robert Musils ‚Drei Frauen'. (1995)

Klaus Amann / Karl Wagner (Hrsg.): Literatur und Nation. Die Gründung des Deutschen Reiches 1871 in der deutschsprachigen Literatur. Mit einer Auswahlbibliographie. (1996)

Edward Timms (Hrsg.): Freud und das Kindweib. Die Erinnerungen von Fritz Wittels. Aus dem Englischen von Marie-Therese Pitner. (1996)

Roland Innerhofer: Deutsche Science Fiction 1870–1914. Rekonstruktion und Analyse der Anfänge einer Gattung. (1996)

Alois Woldan: Der Österreich-Mythos in der polnischen Literatur. (1996)

Arno Rußegger: Kinema mundi. Studien zur Theorie des ‚Bildes' bei Robert Musil. (1996)

Marcus G. Patka: Egon Erwin Kisch. Stationen im Leben eines streitbaren Autors. (1997)

Konstanze Fliedl: Arthur Schnitzler. Poetik der Erinnerung. (1997)

Jürgen Doll: Theater im Roten Wien. Vom sozialdemokratischen Agitprop zum dialektischen Theater Jura Soyfers. (1997)

Harald Haslmayr: Die Zeit ohne Eigenschaften. Geschichtsphilosophie und Modernebegriff im Werk Robert Musils. (1997)

Peter Sprengel / Georg Streim: Berliner und Wiener Moderne. Vermittlungen und Abgrenzungen in Literatur, Theater, Publizistik. Mit einem Beitrag von Barbara Noth. (1998)

Franziska Meier: Emanzipation als Herausforderung. Rechtsrevolutionäre Schriftsteller zwischen Bisexualität und Androgynie. (1998)

Kai Michel: Vom Poeten zum Demagogen. Die schriftstellerischen Versuche Joseph Goebbels'. (1999)

## Literatur in der Geschichte – Geschichte in der Literatur (Bände 1–29)

Herausgegeben von Klaus Amann, Hubert Lengauer und Karl Wagner. Böhlau Verlag, Wien/Köln/Weimar 1999ff.

Die österreichisch-ungarische Monarchie in Wort und Bild. Aus dem Kronprinzenwerk des Erzherzog Rudolf. Ausgewählt von Christiane Zintzen. Mit einem Geleitwort von Richard Swartz. (1999)

Werner Michler: Darwinismus und Literatur. Naturwissenschaftliche und literarische Intelligenz in Österreich 1859–1914. (1999)

Klaus Amann / Hubert Lengauer / Karl Wagner (Hrsg.): Literarisches Leben in Österreich 1848–1890. (2000)

Eberhard Sauermann: Literarische Kriegsfürsorge. Österreichische Dichter und Publizisten im Ersten Weltkrieg. (2000)

Hubert Lengauer / Primus Heinz Kucher (Hrsg.): Bewegung im Reich der Immobilität. Revolutionen in der Habsburgermonarchie 1848–49. Literarisch-publizistische Auseinandersetzungen. (2001)

Karl Wagner / Max Kaiser / Werner Michler (Hrsg.): Peter Rosegger – Gustav Heckenast. Briefwechsel 1869–1878. Unter Mitarbeit von Oliver Bruck und Christiane Zintzen. (2003)

Wendelin Schmidt-Dengler: Ohne Nostalgie. Zur österreichischen Literatur der Zwischenkriegszeit. (2002)

Alexander Pechmann: Herman Melville. Leben und Werk. (2003)

Doris Moser: Der Ingeborg-Bachmann-Preis. Börse, Show, Event. (2004)

Irene Ranzmaier: Germanistik an der Universität Wien zur Zeit des Nationalsozialismus. Karrieren, Konflikte und die Wissenschaft. (2005)

Robert Leucht: Experiment und Erinnerung. Der Schriftsteller Walter Abish. (2006)

Klaus Amann / Fabjan Hafner / Karl Wagner (Hrsg.): Peter Handke. Poesie der Ränder. Mit einer Rede Peter Handkes. (2006)

Primus Heinz Kucher (Hrsg.): Adolf Ritter von Tschabuschnigg (1809–1877). Literatur und Politik zwischen Vormärz und Neoliberalismus. (2006)

Anna Pompe: Peter Handke. Pop als poetisches Prinzip. (2009)

Alexandra Kleinlercher: Antisemitismus und Nationalsozialismus bei Heimito von Doderer. (2011)

Irina Djassemy: Die verfolgende Unschuld. Zur Geschichte des autoritären Charakters in der Darstellung von Karl Kraus. (2011)

Simone Fässler: Von Wien her, auf Wien hin. Ilse Aichingers „Geographie der eigenen Existenz". (2011)

Sonja Osterwalder: Die Detektivliteratur von Conan Doyle bis Cornwell. (2011)

Norbert Christian Wolf: Kakanien als Gesellschaftsutopie. Robert Musils Sozioanalyse des 20. Jahrhunderts. (2011)

Martin Brinkmann: Musik und Melancholie im Werk von Heimito von Doderer. (2012)

Mirjana Stančić: Verschüttete Literatur. Die deutschsprachige Dichtung auf dem Gebiet des ehemaligen Jugoslawien von 1800 bis 1945. (2013)

Alexander Mionskowski: Souveränität als Mythos. Hugo von Hofmannsthals Poetologie des Politischen und die Inszenierung moderner Herrschaftsformen in seinem Trauerspiel ‚Der Turm' (1924/25/26). (2015)

Daniel Ehrmann / Norbert Christian Wolf (Hrsg.): Klassizismus in Aktion. Goethes ‚Propyläen' und das Weimarer Kunstprogramm. (2016)

Dagmar Heissler: Ernst Lothar. Schriftsteller, Kritiker, Theaterschaffender. (2016)

Elmar Lenhart: Albert Drach und das 20. Jahrhundert. Der Diskurs um Macht, Raum und Biopolitik. (2016)

Edith Király: „Die Donau ist die Form". Strom-Diskurse in Texten und Bildern des 19. Jahrhunderts. (2017)

Norbert Bachleitner: Die literarische Zensur in Österreich von 1751 bis 1848. Mit Beiträgen von Daniel Syrova, Petr Píša und Michael Wögerbauer. (2017)

Stefan Maurer / Doris Neumann-Rieser / Günther Stocker (Hrsg.): Diskurse des Kalten Krieges. Eine andere österreichische Nachkriegsliteratur. Mit einem AutorInnen-Lexikon von Desiree Hebenstreit. (2017)

## Festschriften

Literatur – Politik – Kritik. Beiträge zur Österreichischen Literatur des 20. Jahrhunderts. Festschrift für Klaus Amann. Hrsg. von Harald Jele und Elmar Lenhart. Göttingen: Wallstein Verlag 2014. (214 S.)

Mit Beiträgen von: Sylvia Asmus, Bernard Banoun, Michael Cerha, Franz Josef Czernin, Petra Maria Dallinger, Arno Dusini, Leopold Federmair, Bernhard Fetz, Antonio Fian, Gerhard Fuchs, Herwig Gottwald, Ingmar Gritzner, Franz Haas, Murray G. Hall, Bodo Hell, Peter Henisch, Gustav Januš, Lydia Mischkulnig, Hans Höller, Johann Holzner, Martin Kubaczek, Werner Michler, Manfred Mittermayer, Engelbert Obernosterer, Georg Pichler, Evelyn Schlag, Ferdinand Schmatz, Jürgen Thaler, Peter Turrini, Karl Wagner, Alexander Widner, Norbert Christian Wolf.

Musil-Forum. Studien zur Literatur der klassischen Moderne. Im Auftrag der Internationalen Robert-Musil-Gesellschaft hrsg. von Norbert Christian Wolf und Rosmarie Zeller. Bd. 33, 2013/2014. Klaus Amann zum 65. Geburtstag. Themenschwerpunkt: Robert Musil und das literarische Leben seiner Zeit. Redaktion Harald Gschwandtner. Berlin/Boston: De Gruyter 2014. (368 S.)

Mit Beiträgen von: Ulrich Boss, Karl Corino, Anette Daigger, Isabelle Dalaudière, Walter Fanta, Anne Fleig, Harald Gschwandtner, Bernhard Metz, Birgit Nübel, Oliver Pfohlmann, Massimo Salgaro, Georg Streim, Nicole Streitler-Kastberger, Christian van der Steeg, Rosmarie Zeller.

# Curriculum Vitae

| | |
|---|---|
| 22.2.1949 | geboren in Mittelberg/Kleinwalsertal (Vorarlberg) als drittes von vier Kindern der Eheleute Karl und Dorothea Amann |
| 1955–1963 | Besuch der dreiklassigen Volksschule in Mittelberg |
| 1964–1969 | Besuch des Aufbaurealgymnasiums Stift Stams/Tirol |
| 1969–1970 | Präsenzdienst beim Österreichischen Bundesheer |
| 1970–1976 | Studium der Germanistik und Anglistik an der Universität Wien |
| 1974–1975 | Wissenschaftliche Hilfskraft am Institut für Germanistik der Universität Wien |
| 1976 | Promotion zum Dr. phil.; Dissertation: Adalbert Stifters ‚Nachsommer' |
| 1976 | Assistent am Institut für Germanistik der Universität für Bildungswissenschaften in Klagenfurt bei Univ.-Prof. Dr. Friedbert Aspetsberger |
| 1986 | Habilitation an der Universität Klagenfurt (Venia für Neuere Deutsche Literatur). Habilitationsschrift: Der ‚Anschluß' österreichischer Schriftsteller an das Dritte Reich |
| 1990–1991 | Gastprofessuren an den Universitäten Wien und Leiden (NL) |
| 1992 | Initiative und Konzept für die Gründung einer ‚Bibliothek des österreichischen Exils' im Literaturhaus Wien (realisiert als ‚Österreichische Exilbibliothek' durch BM. Dr. Rudolf Scholten 1993) |
| 1990–1994 | Initiative und Konzept für die Gründung des Robert-Musil-Instituts für Literaturforschung und des Kärntner Literaturarchivs im Geburtshaus Robert Musils (Klagenfurt, Bahnhofstraße 50), als universitäre Forschungseinrichtung, die auch die Funktion eines Kärntner ‚Literaturhauses' wahrnimmt – in Form eines gemeinsamen Projekts der Stadt Klagenfurt, des Landes Kärnten und der Universität Klagenfurt |
| 1994 | Bestellung zum Leiter des neu gegründeten Robert-Musil-Instituts für Literaturforschung / Kärntner Literaturarchiv der Universität Klagenfurt |
| 1997 | Ernennung zum ao. Univ.-Prof. an der Universität Klagenfurt<br>Übersiedlung des Robert-Musil-Instituts in das Geburtshaus des Dichters vis-à-vis dem Klagenfurter Bahnhof |
| 2005 | Berufung auf die neu geschaffene Professur ‚Geschichte und Theorie des literarischen Lebens' am Robert-Musil-Institut für Literaturforschung / Kärntner Literaturarchiv der Universität Klagenfurt |
| 2014 | Ruhestand |

**Funktionen u.a.:**

| | |
|---|---|
| 1980–1992 | Leiter des von Alois Brandstetter und Josef Winkler gegründeten ‚Literarischen Arbeitskreises an der Universität Klagenfurt'. In dieser Funktion u.a. Organisation und Durchführung von mehr als 100 Lesungen mit Autorinnen und Autoren aus Österreich, der Schweiz und der BRD in der ‚Landhausbuchhandlung' im Zentrum Klagenfurts, die damit der einzige Ort in Kärnten war, an dem damals über einen längeren Zeitraum kontinuierlich literarische Veranstaltungen stattfanden |
| 1991–1994 | Konzeption, Planung und Moderation der ‚St. Veiter Literaturtage' gem. mit Friedbert Aspetsberger und Reinhard Kacianka |
| 1992–1997 | Mitglied der Jury des Ingeborg-Bachmann Preises, Klagenfurt |
| 2004–2008 | Präsident der Internationalen Erich Fried Gesellschaft, Wien |
| 2007–2022 | Konzeption, Planung und Moderation der ‚St. Veiter Literaturtage' gem. mit Wilhelm Huber und dem Verein ‚St. Veiter Literaturtage' |
| 2009–2016 | Präsident der Internationalen Robert Musil Gesellschaft, Wien, (als erster Österreicher in dieser Funktion) |
| 2016–2021 | Vorsitzender des ‚Literarischen Beirats' der Internationalen Christine Lavant Gesellschaft, Wien (u.a. Vergabe des Christine Lavant-Preises) |

Bundesministerium
Kunst, Kultur,
öffentlicher Dienst und Sport

LAND KÄRNTEN
Kultur